掌尚文化

SALUTE & DISCOVERY

致敬与发现

《产业金融》
丛书

江苏产业金融发展研究报告

(2020)

Research Report of the Development of
Industrial Finance of Jiangsu (2020)

闫海峰 / 著

经济管理出版社
ECONOMY & MANAGEMENT PUBLISHING HOUSE

图书在版编目（CIP）数据

江苏产业金融发展研究报告 . 2020 / 闫海峰主编 . — 北京：经济管理出版社，2021.1

ISBN 978-7-5096-7695-0

Ⅰ . ①江…　Ⅱ . ①闫…　Ⅲ . ①产业发展—地方金融—研究报告—江苏—2020　Ⅳ . ① F832.753

中国版本图书馆 CIP 数据核字（2021）第 012903 号

组稿编辑：宋　娜
责任编辑：宋　娜　张鹤溶　张馨予
责任印制：黄章平
责任校对：张晓燕

出版发行：经济管理出版社
　　　　　（北京市海淀区北蜂窝 8 号中雅大厦 A 座 11 层　100038）
网　　址：www.E-mp.com.cn
电　　话：（010）51915602
印　　刷：唐山昊达印刷有限公司
经　　销：新华书店
开　　本：787mm×1092mm/16
印　　张：24.5
字　　数：427 千字
版　　次：2021 年 3 月第 1 版　　　2021 年 3 月第 1 次印刷
书　　号：ISBN 978-7-5096-7695-0
定　　价：198.00 元

编委会

编写指导委员会主任：徐　立

编写指导委员会：丁　灿　徐之顺　许承明　许加林　华仁海

主　　编：闫海峰

副主编：丁　灿　许加林

编写人员：（按拼音顺序排列）

崔向阳　陈晓慧　葛和平　巩世广　贺晓宇

卢　斌　孙剑波　隋　新　张继良

摘　要

Abstract

　　产业金融是产业与金融的高度融合。产业是根本，金融是工具，利润是目的。产业是促进金融发展的重要根基，金融是支持产业发展的基本条件。金融与产业相互融合、互动发展，可以实现价值共创。本书以江苏省产业经济为研究对象，通过对不同类别的实体产业基本情况的概述，试图分析实体产业对金融服务的需求状况，旨在探讨金融服务实体经济的程度，从而为推动江苏省实体产业高质量发展，提升城市营商环境建言献策。第一部分对江苏省产业金融的总体发展情况进行了概括性阐述，系统性地研究了江苏省产业金融的基本现状、存在问题以及发展趋势。在此基础上，构建了江苏产业金融综合发展指数，从指数的角度对江苏省产业金融发展进行了综合评价，进而提出了切实可行的建议。第二部分从理论的角度对产业金融做了概括性综述，包括产业金融基本概念、产业金融评价基础以及产业金融评价指标体系，对产业金融发展指数进行了省际比较以及江苏不同区域的比较分析，进而得出有价值的结论。第三部分基于宏观和中观两个层面分别梳理了江苏产业总体发展状况与产业结构的特征，探讨了江苏产业对金融的需求状况。借鉴、总结国内产业需求金融配套的典型案例的成功经验来探究江苏产业需求金融配套的发展路径，进而提出金融支持江苏产业结构升级的对策建议。第四部分从区域经济发展的政策层面上，基于江苏"1+3 经济布局"，即从扬子江城市群、江苏沿海地区、淮海经济带以及江淮生态经济区的主要产业金融政策入手，总结区域产业金融发展中存在的问题，提出区域产业金融发展的政策建议。第五部分主要从金融机构的角度来分析金融与产业的融合情况，以数据为视角分析江苏省金融业的整体发展情况，从供给侧看金融发展与实体产业的融合情况，旨在为金融机构能更好地服务实体产业提供创新思路，通过金融服务实体产业的典型案例为金融机构高质量服务实体产业提供借鉴。本书分析了江苏省产业金融发展情况，用典型案例以点带面，提出具有广泛适应性、实际可操作性的政策性建议。

目 录
Contents

政策实践篇

供给实践篇

产业金融是产业与金融的高度融合。产业是根本，金融是工具，利润是目的。产业是促进金融发展的重要根基，金融是支持产业发展的基本条件。金融与产业相互融合、互动发展，可以实现价值共创。江苏实体经济发展和金融业发展整体上都可以用"稳"字来概括，表现出了金融服务实体经济水平的持续提升、非金融企业投资金融机构势头减弱以及金融支持实体经济的风险分担机制不断完善等趋势，此时研究江苏省产业金融的发展大有裨益。

2018年江苏金融业增加值为7461.9亿元，同比增长7%，占地区生产总值比重为8.1%，占第三产业增加值的比重为15.8%，对地区生产总值和第三产业增加值增长贡献率分别达到10.1个和16.7个百分点。金融对实体经济的支持力度不减，江苏省制造业贷款已连续19个月实现同比增长。实现保费收入居全国第二，资金结构流向更趋合理，金融风险平稳可控，为江苏经济保持较强韧性、迈向高质量发展提供了有力的支撑。在金融服务实体经济的力度、小微金融精确助力、社会融资规模等方面，江苏省凸显了优势。但小微企业融资难、企业融资成本过高，企业融资渠道单一、多层次多元化资本市场不够完善仍然是江苏金融服务实体企业的短板。综合来看，江苏省金融服务实体经济呈现出服务水平持续提升、非金融投资机构势头减弱、风险分担机制不断完善的趋势。

基于导向性、前瞻性、开放性、可得性和科学性原则，为推动江苏产业转型升级、转移发展，本书从资金支持度、结构优化度、服务有效度、创新发展度和环境适应度五个方面选取了社会融资规模增量、非金融企业境内股票融资占社会融资规模增量比重、人民币一般贷款加权平均利率、在新三板挂牌的企业数、企业经营环境指数等21项指标，构建了江苏省产业金融发展指数综合评价体系，选取了2011~2018年相关数据进行处理，得出以下三点结论：第一，江苏省产业金融发展"南北差异"显著，呈现出典型的产业金融"苏南发展快、苏北发展慢"的特征；第二，江苏省各城市产业金融发展相对固定，城市间"弯道超车"的动力明显不足；第三，南京、苏州在产业金融发展的省内优势明显，苏州与南京的差距在逐年缩小。从各城市的得分情况，得出如下经验：一是要积极鼓励和引导各个城市的良性竞争，激发其"弯道超车"的积极性；二是要夯实经济基础，以实体经济的发展来推动产业金融。

目前，江苏省区域经济发展差距明显，以苏州市、南京市为"领头羊"的苏南地区生产总值远远超过了其他地区，生活成本也高于江苏其他区域，三个区域的产业发展水平差异较明显，苏南第三产业的产值对 GDP 贡献达 50% 以上，较其他区域更优。虽然江苏第三产业的总体产值规模已经超过了第二产业，但是制造业仍然是江苏省经济结构中产值规模最大的行业。可见，江苏发展金融应大力支持民营中小微企业、"三农"等重点领域，进一步支持实体经济转型升级，实现金融与实体经济的均衡发展。另外，江苏实行差别化、区域化的金融政策，鼓励提供个性化的金融产品服务，引导金融资源投向，建立成效考核体系。

在企业的金融需求方面，江苏资源配置在进一步优化，金融服务方式不断丰富，"走出去"的力度进一步加大。但是小微企业应加强对金融科技的支持，产业金融要关注小微企业、"三农"产业、产业转型等，为产业发展提供精准支持。总体来说，江苏各市经济发展总体稳中有进，产业格局各有特点且优势明显，在产业结构上都呈现第三产业的提升，现代化产业发展迅速。在产业需求金融配套的完善方面，江苏科技借鉴浙江互联网产业金融的经验、深圳多元化金融发展经验、佛山战略性新兴产业金融支持经验，学习东莞模式、厦门模式、宁波模式、温州模式，发展涉外产业金融与科技产业金融，发展沿海沿江金融支持港口经济，建设内陆产业金融体系，建设普惠产业金融体系，打造互联网金融服务于"三农"的模式，以发展与江苏产业配套的产业金融。同时，对于江苏省产业结构升级，一要完善信用体系建设，优化金融生态环境；二要强化金融政策支持，积极推进供给侧结构性改革；三要改善金融结构，构建多层次资本市场；四要发挥银行信贷的间接融资作用，提高资本运作效率。

当前，江苏"1+3 经济布局"中的"1"指的是扬子江城市群，"3"指的是沿海经济带、淮海经济区和江淮生态经济区。目前扬子江城市群各城市各司其职，积极发展低碳经济，打造现代产业结构，跨江通海的现代交通体系，进一步形成融合发展的格局，向高度国际化的产业创新高地发展，融内联外让扬子江城市群渐行渐远。但发展的过程中存在地区差距大、产业同构、产业集而不群、南京辐射带动能力不强等问题。因此，一要加大南京自身发展力度，引领率先发展；二要建立对话沟通机制，引领协同发展；三要突出转型升级，推动配套融合；四要注重分工协作，推动互动融合；五要共建共享开放创新服务平台；六要明确产业发展龙头。目前沿海经济带正加快构建现代海洋产业体系，开发网贷系列产品助力小微企业，创建平台建设，畅通融资渠道。但仍存在"搭车收费"、基金管理不完善、资金管理不到位、协税平台未有效利用、招商管理较为混乱等问题。这些问题有以下七个解决方法：一要防范化解金融风险，营造良好的经营环境；二要多维度创新，着力培育江苏新的经济增长点；三要推进信贷服务体系多元化，探索建立股权直接投资和银行信贷组合机制；四要构建"互联网＋金融＋实体经济"的创新创业服务体系，助力企业转型升级；五要构建有差异的普惠型金融支持政策体系，提升创新驱动发展动力；六要完善多层次资本市场间对接机制，加快股权投资创新；七要建设绿色金融体系，优化经济社会发展产业生态。淮海经济区协同联动发展，推动产业链深度融合，推挤平台载体共建共享，加快产业升级，强化枢纽地王，增强城市功能，深化改革开放。但仍存在总体经济实力较弱、拖欠民营中小企业账款、专项扶持资金使用绩效不高、PPP项目风险较高、地区发展联系不紧密等问题。未来需要加强地区间的联动发展、积极关注拖欠账款现象以及加强审计监督。江淮生态经济区西南地区构成了生态优先的总体发展思路，积极发挥财政资金扶持实体经济的杠杆作用，大力推进绿色金融政策体系创新和发展，加大环保和生态修复的财政支持力度。但仍存在总体金融实力较弱、金融脱实向虚、贷款难且贵、直接融资发展较慢、专项资金使用效率低、金融风险缺乏有效管控等问题。因此，一要通过集聚金融资源来提升区域金融实力；二要通过政策引导来促进金融服务实体经济；三要重视化解小微企业融资难、融资贵的困境；四要通过利用多层次资本市场来筹措发展资金；五要采取措施促进财政专项资金使用效益提升；六要积极防止发生系统性金融风险。

从金融机构的微观视角来看，江苏银行业平稳发展，金融机构本外币存贷总量继续增长；保险业运行稳健，保费收入与赔付总量双增长；证券业健康发展，助力实体经济壮大。总而言之，金融信贷、政府引导、融资租赁、私募基金、绿色金融、普惠金融等方式成为了实体经济发展的支柱；互联网金融、文化金融、科技金融、养老金融成为了金融支持实体经济发展的重点领域；银行业银团授信、多形式综合授信、承销企业债、投贷联动，积极开展绿色金融，构建银企战略关系，提供国际业务支持，实现银企双赢。

第一章

江苏产业金融发展总论

基于江苏产业金融发展的环境、现状及趋势的概述，本章从资金支持度、结构优化度、服务有效度、创新发展度、环境适应度这五个维度对江苏产业金融进行剖析，构建科学合理的评价指标体系，并根据分析结果阐述江苏产业金融的发展成绩、现存问题和策略建议。

第一节　江苏产业金融总体概况

一、江苏金融服务实体的产业现状

产业金融是产业与金融的紧密融合，在融合中加快产业的发展。如资源类产业金融、工业制造业产业金融、服务业产业金融，等等。金融对产业发展的主要功能是融通资金、整合资源、价值增值，发展产业金融。产业发展对资金的需求犹如人体对血液的需求，而金融在提供资金来源方面起到了决定性的作用。产业是基础平台，金融起到催化剂和倍增剂的作用，金融与产业互动创造新的价值，加速了财富累积。从资本的角度做产业，产业的财富放大效应会迅速增加。而金融只有与产业融合才能产生放大效用，产生更大的价值。中国重点产业总融资结构中，来自金融的融资比例占到44%，居第一位。而近几年来自金融的融资总额已占到重点产业总融资比例的59%，成为产业融资的重要支柱。事实表明，中国重点产业的发展离不开金融的支持。

（一）江苏金融行业发展现状

金融是经济发展的基础，为实体经济的发展提供资金供给。2018年江苏省公布的金融数据表明，金融业"稳"的基本面没有变。2018 年江苏省金融业增加值为 7461.9 亿元，同比增长 7%，占地区生产总值比重为 8.1%，占第三产业增加值比重为 15.8%，对地区生产总值和第三产业增加值增长贡献率分别达到 10.1 个百分点和 16.7 个百分点。

从银行业来看，2018 年末，江苏省金融机构人民币存款余额为 13.97 万亿元，同比增长 7.5%，较年初增加 0.98 万亿元；金融机构人民币贷款余额为 11.57 万亿元，同比增长 13.3%，较年初增加 1.36 万亿元。其中，制造业贷款余额 14952.9 亿元，比年初增加 461.5 亿元；租赁和商务服务业贷款余额 13202.7 亿元，比上年增长 8%。整体而言，江苏省金融机构存贷款呈现出了稳步增长的态势。

从证券行业来看，2018 年末全省境内上市公司 401 家，筹集资金 2249.8 亿元；总股本为 3639.3 亿股，比上年增长 11.7%；总市值 31986.1 亿元，比上年下降 21.4%。年末全省共有证券公司 6 家，证券营业部 928 家；期货公司 9 家，期货营业部 172 家；证券投资咨询机构 3 家。全年证券市场完成交易额 28.7 万亿元。分类型看，证券经营机构股票交易额 13.4 万亿元，比上年下降 22.3%；期货经营机构代理交易额 15.3 万亿元，比上年增长 20.7%，证券市场正处于良好发展的态势。

从保险行业来看，2018 年全年保费收入 3317.3 亿元，比上年下降了 3.8%，主要是由于寿险收入的下降。2018 年赔付额为 996.7 亿元，比上年增长了 1.3%，寿险赔付的增幅的下降直接拉低了保险行业的赔付增速。总体而言，2018 年保险行业在波动中发展。

（二）江苏实体经济发展现状

实体经济是整个经济社会发展的基础，江苏省作为全国的经济大省，其实体经济的发展走在全国前列。虽然 2018 年全省经济下行压力有所加大，自主创新能力还不够强，但全省实体经济依旧在逆势中发展。2018 年末全省工商部门登记的私营企业 286.79 万户，较上年增加 28.19 万户；全年新登记私营企业 48.95 万户，注册资本 25838.02 亿元，较上年增长 79.9%。年末个体户 590.10 万户，较上年增加 79.9 万户，全年新登记 109.54 万户。全年非公有制经济实现增加值 68057.6 亿元，占 GDP 比重达 73.5%，较上年提高了 0.1 个百分点；私营个体经济增加值占 GDP 比重达 49.9%，较上年提高了 4.2 个百分点；民营经济增加值占 GDP 比重达 55.6%，较上年提高了 0.2 个百分点。

产业结构优化是经济高质量发展的重要组成部分。2018 年江苏第一、第二、第三产业增加值分别为 4142 亿元、41248 亿元和 47205 亿元；第一产业就业人数不断减少，占各产业总就业人数的比重由 22.3% 降为 16.1%，第二、第三产业就业人数比重分别上升至 42.8% 和 41.1%。数据表明，江苏省产业由劳动力密集型向知识密集型转变，劳动力也由第一产业向第二、第三产业方向转移。在经济发展新常态下，江苏省及时调整并优化产业结构，提高了地方资源的利用率，进一步带动了地方经济的增长，为建设资源节约型、环境友好型社会，为实现新型工业化奠定了坚实的基础。

实体经济的发展离不开政策的支持。江苏省在政策上对实体经济的发展提供了政治基础，2018 年江苏省政府工作报告提出以制造业为主体的实体经济始终是江苏省发展的根基所在，必须围绕建设制造强省目标，把推进制造业高质量发展摆在突出位置。利用江苏省科教资源的"家底"，转化好科技成果，着力突破关键核心技术，推动产业加快迈向全球价值链的中高端。2018 年 3 月 22 日，江苏省政府印发《关于进一步推进物流降本增效促进实体经济发展的实施意见》（苏政办发〔2018〕17 号文件），从物流降本增效的角度提出对实体经济发展的促进意见。2018 年 11 月 4 日，江苏省政府又印发了《关于进一步降低企业负担促进实体经济高质量发展若干政策措施》，从降低税费负担、用地成本、用工成本、用电成本、物流成本、融资成本、创新成本及制度性交易成本八个方面提出了 28 项政策措施，为实体经济发展降本减负。政策的扶持为江苏省实体经济的发展奠定了坚实的基础，而"筑巢引凤"也同样至关重要。2018 年 10 月，在江苏无锡举办的 2018 实体经济发展大会上，世界各地实体经济发展的佼佼者及国内外经济学术大咖会集无锡，共话"实体经济发展新蓝海"。与此同时，民革中央实体经济调研基地落地无锡。

从需求方面看，实体经济的发展离不开市场，江苏省实体经济的发展同样离不开市场的扩展。2018 年江苏省社会消费品零售总额比上年增长 7.9%。按经营单位所在地划分，城镇消费品零售额增长 7.8%；农村消费品零售额增长 9%。按行业分，批发和零售业零售额增长 7.7%；住宿和餐饮业零售额增长 9.7%。全省限额以上社会消费品零售总额比上年增长 3.6%。总体来看，基本生活类消费增长平稳，部分消费升级类商品零售额增长较快，这也为实体经济的发展提供了市场条件。对外出口方面，2018 年江苏实现出口 26657.7 亿元，同比增长 8.4%，从出口主体看，国有企业、外资企业、私营企业出口额分别增长 17.7%、3.6% 和 15.1%；从出口市场看，对美国、欧盟、日本出口比上年分别增长 6%、6.9% 和 5.5%，对印度、俄罗斯、东盟出口分别增长 4.4%、10.5% 和 13%；从出口产品看，机电、高新技术产品出口额分别增长 8.9%、8.5%。目前，数字经济是市场发展的一个风口，这也为江苏省实体经济发展提供了新的增长点。阿里巴巴发布的《2018 年数字经济发展报告》的数据显示,江苏省 2018 年数字消费增速在全国排名第 3 位，仅次于广东、浙江两省。而人均消费方面，江苏省位列全国第 4。分城市看，苏州、南京在数字消费力排行榜中分别排名第 6 位和第 10 位。消费市场的繁荣为实体经济发展提供了广阔的空间。

从研发上看，实体经济的发展最根本的基础是研发，只有掌握了核心技术，才能走在行业的最前沿。江苏省实体经济的蓬勃发展也离不开企业研发能力的进步，国家统计局 2017 年全国科技经费投入统计公报显示，2018 年江苏省 R&D 经费投入 2504.43 亿元，仅以微弱差距次于广东省，占全国比重的 12.7%。从企业来看，2018 年江苏新认定的高新企业超过 8000 家，总数超过 18000 家，高新技术产业产值占规模以上工业产值比重超过 43%，科技进步贡献率达 63%，企业研发经费投入占主营业务收入比重提高至 1.3%，大中型工业企业和规模以上高新技术企业研发机构建有率保持在 90% 左右，国家级企业研发机构达到 145 家，组织开展关键核心技术攻关 131 项，实施重大科技成果转化 124 项。研发投入让实体经济的发展保质提速。

（三）江苏金融服务实体经济现状

2018 年，江苏省金融对实体经济的支持力度不减，资金结构流向更趋合理，金融风险平稳可控，为江苏经济保持较强韧性、迈向高质量发展提供了有力支撑。江苏省制造业贷款已连续 19 个月实现同比增长，实现保费收入位居全国第二。

从"总量"上看，社会融资规模反映实体经济从金融体系获得的资金。江苏省 2018 年社会融资规模增量为 1.52 万亿元，占全国的份额为 9.6%，比上年同期提高 0.9 个百分点，社会融资总量增长加快，在全国占比进一步提升。

从"结构"上看，信贷投向进一步优化，实体经济关键领域获得更多贷款支持。人民银行南京分行抽样调查显示，2019 年第一季度，制造业信贷需求指数较上季度提高 1.85 个百分点，连续 7 个季度在银行所有类型信贷需求中位列第一；制造业贷款审批指数比 2018 年同期提高 4.63 个百分点，为 2004 年开展此项调查以来最高水平。

根据江苏银保监局的统计数据，截至 2018 年 9 月末，江苏省银行业对钢铁、水泥、平板玻璃和煤炭行业的贷款比年初减少 79.71 亿元。数据表明，一是更多的资金"流"向了正在提档升级的实体经济，如十大战略性新兴产业、传统产业转型升级及支持科技企业发展；二是转移了更多沉淀在限控领域和低效项目的存量资金，压缩了产能过剩行业贷款。

江苏地方金融机构进一步提高了在服务"三农"和支持中小微企业的信贷投放比例。2018年下半年以来，江苏金融机构、监管部门和地方政府等精准聚焦民企和小微企业，通过建立民企融资会诊帮扶机制、推进综合金融服务"一网通"工程、小微企业转贷方式创新、强力推动企业在科创板上市等一系列措施，帮助实体经济特别是民营企业、制造业企业翻越融资"高山"。据人民银行南京分行的统计数据，2019年第一季度，全省信贷投向表现出"两增一降一回升"。"两增"是指民企新增贷款1178亿元，占全部新增企业贷款比重较2018年同期提高0.96个百分点；全省单户授信1000万元以下的小微企业新增贷款421亿元。截至9月末，江苏省普惠金融贷款余额8783亿元，同比增长18.3%，高于全部贷款增速5.7个百分点；农户贷款余额6726亿元，同比增长15.6%，超过全部贷款增速3个百分点。

江苏除采用多种方式助力实体经济发展外，还通过积极构筑产业金融体系的方式精准施策：发展互联网金融，助力"三农"，普惠民生；发展文化金融，促进文化产业快速成长，为经济转型升级注入新的活力；发展科技金融，孵化、扶持高新技术企业，创新经济增长模式；发展供应链金融，深化金融与产业资本融合，提升金融服务实体经济能力。

二、江苏金融服务实体产业的短板

（一）小微企业融资难

中小企业是实体经济的重要组成部分，近年来呈现出快速发展的态势。仅以南京市为例，2018年南京市新增注册中小企业5.5万户，同比增长10.4%，中小企业总量达到58.4万户，且近些年中小企业的发展增速一直保持在高位水平。中小企业虽然资金规模小，但是凭借其地域分布广、行业涉及多、经营者数量多等特点，在整个实体经济中不仅扮演着发展活力的角色，也在总量上占据着举足轻重的地位。比如，我国中小微企业最终产品和服务价值占GDP的比重约为60%，纳税占税收总额的比重约为50%。

但是中小企业的发展同样需要资金，融资难成为了制约中小企业发展的桎梏。从银行的角度看，银行放贷的根本目的在于盈利并合理规避风险。因此，企业向银行申请贷款需要通过层层把关，审核企业资本情况、经营风险，对于存在风险的企业需要提供抵押品。而从企业的角度看，小微企业尚处于起步或是成长阶段，相比较于成熟的大型企业，企业资本较匮乏，且未来盈利情况尚不明朗，经营风险性较大，且难以提供融资担保。在这种情况下，银行受到营利性的驱使，银行贷款这个"天平"就会明显地倾向于已经成熟的大型企业，从而降低银行贷款风险。然而，急需资金发展的中小企业往往更难获得融资服务，没有资金支持的中小企业难以发展，生存境况每况愈下，更难以获得融资服务。因此，小微企业发展就会陷入恶性循环。《中国小微企业金融服务报告（2018）》中数据显示，2018年我国金融机构小微企业贷款额占企业贷款余额的比重仅为32.1%，与经济贡献占比存在明显差距。

（二）企业融资成本过高

一直以来，"融资贵"都是阻挡我国企业发展的一座大山。企业的发展需要资金支持，而资金获得的成本过高却让企业发展捉襟见肘。清华大学中国金融研究中心发布的《中国社会融资成本指数》数据显示，当前我国社会企业融资平均成本达到7.6%。其中，银行贷款平均融资成本为6.6%，承兑汇票平均融资成本为5.19%，企业发债平均融资成本为6.68%，融资性信托平均融资成本为9.25%，融资租赁平均融资成本为10.7%，保理平均融资成本为12.1%，小贷公司平均融资成本为21.9%，互联网金融（网贷）平均融资成本为21%，上市公司股权质押平均融资成本为7.24%。7.6%的社会平均融资成本仅为利率成本，再算上各类因融资而产生的费用，这一水平将会超过8%，中小企业甚至大部分会超过10%，这对我国企业发展而言无疑是沉重的负担。

企业融资成本过高不是一蹴而就的，其主要受到以下四个方面因素的影响。一是民营金融机构还不够多。目前我国企业融资主要是依赖于商业银行贷款，民营机构在其中参与较少，也就在企业融资领域形成了僧多粥少的"寡头垄断"现象，卖方始终占据市场的主导。二是风险投资退出机制不完善，小微企业贷款风险相对更大，从这一特点来看，企业确实难以满足银行贷款的需求，而风险投资则是更适合小微企业，但目前风险投资退出机制不健全，IPO被叫停是常事，中小板和创业板的准入门槛又过高，大企业也看不上小微企业的发展。三是债券市场不发达，虽然近年来债券融资发展较快，但是大企业对于债券融资市场并不感兴趣，如此一来大企业依旧占据着绝大多数贷款资源。四是大企业参与套利活动，大企业本就有"贷款优先权"，通过低成本获得资本，再以其他方式贷款给中小企业，无形中拉长了融资链，在一道道转手的过程中融资成本也随之增加。

（三）企业融资过度依赖银行

我国金融体系是以银行业为主导，在融资领域同样如此，银行始终都是企业融资的首选。其中的原因显而易见，银行融资的成本相对较低。《中国社会融资成本指数》数据显示，从企业社会融资看，银行贷款占比为54.84%，承兑汇票占比为11.26%，企业信用债券占比为16.50%，融资性信托占比为7.66%，融资租赁占比为3.95%，保理占比为0.44%，小贷公司占比为0.87%，互联网金融（网贷）占比为1.10%，上市公司股权质押占比为3.39%（见图1-1）。不管是从贷款余额还是从企业贷款占比来看，银行贷款在企业融资市场都占据了大半江山，其余融资渠道只能分食残羹，这也反映出我国企业融资对于银行的过度依赖。

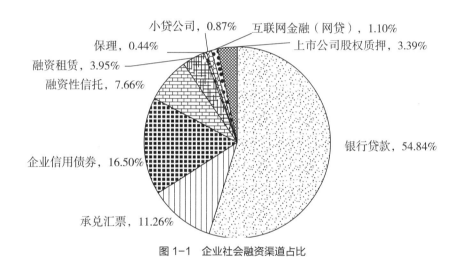

图 1-1　企业社会融资渠道占比

自20世纪80年代"拨改贷"实施以来，政府财政补助撤退的同时，国有企业未能及时建立起完善的资金补充机制，推动了杠杆率的提高，导致企业进一步融资的空间与能力受到限制。对于中小企业、民营企业，由于其自身的一些问题，融资渠道更为狭窄。另外，从融资市场来讲，虽然企业可以选择债券融资、股票融资等形式，但我国资本市场起步较晚，发行债券对企业的要求过高，仅有个别效益佳、信誉好的企业可以获得发行债券的权利，而这一类企业的资金相对宽裕。股票融资方面，虽然近年来我国股票市场发展迅速，创业板、中小企业板等相继问世，但能够上市的企业数量对于庞大的中小企业而言仍是杯水车薪。因此，更多有融资需求的企业不得不选择银行融资途径。

三、江苏金融服务实体产业发展优势

（一）金融服务实体力度增强

实体经济的发展需要金融做支撑，2018 年江苏省金融服务实体经济的力度依旧不减，相继组织了多个主题明确、成果突出的融资对接推进活动，研究并制定了一系列金融供给侧结构性改革举措，有力地推进了金融服务实体经济。2018 年江苏省银行业各项贷款余额增量位居全国第三，银行业全面完成了 2018 年度小微企业金融服务目标，全省全口径小微企业贷款余额达 3.29 万亿元，总量位居全国第二。从政策角度来看，习近平总书记多次强调金融"脱虚向实"，这也为金融服务实体经济奠定了大的基调。具体来看，兴业银行、华夏银行等相继制定了制造业贷款投放目标，浙商银行出台了《智能制造金融服务方案》等具体政策，都为实体经济的发展提供了"鲜活的血液"。

在调整金融体系结构方面，江苏省着力优惠融资结构和融资体系、市场体系、产品体系，提高金融服务实体经济的质量和效率。在优化融资结构方面，江苏省大力发展直接融资，加速推进了科创板和注册制落地实施，努力构建融资功能完备、基础制度扎实、市场监管有效、投资者合法权益得到有效保护的多层次资本市场体系。在完善金融机构体系方面，江苏省继续推动国有大银行战略转型，积极发展中小银行、民营金融机构和外资银行机构，完善非银行金融机构发展路径，提升证券、保险、信托、基金、融资租赁、保理、互联网金融等机构服务实体经济的能力。在健全金融市场体系方面，江苏省完善银行、证券、保险、基金等市场长期发展机制，加快推进利率、汇率和国债收益率市场化改革，提升金融市场效率，使市场在金融资源配置中起决定性作用。在丰富金融产品体系方面，江苏省通过技术创新、模式创新、产品创新和服务创新，为实体经济的发展提供更高质量、更有效率、更加个性化的金融服务和产品，拓展金融服务实体经济的广度和深度。

（二）小微金融精准助力发展

2018 年是江苏省小微金融转型升级的一年，从传统意义上的"大水漫灌"转变为有针对性的"精准滴灌"。从全国来看，四次定向降准、三次提高再贷款、再贴现率，无不反映出金融向小微金融的导向性。而江苏省小微金融发展同样引人注目，截至 2018 年 10 月末，全省小微企业达到百万户，较年初增加 12.23 万户，增长 13.17%。从贷款来看，小微企业贷款余额 3.29 万亿元，占全省贷款总量的近三成，占全国比重近一成；小微企业贷款较年初增加 2396.71 亿元，同比增长 7.86%，增量占全国增量的 10.66%。

针对小微企业"抵押难、周转难、审批难"的现状，各类机构精准发力，采取了很多有针对性的措施。为缓解"抵押难"的问题，江苏省银行业创新推出权利质押，以知识产权、股权等方式助力企业解决"融资无担保"问题，如南京银行针对科技型企业创新的"鑫智力"，江苏银行针对商贸流通企业创新的全流程线上化物联网动产质押产品。为解决"周转难"的问题，省内部分银行通过延长贷款使用期限等方式提高小微企业资金使用率，计息方式也更加灵活；部分银行还推出无还本续贷产品，确保企业资金周转畅通无阻，这一产品一经面世就受到市场的广泛欢迎。截至 2018 年 10 月，江苏银行业小微企业无还本续贷余额已突破 500 亿元。在缓解"审批难"方面，江苏省银行业进一步优化审批流程，建立"快审快贷"机制，在授信标准、审批流程等方面建立差异化管理机制，进一步提高金融服务效率，如常熟农商行的小微信贷工厂模式，就通过透明化、数量化、标准化的措施和碎片式的流水线审批模式，提高服务效率，确保贷款业务在两个工作日内完成审批。

（三）社会融资规模空前增长

长期以来，我国保持着以传统银行业为主的金融系统，实体经济的资金来源也都是以银行融资为主。随着社会的发展，实体经济对于资金的需求也越发强烈，传统银行融资的审核严、贷款慢等弊端也越发明显。相较于传统的银行融资，社会融资的灵活性更强，审批流程也更简单，更能够满足小微企业资金需求"短、频、快"的特点。从全国来看，2018 年全省地区社会融资规模增量 17699 亿元，位列全国第四，仅低于广东、浙江和北京。其中人民币贷款新增 13574 亿元，仅落后于广东省和浙江省，位列全国第三；未贴现银行承兑汇票新增 1065 亿元，位列全国首位；企业债券新增 2382 亿元，仅低于北京市和广东省，位列全国第三；地方政府转向债券新增 158 亿元，位列全国第一；非金融企业境内股票融资新增 472 亿元，仅低于广东省，位列全国第二。从全国排名来看，江苏省各项指标增项均在全国位列前茅，这也直接体现了全省社会融资的增长速度之快、发展水平之高。

从江苏省来看，2019 年第一季度全省社会融资规模新增 1.17 万亿元，同比增长 5363 亿元，相当于 2018 年全年新增水平的一大半。数据表明，2019 年江苏第一季度全省金融运行总体平稳，社会融资规模增长较快，信贷投放结构持续优化，2019 年 3 月末全省人民币企业贷款同比增长约 13.14%，民营企业新增人民币贷款占全部新增企业贷款比重较上年同期提高了 0.96 个百分点，制造业本外币贷款余额已连续 25 个月保持正增长，新增个人住房贷款占比较 2018 年同期继续下降。此外，全省贷款质量稳步提升，辖内银行业不良贷款余额 1476 亿元，比年初增加 46 亿元。不良贷款率为 1.18%，较年初回落 0.03 个百分点，低于全国平均 0.85 个百分点。上市融资方面，第一季度全省共有 7 家企业首发上市，融资额 45.31 亿元，首发家数位居全国第一；截至 3 月末，全省境内上市公司总数 408 家，总市值 4.36 万亿元。新增新三板挂牌公司 19 家，挂牌总数达到 1238 家，数量位居全国第三。保险方面，第一季度江苏人保财险积极对接经营模式改革，农业保险保障水平持续提高，共为全省农业发展提供风险保障金额 247.7 亿元，同比提升 9.8%。

四、江苏金融服务实体产业发展趋势

（一）金融服务实体经济水平持续提升

金融支持实体经济发展政策不断加码。2017 年 7 月，全国金融工作会议强调，金融要回归服务实体经济的本源，把为实体经济服务作为出发点和落脚点，全面提升服务效率和水平，把更多的金融资源配置到经济社会发展的重点领域和薄弱环节，更好地满足人民群众和实体经济多样化的金融需求。2017 年 10 月召开的党的第十九次全国代表大会，再次重申了金融回归本源要求，提出"着力加快建设实体经济、科技创新、现代金融、人力资源协同发展的产业体系""深化金融体制改革""增强金融服务实体经济能力，提高直接融资比重，促进多层次资本市场健康发展"。从政策要求层面进一步夯实了金融支持实体经济的基础。

货币政策传导机制加快疏通。运用信贷政策支持再贷款、再贴现等工具，引导金融机构加大对小微企业的金融支持力度。2017 年 9 月 30 日，央行宣布对普惠金融领域贷款余额或增量达到一定标准的商业银行进行 0.5%~1.5% 的定向降准。2018 年央行面向普惠金融定向降准；2018 年 8 月国务院金融稳定发展委员会（以下简称"金融委"）召开第二次会议，重点研究进一步疏通货币政策传导机制、增强服务实体经济能力的问题；2018 年 8 月 10 日，中国人民银行在发布的《2018年二季度货币政策执行报告》中也强调，下一阶段要重点疏通货币信贷政策传导机制；2018 年 8 月 11 日，中国银保监会下发《中国银保监会办公厅关于进一步做好信贷工作提升服务实体经济质效的通知》，表示要进一步疏通金融服务实体经济的"最后一公里"，提出了疏通货币政策传导机制，推动"稳就业、稳金融、稳外贸、稳外资、稳投资、稳预期"，未来信贷资源将向服务小微企业、"三农"、民营企业支持基础设施补短板项目、发展消费金融、服务进出口企业等领域倾斜。

（二）非金融企业投资金融机构势头减弱

近年来，随着中国金融业综合经营的快速发展，金融控股公司日益增多，大量非金融企业通过发起设立、并购、参股等方式投资金融机构。这一方面可以满足企业金融服务需求、提高资本盈利水平、降低交易成本和创造协同价值等；另一方面也存在部分企业与所投资金融机构业务关联性不强、以非自有资金虚假注资或循环注资、不当干预金融机构经营、通过关联交易进行利益输送等问题，这既容易助长脱实向虚，也容易导致实业风险与金融业风险交叉传递。中国人民银行前行长周小川在《党的十九大报告辅导读本》中指出，要建立健全金融控股公司规制和监管，严格限制和规范非金融企业投资金融机构，从制度上隔离实业板块和金融板块。2018 年 4 月 27 日，央行、证监会、银保监会联合发布《关于加强非金融企业投资金融机构监管的指导意见》，就非金融企业投资金融机构的准入资质、资金来源、关联交易防范、防火墙构建、新老划断等内容进行明确，对于金融机构的控股股东原则上要满足保持连续 3 年盈利、净资产不低于总资产 40% 等要求。

（三）金融支持实体经济的风险分担机制不断完善

政金企合作风险分担模式不断创新。在中央及各级地方政府引导下，我国各地逐步建立健全了政金企多方参与的风险分担机制。同时，政策性担保体系不断健全，监管科技应用水平不断提高。2017 年 5 月，中国人民银行成立金融科技委员会，进一步加强金融科技工作的研究规划和统筹协调，首次提出强化监管科技在金融监管中的应用实践，明确利用人工智能、大数据、云计算等前沿技术加强金融监管的手段，提升跨行业、跨市场交叉性金融风险的甄别、防范和化解能力，为监管科技对传统金融监管手段进行重构提供了强有力的理论与实践支撑。

江苏省可以借鉴深圳市运用监管科技的成功案例，探索"监管沙盒"：深圳金融办与腾讯合作建立非法集资等模型，从资金流入手，加强风险监控识别，利用智能技术对新兴金融实现广覆盖、穿透式监管；针对 P2P 网贷、典当等行业，从风险管理角度设置监测指标，并利用区块链技术确保数据实时报送，不可篡改；

针对新型网络化犯罪趋势，建立多维度预测预警模型，实现对网贷、众筹、交易场所、大宗商品交易、稀缺交易、微交易、贵金属交易以及区块链等重点领域精确预警，分类分级处置。

第二节　江苏产业金融发展指数综合评价

本节根据产业金融发展的特征与内涵，结合我国产业金融的发展情况，从资金支持度、结构优化度、服务有效度、创新发展度、环境适应度五个维度构建起江苏产业金融发展指数评价体系（见表 1–1），具体定义为：

（1）资金支持度。从资金总支持、信贷资金支持、证券资金支持、保险资金支持和明见资本（私募）五个方面评价江苏省对于产业金融发展的资金支持度。

（2）结构优化度。从非金融企业境内股票融资占社会融资规模增量比重、保险深度、年度私募股权投资规模与社会融资规模增量之比和境内股票市场非金融类企业市值占比四个指标来评价江苏省产业金融的结构优化程度。

（3）服务有效度。通过评估融资成本、地区证券化率和地方金融服务资源充足性等角度评价江苏实体经济发展的金融需求被满足的有效性程度。

（4）创新发展度。通过评估支持中小微企业创新成长、推动创新型金融业态发展等评价江苏产业金融发展的创新性。

（5）环境适应度。通过评估江苏营商环境、风险状况、政府支持力度以及中介配套环境等来评价环境是否适应江苏产业金融的发展。

表 1–1　产业金融发展综合评价指标

一级指标		二级指标		数据来源
维度	权重（%）	具体数据	权重（%）	
资金支持度	20	社会融资规模增量	4	统计口径由中国人民银行公布，数据引用自 Wind 数据库
		非金融企业及机关团队贷款余额	4	统计口径由中国人民银行公布，数据引用自 Wind 数据库
		非金融企业境内股票融资	4	统计口径由中国人民银行公布，数据引用自 Wind 数据库
		保费收入	4	数据引用自江苏省统计公报
		年度私募股权投资规模	4	数据引用自清科年报

一级指标		二级指标		数据来源
维度	权重（%）	具体数据	权重（%）	
结构优化度	20	非金融企业境内股票融资占社会融资规模增量比重	5	统计口径由中国人民银行公布，数据引用自 Wind 数据库
		境内股票市场非金融类企业市值占比	5	数据引用自 Wind 数据库
		保险深度	5	数据引用自江苏省统计公报
		年度私募股权投资规模与社会融资规模增量之比	5	数据引用自清科年报
服务有效度	20	人民币一般贷款加权平均利率	5	数据来自江苏省区域金融运行报告
		上市公司市值与 GDP 之比	5	数据引用自 Wind 数据库
		每百万人准金融服务机构数	5	准金融服务机构主要统计了小额贷款、融资租赁、商业保理和典当数量
		金融从业人数与从业人数之比	5	数据来自《江苏统计年鉴》
创新发展度	20	在新三板挂牌的企业数	5	新三板挂牌公司注册地在所在地区的数量
		区域股权市场挂牌企业数	5	江苏省股权市场中挂牌展示的企业总数
		私募基金管理规模（实缴）	5	中国证券投资基金业协会公布的数据
		年度并购交易规模	5	数据引用自清科年报
环境适应度	20	企业经营环境指数	5	引用自中国分省企业经营环境指数
		银行机构不良贷款率	5	数据来自江苏省区域金融运行报告，本指标为逆指标
		政府引导基金管理规模	5	数据来自投中信息
		中介服务机构得分	5	数据引自全国分省市场化指数得分

　　如表 1-2 所示，江苏产业金融分城市发展指数的排序中，南京、苏州、无锡、常州和南通在 2012~2018 年稳居前五名，且 13 个城市的排名在 6 年间大致保持稳定，呈现出"苏南发展快、苏北发展慢"的特征，且各城市排位在区间中相对固定，"弯道超车"的动力不足。

表 1-2　江苏产业金融分城市发展指数

序号	2012 年		2013 年		2014 年		2015 年		2016 年		2017 年		2018 年	
	城市	得分	城市	得分	城市	得分	城市	得分	城市	得分	城市	得分	城市	得分
1	南京	69.37	南京	70.51	南京	71.08	南京	72.53	南京	73.14	南京	74.09	南京	74.33
2	苏州	66.82	苏州	69.07	苏州	70.12	苏州	71.70	苏州	72.75	苏州	73.83	苏州	74.10
3	无锡	62.56	无锡	64.97	无锡	65.44	无锡	66.31	无锡	67.94	无锡	68.02	无锡	68.44
4	常州	61.48	常州	61.35	常州	62.03	常州	63.42	常州	65.34	常州	65.59	常州	65.81
5	南通	60.02	南通	60.13	南通	60.87	南通	61.02	南通	62.05	南通	62.94	南通	63.02
6	镇江	55.32	镇江	54.76	镇江	55.28	镇江	55.77	徐州	56.44	徐州	56.86	徐州	57.12
7	徐州	53.08	徐州	54.41	徐州	54.58	徐州	54.97	镇江	55.28	镇江	55.29	镇江	56.43
8	扬州	51.02	扬州	51.23	扬州	51.43	扬州	52.53	扬州	52.78	扬州	52.93	扬州	54.05
9	泰州	48.44	泰州	49.73	泰州	49.76	泰州	50.16	泰州	50.63	泰州	51.17	泰州	52.66
10	盐城	46.94	盐城	47.73	盐城	47.85	连云港	48.31	连云港	48.54	连云港	49.16	连云港	59.73
11	连云港	46.85	连云港	46.99	连云港	47.73	盐城	47.94	盐城	48.47	盐城	48.85	盐城	49.28
12	淮安	45.33	淮安	45.58	淮安	46.82	淮安	46.85	淮安	46.92	淮安	47.13	淮安	47.90
13	宿迁	45.12	宿迁	45.40	宿迁	45.99	宿迁	46.12	宿迁	46.47	宿迁	46.83	宿迁	46.98

第三节　总结与启示

基于以上综合评价分析，可以概括出以下三点结论：一是结构优化和创新发展是推动江苏产业金融发展综合指数逐步提升的关键因素；二是经济发达城市普遍具有较为优秀的产业金融指数，即经济水平与产业金融发展水平呈现正相关关系；三是江苏产业金融分城市发展指数排名在 2012~2017 年内几乎无变化，说明城市产业金融发展具备学习曲线效应。依据后面的具体分析，可将江苏产业金融发展的整体特征概括为资金支持增长缓慢、结构优化加速、资金配置效率提高、金融服务覆盖度不足、金融服务参与者素养低、创新发展增速迅猛和金融环境提升空间小七项具体表现。并在此基础上，总结归纳了江苏产业金融发展取得的成绩、面临问题以及策略建议。

一、取得成绩

（一）产业金融对实体经济的资金支持度保持稳定

2014~2018 年，江苏社会融资规模增量分别为 13440 亿元、11394 亿元、16758 亿元、15244 亿元和 17699 亿元，总体保持增量的稳定；非金融企业及机关团队贷款余额在 2018 年达到 78488.50 亿元，远高于北京和上海。

（二）结构优化加速，保险业发展加强对实体经济的保障

江苏保费收入从 2013 年的 1446.08 亿元上升到 2018 年的 3317.28 亿元，增长率达到 129%，体现其高速增长的态势；保险深度从 2013 年的 2.38% 上升到 2018 年的 3.58%，其增长率超过 1 个百分点。

（三）资金配置效率提高，金融服务实体经济势头良好

制造业乃经济领域重中之重，其金融服务情况备受关注。2019 年 1 月，全省制造业贷款新增 352 亿元，同比多增 200 亿元，增速创近 14 个月以来的新高。在苏州，制造业新增贷款 102 亿元，占全部新增贷款的 11.8%，高于全省平均的

8.67%。南通制造业贷款较年初增加 36.55 亿元，制造业新增贷款占全部新增贷款比重达 11.60%，较上年末提高 0.85 个百分点。

（四）民企融资获得感增强，小微企业拥有更多发展机会

截至 2019 年 1 月底，江苏省本外币贷款新增 4000.28 亿元，比 2018 年同期多出 1714.36 亿元。其中，非金融机构及机关团体贷款新增 3197.96 亿元，短期贷款占比略高，新增 1429.65 亿元，且以企业流动资金贷款为主。中国银行江苏省分行、中国工商银行江苏省分行、东台农商行、泰隆银行苏州分行以及招商银行南京分行纷纷针对小微企业进行服务创新：2019 年 1 月中国工商银行江苏省分行发放民企贷款 51.91 亿元，民企客户新增户数占新增客户的 90% 以上。

二、面临的问题

（一）固定资产投资增速不断下滑

2011 年以来，江苏省固定资产投资增速已经由 20.49% 下滑至 2017 年的 5.5%，为历年来新低。其中，民间固定资产投资增速下滑增速更大。一方面，这是当前去产能、调结构的阶段结果，是经济转型过程中的必然过程；另一方面，反映出社会融资成本依旧过高的问题，社会投资尤其是民间投资所面临的"融资难、融资贵"问题依旧突出。

（二）房地产业巨大的资金"吸血效应"阻碍其他实体产业发展

长期以来，我国房地产业庞大的资金需求规模极大地占据金融资源，江苏省也不例外。江苏省房地产业 2015~2018 年国内贷款额占当年金融机构新增贷款的比重由 82.81% 降到 43.55%，虽然下降幅度很大，但目前江苏省金融机构支持实体经济的全部资金中有超过一半流向房地产业，挤占其他实体产业所需的融资资源。

（三）金融机构难以满足社会发展需求

截至 2018 年 6 月，江苏省每百万人准金融服务机构数不足 20 家，每百万人专业中介服务机构数仅为 32 家，远远不能满足普通老百姓与小微企业获取资金

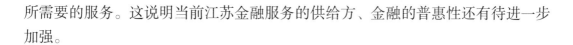

所需要的服务。这说明当前江苏金融服务的供给方、金融的普惠性还有待进一步加强。

（四）金融机构与企业的信息不对称

融资的成败取决于金融机构对企业信息的判断，因此金融机构与企业之间的信息沟通桥梁是否被割裂，就直接影响到企业是否通过考核获得融资。银行只参考传统负债类数据，初次申请融资的企业并没有传统负债类档案，因此就会造成企业首次贷款的困难。这一问题究其原因还是在于部门间社会综合性信息没有形成统一的数据库。

三、策略建议

围绕江苏省产业金融发展现状和特征，以更好地服务实体经济为目标，借鉴国内外产业金融发展的成功案例，建议未来江苏产业金融服务实体经济需要把握以下六点：

（一）引导银行类金融机构加大服务实体经济创新力度

鼓励银行设立绿色金融、普惠金融、科技金融专营机构、事业部或支行，提升江苏省银行业金融机构服务绿色经济、科技创新的水平。进一步响应并扩大"信贷联动"，探索股债结合的创新型融资方式。鼓励引导银行类金融机构拓宽抵押品范围，创新开展知识产权质押、股权质押、应收账款质押、仓单质押以及未来收益权质押贷款。

（二）加大证券业和保险业支持实体经济发展力度

一方面，鼓励企业发行短期融资券、中期票据、企业债、公司债、双创债、创投债及中小企业私募债和集合债等债券融资。创新资产证券化业务，探索推动 PPP 项目资产证券化、知识产权证券化、房地产资产证券化，大力提升资产证券化率。另一方面，引导保险类金融机构开发面向中小微企业的信用保险、贷款保证保险等业务服务以增强对实体经济的综合风险保障和综合融资能力，拓宽保险资金支持实体经济的渠道，引导保险资金投向基础设施建设和产业发展中。

（三）金融科技促进产融结合

首先，应当抓住全球金融科技快速崛起和我国深化供给侧结构性改革的发展机遇，扩大江苏省现有的科技优势和人才优势，推进金融行业代际跃迁，重塑江苏省金融业的发展格局，推动省内金融机构运用金融科技创新金融行业信用和风险经营模式，化被动为主动，大力发展新兴金融；其次，应当支持有条件的产业集团通过收购等方式拓展金融业务板块，向产业金融控股集团转型，深化产融结合、投融结合。

（四）推动金融规范化发展

加强对非法集资等案件的打击和处置力度，规范和引导民间投融资健康发展，拓宽民间投融资渠道，借鉴国内外金融监管的经验加强监管科技运用（如区块链、云计算等）以提高风险防范水平，动态监测、及时预警。主动适应新兴金融的发展特征、探索推行"沙盒监管"模式，建立与传统金融相辅相成的金融监管模式。

（五）构建统一社会信用体系

梳理企业与金融机构间的信息沟通渠道，让金融机构在对企业融资进行风险评判时可以有更多信息选择。由政府统一牵头，各职能部门机构及行业自律组织等多方联动，将个人企业信息情况汇总并整理入数据库，通过搭建平台向社会提供信息查询端口。当企业向金融机构申请融资时，金融机构可以主动从平台中搜索企业的综合信息，而不是被动接受企业传统负债的单方面信息。

（六）因地制宜，分城施策

在江苏省产业金融总体发展战略的指引下，根据省内不同城市、不同区位、不同经济功能区划的发展现状、资源禀赋和功能定位，探索多元化的产业金融发展模式，规划各具特色的产业金融发展路径，寻找有前景的产业金融增长极。同时，积极开展形式多样的产业金融融合发展实践，不断丰富和完善产业金融发展理论，推广应用产业金融发展成功经验，促进省内各地区产业金融协同共进、蓬勃发展。

对产业金融进行量化分析、比较，是查找问题、探究思路的基础，也是推动江苏省产业金融快速健康发展的必要条件。因此，本篇在对产业金融相关理论进行概述、剖析的基础上，借鉴国内外研究成果，从资金支持度、结构优化度、服务有效度、创新发展度、环境适应度五个维度，构建较为科学的评价体系，对江苏省产业金融的发展情况进行量化研究。本篇构建的江苏产业金融指数评价体系，具有导向性、前瞻性、开放性、可得性与科学性等原则，能够较为全面客观地反映江苏省产业金融的发展情况，在指标赋值和数据处理的过程中也听取了多个金融部门、科研院所的专家意见，力图使指标体系达到科学性与实践性的统一。

通过本篇所构建的评价指标体系，我们对江苏省产业金融指数进行了测算，并得出了相应的结论：

在对江苏省产业金融发展指数2011~2018年的"纵向"比较中可以发现，江苏产业金融发展指数的得分处于逐年攀升的态势，每年都保持着增长的势头。以2011年为基期，当2011年数值为100时，2017年为138.72，7年间共增长了54.68%，体现出较快的增长速度。这说明对于江苏省而言，金融业与其他产业的融合程度在不断加深，金融业对实体经济的促进和推动程度不断增强。

在对江苏省产业金融发展指数2018年的国内"横向"比较中，对于经济大省的"比拼"，江苏、广东、浙江的差距不大，分别为49.77、51.39和46.18，山东和福建得分相对较低，与前三省相比差距明显。由此也可以看出，作为国内GDP较高的3个省份，江苏、广东、浙江在产业金融发展层面各有千秋，并未存在明显的差距，这也给江苏产业金融快速发展、抢占先机提供了有利条件。

2012~2017年，江苏省各城市的产业金融得分均处于持续增长状态，这与省级数据的情况是完全一致的，也说明近年来江苏省产业金融得到了快速发展，前进的步伐也较大，金融业服务实体经济的质量不断提升。但是江苏省各城市产业金融的发展，则呈现出"苏南发展快、苏北发展慢"的特征，且各城市排位在区间中相对固定，"弯道超车"的动力不足。

第二章

产业金融的相关理论与指数框架

在本章的研究和分析中，我们对产业金融的相关理论进行了介绍，界定和阐述了产业金融的内涵，分析了产业金融的功能和目标，同时还展望了产业金融的未来发展前景。在此基础上，结合国内外的相关研究以及江苏省产业金融的发展实际，我们从资金支持度、结构优化度、服务有效度、创新发展度、环境适应度五个维度，构建了江苏省产业金融指数的量化评价体系。指数体系的构建遵循了导向性、前瞻性、开放性、可得性与科学性等原则，力图全面客观地对江苏省产业金融的发展情况予以刻画。

第一节　产业金融的相关理论

一、产业金融的概念

产业金融是在现代金融体系趋向综合化的过程中出现的依托并能够有效促进特定产业发展的金融活动总称。产业与金融的相互融合、互动发展、共创价值、产融结合、产业为本、金融为用、产融一体化是必然大势。

产业金融主要研究产业与金融的相互融合、互动发展、共创价值，是一门较为前沿的研究领域。对于"产业金融"这一概念，有狭义与广义之分。狭义的产业金融是指以产业为基础，充分发挥金融业务对产业的资金融通、资源整合、价值增值等方面的支持作用，从而在产业和金融相互融合中加快产业发展的一种新的金融业态，如汽车产业金融、农业产业金融、装备制造产业金融等；广义的产业金融是指所有金融机构服务于不同产业的发展、满足产业金融需求的总称，它涵盖了金融支持产业的所有领域，是一个非常庞大的服务体系，反映了产业对金融服务的需求问题。本书中产业金融主要基于广义内涵讨论，即是以满足生产者的融资需求为主要功能的金融体系。产业金融的基本原理是以产业为基础平台，以金融为催化剂，金融与产业良性互动创造新的价值，实现财富的倍增效应。

产业金融是一个系统工程，其商业模式包括三个组成部分：第一，产业金融是一个产业发展的金融整体解决方案。第二，产业金融的基本原理为四个资本化，即资源资本化、资产资本化、知识产权资本化、未来价值资本化。第三，产业金融的实现路径有三个阶段，即前期的资金融通，通过资源的资本化解决资金的融通；中期的资源整合，运用融通资金培育核心能力，通过核心能力整合社会资源；后期的价值增值，在整合资源的基础上创造价值，通过资本运作放大价值。发展产业金融前景广阔。

（一）产业金融的内涵

产业金融就是产业与金融的紧密融合，在融合中加快产业的发展。产业发展对资金的需求犹如人体对血液的要求，而金融在提供资金来源方面起到了决定性的作用。产业是基础平台，金融起到催化剂和倍增剂的作用，金融与产业互动创造新的价值，大大地加快财富累积的速度，推动产业的稳步、快速发展。从资本的角度做产业，产业的财富放大效应会迅速增加；而金融只有与产业融合才能产生放大效用，产生更大价值。金融对产业发展的主要功能是融通资金、整合资源、价值增值，发展产业金融大有可为。如汽车金融、互联网金融、新能源金融、航运金融、文化金融、房地产金融、物流金融、交通金融、科技金融、养老金融等。

（二）产业金融特征

第一，产业金融是产业经济社会化大生产的特定产物，主导产业是产业金融存在和发展的主要载体，新兴产业为产业金融的发展提出了新的课题。它的发展与经济发展周期、经济发展阶段、产业发展周期都是紧密相连的，并在不同的阶段表现出明显的不同特点。

第二，产业金融是联结产业发展和金融发展的纽带，是缓解产业发展目标和金融发展目标之间的矛盾、促进产业与金融协调发展的重要手段。同时，产业金融又是市场金融与政府金融的纽带。产业金融手段既受政策的影响，又要运用各种市场化的金融手段。因此，如何协调两者之间的关系是产业金融研究过程中的难点和必须解决的问题。

第三，产业金融的发展在有利于产业结构的调整和金融体系创新的同时，也可能带来相当大的成本。这些成本主要来自两个方面：一是金融发展成本，包括加剧二元金融、强化金融抑制和加大金融风险；二是产业发展成本，即产业金融在支持出口导向和进口替代战略过程中，可能由于保护落后和引起不公平竞争对产业的发展构成障碍。

第四，在经济发展的初级阶段，产业金融的发展对经济发展有着特殊的重要性。随着经济水平的提高，产业金融对经济发展的作用也逐步减弱，最终产业金融将随着经济发展而逐步淡出。但是由于金融市场失灵始终存在，市场并不能完全取代产业金融的作用。产业金融淡出后，市场成为金融资源配置中的最重要力量，金融机构在其中扮演着重要的角色，同时，政府依然可以发挥独特的作用。

第五，经济和产业的二元性决定了金融的二元性。产业金融的商业模式包括三个组成部分：一是产业金融是产业发展的金融整体解决方案。二是产业金融的基本原理为四个资本化，即资源资本化、资产资本化、知识产权资本化、未来价值资本化。三是产业金融的实现路径有三个阶段：前期的资金融通，通过资源的资本化解决资金的融通；中期的资源整合，运用融通资金培育核心能力，通过核心能力整合社会资源；后期的价值增值，在整合资源的基础上创造价值，通过资本运作放大价值。

（三）产业金融的功能

产业金融主要有四大功能，具体如下：

一是推动产业转型。从宏观角度来看，产业转型是一个综合性的过程，包括产业在结构、组织和技术等多方面的转型。从微观角度来看，产业转型是指一个行业内资源存量在产业间的再配置，也就是将资本、劳动力等生产要素从衰退产业向新兴产业转移的过程。例如，近年来，北京、上海、沈阳等地政府把一些落后的纺织、森工、机械制造等工业企业关闭，把厂房改造为经济型酒店或者发展工业旅游，转型为现代服务业。

二是推动产业升级。这主要是指产业结构的改善和产业素质与效率的提高。产业升级必须依靠技术进步和金融支持。例如，农业大省山东、河南、安徽、湖南的一些农产品加工企业，20年前做粮食、奶制品等农产品的初加工，面向国内销售；而近10年来，在国家产业政策等支持下，发展农产品精深加工，面向全球销售，获取高额附加值。

三是推动产业转移。产业转移包括国际产业转移和国内产业转移。产业转移是指在市场经济条件下，发达地区的部分企业顺应区域比较优势的变化，通过跨区域直接投资，把部分产业的生产转移到发展中地区进行，从而在产业空间分布上表现出该产业由发达地区向发展中地区转移的现象。就国内产业转移来说，目前主要是东部沿海地区的产业向中西部地区转移，如珠江三角洲、长江三角洲、环渤海地区的一些产业向中西部地区梯度转移；各地在国家和地方产业政策、财税政策、金融政策支持下有选择地对接产业转移项目。

四是推动新兴产业发展。产业金融不只是推动传统产业转型升级和产业转移，还要根据国民经济和社会发展规划，积极推动高新技术产业、战略性新兴产业、先进制造业、现代农业等健康发展，推动服务业特别是现代服务业发展壮大，使经济发展更多地依靠现代服务业和高新技术产业、战略性新兴产业；推动文化产业、旅游产业快速发展，提高文化软实力，条件优越的地区发展全域旅游使文化产业、旅游产业成为国民经济支柱产业。由此可见，产业金融是符合新动能发展的产业与金融结合方式。

产业金融通过推动产业转型、产业升级、产业转移、新兴产业发展，形成了以现代农业为基础、新型工业与信息产业为主导、高新技术产业与战略性新兴产业为先导、基础产业为支撑、现代服务业为支柱的产业发展新格局。产业金融与产业经济的良性互动发展，将有力地促进我国经济转型升级和提质增效。

二、产业金融分类

产业金融可以按主导主体、产业类型、产融范围和手段四个视角来进行划分，有助于加深对产业金融活动的认识，提高推动产业发展的政策的科学性。

（一）按主导主体划分

根据市场和政府在金融发展中的作用，可以将产业金融分为市场主导型和政府主导型。前者强调市场在金融资源配置领域的基础性作用，后者强调政府对产业金融的调控作用。在产业的初创期，产业需要大量的资金投入，但产业自身融资能力弱，产业风险较大，内部融资困难。由于产业规模较小、产业信用度低、市场需求小、产品质量低等因素无法通过商业银行筹集到大量的资金支持，外部融资困难。因此，政府在发展产业金融的过程中起着非常重要的作用，通过政府的积极干预，采用非均衡发展战略，引导金融系统支持重点行业的发展，促进产业的成长并带动其他相关产业的迅速发展。

（二）按产业类型划分

现代金融服务于不同的产业，根据产业的类型可将产业金融划分为：汽车金融、房地产金融、农业金融、科技金融、环保金融、网络金融、新能源金融和其他产业金融等。商业银行、政策性金融机构和非银行金融机构为特定的产业提供融资服务，支持该产业的发展。

依据产业的类型，目前我国的产业金融服务主要有：汽车金融、网络金融、新能源金融、航运金融、环境金融、房地产金融、物流金融、交通金融、科技金融等。

（三）按产业金融的范围划分

根据产业金融的范围，可将产业金融划分为全国性的产业金融和区域性的产业金融。由于全国性的产业政策和区域性的产业政策是紧密相连的。因此，全国性的产业金融与区域性的产业金融在很大程度上是为相同的目标服务的。区域性产业金融目标的实现是全国性产业金融目标实现的基础。但是由于范围不同，导致这两个层面上的产业金融行为有很大差别。首先，从权力范围来说，国家可以根据产业和金融体系的发展状况制定相应的产业金融政策，具有较强的主动性，而区域性的产业金融只能在国家有关政策条件下发展，从这个意义上说区域性的产业金融发展是被动的。其次，由于权力范围的差异，导致两者所可能进行的金融创新行为也是有本质的区别的。全国性的产业金融行为可以根据环境的变化而改变金融规制的条件，从而实现金融制度的创新，同时为开发新的金融产品创造条件。而区域性的产业金融只能在现有的金融制度和金融规制条件下实现有限的创新，主要是通过对现有金融工具进行组合，从而实现创新。当然，随着金融规制条件的放松和金融产品的增加，区域性的产业金融将有更多的创新空间。最后，全国性的产业金融与区域性的产业金融可能会产生矛盾和冲突，这主要有以下两方面的原因：第一，由于区域发展的不平衡，国家在制定相应的产业金融政策时要考虑各地区的协调问题，这可能会对一些地区（尤其是发达地区）的产业金融发展形成阻碍，而区域性的产业金融政策会更贴近本地区发展的实际，有利于本地区产业金融的更快发展；第二，全国性的产业金融服务于全国性的产业政策，会从全国范围来考虑产业布局和产业结构的调整以及金融资源的配置，而区域性的产业金融则服务于区域性的产业政策，不可避免地会更加注重本地区的产业发展，因此有可能造成区域间的资源浪费和低水平的恶性竞争。

（四）按产业金融手段划分

从产业金融的手段上看，金融体系对产业发展的支持可以通过市场手段和政策性手段。市场手段是在相关政策（在很多情况下是优惠政策）的支持下，通过市场来实现金融体系对产业发展的支持。它的供给方可以是按市场规律运作的金融机构，也可以是政府，主要手段包括贷款、担保、权益性融资、保险、信托、基金，等等，市场型的产业金融手段主要由商业银行和其他非银行金融机构来提供。这种产业金融手段存在于市场轻微失灵的领域，政府的相关政策只要能解决市场失灵的问题，就能有效发挥市场在资源配置中的积极作用。政策性手段的供给主体主要是政府，主要的手段包括政策性贷款、贴息和注资，等等，政策型的产业金融则主要通过政策性银行和其他官方、半官方的金融服务机构来提供。这种产业金融手段存在于市场严重失灵的领域，依靠市场的力量几乎不可能对产业形成有力的金融支持。

产业的发展离不开金融机构的资金支持，我国支持产业发展的金融机构主要有：私募股权基金、风险投资基金、政府引导基金、中小企业发展专项资金、金融租赁公司、投资担保公司、投资银行和政策性金融机构。

三、产业金融相关基础理论

产业金融的相关理论主要是利用博迪和莫顿的金融功能理论、金融风险理论、资本化条件下的产业融合理论以及与之紧密联系的经济发展周期理论、产业生命周期理论，对分析产业金融现象具有指导作用。

（一）金融功能理论

持有传统的金融理论观点的人认为，现存的金融市场活动主体及金融组织是既定的，并有与之相配套的金融规章和法律来规范各种组织的运行，现有的金融机构和监管部门都力图维持原有组织机构的稳定性。金融体系所有问题都应在这种既定的框架下来解决，即使要牺牲效率也是值得的。上述观点的明显缺陷是当经营环境的变化以及这些组织机构赖以存在的基础技术以较快的速度进行革新时，银行、保险及证券类机构也在迅速变化和发展，由于与其相关法律和规章制度的制定滞后于其变化，金融组织的运行将会变得无效率。针对这一缺陷，R. Merton 和 Z. Bodie 于 1993 年提出了功能主义金融观点（Functional

Perspective）理论。

金融功能理论具有两个假定，一是金融功能比金融机构更加稳定。随着时间的推移和区域的变化，金融功能的变化要小于金融机构的变化。从金融机构的纵向来看，以银行为例，现代商业银行的组织设置和机构布局与早期的货币代管机构相比，已经发生了翻天覆地的变化；从横向来看，处于不同地域的银行其组织设置也不同，但履行的功能却大致相同。二是金融功能优于组织机构。金融功能比金融的组织机构更加重要，只有机构不断创新和竞争才能最终使金融具有更强的功能和更高的效率。在前述假定前提下，R. Merton 和 Z. Bodie 认为，从功能金融观点看，要先确定金融体系应具备哪些经济功能，然后据此来设置或建立能够最好地行使这些功能的机构与组织。任何金融体系的主要功能都是为了在一个不确定的环境中帮助不同地区或国家之间在不同的时间配置和使用经济资源。

（二）金融风险理论

金融风险是指任何有可能导致企业或机构财务损失的风险，如金融市场风险、金融产品风险、金融机构风险等。一家金融机构发生的风险所带来的后果，往往超过对其自身的影响。金融机构在具体的金融交易活动中出现的风险，有可能对该金融机构的生存构成威胁。具体的一家金融机构因经营不善而出现危机，有可能对整个金融体系的稳健运行构成威胁。一旦发生系统风险，金融体系运转失灵，必然会导致全社会经济秩序的混乱，甚至引发严重的政治危机。

（三）产业融合理论

产业金融的基本原理就是通过资源的资本化、资产的资本化、知识产权的资本化、未来价值的资本化实现产业与金融的融合，促进其互动发展，从而实现价值的增值。

第一，资源的资本化。资源资本化是将自然状态的资源，特别是稀缺资源实现资本化，稀缺自然资源主要包括土地、矿产、生态、环境等，允许这些资源要素在合理的交易机制下进行转换和转移，实现资源市场化及优化配置。金融市场的功能就是对稀缺资源进行配置，利用资本市场的高效率，对资源进行合理的分配利用，有利于资源的价值发现和价值最大化，也有利于重点产业的快速发展。在房地产金融中，土地与环境资源是房地产关键性的投入要素，随着社会的发展，土地与环境资源的稀缺程度日益提高，这种稀缺性使其具有很高的经济价值，通过市场功能将其参与到房地产的资本运营中去，以创造意想不到的价值。

第二，资产的资本化。资产资本化是将资产视为可交易的商品，通过资产要素在资本市场上的交易、转换和转移，为企业带来资本增值效益。产业金融就是将企业资产放入金融市场，以资本的形式流动起来。资产在资本化以后就会以各种形式向各种方向流动，追寻能够实现最大资本收益的主体，在客观上促进资源的有效配置。要提高效率就要激励资产通过交易转移到最能创造价值的人手里，并通过公正的收益分配制度来进行保障。资产资本化使资产从静态的实物化资产转变为动态、价值化的资本。资产资本化包括两个方面：一是企业的资金资产，二是实物资产。资金资产资本化使得资金从沉淀状态脱离出来参与流动，资金只有在流动中才能增值。实物资产资本化使得实物资产得以盘活为流动资产，从而在流动中获得增值。

第三，知识产权的资本化。知识产权主要包括专利（发明、适用新型、外观设计）、版权、商标、商业机密等所有权，通过市场机制实现知识产权的资本化。在企业的发展初期由于缺乏资金，企业创始人往往会借助产权市场通过将其知识产权作价入股，以获取外部资金。产权交易市场可以为科技成果提供技术产业化的资金，这种方式对于科技成果拥有企业是非常有利的。技术产权交易市场丰富了资本市场的层次，不仅使技术交易从合同转让进入到资本市场，形成"双轮并进"格局，而且使中小科技企业也能进行市场化融资，被挖掘并转化为"第一桶金"。

第四，未来价值的资本化。未来价值资本化就是将在未来才能够实现的价值包括稳定的现金流、预期收入、未来经营权等，使其提前实现交易，通过证券融资和债券融资等手段将其提前转化为资金资产。未来价值资本化的重心在于如何将具有前瞻性的未来价值，将其合理地打造成交易商品并在当下获得投资者或未来使用者的信任。在交通金融中，交通产业有"投资几年，收益几十年"的特点，未来价值资本化显得相当重要，未来价值挖掘得越多，盈利性就越强。现在高速公路建设常用的 BOT 融资模式就是未来价值资本化的典型，政府将公路的未来经营权提前出让与投资方，如投资方也提前"付款"，将会缓解公路建设期的资金压力。

（四）经济发展周期理论

经济周期（Business Cycle）是指经济运行中周期性出现的经济扩张与经济紧缩交替更迭、循环往复的一种现象。是国民总产出、总收入和总就业的波动。经济在运行过程中会循环往复地出现扩张与紧缩，并被划分为繁荣、衰退、萧条和复苏四个阶段。

经济周期的特征有以下四点：一是经济周期不可避免；二是经济周期是经济活动总体性、全局性的波动；三是一个周期由繁荣、衰退、萧条、复苏四个阶段组成；四是周期的长短由周期的具体性质所决定。具体而言，繁荣，即经济活动扩张或向上的阶段（高涨）；衰退，即由繁荣转向萧条的过渡阶段（危机）；萧条，即经济活动收缩或向下的阶段；复苏，即由萧条转向繁荣的过渡阶段。

（五）产业生命周期理论

产业生命周期是每个产业都要经历的一个由成长到衰退的演变过程，是从产业出现到完全退出社会经济活动所经历的时间。一般分为初创阶段、成长阶段、成熟阶段和衰退阶段。

产业通常指生产同类产品的企业组合。就具体产业而言，是从产生到成长再到衰落的发展过程。该过程分为四个阶段：初创阶段（导入期）、成长阶段、成熟阶段和衰退阶段。

产业生命周期表现的阶段性特征：导入期的企业数量少，集中程度高。技术不成熟，产品品种单一，质量较低且不稳定。市场规模狭小，需求增长速度缓慢，产业生命周期各阶段的特征具体如下：初创阶段（也叫幼稚期）需求的价格弹性也很小；产业利润微薄甚至全产业亏损。进入壁垒低，竞争程度较弱，产品定价各自为政。在成长阶段，大量厂商进入，产业内部集中程度低。生产技术日渐成熟和稳定，产品呈现多样化、差别化，质量提高且稳定。市场规模增大，需求增长迅速，需求的价格弹性也增大，产业利润迅速增长且利润率较高；进入壁垒低，内部竞争压力大，竞争形式主要表现为价格竞争。在成熟阶段，产业集中程度高，出现了一定程度的垄断。技术较成熟，产品再度无差异化，产品质量较高。市场需求增长速度明显减缓，需求的价格弹性减小，产业的利润达到很高的水平。进入壁垒高主要体现为规模壁垒，竞争手段转向非价格手段，持续时间较长，是产业发展的稳定阶段。若有技术创新，则会有更长期的持续增长。在衰退阶段，厂商数量减少，需求也逐渐减少，销售下降、利润降低。新产品和替代品大量出现，原有产业的竞争力下降。

产业生命周期的阶段性特点决定了产业金融在产业生命周期的不同阶段中拥有不同的特点和发展规律。首先，在初创阶段，产业自身融资能力至关重要，决定了资源配置的总量，能否获得足够的资金是产业能否进一步发展的关键。但该产业的代表企业资产规模小、技术不成熟、产品单一，缺乏业务记录和财务审计，企业信息是封闭的、不完全的。如果此时的企业又只是涉足这一新生产业，那么其从事的产业将面临更多的不确定性，此时产业本身的发展远远落后于金融产业的发展，难以获得金融体系的认可。因而外源融资的获得性很低，获得风险投资机会甚微，企业有时不得不依赖内源性的融资。在这种不得已的情况下，产业的发展与金融不自觉地融为一体。但是，由于内源性的融资受到规模上和方向上的诸多限制。因此，又进一步加大了该产业发展的风险，而风险的增大又进一步隔绝了外源性融资的可能性。产业在发展初期与金融的这种恶性循环会由于得不到所需要的融资而被扼杀在萌芽状态。正因如此，需要通过特殊的金融体制——产业金融的介入，来推动新兴产业的发展。在此阶段，产业金融的作用就在于加快新兴产业向主导产业转变，从而带动其他相关产业发展的进程。其次，在成长阶段——高速发展阶段（摆脱束缚阶段），外源性资源配置逐步增多。随着企业规模的扩大，追加投资使企业的资金需求猛增，同时可用于抵押的资产增加，并有了初步的业务记录，信息透明度和信用也随之提高，于是企业开始更多地依赖金融中介的外源融资——商业银行信贷。其他的融资手段，如债券融资、权益融资等也逐渐成为可能，而金融系统也开始愿意为该产业提供支持，并与其合作，甚至可能通过金融创新手段来为产业提供量身定制的优质服务。在这一时期中，总体而言，产业更多的是依靠商业银行来为之发展提供支持。此时，产业发展与金融体系的发展逐步同步，相互支持、相互促进，是产业金融急需解决的重大课题。

四、产业金融与产融结合

（一）产融结合的内涵

产业金融的系统运作是实现产业与金融的一体化，实现系统性的运作。产融一体化也就是产融结合，是指产业与金融业在经济运行中为了共同的发展目标和整体效益，通过参股、持股、控股和人事参与等方式而进行的内在融合。产融结合是企业达到相当规模后实现跨越式发展的必经之路。这种模式是众多国内外大型企业集团发展的轨迹之一，当今世界 500 强企业中有 80% 以上都成功地进行了产融结合的战略行为。

（二）国外产融结合的发展

世界产融结合的历史被划分为四个阶段：一是产融自由融合时期（20 世纪 30

年代前），发达国家实行自由竞争的市场经济，政府对金融业和产业的融合方式基本采取放任自流的政策；二是金融业分业管理时期（20世纪30年代至70年代末），30年代的大危机引起了人们对垄断和间接融资与直接融资混合的疑问，于是美国率先实行银行业和证券业的分业经营，其他国家也大多追随美国的模式，使产融结合进入了以金融业分业经营为主的时期；三是产融结合的曲折前行时期（20世纪80年代至20世纪末），以美国为代表的西方国家普遍发生了经济滞胀，有关放松金融管制、实行金融自由化的政策主张迅速兴起，金融创新成为这一时期学术界和实业界争议的话题；四是产融结合蓬勃发展时期（21世纪初至今），全球经济蓬勃发展，金融创新从理论走入实践，产融结合多样化发展，融合的程度不断加深。

（三）国内产融结合的发展

中国企业产融结合主要有三种模式：

第一，"产业＋商业银行"模式。该模式是大型国企通过参股或新成立商业银行来实现产融结合，如首钢集团成立华夏银行。

第二，"产业＋保险公司"模式。该模式是大型企业参股或自身成立保险公司的产融结合模式。

第三，"产业＋财务公司"模式。该模式是大型国企设立的为企业集团成员单位提供财务管理服务的非银行金融机构的产融结合模式[①]。河钢以产融结合为主线，持续推进产业资本的金融化与金融资本的产业化，先后成立了财达证券、河钢财务、河钢租赁、河钢保理、河钢售电、河钢碳资产等金融和类金融公司，整个资金链的创效能力大幅提升。2018年，河钢创新成立以数字经济为导向的"河钢供应链管理公司"，作为产业金融板块的平台公司，对集团旗下金融和类金融企业实施战略管控。

中国的产融结合可以划分为三个阶段：一是产业资本向金融资本融合阶段（20世纪80年代后期及90年代初）。中国产融结合的起步主要是政府发展大型企业集团的战略，其基本动因是资本的扩张需求，主要表现为工商企业参股金融企业。二是产融结合的治理阶段（20世纪90年代中期）。大量的产业资本开始进军金融产业，组建、参股证券，信托等金融机构出现了较为严重的混乱状况。中央政府于1995年颁布了《中华人民共和国商业银行法》，规定银行不允许参股企

---

① 参见：http://www.hbisco.com/site/group/nosteela/index.html。

业，一些商业银行开始退出产业领域。这一阶段产融结合的主要动因是资本的盈利性需求，普遍追求最高收益率的经营模式使不少商业银行盲目创新业务，产融结合风险初显。三是产融结合的曲折发展阶段（20 世纪 90 年代后期开始）。随着资本市场的高速发展，产融结合的发展也呈现出势头迅猛的态势。

五、产业金融与产业政策的关联

产业政策是有效配置资源、弥补市场缺陷的政策，当市场的资源配置功能失效时，政府采取一系列干预政策。其中，市场调节占主要地位，政府财政政策和金融政策起引导作用。当市场恶性竞争导致资源分配不合理、经济效率低下时，政府为实现本国的经济目标和解决就业问题而实施一系列的宏观调控政策。又如战略性新兴产业和高科技产业的发展需要国家的扶持，而市场无法合理分配相应的社会资源到该领域，政府必须出台相关的产业政策引导资金、技术、人才向该行业流动。

金融是现代经济的核心，也是产业发展的轴心，产业金融的发展与产业政策有着密切的联系。产业政策是基础，脱离了产业政策，产业金融无从谈起。产业金融是产业政策得以成功实施的重要保证，产业金融服务的范围和发展的条件是制定产业政策过程中必须考虑的重要因素。

金融是产业政策的重要手段，这就决定了产业金融的发展与产业政策有着密切的联系。首先，产业政策是一切产业金融活动的基础，脱离了产业政策，产业金融是不可想象的；其次，产业金融是产业政策得以成功实施的重要保证。

第二节　产业金融评价基础

一、产业金融的运作机理

产业发展是经济发展的基础，金融对产业发展的支持是金融促进经济发展的重要途径和表现方式。金融与产业发展的联系决定了产业金融的必要性。首先，产业金融是以产业发展为出发点和最终落脚点的，因此它和产业发展有着密切的联系，能否实现产业发展是产业金融是否成功最重要的衡量标准。同时，产业金融还是一个金融问题，产业金融仍然在一定程度上反映了金融自身发展的需要，所以产业金融是联结产业发展和金融体系的纽带。其次，产业金融是在产业金融政策指导下的金融活动，因此产业金融与政策密切相连。而同时又有很大一部分的产业金融活动依然是在一定的市场规则下运行的，虽然在不同的经济、金融发展阶段、不同的产业金融活动中，政策和市场的比例会有所不同，但是并不妨碍产业金融成为联结政府金融和市场金融体系的纽带。最后，产业金融从需求的角度来研究金融问题，不仅为金融研究提供了一个全新的视角，而且是评价金融体系效率和有效性的重要方面。

麦金农和肖的金融抑制和金融深化理论认为，内源性的融资彻底割断了产业与金融业的有机联系，破坏了产业金融体系发挥作用的基础。通过金融深化，提高实际利率并使之维持在正的水平上，有利于减少对落后产业的投资，将更多的资金投入到先进的产业中去，从而加快产业的优胜劣汰和产业结构的高度化、合理化。从这个意义上说，金融深化是产业发展和产业结构升级的内在要求，而产业的发展又将反作用于金融深化，为金融的进一步深化创造必要的条件。当然，在这过程中的一个重要环节是金融机构有充分的信息和能力正确区分落后产业和先进产业。

根据休·帕特里克的"需求追随"和"供给领先"理论，产业结构的升级引起金融结构的调整和发展。产业发展规模的扩大，要求金融业提供更大规模的金融服务，同时伴随着产业结构升级而引起的企业技术创新、企业制度创新、市场规模扩大及其复杂化，要求金融业提供更为复杂的金融服务。社会化大生产的发展，企业规模不断扩大，引致了直接融资的需求，股票、债券市场随之产生。经济规模的扩大、经营风险的提高，引致了企业对衍生金融产品的需求。而金融结构的调整和变化为整个社会产业的发展提供了更为宽广的融资渠道以及降低经营风险的完善的金融服务，也为产业发展或产业结构的优化提供了更加有利的发展环境和更大的发展空间。而产业金融所支持的对象往往是处于起步阶段的产业，这个产业中的企业大多为中小企业，这些企业的管理、财务制度尚不健全，市场前景也不明朗，这使得这些企业的贷款风险大大增加。但是，金融机构的风险管理策略必须把审慎性放在突出重要的地位，这显然和产业发展的内在要求有明显差距。从产业发展的角度而言，要求商业银行通过加大对中小企业和民营企业的支持力度来推动特定产业的发展。而从金融发展的角度来看，要求金融体系加强风险控制、安全经营，这势必会影响金融体系对中小企业和民营企业的授信。产业发展和金融发展间存在的这种不同的内在要求大大地影响了产业的发展，也限制了金融中介作用的发挥。产业成长要求金融成长，金融成长促进产业成长，两者形成良性循环；反之，一方的滞后会制约另一方的成长，从而形成恶性循环。产业金融之所以成为联结产业发展和金融发展的纽带，是因为它使解决上述产业发展和金融发展间的矛盾成为可能。产业金融政策背后的意义就在于它为金融体系对特定产业的发展扫清了障碍，通过政策引导机制、担保机制和利益补偿机制使金融体系对特定产业的发展提供金融支持符合金融体系审慎性的风险管理要求，从而使两者间建立有效联系成为可能。这种有效联系的建立解决了产业发展过程中的问题，尤其是产业发展的初级阶段中会经常遇到的资金瓶颈，大大地拓宽了产业的资金来源。充足的资金来源有利于产业更快地实现从萌芽—成长—成熟各个阶段的转变，有利于其更早地确立竞争优势，促进产业和经济更快、更好地发展。财务公司是经银保监会批准的、由大型企业集团投资成立的、为本集团提供金融服务的非银行金融机构。自1987年5月我国第一家企业集团财务公司成立以来，全国能源电力、航天航空、石油化工、钢铁冶金、机械制造等关系国计民生的基础产业和各个重要领域的大型企业集团几乎都拥有了自己的财务公司。

二、产业金融的发展历程

产业金融是服务于特定产业的金融活动，在中国的发展主要经历三个阶段：起步探索阶段、初步形成阶段和快速发展阶段。

（一）起步探索阶段

20世纪90年代至21世纪初，我国金融体系逐步完善，证券、保险、基金、期货、政策性银行、农村信用社等融资机构进一步被规范，规模不断壮大，金融资本为产业的发展提供了资金支持。在此期间，由于我国的市场经济刚刚起步，金融资源的有效配置无法实现，政府部门不得不引导金融系统支持几个重点行业的发展（如汽车产业、互联网行业、高科技产业），促进重点产业的成长并带动其他相关产业的迅速发展。与此同时，一些大型企业集团（如海尔、新希望、东方等）将产业资本投入金融机构（包括信托、租赁、银行、证券和保险），扩大业务领域，分散投资风险。但这只是产业资本与金融资本的简单融合，不是规划的产业金融，我国的产业金融处于起步探索阶段。

（二）初步形成阶段

2004 年 8 月，中国第一家汽车金融公司——上海通用汽车有限公司在上海开业，标志着我国产业金融进入初步形成阶段。重点产业与金融的融合无论在理论上还是实践上，都取得了显著的成效。私募股权基金、风险投资基金为新兴产业提供融资服务，解决中小企业融资难困境。主导产业和大型企业集团通过产业投资基金、股权投资基金、金融租赁公司等金融机构筹集资金，服务于重点产业的发展。政府设立政府引导基金、政策性银行支持特定产业的发展，各个产业在与金融的互动发展中实现了跨越式发展。随着全球经济结构的调整和中国诸多领域产业转型与产业升级，我国的产业金融在理论体系建设和实践上日趋成熟。

（三）快速发展阶段

当前，江苏省在积极推行发展高质量的前提下，通过发展产业金融，增强了高技术产业、科技产业的优势，提高了科技创新能力和国际竞争力。文化、物流、交通航运和汽车金融有了新的发展。近年来除传统的银行外，供应链核心企业、电商平台、互联网金融企业等纷纷加快产业金融的布局，成为产业金融的"外援团"，让市场呈现多元化、白热化的竞争态势。像京东、苏宁等核心企业，掌握了上下游企业的交易数据，通过"供应链 + 互联网"方式实现产融深度结合，纷纷成立自己的供应链金融公司，试图用互联网的方式提高效率，改造产业链发展。互联网企业、物流公司也纷纷跨界供应链金融，采取搭建生态圈、依托自身平台等模式进行产品创新，利用 AI 等新技术赋能产业金融。此外，在互联网金融严监管的背景下，不少互联网金融企业探索产业金融转型。多种产业金融不断出现，支持产业发展的金融机构和金融业务也在不断创新，江苏省的产业金融进入快速发展阶段。

三、产业金融的发展趋势

（一）产融一体化趋势

产融结合一体化是必然趋势，在这个过程中，产业金融有可能成为产业升级的新动能。一般意义上说，产业金融是指利用金融为产业服务，是产业与金融的紧密融合，在融合中加快产业的发展，如科技金融、能源金融、交通金融、物流金融、环境金融，等等。

产业金融的商业模式包括三个部分：第一，产业金融是一个产业发展的金融整体解决方案。第二，产业金融的基本原理为四个资本化，即资源资本化、资产资本化、知识产权资本化、未来价值资本化。第三，产业金融的实现路径有三个阶段，即前期的资金融通，通过资源的资本化解决资金的融通；中期的资源整合，运用融通资金培育核心能力，通过核心能力整合社会资源；后期的价值增值，在整合资源的基础上创造价值，通过资本运作放大价值。

不可否认的是，产融结合是企业达到相当规模后实现跨越式发展的必经之路。这种模式是国内外众多大型企业集团发展的轨迹之一，当今世界 500 强企业中，有 80% 以上都成功地进行了产融结合的战略行为。在此背景下，产业金融的主力军供应链金融也得以焕发活力再次站上风口。前瞻产业研究院数据显示，2017年中国供应链金融市场规模为 13 万亿元，这个数字预计在 2020 年将增长至 15万亿元。在实体企业融资难、融资贵的大背景下，以供应链金融为代表的产业金融愈发受到重视。

基于市场需求，政策相继出台助推发展。2017 年 10 月，国务院办公厅印发《关于积极推进供应链创新与应用的指导意见》，提出鼓励商业银行、供应链核心企业等建立供应链金融服务平台，为供应链上下游中小微企业提供高效便捷的融资渠道。2018 年 4 月，八部委联合下发《关于开展供应链创新与应用试点的通知》，提出在全国范围内开展供应链创新与应用试点，明确要推动供应链核心企业与商业银行、相关企业开展合作，加强互联互通和数据共享，创新供应链金融服务模式，积极委托开展供应链金融服务。

亚洲金融合作协会第一副理事长、中国银行业协会专职副会长潘光伟认为，金融是实体经济的血脉，为实体经济服务是金融的天职。新一轮金融变革与创新要回归本源，把服务实体经济发展作为出发点和落脚点，通过打造产融合作对接平台，丰富完善多渠道融资机制，促进技术创新、产业升级与金融的良性互动发展，将资源精准配置到经济社会发展的重点领域和薄弱环节，降低实体经济融资成本，实现经济价值与社会价值有效统一，努力打造新型银企互利共赢关系，构建银企命运共同体。未来需要做好以下四点：

一是提供综合解决方案，推动高新技术研发、转化和运用。技术创新的过程包括研发阶段、转化阶段和产业化阶段，这三个阶段均离不开金融的支持与驱动，并且不同阶段的融资需求各不相同。要根据技术转化运用的不同阶段，动态灵活地运用现代金融工具，推动产、学、研深度合作，实现技术资本、金融资本与生产资本的功能性转化，使得高精尖的科研成果走出"实验室"，并转化为先进生产力和经济增长新动能。

二是创新产品与服务，缓解创新型中小企业融资难题。中小企业一方面在新兴产业和科技创新领域起着举足轻重的作用，另一方面又面临着"融资难、融资贵"的困境。对此，要根据创新型中小企业"轻资产、高风险、周期长"的特点，推动直接融资和间接融资共同发展，为其提供多元化、系统性的资金支持。

三是变革服务模式，推动产业与金融有效融合。新一轮产业变革推动先进技术与现代产业体系有机结合，促进农业、工业、服务业三次产业融合协调发展。尤其是工业互联网会打破工业生产的生命周期，在产品设计、研发、生产制造、营销、服务等环节形成闭环。这一互联互通的生产模式客观要求金融机构改变以往"点对点"的服务模式，创新发展供应链金融、产业链金融、生态链金融等的"链式"产融结合模式。

四是深化金融国际合作，赋能全球产业链重构升级。与前几次技术革命不同，新一轮技术变革是全球化的，无论是发达国家还是新兴市场国家都积极参与其中，使国际分工变得更精细、更专业，也更复杂，任何一个国家都难以单独构建完整产业链。这对金融国际合作提出了更新、更高的要求。这就需要商业银行、政策性银行、投行、基金以及双边和多边金融机构通力合作，大力发展银团贷款、并购重组、离岸金融、结算汇兑等跨境金融业务，共筑互联互通的国际金融服务网络，为全球产业链重构升级注入新动能。

（二）产业资本化趋势

纵观国外发达国家产业金融的发展进程可以发现，产业金融的发展都是基于比较发达的金融市场之上，在产业与金融的互动发展中逐步实现产业的资本化。在过去的几十年间，中国资本市场从无到有、从小到大、从区域到全国，金融业迅速发展壮大，金融资产规模大幅增加。中国的资本市场在规范中发展，在发展中规范，一直在稳步前进。随着规模的不断壮大，制度的不断完善，证券期货经营机构和投资者不断成熟，中国资本市场将逐步成长为一个在法律制度、交易规则、监管体系等方面与国际普遍公认原则基本相符的资本市场。

近年来，中国金融市场对外逐步开放，金融体系不断完善。国内金融市场和国际金融市场相互贯通，并以国际金融中心为依托，通过信息网络和金融网络形成全球统一的、不受时空限制的、无国界的全球金融市场。同时，中国大量引进先进的金融技术，不断进行金融创新，增加金融服务品种，提高服务质量。金融手段、金融工具趋于多样化，金融风险控制能力不断提高，金融与产业的融合也取得了巨大的成功。

中国金融机构在三股力量的驱动下正在不断进行产品创新：首先，市场需求驱动。金融产品的转换成本很低，且波及效应很大，这就迫使金融产品必须随客户需求的变动而变动，否则金融机构将失去大量相关客户。因此，金融机构要时刻关注现有和潜在客户的需求变化，及时创新产品，维持老客户、争取新客户。其次，竞争挑战驱动。中国加入 WTO 后，不少国外金融机构进驻中国，试图凭借其先进的管理理念、雄厚的资本、丰富的业务模式等优势来开拓中国市场。对于中国的金融机构而言，这无疑是巨大的挑战，因此急需进行金融产品创新，维持并扩大业务规模。最后，持续创新驱动。金融产品有很强的可复制性，必须不断持续创新。一个好的产品问世，竞争对手能够较简单地分析产品结构，并进行复制和创新升级，只有自身保持不断的创新才能有力地阻止客户流失。

中国资本市场已经取得了长足发展，金融创新也正在如火如荼地进行，在这样的环境下，产业金融无疑具备了良好的发展环境，产业资本化将是产业金融发展的大趋势。

四、产业金融的评价要素

根据我国产业金融的一系列特征，我们认为应把重点放在投入环节，从资金投入看，首先关注资金支持力度，其次需要分别观察银行信贷、资本、证券、保险等资金使用结构，最后是观察投向是否合理，与产业转型升级大方向是否吻合。

融合结构是否优化。除银行投入外，重点评价直接投资是否改善，私募股权、股票市场中非金融参与程度，小微企业资金需求改善程度，涉农贷款、相对欠发达区域资金满足程度、绿色信贷规模、增量等金融创新对产融结合的推动活动。主要指互联网金融、众筹、私募、民营银行、融资租赁、新三板、创业板、孵化器等新型融资手段对产融结合所起的积极作用。自己供给机构的合理竞争。构建良好的产融关系，需要有强大的金融机构参与，希望银行、证券、保险业集中度较低，机构间能进行较为充分的市场竞争，企业财务公司规模大，私募基金中企业参与程度高，大型企业集团具有的金融公司力量较强，融资担保能占较大社会融资份额。

产业金融发展的外在环境十分重要。包括商业银行、保险业等金融机构偿还支付能力、政府产业引导基金规模、参与意愿，区域内政府营商服务意识、八项规定严格坚持，金融中介人力资本、机构健全等。

第三节　产业金融发展指数的编制框架

一、指数编制背景

随着中国由高速增长向高质量发展阶段转变，从分散风险、配置资源、扩大消费的视角看，金融服务对实体经济"压舱石"和"顶梁柱"的重大效用和战略意义愈发凸显。党的十八大以来，金融服务实体经济已成为党中央和国务院对全国金融工作提出的一项重要方针和基本要求。从中央到地方，各级各地政府先后出台和实施了一系列金融服务实体经济的政策措施，有力推动了供给侧结构性改革，促进经济提质增速、转型升级。伴随着金融服务实体这一本质要求的推动落实，金融与实体经济的融合发展有了新的突破和表现。融资租赁、私募基金、新型民营银行等一批新兴金融业态长足发展，投贷联动、投保联动、跨境贷款、众筹融资等一批新的金融服务实体经济模式得到创新，金融科技、绿色信贷、绿色债券等新兴发展理念开始兴起，金融服务产业的方式和产融结合的实践均有了探索尝试并取得了一些成效。

江苏省作为中国的经济大省，不仅在经济发展方面位居国内前茅，金融业发展也较为迅速。2018 年，江苏 GDP 总量排名全国第二，这也得力于江苏金融与实体产业的高效融合。江苏产业金融发展过程中，采用多种方式联合为实体经济运行提供所需资金，助推实体经济发展与壮大。在此背景下，以江苏省为例，对产业金融发展指数进行编制和评估，将为金融服务实体经济、支持产业创新提供客观依据，同时也可以为各级政府优化金融体系、促进产业发展提供针对性的政策建议。

二、指标编制原则

为了客观、真实地反映产业金融的内涵与特征，并使江苏省产业金融的发展情况得到全面的呈现，在指标编制和设计的过程中，应遵循如下五条原则：

一是导向性原则。对于江苏省而言，产业金融发展指数指标体系的设计要充分发挥导向和引领作用，所选取的指标必须能够反映产业发展的状况并揭示存在的问题，从分析结果和价值判断层面引导金融机构和广大投资者更多地支持产业发展和实体经济，引导产业金融更好、更快地发展。

二是前瞻性原则。江苏产业金融发展指标体系的构建应立足中国的历史变迁和江苏的发展实践，并着眼于长远发展的趋势，充分预见江苏产业金融发展的新主体、新工具、新市场和新业态。

三是开放性原则。评价指标体系应保持动态性和开放性，根据宏观经济的发展情况、中观产业的运行情况以及微观企业的运营状况及时修订，并根据新情况、新特征的变化，对指标体系加以健全和完善。

四是可得性原则。评价指标体系要具有代表性与公正性，同时兼顾数据的可获得性，尽量使用和采集可量化、可比较的指标，通过公开数据或第三方可靠数据进行翔实的论证。

五是科学性原则。指标评价的选取要有科学依据。对于指标如何定义、如何计算、如何处理，都必须规定具体、指向明确，指标之间的相关性和稳定性同时符合统计科学的要求。

三、评价体系框架与核心指标定义

根据产业金融发展的特征与内涵，结合我国产业金融的发展情况，江苏产业金融发展指数从资金支持度、结构优化度、服务有效度、创新发展度、环境适应度五个维度构建起指数评价体系，具体定义为：

一是资金支持度。该维度下共有 5 个评价指标，主要从资金支持的视角，通过评估全社会融资规模及银行、证券、保险三大行业提供的资金支持状况，综合判断江苏省金融体系对实体经济发展的服务支持状况。具体指标为社会融资规模增量、非金融企业及机关团队贷款余额、非金融企业境内股票融资、保费收入和年度私募股权投资规模。

二是结构优化度。该维度下共有 4 个评价指标，主要从金融体系为实体经济所提供的资金结构维度，综合判断江苏省金融服务实体经济的符合结构合理性状况。具体指标为非金融企业境内股票融资占社会融资规模增量比重、境内股票市场非金融类企业市值占比（％）、保险深度、年度私募股权投资规模与社会融资规模增量之比（％）。

三是服务有效度。该维度下共有 4 个评价指标，主要从金融体系为实体经济所提供服务的效率维度，通过评估融资成本、资本市场发展情况、金融服务中介情况，综合判断和分析江苏省金融服务实体经济的有效性。本维度的具体指标为人民币一般贷款加权平均利率、上市公司市值与 GDP 之比（％）、每百万人准金融服务机构数、金融从业人数与从业人数之比（％）。

四是创新发展度。该维度下共有 4 个评价指标，主要从金融体系为实体经济所提供服务的创新维度，通过评估新兴金融业态和对新兴社会经济活动的支持情况，综合评判当前江苏省金融发展体系的创新发展水平和对实体经济的创新贡献。具体指标包括在新三板挂牌的企业数、区域股权市场挂牌企业数、私募基金管理规模（实缴）、年度并购交易规模。

五是环境适应度。该维度下共有 4 个评价指标，主要从产业金融发展的外部环境维度，通过评估政务效率、金融风险、政策支持与中介发展情况，综合判断当前江苏省宏观环境对支持产融结合、引导金融服务实体经济是否起到了正向促进作用，作用机制如何。具体指标包括企业经营环境指数、银行机构不良贷款率、政府引导基金管理规模、每百万人专业中介服务机构数。

表 2-1 展示了江苏省产业金融发展评价体系的指标构成，共从 5 个维度选取了 21 个指标来反映江苏省产业金融发展的状况，每一项指标基本上选取了相对量来评估，指标均来源于可获得的公开统计数据或第三方权威数据。

表 2-1　江苏省产业金融发展评价体系的指标构成

序号	一级指标	二级指标	指标说明
1	资金支持度	社会融资规模增量	统计口径由中国人民银行公布，数据引用自 Wind 数据库
2		非金融企业及机关团队贷款余额	统计口径由中国人民银行公布，数据引用自 Wind 数据库
3		非金融企业境内股票融资	统计口径由中国人民银行公布，数据引用自 Wind 数据库
4		保费收入	数据引用自江苏省统计公报
5		年度私募股权投资规模	数据引用自清科年报

续表

序号	一级指标	二级指标	指标说明
6	结构优化度	非金融企业境内股票融资占社会融资规模增量比重	统计口径由中国人民银行公布，数据引用自 Wind 数据库
7		境内股票市场非金融类企业市值占比（%）	数据引用自 Wind 数据库
8		保险深度	数据引用自江苏省统计公报
9		年度私募股权投资规模与社会融资规模增量之比（%）	数据引用自清科年报
10	服务有效度	人民币一般贷款加权平均利率	数据来自江苏省区域金融运行报告
11		上市公司市值与 GDP 之比（%）	数据引用自 Wind 数据库
12		每百万人准金融服务机构数	准金融服务机构主要统计了小额贷款、融资租赁、商业保理和典当数量
13		金融从业人数与从业人数之比（%）	数据来自《江苏统计年鉴》（2012~2019）
14	创新发展度	在新三板挂牌的企业数	新三板挂牌公司注册所在地区的数量
15		区域股权市场挂牌企业数	江苏省股权市场中挂牌展示的企业总数
16		私募基金管理规模（实缴）	中国证券投资基金业协会公布的数据
17		年度并购交易规模	数据引用自清科年报
18	环境适应度	企业经营环境指数	引用自中国分省企业经营环境指数
19		银行机构不良贷款率	数据来自江苏省区域金融运行报告，本指标为逆指标
20		政府引导基金管理规模	数据来自投中信息
21		中介服务机构得分	数据引自中国分省市场化指数

四、数据收集与处理

本书的数据区间为 2011~2018 年，涉及 21 个指标共 168 个数据，所有指标均经过预处理、标准化处理、指标赋值、指数化处理等过程，具体如下：

第一步：对数据进行预处理。由于所涉及的指标较多，部分指标的官方数据并未及时发布或者存在缺失的情况。为此，在进行数据标准化处理之前，通过插值法、平均值法等方式，对所缺失的数据进行了填充，保持了数据的完整性。

第二步：对数据进行标准化处理。本书指标体系选取 2011 年的各项指标数据作为指标体系的基准值，即 2011 年各项指标指数化后的得分汇总为 100。需要注意的是，由于部分统计指标缺乏数据或各年度统计口径不一，本书对 2011 年部分指标基准值进行了相应调整。

在 2011 年基准值确定的基础上，标准化处理的具体方式为：

对于正指标（即越大越好的指标），标准化公式为：指标相对量化值 = 指标原始值 /2011 年基准值。

对于逆指标（即越小越好的指标），标准化公式为：指标相对量化值 =2011 年基准值 / 原始指标值。

第三步：对指标进行赋值。本书体系指标权重的赋值采取分层赋权的方法，一级指标、二级指标的权重由专家评估法确定。专家评估法是由相关领域专家依据自身的经验知识，主观判断各指标的重要性，指标最终的权重分配值可直接由 K 个专家独立给出的权重值的平均得出，或者利用频数统计法来确定权重，即对于每个指标，将其 K 个权重分配值按照一定的组距进行分组，计算每组内权重的频数，频数最大的分组的组中值就是相应指标的最终权重值。专家评估法的优点主要体现在三个方面：一是充分利用专家的经验知识，能根据专家经验综合全面考虑各种外界影响因素，方法的可靠性较高；二是指标权重的计算以传统的描述性统计为主，如求解均值和统计频数，简单直接；三是不受是否有样本数据的限制，能对大量非技术性无法定量分析的指标做出概率性估计。从总体上来说，该方法的适用范围很广，适用于指标数量适中的各种评价体系，特别是对于那些没有样本数据、难以建立数学模型的实际问题，比较行之有效。

本评价指标体系通过对 20 名高校专家学者（中国社会科学院、南京大学、东南大学、南京农业大学、南京财经大学、安徽财经大学），10 名金融监管机构（人民银行、银保监会、证监会、金融办）专家，20 名金融领域（银行、保险、证券、基金、信托、普惠金融机构）相关人员发放问卷调查，通过专家评估法最终获取一级指标与二级指标的权重赋值，如表 2-2 所示。

表 2-2　江苏省产业金融发展评价体系一级指标与二级指标的权重分布

序号	一级指标	一级指标权重（%）	二级指标	二级指标权重（%）
1	资金支持度	20	社会融资规模增量	4
2			非金融企业及机关团队贷款余额	4
3			非金融企业境内股票融资	4
4			保费收入	4
5			年度私募股权投资规模	4
6	结构优化度	20	非金融企业境内股票融资占社会融资规模增量比重	5
7			境内股票市场非金融类企业市值占比（%）	5
8			保险深度	5
9			年度私募股权投资规模与社会融资规模增量之比（%）	5
10	服务有效度	20	人民币一般贷款加权平均利率	5
11			上市公司市值与 GDP 之比（%）	5
12			每百万人准金融服务机构数	5
13			金融从业人数与从业人数之比（%）	5
14	创新发展度	20	在新三板挂牌的企业数	5
15			区域股权市场挂牌企业数	5
16			私募基金管理规模（实缴）	5
17			年度并购交易规模	5
18	环境适应度	20	企业经营环境指数	5
19			银行机构不良贷款率	5
20		20	政府引导基金管理规模	5
21			中介服务机构得分	5

第四步：对数据进行指数化处理。将年度相关指标的标准化得分与指标权重相乘后加总，再将指数加总结果放大 100 倍，即可得到年度江苏省产业金融发展指数，包括一个综合指数和五个一级指标分项指数。

第三章

江苏产业金融发展指数

在所构建的评价指标体系的基础上，可以从多个层面对江苏省产业金融的发展情况进行量化测度，以确定江苏省产业金融的发展趋势与区域地位。因此，本章从"纵向"比较的角度，对 2011~2018 年江苏省产业金融的总体发展指数与各维度情况进行计算，得出江苏省产业金融的发展趋势，刻画其脉络、反映其特征；从"横向"比较的角度，对 2018 年江苏省与国内主要地区在产业金融发展方面的数据进行分析，总结江苏省的优势与不足；从省内城市的角度，对江苏省产业金融发展的城市指数进行衡量，得出发展的具体情况，力求更为全面具体地反映问题。

第一节　江苏省产业金融总体发展指数

一、产业金融综合指数结果

图 3-1 反映了经测算得出的江苏产业金融发展指数（2011~2018 年），评价结果显示，江苏产业金融发展指数在 2011~2018 年的得分处于逐年攀升的态势，每一年都保持着增长的势头。以 2011 年为基期，当 2011 年数值为 100 时，2018 年为 1199.31，共增长了 1099.31，体现出较快的增长速度。这说明对于江苏省而言，金融业与其他产业的融合程度在不断加深，金融业对实体经济的促进和推动程度不断增强。

进一步的研究发现，除了产业金融发展指数的绝度值逐渐增长外，江苏省产业金融发展指数的年增长率也整体处于增长状态。由图 3-1 可知，2011 年的增长率为 4.97%，2014 年的增长率就达到了 96.83%。在 2014 年之后，各年份的增长率数值均在 50% 左右，尤其是 2017 年和 2018 年，江苏产业金融指数增长率的数值均为 59.14，体现出较高的增长幅度。这一结果表明，江苏省产业金融的发展速度不断加快，金融服务实体经济的"加速"能力在逐渐提升。

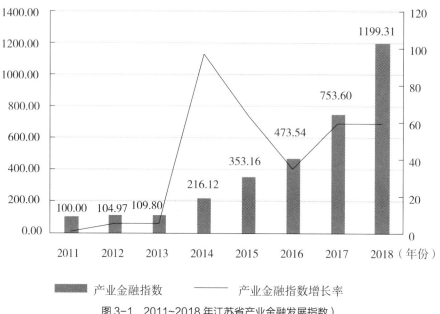

图 3-1　2011~2018 年江苏省产业金融发展指数）

从构成上看，自 2011 年以来，创新发展是推动江苏产业金融发展综合指数得分逐步提升的关键因素。由图 3-2 可知，创新发展度由 2011 年的 20 上升至 2018 年的 1029.97，2018 年的数值是 2011 年的 51.45 倍。这说明江苏省资本市场的发展比较迅速，同时金融新动能、新业态也发展较快，对实体经济的创新贡献大幅度提升。

资金支持和环境适应对江苏产业金融发展综合指数得分逐步提升也存在较大贡献。资金支持度在 2011 年为 20，2018 年为 54.73，环境适应度 2011 年为 20，2018 年为 52.05，均增长了 1.5 倍左右。以上结果反映出江苏省产业金融的资金支持力度不断加大，金融环境也得到改善。结构优化 2011 年为 20，2018 年为 38.22，增长幅度不大，说明江苏省在金融结构优化方面仍有很大空间。

各一级指标中发展最为缓慢的部分为服务有效度，2011 年为 20，2018 年仅为 24.35，当前江苏省无论是金融服务的需求方还是供给方，其金融素养都不高，金融普惠性也没有得到真正的落实，这应该成为江苏产业金融发展的主要努力方向。

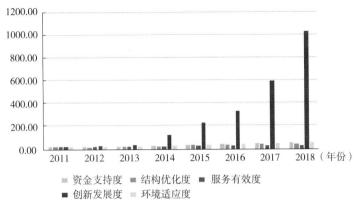

图 3-2　2011~2018 年江苏省产业金融发展指数得分构成变化

二、评价指标特征

在各类二级指标中，多数指标与指数结果保持了较高的相关性。如表 3-1 所示，在 21 项二级指标中，8 项指标与指数结果间的 R^2 超过 0.8，7 项指标与指数结果的 R^2 介于 0.5~0.8，只有 6 项指标 R^2 的结果低于 0.5，说明所选取的指标可以较为客观全面地对江苏产业金融的发展情况进行描述和反映。

表 3-1　二级指标与江苏产业金融发展指数的相关性分析

序号	二级指标	R^2
1	保险深度	0.986
2	非金融企业境内股票融资占社会融资规模增量比重	0.973
3	私募基金管理规模（实缴）	0.921
4	年度私募股权投资规模与社会融资规模增量之比（%）	0.914
5	区域股权市场挂牌企业数	0.896
6	境内股票市场非金融类企业市值占比（%）	0.872
7	年度并购交易规模	0.853
8	保费收入	0.811
9	社会融资规模增量	0.789
10	在新三板挂牌的企业数	0.763
11	非金融企业境内股票融资	0.688
12	非金融企业及机关团队贷款余额	0.652
13	年度私募股权投资规模	0.583
14	人民币一般贷款加权平均利率	0.570

序号	二级指标	R^2
15	银行机构不良贷款率	0.544
16	上市公司市值与 GDP 之比（%）	0.493
17	金融从业人数与从业人数之比（%）	0.412
18	政府引导基金管理规模	0.332
19	每百万人准金融服务机构数	0.218
20	企业经营环境指数	0.162
21	中介服务机构得分	0.154

三、产业金融分类指数结果

（一）资金支持指数

从图 3-3 的结果看，江苏产业金融指数在资金支持方面的得分在 2011~2018 年处于增长态势，总体增长幅度较大，年均增长率也较高，并且在 2014 年之后进入增长"快车道"。2018 年，资金支持指数为 54.73，较 2011 年上升了 173.65%；从增长率看，资金支持指数最高的年增长幅度为 38.91%，最低为 -0.63%，年均增长率接近 20%，但各年份相差较大。

从各二级指标看，除社会融资规模增量外，非金融企业及机关团队贷款余额、非金融企业境内股票融资、保费收入和年度私募股权投资规模均有较大幅度提升，增幅最大的年度私募股权投资为 311.26%。由此可见，在这七年间，江苏省金融市场总体发展迅速，资金支持增长率较高。

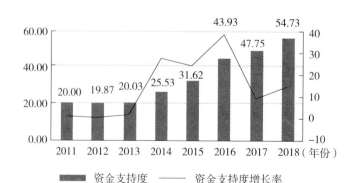

图 3-3 江苏产业金融指数在资金支持度方面的得分

（二）结构优化指数

从图 3-4 的结果看，江苏产业金融指数在结构优化方面的得分在 2011~2018 年虽总体处于增长态势，但年度波动较大。2018 年资金结构优化度指数为 38.22，较 2011 年上升了 90.11%，达到了翻倍的状态。从增长率看，结构优化度指数最高的年增长幅度为 46.0%，最低为 -17.84%，2012 年的增长率为负。从总体区间看，江苏产业金融的结构优化程度仍处在加速完善的过程中，资源配置效率也大幅提高。

从各二级指标看，江苏省非金融企业境内股票融资占社会融资规模增量比重、保险深度以及年度私募股权投资规模与社会融资规模增量之比在 2011~2018 年均快速增长。其中年度私募股权投资规模与社会融资规模增量之比涨幅最大，达到了 185.79%。与之形成鲜明对比的是，境内股票市场非金融类企业市值占比却上升缓慢，江苏省金融类企业市值占比依然偏高。从整体情况看，江苏省资本市场的快速发展为直接融资渠道的畅通提供了条件，使江苏省直接融资更加便利快捷，高质量发展的现实要求也得到了满足。私募股权投资规模占比的提升，意味着资本市场在江苏经济发展过程中发挥着越来越重要的作用。

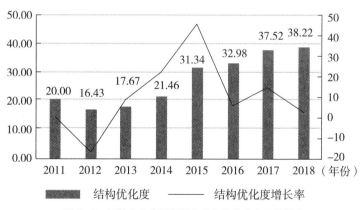

图 3-4　江苏产业金融指数在结构优化度方面的得分

（三）服务有效指数

图 3-5 展示了 2011~2018 年江苏省产业金融指数在服务有效度方面的得分情况，在研究的年份区间中，江苏省产业金融服务有效指数总体增长幅度不高，在 2018 年为 24.35，增长幅度仅有 21.75%；换言之，在这七年间江苏省产业金融有

效服务指数上升不到两成。从增长率的角度看，江苏省产业金融服务有效指数波动较大，既有 2015 年 28.09% 的增长，也有 2018 年 10.33% 的下降。

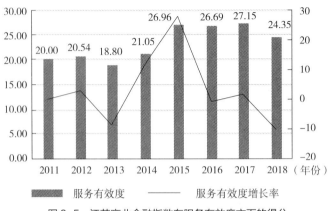

图 3-5 江苏产业金融指数在服务有效度方面的得分

从二级指标看，江苏省人民币一般贷款加权平均利率、上市公司市值与 GDP 之比以及每百万人准金融服务机构数的增长幅度均比较稳定，但上涨幅度均不高。这是由于江苏本身既是一个"金融大省"，也是一个"金融强省"，自身金融业较为发达，已经经历了高速增长阶段，从增长收敛的角度看，增长难度较大，增长速度也受到一定的限制。此外，截至 2018 年，江苏省每百万人准金融服务机构数仅有 245.98 家，多年来几乎没有什么增长，这也体现出当前江苏省无论是金融服务的需求方还是供给方，其金融素养都不高，金融普惠性也没有得到真正的落实。更值得注意的是，江苏省金融从业人数与从业人数之比呈现下降趋势，由 2011 年的 4% 下降到 2018 年的 3%，说明江苏省金融从业人数增长幅度不高，低于总就业人数的增长。从业人数的不足，对服务有效度的提升是很大的制约。

（四）创新发展指数

图 3-6 展示了 2011~2018 年江苏省产业金融指数在创新发展度方面的得分情况，在研究的年份区间中，江苏产业金融创新发展指数增长迅速，显示出较快的发展势头。2018 年，江苏产业金融创新发展指数得分为 1029.97，是 2011 年的近 501 倍，增长非常迅速，年均增长率也接近 80%。进一步的观察发现，创新发展指数的增长率显示出"大踏步前进"的特征，2014 年的增长率甚至达到 283.60%。

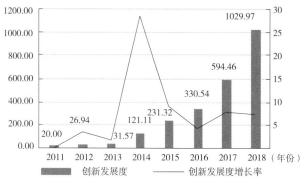

图 3-6 江苏产业金融指数在创新发展度方面的得分

通过对二级指标的分析可以发现，江苏产业金融创新发展指数的快速上升，与 2014 年后江苏金融新业态的发展有着紧密联系。2013 年 12 月 31 日，新三板股票转让系统面向全国接收企业挂牌申请，江苏省申请新三板的企业数目快速增加，仅 2017 年申请新三板的江苏企业数便达到 1339 家，2018 年更是达到了1400 家；区域股权市场挂牌企业数更是增长迅速，由 2013 年的 22 家增加到 2018年的 4048 家；私募基金管理规模以及年度并购交易规模的增长，也为江苏产业金融指数在创新发展度方面得分的提升提供了强大的推动力。

（五）环境适应指数

图 3-7 展示了 2011~2018 年江苏省产业金融指数在环境适应度方面的得分情况，在研究的年份区间中，江苏产业金融环境适应指数总体属于增长趋势，呈现出翻倍的状态。2018 年，江苏产业金融创新发展指数得分为 52.05 分，比 2011 年上涨了 160.25%，说明在环境适应度方面，江苏省总体发展较好。进一步的观察显示，环境适应度的增长在 2014 年后进入"快车道"，基本保持两位数的增长，说明江苏省产业金融的制度环境不断优化，成为推动江苏产业金融发展的重要制度因素。

图 3-7 江苏产业金融指数在环境适应度方面的得分

江苏产业金融指数环境适应度方面的变化，与江苏总体的经济发达情况联系紧密。由于江苏位于长三角地区，经济市场化的程度较高，政企关系、营商环境也较好，继续进步的难度较大。而且，由于江苏距离上海较近，上海的金融中介机构对江苏地区产生了较强的吸引效应，很多江苏企业都选择上海这一"金融中心"的中介机构提供服务，压缩了江苏金融服务中介结构的成长和提升空间。然而，由于江苏经济发展"强政府"的重要特征，政府性引导基金近几年规模逐渐加大，成为推动产业金融发展的关键制度力量。

第二节　江苏省产业金融指数的国内比较

一、江苏省产业金融综合指数的总体比较

江苏省产业金融发展情况的体现，不仅来自江苏自身的发展趋势，还与江苏省同其他省份的横向比较息息相关。为了更好地反映江苏省产业金融指数在国内的地位，发掘优势、总结不足，我们将江苏省产业金融指数在全国范围内进行"横向"比较，得出其在国内的具体定位。表3-2显示了全国30个省（自治区、直辖市）[①]的产业金融得分及排名状况。

表3-2　中国各省级行政区产业金融得分及排名情况（2018年）

排名	省份	得分	排名	省份	得分
1	北京	72.81	16	河北	27.33
2	上海	55.42	17	陕西	27.16
3	广东	51.39	18	吉林	26.93
4	江苏	49.77	19	新疆	26.44
5	浙江	46.18	20	重庆	25.81
6	山东	39.41	21	黑龙江	25.26
7	天津	37.22	22	云南	25.01
8	湖北	32.17	23	海南	24.19

---

①　由于西藏的数据缺失，故在计算得分时未予以纳入。

排名	省份	得分	排名	省份	得分
9	四川	30.25	24	内蒙古	23.68
10	河南	29.98	25	山西	23.44
11	福建	29.09	26	甘肃	23.08
12	辽宁	29.02	27	宁夏	22.75
13	湖南	28.88	28	广西	21.80
14	安徽	28.61	29	贵州	21.54
15	江西	27.59	30	青海	20.63

从表3-2可以看出，江苏省在全国排位靠前，位列第四，仅在北京、上海、广东之后，这与江苏的经济发展状况是较为一致的。从得分看，广东、江苏、浙江3省差距不大，江苏既有赶超广东的动力，也有被浙江迎头赶上的可能。

从全国状况看，总体上东部发达地区产业金融得分较高、发展较好，长江三角洲地区的上海、江苏、浙江均位列前茅，刚刚加入"长三角"的安徽省也位列第14，高于很多中部地区，故江苏省可以充分利用长三角区域一体化的契机，发展产业金融，实现产业与金融的高度融合，为江苏高质量发展奠定金融基础。

二、江苏省产业金融指数的具体比较

（一）江苏省产业金融综合指数的具体比较

进一步地，我们将2018年江苏与北京、上海、广东、浙江、福建、安徽、山东、江西等省市进行"横向"对比，找寻其优势与不足，为江苏省产业金融更好更快发展提供借鉴。

之所以要选择北京等8个省市作为对比，主要原因有以下两点：一是从经济金融的发展角度。作为经济大省、经济强省，江苏产业金融自然要与国内先进地区、发达地区、优势地区相比较，北京、广东、上海、浙江、山东等地均属于经济发达地区，在GDP高速增长的同时，金融业的发展也较为迅速。因此与这些省市进行比较，可以更加反映出江苏的不足。二是从区域发展的角度。华东地区尤其是"长三角"地区是中国经济增长的重要引擎，江苏身处其中，因此与华东地区的其余6个省市进行比较，更具有现实针对性，也有利于区域产业金融的协调发展。

图3-8显示了2018年各省市产业金融综合指数的比较情况，从图3-8可以看出，江苏在9个省市中位列第四，得分低于北京、上海、广东3地。在经济大省的"比拼"中，江苏、广东、浙江3省的差距不大，分别为49.77、51.39和46.18，山东和福建得分相对较低，与江苏3省差距明显。由此也可以看出，作为国内GDP较高的3个省份，江苏、广东、浙江在产业金融发展层面各有千秋，并未存在明显的差距，这也给江苏产业金融快速发展、抢占先机提供了有利条件。

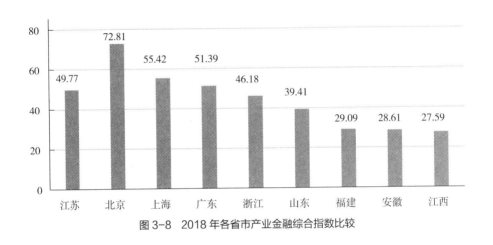

图3-8　2018年各省市产业金融综合指数比较

（二）江苏省产业金融分类指数的具体比较

从表3-3可以看到，江苏省产业金融分类指数在国内的比较情况，具体有以下五个维度：

在资金支持度方面，江苏省仅比广东得分少，排名第二，说明作为经济大省，在GDP高速增长的同时，江苏省的金融资金也比较充裕，为江苏产业金融的发展能够提供较为有力的资金支持，这是江苏的优势之一。

在结构优化度方面，江苏省得分较低，不仅少于北京、上海这两座"金融中心"城市，也比广东、浙江、山东等同为经济大省的地区低。由此可见，江苏省产业金融的问题主要是结构问题，虽然从图3-4可以看出，近些年江苏产业金融的结构优化快速推进，但与同类地区相比仍差距明显，这也是江苏产业金融发展的主要努力方向。

在服务有效度方面，江苏省同样得分较低，仅有 5.25 分，不到北京得分的一半，比上海、广东、浙江、福建都要低。金融服务有效度的低下，严重制约了江苏产业金融的快速发展。江苏产业金融的服务有效得分长期增长缓慢，使自身与同类地区的差距不断拉大。

在创新发展度方面，江苏省的得分为 7.77，仅低于北京、上海和浙江，这一得分情况反映出江苏创新驱动的发展特征。江苏近几年不仅在经济发展方面强调创新，在金融方面也有所凸显。2011~2018 年，江苏产业金融创新发展方面的得分几乎翻倍，说明在"政府搭台、企业唱戏"的发展模式下，江苏省各创新主体的积极性被充分调动，产业金融的创新性位居全国前列，这也为江苏未来产业金融的发展提供了源源不断的动力。

在环境适应度方面，江苏的得分为 13.46，低于北京，超过上海和广东，这与 2018 年江苏省产业金融环境适应快速发展紧密相关，也印证了长三角区域一体化对江苏产业金融环境适应的促进作用。

表 3-3　2018 年各省市产业金融分类指数比较

省市	资金支持度	结构优化度	服务有效度	创新发展度	环境适应度
江苏	13.49	9.80	5.25	7.77	13.46
北京	13.48	17.62	11.35	13.35	17.01
上海	11.49	12.49	9.52	10.92	11.00
广东	14.77	11.08	6.02	7.42	12.10
浙江	11.82	11.43	5.52	8.54	8.87
山东	8.93	10.48	5.02	5.95	9.03
福建	4.31	8.37	5.50	3.05	7.86
安徽	4.70	9.31	4.70	2.73	7.17
江西	2.94	7.95	4.40	2.39	9.91

从表 3-3 的结果看，江苏省产业金融与国内同类省市相比，既有优势，也有不足。在未来的发展过程中，江苏省应充分利用自己金融资金方面的优势，着力补齐自己在结构、服务方面的"短板"，将调整优化结构与提升服务效率放在发展的重要位置。同时还要坚持走创新驱动的道路，以研发创新促产业金融，并努力融入长三角，形成沪苏浙在环境适应改善方面的协同。

第三节　江苏省产业金融分地区发展指数

为了更好地研究江苏省产业金融的发展情况，我们在总体研究的基础上，对江苏各城市的产业金融发展指数进行测度，通过横向比较，为江苏产业金融的发展状况提供更为全面的展示和参考。

一、评价方法

在评价体系层面，分城市产业金融发展指数的指标体系与江苏省整体产业金融发展指数的指标体系相一致。但是在测算比较的方法选择上，由于本书选择了2012~2017 年的面板数据，基于纵向比较与横向比较相结合的现实要求，须建立起一套科学、完备并且可以定量化研究的指标体系来进行评判，故选取城市产业金融综合评估技术模型来进行研究。

城市产业金融综合评估技术模型借鉴了模糊综合评价方法的基本思想，该方法是由美国运筹学家查德（L. A.Zadeh）在 1956 年提出的，它是以模糊数学为基础，应用模糊关系合成的原理，将一些边界不清、不易定量的因素定量化，进行综合评价的一种方法。模糊综合评价法不仅对受到多种因素制约的事物或对象做一个总体的评价，同时又可以将事物变化区间划分为各个评语的区间，弥补常规多指标综合评级方法的不足。

在评估的过程中，模型分为两个步骤，分别是一级评估模型和二级评估模型。

一级评估模型是着眼于具体的评价指标 U_{ij} 建立在评价指标集 U_i 上的，即 U_{ij} →U_i 模型。假设评价的区域范围共包括 p 个区域单元，评价指标集合 U_i 中的第 j 个指标 U_{ij} 在第 s 个区域单元上的实测值（即统计或调查数据）为 U_{ij}^s（ s =1，2，…， p ）。以具体评价城市的第 j 个指标数值最大的为该指标的理论最大值，最小的为该指标的理论最小值，如式（3-1）所示：

$$U_{ij}^{max} = \max_s U_{ij}^s, \quad U_{ij}^{min} = \min_s U_{ij}^s \qquad （3-1）$$

如果 U_{ij} 是越大越优型的（正向指标），采用半升梯形模糊隶属度函数模型；如果 U_{ij} 是越小越优型的（负向指标），采用半降梯形模糊隶属度函数模型，即模型所选择的城市产业金融综合评估指标均为越大越优型的指标。显然， a_{ij}^s 就是对于

评价指标 U_{ij} 而言，第 s 个城市单元从属于城市产业金融程度的隶属度。这样，就可以得到如式（3-2）所示的隶属度矩阵：

$$A_i = \begin{pmatrix} a_{i1}^1 & a_{i1}^2 & \cdots & a_{i1}^p \\ a_{i2}^1 & a_{i2}^2 & \cdots & a_{i2}^p \\ \vdots & \vdots & \vdots & \vdots \\ a_{in_i}^1 & a_{in_i}^2 & \cdots & a_{in_i}^p \end{pmatrix} \qquad （3-2）$$

在评价指标集合 U_i 中，如果各评价指标的权重系数为：$i\, W_i = （W_{i1}$，W_{i2}，$\cdots$，W_{in}），则一级评估结果可以通过式（3-3）求得：

$$V_i = （V_i^1，V_i^2，\cdots，V_i^p） = W_i A_i \qquad （3-3）$$

式（3-3）中，V_i^s（$s=1，2，\cdots，p$）的意义为就评价指标集合 U_i 而言，第 s 个城市单元从属于城市产业金融的隶属度。

二级评估模型是着眼于评价指标集合 U_i 建立在评价指标体系 U 上的，即 $U_{ij} \rightarrow U_i$ 模型。

在一级评估模型计算结果的基础上，有式（3-4）：

$$A = \begin{pmatrix} v_1 \\ v_2 \\ v_3 \end{pmatrix} = \begin{pmatrix} v_1^1 & v_1^2 & \cdots & v_1^p \\ v_2^1 & v_2^2 & \cdots & v_2^p \\ v_3^1 & v_3^2 & \cdots & v_3^p \end{pmatrix} \qquad （3-4）$$

在 U 中，如果各评价指标集合的权重分配为：$W = （W_1，W_2，\cdots，W_n）$，则二级评价结果（又即综合评价结果）为式（3-5）：

$$V = （V^1，V^2，\cdots，V^p） = WA \qquad （3-5）$$

式（3-5）中，V^s（$s=1，2，\cdots，p$）的意义为就指标体系 U 而言，第 s 个城市单元从属于城市产业金融的隶属度。将 V^s（$s=1，2，\cdots，p$）从大到小排序，就可以得出待评价的各城市产业金融发展程度评价的优劣顺序。

二、江苏产业金融分城市发展指数

通过数据收集、评价考察，根据评价指标体系，运用 SPSS 和 Matlab 统计软件，江苏产业金融的分城市发展指数如表3-4所示。

表 3-4 江苏产业金融分城市发展指数

序号	2012 年		2013 年		2014 年		2015 年		2016 年		2017 年		2018 年	
	城市	得分	城市	得分	城市	得分	城市	得分	城市	得分	城市	得分	城市	得分
1	南京	69.37	南京	70.51	南京	71.08	南京	72.53	南京	73.14	南京	74.09	南京	74.33
2	苏州	66.82	苏州	69.07	苏州	70.12	苏州	71.70	苏州	72.75	苏州	73.83	苏州	74.10
3	无锡	62.56	无锡	64.97	无锡	65.44	无锡	66.31	无锡	67.94	无锡	68.02	无锡	68.44
4	常州	61.48	常州	61.35	常州	62.03	常州	63.42	常州	65.34	常州	65.59	常州	65.81
5	南通	60.02	南通	60.13	南通	60.87	南通	61.02	南通	62.05	南通	62.94	南通	63.02
6	镇江	55.32	镇江	54.76	镇江	55.28	镇江	55.77	徐州	56.44	徐州	56.86	徐州	57.12
7	徐州	53.08	徐州	54.41	徐州	54.58	徐州	54.97	镇江	55.28	镇江	55.29	镇江	56.43
8	扬州	51.02	扬州	51.23	扬州	51.43	扬州	52.53	扬州	52.78	扬州	52.93	扬州	54.05
9	泰州	48.44	泰州	49.73	泰州	49.76	泰州	50.16	泰州	50.63	泰州	51.17	泰州	52.66
10	盐城	46.94	盐城	47.73	盐城	47.85	连云港	48.31	盐城	48.54	连云港	49.16	连云港	59.73
11	连云港	46.85	连云港	46.99	连云港	47.73	盐城	47.94	连云港	48.47	盐城	48.85	盐城	49.28
12	淮安	45.33	淮安	45.58	淮安	46.82	淮安	46.85	淮安	46.92	淮安	47.13	淮安	47.90
13	宿迁	45.12	宿迁	45.40	宿迁	45.99	宿迁	46.12	宿迁	46.47	宿迁	46.83	宿迁	46.98

从表 3-4 可以看出，在 2012~2018 年，江苏省各城市的产业金融得分均处于持续增长状态，这与省级数据的情况是完全一致的，也说明近年来，江苏省产业金融得到了快速发展，前进的步伐也较大，金融业服务实体经济的质量不断提升。

从各城市的具体情况看，可以得出如下结论：

第一，江苏省产业金融发展"南北差异"显著，呈现出典型的产业金融"苏南发展快、苏北发展慢"特征。从表 3-4 的结果看，2012~2018 年，产业金融得分较高的地区多为苏南地区，南京、苏州、无锡、常州、南通始终位居前五名，且在七年间名次没有发生任何变化。苏北重镇徐州直到 2016 年才"挤进"第六，盐城、连云港、淮安、宿迁也始终位于全省的后四位。这说明江苏产业金融发展的区域不平衡性比较突出，苏北地区发展较慢，也为江苏省产业金融总体得分的提升拖了"后腿"。

第二，江苏省各城市产业金融发展相对固定，城市间"弯道超车"的动力明显不足。从 2012~2018 年的得分情况看，前五名位次没有改变，排名五名之后的城市中也仅有徐州与镇江、盐城与连云港发生过位次的更迭，其余各市排名没有变动。对于各城市而言都在发展，但基本都遵循相差不多的增长态势，"弯道超车"的动力不足，这种地方竞争动力的薄弱，在一定程度上制约了江苏产业金融的总体发展。

第三，南京、苏州在产业金融发展的省内优势明显，苏州与南京的差距在逐年缩小。从得分情况看，南京、苏州两个城市在产业金融发展方面具有一定的优势，第三名的无锡与它们存在一定的差距。进一步观察发现，苏州虽然在 2012~2018 年始终位居南京之后，但差距在不断缩小。2012 年南京为 69.37 分，苏州为 66.82 分，可到了 2018 年南京和苏州的得分就分别变成了 74.33 和 74.10，苏州与南京在产业金融发展方面的差距明显缩小。这主要是苏州依托其较为深厚的工业基础，吸引了大量的金融资金和中介服务，形成了产业与金融融合的良好局面。

从分城市的得分情况，我们可以得出如下经验：一是要积极鼓励和引导各个城市竞争，激发其"弯道超车"的积极性。江苏省委、省政府应做好引导，激发地方政府产业金融发展的竞争性、主动性，通过地方竞争形成"比着干"的良好氛围，在良性循环中发展产业金融。二是要夯实经济基础，以实体经济的发展来推动产业金融。金融是为了促进实体经济发展而生的，要通过努力发展实体经济尤其是制造业来吸引金融资金、吸引金融创新和吸引金融中介，真正形成产业与金融"深度融合"的机制，为产业金融的发展夯实基础。

需求实践篇

金融对产业发展的主要功能是融通资金、整合资源、价值增值。产业和金融只有相互融合、互动发展，才能加速价值创造，加速产业发展。

产业发展对资金的需求犹如人体对血液的要求，而金融在提供资金来源方面起到了决定性的作用。产业是基础平台，金融起到催化剂和倍增剂的作用，金融与产业互动创造新的价值，大大地加速财富累积。

"需求实践篇"以江苏省产业经济为研究对象，通过不同类别的实体产业基本情况，来分析实体产业对金融服务的需求状况（融资规模与结构），旨在探讨金融服务实体经济的程度，其目的是为推动江苏省实体产业高质量发展，提升城市营商环境建言献策。需求实践篇是整个报告的重要组成部分，通过详细阐述江苏省各地区历年来的实体产业对金融的需求，来说明江苏发展产业金融的必要性、紧迫性。

该篇的内容是本书的第四章至第八章，共计五章，在整个报告中起到承上启下的作用。其中，第四章从宏观和中观层面阐述了江苏省产业的总体状况，从而引出第五章，阐述了江苏省产业对产业金融的需求，提出江苏省大力发展产业金融的必要性、紧迫性。而他山之石可以攻玉，在制定发展江苏省产业金融发展战略之前，有必要先借鉴其他省市的经验，因此引出第六章，第六章通过介绍浙江、深圳、佛山发展产业金融的情况，总结了发展产业金融的几种不同的模式，从而为江苏省发展产业金融提供了参考模式。在其他省市的经验基础上，第七章详细分析与江苏产业配套的产业金融的发展路径，从"发展涉外产业金融与科技产业金融、发展沿海沿江金融支持港口经济、建设内陆产业金融体系、建设普惠产业金融体系、打造互联网金融服务于'三农'的模式"五个小节，对与江苏产业配套的产业金融的发展路径进行了详细的阐述。而发展江苏产业金融是个系统工程，需要相应的政策配套支持，第八章"金融支持江苏省产业结构升级的对策建议"，从"完善信用体系建设，优化金融生态环境；强化金融政策支持，积极推进供给侧结构性改革；改善金融结构，构建多层次资本市场；发挥银行信贷的间接融资作用，提高资本运作效率"四个角度提出了相应的政策建议。

江苏省产业总体状况

产业发展是目标，金融支持是手段。金融支持需要与产业发展相适应、相配套，产业是基础平台，恰当的金融支持，会起到催化剂和倍增剂的作用，金融与产业互动创造新的价值，大大加快财富累积的速度，否则会浪费金融资源、阻碍产业发展。因此，论述江苏产业金融发展的前提是对江苏产业发展状况做系统分析，所以，该章不仅是第三篇的分析基础与研究出发点，也是本书的分析基础与研究出发点。江苏 GDP 总量一直处于全国前列，增长幅度一直高于全国平均水平，产业结构也不断优化，但是各地区的经济总量、发展速度、产业结构等差异却很大。因此，第四章从江苏省宏观层面和中观层面两个角度，来介绍江苏产业发展的总体状况，进而指出发展产业金融的必要性、紧迫性。

第一节　江苏省宏观层面上的产业发展状况

一、概况

自改革开放以来，江苏 GDP 增长幅度一直高于全国平均水平，从经济总量上来看，2018 年江苏省 GDP 达到了 92595.4 亿元，同比实际增长 6.7%，江苏省的人均 GDP 约为 11.43 万元人民币，约为同期中国人均水平的 1.77 倍[①]。2018 年度中国中小城市综合实力百强县市排名中，江苏省昆山市、江阴市、张家港市、常熟市分别位列前四名。但是，人口基数庞大、人才的短缺、省内地区经济发展不均衡以及加强发展的同时带来的环境问题也制约了江苏省经济的进一步发展，造成了省内发展速度逐年放缓。

---

① 参见：http://www.js.gov.cn/art/2019/1/26/art_60095_8103958.html。

产业结构是经济结构的重要组成部分。产业结构的优化可以带动经济的增长，经济的增长又可以促进产业结构的变化、演进和升级，两者是相辅相成的。江苏省顺应全球经济发展趋势，及时调整并优化产业结构，提高了地方资源的利用率，进一步带动了地方经济的增长，为建设资源节约型、环境友好型社会，为实现新型工业化奠定了坚实的基础。江苏省在改革开放的大背景下，政府着重于发展高新技术产业，将经济的主要发展方向转向了工业和服务业，通过引进国外先进的技术使得省内第一阶段产业一直处于相对平稳的发展状态，第二、第三产业成为了拉动经济增长的主力军。近些年江苏省加强第三产业的调整改革，发展重点由早期的传统产业向着服务业发展。

二、三大产业结构状况

自 2010 年以来，江苏省经济得到全面发展，综合实力不断增强，综合竞争力居于我国前列。2018 年江苏第一、第二、第三产业增加值分别为 4142 亿元、41248 亿元和 47205 亿元。城镇常住居民人均可支配收入 47200 元，增长 8.2%，农村常住居民人均可支配收入 20845 元，增长 8.8%[①]。

从表 4-1 可以看出，江苏省第一产业产值所占比重总体呈现下降趋势，由 2010 年的 6.1% 降低为 2018 年的 4.5%。第二产业产值一直比较稳定，占地区总产值的比例保持在 50% 左右。第三产业产值占地区总产值的比重逐年增长，由 2010 年的 41.1% 上升为 2018 年的 50.9%，第三产业已超过第二产业成为江苏省引领经济增长的主导产业。

从江苏省三次产业产值的变动来看，产业结构模式由"二、三、一"转变为"三、二、一"，可见江苏省产业结构升级成果较为显著。

表 4-1　2010~2018 年江苏省三次产业产值及占比情况

年份	GDP（亿元）	三次产业产值（亿元）			三次产业产值比重（%）		
		第一产业	第二产业	第三产业	第一产业	第二产业	第三产业
2010	41971.34	2540.1	22201.79	17229.45	6.1	52.9	41.1
2011	49801.59	3064.77	25790.21	20946.61	6.2	51.8	42.1
2012	54888.84	3418.29	27821.77	23648.78	6.2	50.7	43.1
2013	60712.81	3469.86	29888.45	27354.5	5.7	49.2	45.1

①　资料来源:《江苏统计年鉴》(2018)。

年份	GDP（亿元）	三次产业产值（亿元）			三次产业产值比重（%）		
		第一产业	第二产业	第三产业	第一产业	第二产业	第三产业
2014	66150.64	3634.33	31742.04	30774.27	5.5	48	46.5
2015	71289.51	3986.05	33031.06	34272.4	5.6	46.3	48.1
2016	77388.28	4077.18	34619.5	38691.6	5.3	44.7	50
2017	85900.94	4076.65	38654.85	43169.44	4.7	45	50.3
2018	92595.43	4142.16	41248.63	47205.89	4.5	44.5	50.9

资料来源：2011~2019 年《江苏统计年鉴》。

三、三大产业就业比重分析

随着社会进步和科技水平的不断发展，江苏省的就业结构也不断得到改善。江苏省产业由劳动力密集型向知识密集型产业转变，劳动力也由第一产业向第二产业、第三产业方向转移。从表4-2 中可以看出，江苏省第一产业就业人数不断减少，占各产业总就业人数的比重由 22.3% 降为 16.1%，降幅较大。第二、第三产业就业人数则有明显的上升，第二产业就业人数从 1996.97 万人升至 2033.4 万人，增加了 36.43 万人；第三产业就业人数从 1697.42 万人升至 1952.6 万人，增加了 255.18 万人，第三产业较第二产业就业人数增长速度更快。

表4-2　2010~2018 年江苏省三次产业就业人数及所占比重

年份	总人数	就业人数（万人）			构成（%）		
		第一产业	第二产业	第三产业	第一产业	第二产业	第三产业
2010	4754.68	1060.29	1996.97	1697.42	22.3	42	35.7
2011	4758.23	1023.02	2017.49	1717.72	21.5	42.4	36.1
2012	4759.53	989.98	2032.32	1737.23	20.8	42.7	36.5
2013	4759.89	956.74	2041.99	1761.16	20.1	42.9	37
2014	4760.83	918.84	2047.16	1794.83	19.3	43	37.7
2015	4758.5	875.56	2046.16	1836.78	18.4	43	38.6
2016	4756.22	841.85	2045.17	1869.2	17.7	43	39.3
2017	4757.8	799.31	2041.1	1917.39	16.8	42.9	40.3
2018	4750.9	764.9	2033.4	1952.6	16.1	42.8	41.1

资料来源：2011~2019 年《江苏统计年鉴》。

四、三大产业的内部结构分析

（一）第一产业内部结构分析

如表4-3所示,江苏省第一产业内部结构中,农林牧渔业总体保持平稳发展。2018年,江苏省农林牧渔业总产值为7192.46亿元,比2010年增加了2895.32亿元,平均年增长率为6.65%,其中农业产值3735.02亿元,比2010年增加了1465.46亿元,平均年增长率为6.43%;林业产值147.25亿元,比2010年增加了69.13亿元,平均年增长率为8.25%;畜牧业产值1091.31亿元,比2010年增加了168.06亿元,平均年增长率为2.11%;渔业产值1707.87亿元,比2010年增加了902.62亿元,平均年增长率9.85%;农林牧渔服务业产值511.01亿元,比2010年增加了290.06亿元,平均年增长率为11.05%。在"新常态"发展阶段,江苏省积极转变农业发展方式,提高农业经济效益,积极面对农业转型发展的挑战。

表4-3 2010~2018年农林牧渔业总产值统计表　　　　单位：亿元

年份	农林牧渔业总产值	农　业	林业	畜牧业	渔业	农林牧渔服务业
2010	4297.14	2269.56	78.12	923.25	805.25	220.95
2011	5237.45	2640.95	92.81	1190.5	1060.44	252.74
2012	5808.81	2966.72	99.74	1226.18	1235.4	280.77
2013	6158.03	3167.78	107.3	1222.22	1351.11	309.6
2014	6443.37	3362.81	118.18	1182.69	1426.74	352.95
2015	7030.76	3722.1	129.09	1262.09	1517.51	399.97
2016	7235.06	3714.64	129.33	1331.55	1621.88	437.67
2017	7210.41	3804.95	136.73	1166.97	1623.43	478.33
2018	7192.46	3735.02	147.25	1091.31	1707.87	511.01

资料来源：2011~2019年《江苏统计年鉴》。

（二）第二产业内部结构分析

如表4-4所示,江苏省第二产业内部结构中,2018年第二产业生产总值为41248.52亿元,占比44.5%,江苏省第二产业在地区经济发展中占据重要地位。

工业总产值由 2010 年的 19722.49 亿元上升到 2018 年的 36111.64 亿元，平均年增长率为 7.85%。从总体趋势上来看，2018 年，江苏省工业经济平稳发展，先进制造业发展迅速。采矿业，制造业，电力、热力、燃气及水的生产和供应业产值 119590.94 亿元，增长 3.93%。2010~2018 年江苏省建筑业产值由 2479.3 亿元上升到了 5148.45 亿元，平均年增长率为 9.56%。从总体趋势上来看，增长速度超过了工业的发展。江苏省建筑业发展势头良好，在"新常态"发展阶段，创新驱动是江苏省重要发展战略，也是江苏省贯彻供给侧结构性改革的主要推动力。

表 4-4　2010~2018 年江苏省第二产业内部产值情况统计表　　单位：亿元

年份	工业	建筑业
2010	19722.49	2479.3
2011	22864.46	2925.75
2012	24605.23	3216.54
2013	26303.42	3593.22
2014	27847.72	3902.52
2015	28980.2	4058.52
2016	30455.15	4173.66
2017	34103.58	4651.75
2018	36111.64	5148.45

资料来源：2011~2019 年《江苏统计年鉴》。

以下重点分析第二产业中关于制造业、高科技战略性产业的发展状况：

1. 江苏制造业发展现状

我国制造业包括农副食品加工业，食品制造业，酒、饮料和精制茶制造业，烟草制品业，纺织业，纺织服装、服饰业，皮革、毛皮、羽毛及其制品和制鞋业，木材加工和木、竹、藤、棕、草制品业，家具制造业，造纸和纸制品业，印刷和记录媒介复制业，文教、工美、体育和娱乐用品制造业，石油加工、炼焦和核燃料加工业，化学原料和化学制品制造业，医药制造业，化学纤维制造业，橡胶和塑料制品业，非金属矿物制品业，黑色金属冶炼和压延加工业，有色金属冶炼和压延加工业，金属制品业，通用设备制造业，专用设备制造业，汽车制造业，铁路、船舶、航空航天和其他运输设备制造业，电气机械和器材制造业，计算机、通信和其他电子设备制造业，仪器仪表制造业，其他制造业，废弃资源综合利用业，金属制品、机械和设备修理业。

（1）总量。

江苏规模以上制造业产值总体呈上升趋势，实现产值从 2010 年的 91077.41 亿元快速增长到 2018 年的 108408.29 亿元，年均增速达 2.2%（见图 4-1）。

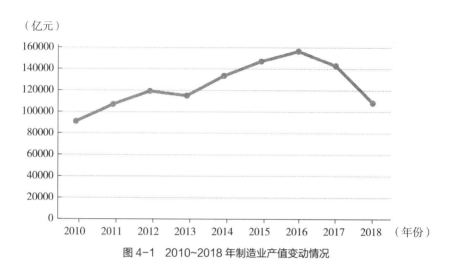

图 4-1　2010~2018 年制造业产值变动情况

在制造业产值变化中，纺织业产值由 2010 年的 5920.56 亿元下降到 2018 年的 3977.16 亿元，平均年增长率为 -4.85%；化学原料和化学制品制造业产值由 2010 年的 9087.43 亿元增长到了 10960.15 亿元，平均年增长率为 2.37%；通用设备制造业产值由 2010 年的 6076.9 亿元增长到了 7597.58 亿元，平均年增长率为 2.83%；专用设备制造业产值由 2010 年的 3260.62 亿元增长到了 6578.88 亿元，平均年增长率为 9.17%；电气机械和器材制造业产值由 2010 年的 8553.34 亿元增长到了 13281.18 亿元，平均年增长率为 5.65%（见表 4-5）。

表 4-5　2010~2018 年制造业主要产业产值变动情况统计表　　　　单位：亿元

年份	纺织业	化学原料和化学制品制造业	通用设备制造业	专用设备制造业	电气机械和器材制造业
2010	5920.56	9087.43	6076.9	3260.62	8553.34
2011	5663.1	11772.86	5645.74	3791.34	11575.17
2012	5928.34	13128.08	6463.48	4353.12	12547.72
2013	6387.13	14906.5	7107.65	4941.79	14176.31
2014	6404.39	14864.98	7361.65	5063.25	17041.87
2015	6404.39	14864.98	7361.65	5063.25	14193.08

续表

年份	纺织业	化学原料和化学制品制造业	通用设备制造业	专用设备制造业	电气机械和器材制造业
2016	7244.84	17957.37	9117.19	6449.34	17185.11
2017	6432.81	15640.58	8732.77	6918.26	13997.59
2018	3977.16	10960.15	7597.58	6578.88	13281.18
总和	54362.72	123182.9	65464.61	46419.85	122551.4

资料来源：2011~2019 年《江苏统计年鉴》。

（2）结构。

从制造业内部结构看，2018 年各主要行业占制造业总产值的平均比重分别为：纺织业占 4%、化学原料和化学制品制造业占 10%、通用设备制造业占 7%、专用设备制造业占 6%、电气机械和器材制造业占 12%。可以看出，江苏制造业的主导或支柱产业主要是化学原料和化学制品制造业、电气机械和器材制造业，这两个行业总产值占制造业的 22%（见图 4-2）。

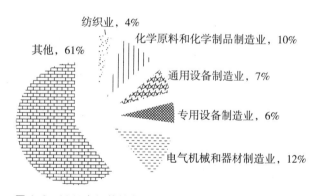

图 4-2　2018 年江苏制造业主导行业占制造业总产值比重情况

2. 高科技战略性产业

金融支持江苏省产业结构升级实证研究——以高新技术产业为例。

目前，我国正处于经济发展"新常态"时期，实现产业结构优化升级是江苏省"十三五"规划中的重要目标。随着知识经济在社会发展中影响力的不断加深，科学技术创新成为影响产业结构升级众多因素中的重要推动力，科技的进步与创新是当下供给侧结构性改革的重要战略支撑。因此分析金融支持对高新技术产业发展的作用对江苏省产业结构升级以及推动省内供给侧结构性改革具有重要战略意义。本章从高新技术产业发展角度出发，分析金融发展对高新技术产业发展的影响，通过分析金融支持高新技术产业发展的途径实现江苏省产业结构转型升级目标。

产业结构升级是一个由低级向高级不断演变的过程，是产业高技术化和高附加值化，其中最主要推动要素是高新技术的发展，特别是将高新技术运用到企业经济发展中形成的高新技术产业。高新技术产业通过以下三个方面影响产业结构升级：

（1）高新技术产业有利于主导产业的高技术化。

高新技术产业发展是知识和新技术在经济中的运用，能够带动区域内新兴产业的发展，形成高新技术产业集群，从而成为主导产业，促进地区产业结构转型升级。主导产业具有较强的成长潜力，产业产值在区域总产值中比重较大，在整个产业结构中占据重要地位，而以高新技术为核心的主导产业将更加有利于产业结构的调整进程。通过发达国家的经验可知，地区经济的发展主要是通过主导产业发展带动起来的，而知识和技术密集型新兴主导产业将有力地拉动产业结构转型升级。技术创新为产业经济发展注入新的活力，在提高主导产业生产率的同时，带动了产业结构中其他相关产业的发展，推动了产业结构发展。

（2）高新技术产业有利于传统产业的改造和转型。

我国经济保持了多年持续高速增长，现已进入经济中高速增长"新常态"时期，产业结构不合理、产能过剩等问题凸显，供给侧结构性改革是"新常态"下我国经济重要战略思想，而高新技术是供给侧改革的核心要素。一方面，传统产业普遍存在技术相对落后，产能较为低下的特点，制约着传统产业发展。高新技术产业与传统产业间的相互渗透，使高新技术产品进入传统产业，提升了传统产业的生产技术和产品结构，促进传统产业向高产能、高效率目标迈进，符合"新常态"下供给侧结构性改革的要求，加快了产业结构由劳动密集型向技术密集型方向转变，促进产业结构转型升级。另一方面，高新技术在传统产业中的应用，提高了传统产业生产效率和资源利用率，降低产业生产成本，极大增加了经济效益。特别是信息技术和互联网等科技的创新发展，为企业管理效率的提高和管理模式的完善提供了技术支持，促进产业经济发展和结构转型。

（3）高新技术产业有利于实现产业全面、跨越发展。

高新技术的应用，不仅使产业本身得到创新发展，而且使相关产业的市场开发能力进一步提高，社会生产力取得质的飞跃。高新技术产业的发展使产业结构整体技术水平得到提升，生产效率和经济效益均显著提高，推动了产业结构整体发展水平的进步，产业结构整体向更高层次发展，从而加速产业结构转型升级。

江苏省应全面发挥金融支持在高新技术产业发展中的作用，促进高新技术产业的发展，在推进江苏省内供给侧结构性改革的同时加快江苏省产业结构的转型升级。通过以上实证分析结果可知，江苏省高新技术产业发展与金额支持存在长期均衡关系，金融支持各指标能够有效促进高新技术产业发展。金融规模扩大可以满足高新技术企业更多的资金需求，金融结构改善通过拓宽企业融资渠道，降低企业融资成本，金融效率提高即金融体系投资转化为资金的效率的提升，从而提升金融支持高新技术产业发展的作用。从实证结果可以看出，金融结构对产业发展影响的显著性低于金融规模、金融效率，由于证券市场融资的准入门槛较高，加上企业信用评级不够，使大部分高新技术企业只能依赖融资成本较高的银行贷款或天使投资来满足企业自身发展资金需求，使资本市场对企业的资金支持作用受到约束。同时，高新技术产业在地区产业经济发展中担当重要角色，理论上高新技术产业的发展会在一定程度上推动地区金融的发展。江苏省高新技术产业不是金融发展的根本原因。这可能是因为江苏省高新技术产业发展尚不成熟，金融体系对产业发展的支持力度有限，科技与金融融合度还不高，再加上江苏省金融制度、金融体系还有待进一步完善，因此高新技术产业与金融相辅相成、共同发展的局面还未形成。但随着江苏省金融体系的持续改进和完善，将促进高新技术产业集中度不断提高，形成产业集群，最终在金融推动作用下形成高级化、现代化产业发展体系，引领高新技术产业高速发展。从而实现江苏省科技与金融深度融合，达到高新技术产业与金融协调发展的状态。

（三）第三产业内部结构分析

2010~2017 年江苏省第三产业内部结构分析见表 4-6。

表 4-6 江苏省第三产业行业结构统计表 单位：%

	2010 年	2011 年	2012 年	2013 年	2014 年	2015 年	2016 年	2017 年
交通运输、仓储和邮政业	4.27	4.30	4.35	4.23	3.9	3.8	3.7	3.6
信息传输、计算机服务和软件业	1.46	1.80	2.04	2.27	2.4	2.6	3.2	3.4
批发和零售业	10.74	10.90	10.55	10.50	9.9	9.8	9.7	9.4
住宿和餐饮业	1.72	1.90	1.93	1.78	1.7	1.7	1.7	1.6
金融业	5.08	5.30	5.80	6.40	7.1	7.4	7.8	7.9

续表

	2010 年	2011 年	2012 年	2013 年	2014 年	2015 年	2016 年	2017 年
房地产业	6.28	5.60	5.54	5.59	5.4	5.3	5.5	5.8
租赁和商务服务业	2.10	2.40	2.62	3.06	3.7	4	4.5	4.5
科学研究、技术服务和地质勘查业	0.88	1.00	1.13	1.19	1.5	1.6	1.6	1.6
水利、环境和公共设施管理业	0.52	0.60	0.60	0.59	0.6	0.7	0.7	0.7
居民服务和其他服务业	1.08	1.20	1.27	1.36	1.6	1.8	1.9	2.0
教育	2.47	2.50	2.63	2.58	2.9	3.2	3.2	3.2
卫生、社会保障和社会福利业	1.21	1.30	1.35	1.39	1.5	1.7	1.8	1.9
文化、体育和娱乐业	0.53	0.50	0.56	0.65	0.8	0.9	1	1
公共管理和社会组织	3.02	3.10	3.13	2.94	3	3.3	3.4	3.4

资料来源：2011~2018 年《江苏统计年鉴》。

江苏省第三产业内部结构中，2018 年第三产业总产值为 47205.16 亿元，占地区生产总值的 50.98%，成为地区生产总值中比重最高的产业。2015 年江苏省第三产业产值首次超过第二产业，成为江苏省经济贡献率最高的主导产业。从表 4-7 可知，2010~2017 年，交通运输、仓储和邮政业的产值由 1768.62 亿元上升到 3097.67 亿元，平均年增长率为 8.34%；批发和零售业产值从 4447.5 亿元增长到 8070.23 亿元，平均年增长率为 8.89%；住宿和餐饮业产值从 710.98 亿元上升到 1406.82 亿元，平均年增长率为 10.24%；金融业产值从 2105.92 亿元上升到 6783.87 亿元，平均年增长率为 18.19%；房地产业产值从 2600.95 亿元上升到 5016.54 亿元，平均年增长率为 9.84%。江苏省借力国家"互联网＋"的发展战略，在第三产业中，电商、金融服务、科技服务等新兴业态蓬勃发展。伴随着特色电商的发展，江苏省快递服务业发展也同样迅猛。从江苏省第三产业发展势头来看，在"新常态"经济发展下行阶段，江苏省积极发展第三产业，发挥其在产业结构调整和经济发展中的引领作用，江苏省产业结构升级已取得积极进展。

表4-7　2010~2017年江苏省第三产业产值变化情况统计表　　　　单位：亿元

年份	交通运输、仓储和邮政业	批发和零售业	住宿和餐饮业	金融业	房地产业
2010	1768.62	4447.5	710.98	2105.92	2600.95
2011	2127.93	5341.39	919.13	2600.11	2747.89
2012	2352.40	5704.66	1045.21	3136.51	2992.82
2013	2425.11	6123.46	1027.97	3958.79	3308.40
2014	2591.98	6559.03	1094.45	4723.69	3564.44
2015	2706.28	6992.68	1189.4	5302.93	3755.45
2016	2837.16	7470.27	1291.32	6011.13	4292.79
2017	3097.67	8070.23	1406.82	6783.87	5016.54

资料来源：2011~2018年《江苏统计年鉴》。

五、小结

2013~2018年，江苏省第三产业增长速度高于第二产业增长速度，2018年，第三产业产值占比已经接近50%。制造业、批发和零售业、金融业、房地产业、建筑业是江苏省产值规模最大的5个行业。制造业的增长速度虽然有所下降，但是行业产值占地区生产总值的比重仍在40%以上，是江苏省经济发展最重要的行业。

在江苏省的第一产业中，农业产值占比为52%左右，是产值占比最高的行业。渔业和畜牧业的产值占比在2018年分别为23.75%和15.17%，林业的产值占比为2.05%，是产值占比最低的行业。在江苏省第二产业中，制造业产值占比为83.56%左右，建筑业占比为12.03%左右，电力、热力、水供应占比为3.97%左右，采矿业占比不到1%。

批发和零售业，金融业，房地产业，商业服务业，交通运输、仓储和邮政业是2017年江苏省第三产业中产值规模最大的5个行业。2013~2017年，以金融业、房地产业、通信服务业、商业服务业为主的高端服务行业发展速度较快，上述行业产值占比之和在2017年已经达到50%左右。批发和零售业，交通运输、仓储和邮政业及住宿餐饮业等与日常生活相关行业的增长速度相对较慢，行业产值占比之和在2017年已经下降至35%左右。

经过近40年的改革发展，江苏省经济基本形成了以制造业为主要发展行业的经济结构。虽然，随着经济结构的调整，第三产业的总体产值规模已经超过了第二产业，但是制造业仍然是江苏省经济结构中产值规模最大的行业。相对稳定的制造业发展环境，对于工业化和城镇化建设也起到了积极的促进作用，以制造业为核心的经济发展模式，对于人口流动的固化也起到一定的推动作用。不过随着制造业增长速度的下降，就业机会增长速度也在逐渐下降，对外来劳动力人口的吸引力也在逐渐下降，再加上城镇化对人口出生率的抑制作用，江苏省人口的增长速度也从 2014 年后，低于全国水平。

第二节　江苏省中观层面上的产业结构状况

一、江苏中观层面经济发展状况

如图 4-3 所示，从总量来看：第一，苏州、南京、无锡、南通分列江苏 GDP 总量的 1~4 位，且在全省均值线之上，8 年来几乎无变化；第二，苏中的南通一直超过苏南的常州和镇江；第三，苏北的徐州一直高于苏中的扬州和泰州。

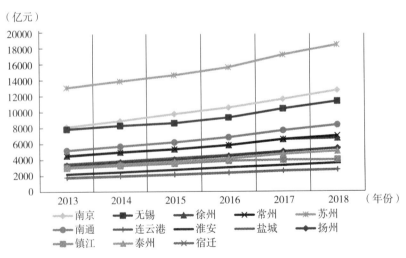

图 4-3　2013~2018 年江苏各地市 GDP 变化走势

从各个地级市年均值来看，苏州最高，达到 15602.42 亿元，为宿迁 2265.77 亿元的 6.89 倍，差距很大。与苏州均值较为接近的是南京，相差 5233.27 亿元，苏南地区苏州、无锡和南京年均值都高于 8000 亿元，而常州低于 6000 亿元，镇江则低于 4000 亿元；苏中和苏北地区只有南通年均值高于 6000 亿元，超过了苏南的常州和镇江，苏中的扬州和泰州均高于 3000 亿元；苏北地区仅有徐州和盐城超过了 4000 亿元，而淮安、连云港、宿迁皆低于 4000 亿元，宿迁最低（见图 4-4）。

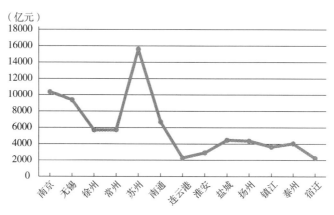

图 4-4　2013~2018 年江苏各地市 GDP 均值情况

从人均来看，第一，苏州的人均仅在 2013 年被无锡超过，其他年份一直居于江苏省榜首；第二，苏南 5 市一直高于全省均值线，需要注意的是，镇江始终是苏南人均最低的地级市，南京一直高于常州；第三，苏中地区则是扬州最高，其次是南通和泰州；第四，苏北地区徐州和盐城一直分居第一、第二位，5 年来没有变化，淮安一直高于连云港，而宿迁一直处于苏北地区的最低水平（见图 4-5）。

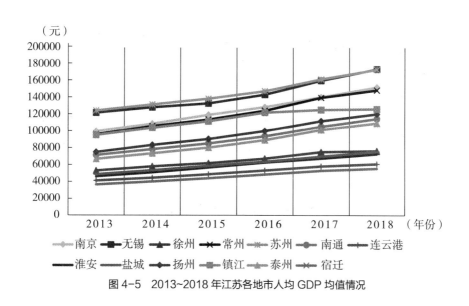

图 4-5　2013~2018 年江苏各地市人均 GDP 均值情况

再从 13 个地级市人均 GDP 的均值来看，苏州最高，达到 146738.17 元，为宿迁 46548.5 元的 3.15 倍；与苏州均值较为接近的仍然是无锡，相差 2813.17 元，南京与常州相差 3463.66 元，苏南 5 市皆在 100000 元以上；苏中的扬州、南通、泰州人均 GDP 5 年的均值皆在 80000 元以上，而苏北均值皆在 80000 元以下，最高的徐州仅为 65674 元，为宿迁的 1.41 倍（见图 4-6）。

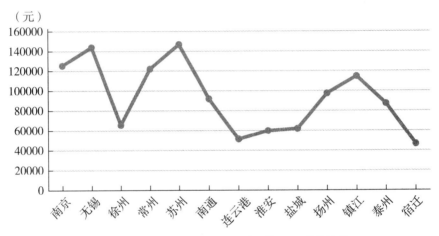

图 4-6 2013~2018 年江苏各地市人均 GDP 均值情况

2018 年江苏省各地市三次产业占比情况见图 4-7。

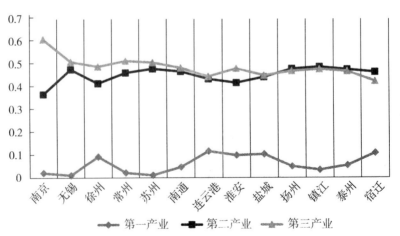

图 4-7 2018 年江苏省各地市次产业占比情况

二、江苏中观层面的产业结构状况

根据 2018 年江苏省城市国内生产总值的构成及各城市三大产业所占比重可以看出，江苏省各市在经济发展水平、产业结构上存在明显的层次性，可以分成三个层次。

（一）苏南地区产业发展状况

苏南地区（南京、镇江、苏州、无锡、常州）：江苏省苏南地区 GDP 总值为 53856.76 亿元，苏南地区第一产业生产总值为 807.13 亿元，约占苏南地区的 1.5%；第二产业生产总值为 24358.79 亿元，约占苏南地区的 45.23%；第三产业生产总值为 28690.84 亿元，约占苏南地区的 53.27%（见图 4-8）。第二产业比重大于第三产业，且第一产业比重相对较低，这是苏南地区产业结构的特点[①]。

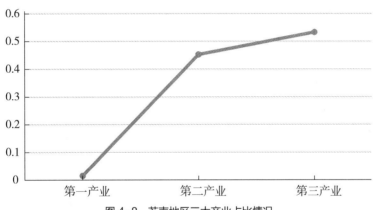

图 4-8　苏南地区三大产业占比情况

传统的"苏南模式"是以苏州为代表，随着经济持续发展，外向化、结构调整、产权改革和城市化相继赋予"苏南模式"以新的内涵。苏南地区抓住国际产业资本加速向长三角地区转移的机遇，积极实施招商引资战略，区域经济迅速发展。同时，通过吸引外资的投入，从"三来一补"到生产研发，不断提高外企的质量，增加高新科技企业的比重，提高了净出口的产值，提升了苏南地方经济总量，促进了地方经济的增长。但是苏南模式产业结构存在一定的问题：外资引入致使依附的产业模式。当发达国家的跨国公司对发展中国家的高新技术产业进行投资

---

①　资料来源：《江苏统计年鉴》（2019）。

时，往往凭借其资金技术实力迅速占领市场，对东道国刚起步的高新技术产业形成很高的市场进入壁垒。这无疑会对东道国高新技术企业造成打压，抑制东道国高新技术产业的成长（见表4-8）。

表4-8 苏南地区三大产业产值统计表

单位：亿元

产业	南京	镇江	苏州	无锡	常州
第一产业	173.42	138.4	213.99	125.07	156.25
第二产业	4721.61	1976.6	8933.28	5464.01	3263.29
第三产业	7825.37	1935	9450.2	5849.54	3630.73

资料来源：《江苏统计年鉴》（2019）。

（二）苏中地区产业发展状况

江苏省苏中GDP总值为19000.8亿元，苏中地区第一产业生产总值为951.16亿元，约占苏中地区的5%；第二产业生产总值为9005.13亿元，约占苏中地区的47.39%；第三产业生产总值为9044.51亿元，约占苏中地区的47.6%。第二产业的比重高于第三产业，且第一产业比重相对较低，这是苏中产业结构的特点。苏中地区工业经济起步较早，玩具、机电、医药、汽车等传统产业具有明显优势，是支撑苏中经济增长的特色产业，也是提高区域竞争力的重要基础。土地、耕地面积数量充足，充裕的后备土地资源潜力巨大（见表4-9）。

表4-9 苏中地区三大产业产值占比情况统计表

单位：亿元

产业	第一产业	第二产业	第三产业
南通	397.77	3947.88	4081.35
扬州	273.34	2623.24	2569.59
泰州	280.05	2434.01	2393.57

资料来源：《江苏统计年鉴》（2019）。

目前，苏中的产业结构状态属于低收入国家的产业结构形态，其产业结构演变虽趋向良性循环，仍然存在诸多不协调，处于低级状态，苏中地区三大产业占比情况见图4-9。

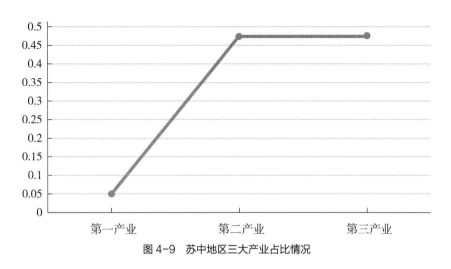

图4-9　苏中地区三大产业占比情况

（三）苏北地区产业发展状况

苏北地区第一产业生产总值为2189.9亿元，约占苏北地区的10.25%；第二产业生产总值为9243.51亿元，约占苏北地区的43.26%；第三产业生产总值为9932.57亿元，约占苏北地区的46.49%。第三产业比重高于第二产业，且第一产业比重相对较低，这是苏北产业结构的特点（见表4-10）。

表4-10　苏北地区三大产业产值统计表　　　　　　　　　单位：亿元

产业	第一产业	第二产业	第三产业
徐州	631.39	2812.02	3311.82
连云港	325.57	1207.39	1238.74
淮安	358.7	1508.11	1734.44
盐城	573.4	2436.45	2477.23
宿迁	300.84	1279.54	1170.34

资料来源：《江苏统计年鉴》（2019）。

一方面，受经济基础薄弱、思想观念陈旧、市场经济意识薄弱等因素影响，苏北市场化改革滞后；另一方面，受地理区位封闭影响，苏北对外开放水平低，思想观念保守，或出口商品雷同，或结构单一，制约了苏北对外贸易的快速发展和经济潜力的有效发挥，苏北地区三大产业占比情况见图4-10。

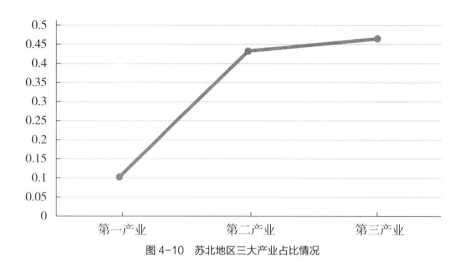

图 4-10 苏北地区三大产业占比情况

　　苏北处于国家改革开放的二线地区，短期看，像经济发达地区那样设立贸易中心、组织贸易博览会、保税区、贸易加工区等还缺乏有力的政策支持。加之苏北地区有关优惠政策如出口退税、奖励等到位不及时，甚至不到位，严重抑制了外贸企业出口创汇的积极性。20 世纪 90 年代以来，苏北外贸发展的总体环境有所改善，但不尽如人意，2018 年社会消费品零售总额为 8075.52 亿元，占全省的 24.3%，仅相当于苏南一个市的总量。长期以来，苏北主要以原料、矿产等初级产品和低技术产品出口为主，高附加值、高收益的加工、精加工产品、高新技术产品的出口比重较小，严重制约了苏北外贸的快速发展。由于苏北现代服务业发展总体滞后，现代服务业发展尚不足以支撑推动苏北国际贸易竞争力的快速提升。现代物流业、金融保险业、信息服务业、科技服务业、商务服务业、产品市场服务业六大生产性现代服务业的发展，远远不能满足苏北加快发展国际贸易、更高层次参与国际分工与协作的需要。人力资本是影响地区差距长期趋势的因素。落后地区因资金较为短缺，着眼于短期利益的需要，往往将资金和人才用于物质生产，而对投入回报周期长的教育部门投入少、增长慢。

　　综上所述，江苏省区域经济发展差距明显。江苏省苏南地区 5 个地级市的 GDP 总值为 53956.76 亿元，是拥有 5 个地级市的苏北地区的 2.5 倍之多。其中，以苏州市、南京市为"领头羊"的苏南地区生产总值远远超过了无锡、常州、镇江三市，两市的第一产业、第二产业、第三产业所占 GDP 比重分别为 1.2∶48∶50.8、2.1∶36.8∶61.1。第一产业所占比重微乎其微，均以第二、第三产业为主要发展产业，无论从产值还是产值比重上来说都有着持续的增长，给地理位置相近并且发展状况相似的其他三个地级市提供了可以借鉴的合理依据。

苏南各地人均生产总值都达到万元以上，但生活成本也高于江苏其他区域，特别是在住房、出行成本以及现代服务业的兴起方面，都要求人们为了适应当下的新环境必须建立正确的消费价值观。苏中地区所占 GDP 比重为 5∶47.39∶47.6，第二产业产值所占比重相对较大，南通、泰州、扬州三市的地区生产总值指数相比上年也分别增加了 8.9%、7.7%、7.9%。教育方面一直是苏中地区的一大发展优势，所以政府只要找对方向并推进改革政策就会给地区带来源源不断的动力。苏北地区由于地理位置不比苏南、苏中强，它受长三角城市群的影响较小，作为国家的二线城市三产生产总值比重为 10.3∶43.3∶46.5，苏北早期因为黄河水患灾害频繁，农业发展一度滞后，省内大力发展农业、兴修水利，虽然使得苏北有了进一步的发展，但是发展速度还是不比苏南、苏中，加上改革开放后苏南放下农业，全力发展工业化城市，不断招商引资，吸引了大批国外企业家前来建厂，因此三者差距还是较为明显。

当前，江苏产业发展的规划大体是将产业增长方式转变为质量效率型，将产业发展动力转变为创新服务双驱动。2018 年，江苏省第三产业增长约 9.3%，幅度为三大产业中最大。根据历年产业数据可知，江苏省第三产业占比正在稳步增长，产业结构逐步呈现更加合理的状态。尽管江苏省产业结构升级成效显著，但距合理的格局还很远。且江苏省三个区域的产业发展水平差异较明显，现有资源和劳动力成本在苏南、苏中和苏北还有较大差距，产业构成较为不同。苏南从 2014 年开始，第三产业的产值对 GDP 贡献就达 50% 以上，较其他区域更优。所以，江苏省应该重视各地区间经济和产业的平衡。

第五章

江苏产业对金融的需求状况

江苏 GDP 总量一直位于全国前列，增长幅度一直高于全国平均水平，产业结构也不断优化，但是各地区的经济总量、发展速度、产业结构等差异却很大，江苏各产业、各地区产业发展对产业金融的需求也不尽相同。第四章已经从宏观层面和中观层面这两个角度对江苏产业发展的总体状况进行了梳理，第五章与第四章是紧密对应的关系，继续从宏观层面和中观层面两个角度来分析江苏产业发展对产业金融的需求。

第一节　宏观层面上江苏产业对金融的需求状况

一、江苏产业对金融业的需求状况概述

2016 年以来，中国人民银行南京分行着力推动制造业高质量发展，组织实施了"江苏金融支持制造业提质增效行动计划（2016~2020 年）"并取得阶段性进展。2018 年末，全省制造业本外币贷款余额 1.6 万亿元，同比增长 3.9%，增速同比提升 7 个百分点。

2018 年，江苏省资源配置进一步优化。会同产业主管部门，通过发布新兴产业企业名录、建立重点智能改造项目库等方式，引导金融机构积极加大对《中国制造 2025 江苏行动纲要》15 个重点领域的支持。同时，大力支持传统产业转型。一方面，大力发展绿色金融，建立完善绿色金融监测机制，积极推动排污权质押、合同能源管理等融资模式发展，助推传统企业实现绿色转型发展；另一方面，对产能过剩行业坚持"区别对待、有扶有控"，实施差别化授信。2018 年末，全省制造业本外币贷款余额 1.65 万亿元，同比增长 4.0%。其中，江苏主要金融机构对 15 个先进制造重点领域贷款余额 3542 亿元，同比增长 7.8%，增速超过全部

工业贷款 2.9 个百分点。钢铁、煤炭、水泥、平板玻璃和船舶等产能过剩行业贷款余额同比下降 11.2%。

2018 年，江苏省金融服务方式不断丰富。推动发展弱担保、无担保信贷产品，大力发展应收账款、知识产权、收益权、股权等新型抵质押方式。2018 年末，全省普惠口径小微企业贷款余额 6625 亿元，同比增长 18.8%。比年初新增 1049 亿元，是 2017 年全年增量的 1.62 倍；小微企业有贷户达 109 万户，增幅达 18.1%。新增民营企业贷款 1472 亿元，余额达到 2.8 万亿元。截至 2018 年末，全省各类新型农业经营主体有贷户 7.3 万户，贷款余额 737 亿元，同比分别增长 28.3% 和 13.3%。阳光信贷、农村经济合作组织贷款余额分别为 4184 亿元、130 亿元，同比分别增长 14.2%、18.5%，惠及农户达 122 万户。"两权"抵押贷款余额 53.3 亿元，同比增长 161%。

2018 年，江苏省企业"走出去"力度进一步加大。大力推动跨国公司外工资金集中运营管理试点，目前获批试点企业共 70 家，累计归集资金 1407 亿美元。积极鼓励境内机构合理利用境外低成本资金。2018 年，全省全口径跨境融资签约金额折合人民币 580 亿元。推动泰州医药高新区于 2017 年 7 月率先获批资本项目收入兑换便利化试点，极大便利了企业生产经营。

二、实体经济对金融服务业的需求状况

江苏实体经济占比超过八成。从江苏公布的 2018 年前三季度金融数据看，"稳"的基本面没有变，金融对实体经济的支持力度不减，资金结构的流向更趋合理，为江苏经济保持较强韧性、迈向高质量发展提供了有力支撑。

截至 2018 年 9 月末，江苏省制造业贷款已连续 19 个月实现同比增长。前三季度实现保费收入居全国第二。从"总量"上看，社会融资规模反映实体经济从金融体系获得的资金。来自人民银行南京分行的数据显示，2018 年前三季度该省社会融资规模增量为 1.48 万亿元，占全国的份额为 9.6%，比上年同期提高 0.9 个百分点，社会融资总量增长加快，在全国占比进一步提升。从"结构"上看，"信贷投向进一步优化，实体经济关键领域获得更多贷款支持"，人民银行南京分行副行长郭大勇说，前三季度，江苏全省新增制造业贷款 721 亿元，比 2017 年全年多增了 114 亿元。先进制造和小微制造企业获得了更多贷款支持。

据江苏银保监局筹备组统计，更多的资金"流"向了正在提档升级的实体经济，比如十大战略性新兴产业、传统产业转型升级以及支持科技企业发展。与此

同时，也释放转移了更多沉淀在限控领域和低效项目的存量资金，压缩了产能过剩行业贷款。截至 2018 年 9 月末，该省银行业对钢铁、水泥、平板玻璃和煤炭行业贷款比年初减少 79.71 亿元。

2018 年以来，江苏地方金融机构在服务"三农"和支持中小微方面的信贷投放比例进一步提高。截至 9 月末，该省普惠金融贷款余额 8783 亿元，同比增长 18.3%，高于全部贷款增速 5.7 个百分点。农户贷款余额 6726 亿元，同比增长 15.6%，超过全部贷款增速 3 个百分点[①]。

江苏省再担保集团在 2018 年 9 月主动对接国家融资担保基金。据该集团副总裁金维民介绍，与国家融资担保基金合作后，预计每年可支持小微企业 1 万余家，带动就业 80 余万人，实现贷款 500 亿元，受保企业主营业务收入增加 800 多亿元。

针对 2018 年以来部分小微和民营企业在经营、融资等方面出现的困难，江苏进一步增加了共计 3000 亿元的支小支农再贷款和再贴现额度，专门用于支持小微企业和民营企业融资，成为历年来额度增加最多的一年。同时，支持重点也有所扩大，把单户授信不高于 3000 万元的民营企业贷款纳入重点支持范围。

2018 年 9 月，江苏小微企业贷款加权平均利率为 5.78%，自 4 月以来连续下降，累计下降 14 个基点。债券发行利率自 1 月达到 6.04% 的高点后，一直处在下降通道，"融资贵"的问题得到了一定程度的缓解[②]。

随着产业链价值层次的提升，原有的老企业因技术变革、规模扩张，会提出新的融资需求，刚产生的新企业也会有自己的融资诉求，只有打造层次丰富的金融市场体系才能从横向满足不同类型企业、产业的融资需求，从纵向满足企业在不同发展阶段的融资需求。

金融支持实体经济发展是一个金融资本向产业资本转化、金融与实体经济不断融合的过程。因此，在商业化经营原则下，不能对金融支持实体经济主体实施单一粗放对待，而应该择优支持实体经济重点领域和薄弱环节。

伴随着金融总量的快速增长与金融制度的日趋改善，江苏省金融对实体经济的资金支持力度不断加大。实体经济特别是大中型企业通过金融机构表内业务、金融机构表外业务以及直接融资三种方式从金融体系获得的资金规模都呈逐渐扩大的态势。同时，我们也要看到实体经济融资难等问题。如金融支持小微企业乏力，实体经济融资成本偏高，金融总量偏小、金融产品单一，金融供给落后于经济增长，资本市场发展不足、金融结构错位，金融资源偏离产业升级方向，等等。

---

① 资料来源：《江苏统计年鉴》（2019）。

② 参见：http://www.xinhuanet.com//2018-10/31/c_1123641979.htm。

三、江苏小微企业需要金融科技支持

2018 年 9 月 4 日，江苏省互联网金融协会召开江苏省金融科技服务小微金融座谈会。会议结论显示，江苏省互联网金融协会银行业金融机构会员单位近年来大力发展金融科技，积极扶持中小微企业，探索金融科技支持小微企业的服务新路径，呈现出"四新"特点，形成了具有鲜明特色的江苏样本。具体如下：

（1）金融科技可以激活银行布局小微金融市场的新引擎。

以银行业为代表的金融机构在服务小微企业方面的力度和成效不断显现，但服务的深度和广度仍受小微企业自身信用信息不足、抵押物不足而形成的信息不对称因素的掣肘。随着大数据、物联网、人工智能、云计算、区块链等金融科技力量不断跨界赋能金融领域，引起了银行业金融机构对金融科技的高度重视和深度运用，特别是认识到金融科技在服务实体小微金融领域的市场潜力。

（2）金融科技可以打造小微企业融资产品新序列。

受小微企业客观因素和金融机构传统融资模式及风险偏好的限制，传统小微企业融资产品数量、种类少。金融科技的运用推动了银行业金融机构在小微企业融资产品序列上推陈出新，打造了一系列小微企业融资精品，如中国银行江苏省分行推出的"中银税贷通"产品序列、江苏银行推出的"e 融"产品序列、恒丰银行南京分行推出的"恒信票贷"产品序列、渤海银行南京分行推出的"渤税贷"产品序列。

（3）金融科技可以驱动小微企业融资新普惠。

在传统的信贷模式下，商业银行在解决小微企业的融资时，常常面临着信息不对称、贷款成本过高、风险控制不足等问题。在金融科技兴起前，小微企业的融资也经历过三个阶段：第一个阶段的贷款模式主要是在计算机数字技术应用之前，依靠商业银行的信贷员进行调查，但是这种方式消耗的人工成本太大，效率太低。第二个阶段依靠小微企业的非财务信息，利用企业的水电表、网络行为等结构化和非结构化数据，然后借助征信机构的预测模型解决小微企业的信息不对称问题，但是这种模式由于数据维度不高，因而其准确性有待提升。据相关数据统计，小微企业在生产经营过程中从传统金融机构获取融资服务的覆盖面仅占小微企业数量的 40%，其服务的覆盖面远不及市场的需求面。第三个阶段也就是利用金融科技的作用，在金融科技的驱动下，银行业金融机构依托于本行的禀赋优势和存量，不断延展小微企业融资服务的广度和深度，服务的覆盖面不断扩大。

（4）金融科技可以刷新小微企业精准服务新效率。

传统金融机构服务实体小微企业的获客、营销及风控手段的成本高、效率低、效益差，始终无法突破小微企业融资难、融资贵、融资慢三大桎梏。而在金融科技的赋能下，银行业金融机构可借助于内外部数据信息资源整合对小微企业的精准获客、精准营销、精准风控方面不断刷新出新效率，进入"秒级"服务时代。

江苏省互联网金融协会秘书长、南京财经大学江苏创新发展研究院首席研究员、教授陆岷峰博士在会上提出，金融科技从技术上解决了银行业支持小微企业服务过程中成本较高、风险较大、信息不对称等问题。他指出大数据可以帮助商业银行建立起对小微企业的动态管理。区块链除了有支付结算方面的作用，还可以帮助商业银行解决在小微企业融资过程中的防欺诈作用控制。物联网技术可以帮助商业银行解决小微企业动产融资问题。人工智能主要解放手工操作劳动力，可以应用到银行业务的前、中、后端，帮助商业银行小微信贷实现流程化、工厂化、批发化。通过金融科技的作用，优化了传统金融服务的流程，解决了服务上的效率问题，更加精准地营销小微企业和服务小微企业，为解决小微企业融资难融资贵提供了现实可能性。

在金融对外进一步开放的背景下，支持小微企业的发展不仅是产业进一步转型升级的需要，而且是商业银行优化客户配置、提升核心竞争力的需要。陆岷峰秘书长就如何借助金融科技支持小微企业发展发挥更大作用提出了自己的见解：一是要明确本行的定位，找准发展的市场差异化定位和目标客户，发挥业务优势，建立品牌效应。二是要加强技术投入，大力创新金融产品，改变银行传统 IOE 系统，将科技基因植入服务小微金融的全流程当中。三是要加强同业之间信息共享，特别是数据上的交换，共同搭建风险控制平台。四是要加强商业银行与专业金融科技公司的合作，探索金融科技的多种发展模式，提升金融科技在小微企业服务中的运用效率。五是在充分利用金融科技服务的同时，还要注意金融科技可能带来的金融风险的防范，如平衡好对个人信息的保护与大数据的商业化利用，防止数据信息的泄密等。不容忽视的是，要在监管的框架内进行适度创新，不能过度创新和失度创新，这样反而加重小微企业的负担。

四、实体经济在产业金融支持下的发展路径

第一，组织开展更加实务有效的招商活动。在招商活动前，一定要提前制定较为周密的计划，使招商工作更细致、更有针对性，同时对招商会上签约的合同

项目，由招商局（办）统一牵头，切实提高新签约项目的"五个率"，即签约项目的注册率、实际到账外资的验资率、验资项目的开工率、开工项目的完工率、完工项目的投入产出率。同时在招商活动中，应积极发挥市政府组织领导能力和全局协调作用，市政府作为地区最高行政职能部门应主要做好城市整体形象、产业重点及发展优势等方面的策划、包装、宣传工作，而各招商单位则围绕各自的产业发展特色和具体项目开展专题专场推介活动。

第二，积极争取外资并购。跨国并购是20世纪中期以来国际直接投资高速增长的最主要支柱和国际资本流动的最重要趋势之一，近几年来，美国大公司之间再度掀起并购潮。徐州、宿迁等市对此给予高度重视，并取得良好成效，建议淮安市由市发改委、国资委等部门牵头，以清拖、淮钢、清印等大型国有企业为载体，专业编制一批规模大、层次高的并购项目，专门针对跨国公司及境外大企业进行推介招商。

第三，继续推进专业化招商工作。转变人海战术的招商方式，积极探索市场化招商，成立招商公司、招商服务中心、投资咨询公司等中介机构和经济组织，鼓励更多的企业走到招商台前，让项目业主成为招商主体，实现招商部门企业化。通过引进与国际融合、国际接轨的教育和医疗卫生机构，进一步完善外商生活居住、休闲娱乐等服务配套设施，满足他们工作居住、投资经商、旅游度假等多方面、多样化的物质和精神需求，使他们愿意在淮安落户，乐意在淮安生活。改善交通环境，大力发展现代物流企业，成立物流中心，为开放型经济发展提供良好的商业运行环境。加大招商力度，确保外资规模稳定增长。积极开展产业研究，推进产业发展及产业链招商向深层次发展。

在深入分析江苏及周边省市的现状和发展趋势的基础上，根据统一规划、梯次分工的原则，在充分体现区域引资聚集效应、合理布局要求的基础上认真做好淮安市吸引外资的区域和产业发展规划，从整体角度规划全市吸引外资工作，在高层面上形成立体利用外资的优势。

五、产业金融为产业发展提供精准支持

（一）金融应大力支持民营中小微企业、"三农"等重点领域

深化江苏地方金融机构改革，鼓励国有银行和股份制银行设立小企业信贷专营机构，支持金融租赁公司等非银行金融机构开展业务。鼓励金融机构探索

中小微企业抵押融资方式，支持对发展前景好的企业和项目，发行中长期企业债券、短期融资券。鼓励有条件的企业在境外直接融资，发挥投融资平台的作用，发展专业贷款担保公司。推动民间资本设立，包括私募股权投资基金、风险投资基金等投资发展基金，对战略性新兴产业中小企业改制上市开辟"绿色通道"。建立完善的农村金融机构体系，继续为县域引进更多金融机构，发挥更大能量。

（二）金融应进一步支持实体经济转型升级

第一，构建多层次的金融市场体系，促进传统产业和战略性新兴产业共同发展。江苏的经济转型升级过程是新兴产业的培育成长和传统产业的升级过程，随着产业链价值层次的提升，原有的老企业因技术变革、规模扩张，会提出新的融资需求，刚产生的新企业也会有自己的融资诉求，只有打造层次丰富的金融市场体系才能从横向满足不同类型企业、产业的融资需求，从纵向满足企业在不同发展阶段的融资需求。因此，要配合全省"传统产业升级计划"，发展战略性新兴产业，推动电子信息、装备制造、石油化工等主导产业向高端发展，提高产业层次和核心竞争力。

第二，鼓励建立地方性民营金融机构，提供富有当地特色的金融产品服务。苏南、苏北、苏中存在比较显著的经济差异，地区的金融基础和金融业发展水平也存在区别。政府可以根据本土产业特色和金融发展水平，吸引民营资本建立地方性的金融机构。地方性金融机构人员的本土化，不仅可以使金融机构更了解当地企业的情况，而且可以根据企业家信誉、企业在当地的口碑等"软信息"为企业提供融资，有效降低中小企业融资困难程度。另外，地方性金融机构还可以在更为细分的市场中，针对不同经营类型的企业提供个性化的金融产品服务。

第三，培育江苏本土的金融控股集团，贯通各类金融主体和各个融资环节。鼓励江苏本土实力强、规模大的金融机构组建成金融控股集团，发挥规模经济和范围经济效应，贯通如银行、证券、保险、信托等金融机构。金融控股集团的设立，不仅可以实现区域内、集团内的资金整合，降低融资企业的交易成本，同时还能将各类金融主体串联在一起，为企业打通融资的各个环节，疏通在金融体系各层次间移动的通道，这将加速江苏产业升级过程的资金供求匹配。

第四，突出重点，积极支持外向型实体经济企业转型升级。优先支持出口潜力大的高新技术产品，重点支持引进国外先进技术和设备的改造项目，支持企业调整优化出口产品结构，开发出口新品种和促进出口产品升级换代。优先安排成套设备进口所需的流动资金，适当增加外汇贷款，优先支持名牌产品出口以及高新技术企业开办业务，帮助企业规避汇率风险，降低汇兑成本。积极支持并有效引导外资投向生物医药、新材料、新能源、先进装备制造业等高科技行业，鼓励外资投向现代服务业、节能环保、民生产业。

第五，多措并举，支持服务业提速发展。积极响应全省"服务业提速计划"，优先支持南京、苏州、无锡三个国家级服务外包示范城市和100家省级现代服务业集聚区建设，着力打造"基地城市＋示范园区＋重点项目"的"三位一体"金融服务新模式。因地制宜、突出重点，在苏南、苏中地区，重点支持服务外包、文化传媒、现代物流、科技研发等现代服务业，鼓励企业积极参与国际服务业分工合作；在苏北地区，重点做好生产性服务业及商贸、旅游、交通、餐饮等传统服务业的金融支持，促进第二、第三产业互动发展。

（三）实现金融与实体经济的均衡发展

在继续重视金融业自身发展和金融创新的同时，坚持金融发展与金融创新的实体经济导向，摒弃一味追求金融业自身发展的政策取向，合理把握金融发展与金融创新的界限和力度，防止金融业因创新过度而"剑走偏锋""自弹自唱"。为此，主要应从以下两方面着手：一是继续加大金融对小微企业的支持力度，提高金融产品与小微企业融资需求的匹配性，促进小微金融、草根金融与小微企业的协同发展，形成"门当户对"的格局；二是建立金融资金流向跟踪机制，防止金融资金进一步"脱实向虚"。

（四）实行差别化、区域化的金融政策，鼓励提供个性化的金融产品服务

实施有差别金融政策的差别性主要表现在各种间接金融控制手段的运用上。制定倾斜性信贷政策，实行向欠发达地区投资的企业提供优惠低息贷款政策；政府可提供信贷担保，目的是支持金融机构对欠发达地区的企业提供贷款，促进这些地区的经济开发和发展。建立区域金融服务中心，使金融活动的规模总量大幅度提高，从而促使各个金融中介竞相完善各自的金融服务水平。促使金融机构提供全方位、高质量的金融服务，促进区域性金融与产业的共同发展。引导区域金融中心即发达地区的金融机构在欠发达地区更好地拓展其金融产品和业务、延伸服务网络。

（五）引导金融资源投向，建立成效考核体系

金融支持实体经济发展是一个金融资本向产业资本转化与实体经济不断融合的过程。因此，在商业化经营原则下，不能对金融支持实体经济主体实施单一粗放对待，而应该择优支持实体经济重点领域和薄弱环节。坚持商业经营、风险可控的原则，强化客户准入条件和其他要求，重点支持战略性新兴产业重大工程以及区域集聚发展产业区，大力支持文化产业、科技新兴、能源产业。根据江苏省实体经济发展的地域非均衡性特点，重点支持国家战略产业，做大金融支持总量。在苏北地区，重点支持完善第三产业的发展。完善金融体系支持实体经济发展的资金保障制度，设立实体经济发展的最低保证金存入央行账户，一旦某一金融机构发生资金大量脱离实体经济，实体企业出现由融资困难导致的经营困难，则没收保证金并按制度要求追究金融机构责任。

第二节　中观层面上江苏产业对金融的需求状况

一、苏南地区（南京、镇江、苏州、无锡、常州）产业对金融的需求状况

（一）南京产业对金融的需求状况

1. 南京经济发展经济运行稳中有进

2018 年全年实现地区生产总值 12820.40 亿元，比上年增长 8.0%。分产业看，第一产业增加值 273.42 亿元，比上年增长 0.6%；第二产业增加值 4721.61 亿元，增长 6.5%；第三产业增加值 7825.37 亿元，增长 9.1%。按常住人口计算人均地区生产总值为 152886 元，按国家公布的年平均汇率折算为 23104 美元[①]。

结构调整扎实推进。聚力培育"4+4+1"主导产业，重点打造人工智能、集成电路、新能源汽车等产业地标，加快推动"两钢两化"企业转型，三次产业增加值比例调整为 2.1：36.9：61.0，服务业增加值占 GDP 比重比 2017 年提高 1.3 个百分点。新动能不断发展壮大。全年高新技术产业实现制造业产值增长 19.1%，

---

① 参见：http://www.tjcn.org/tjgb/10js/35925.html。

占规模以上工业总产值比重为 47.85%，较上年提升 1.96 个百分点。规模以上服务业中，高技术服务业营业收入增长 21.4%。全年高技术产业投资增长 13.5%。南京已被国家确定为全国唯一的科技体制综合改革试点城市、创新型城市试点城市、三网融合试点城市，南京正在全力打造泛长三角地区承东启西的门户城市、国家综合交通枢纽、区域科技创新中心。

2. 南京产业格局

南京是全国重要的综合性工业生产基地。经过多年的发展，南京已形成以电子信息、石油化工、汽车制造、钢铁为支柱，以软件和服务外包、智能电网、风电光伏、轨道交通等新兴产业为支撑，先进制造业和现代服务协调发展的产业格局（见图 5-1）。南京位列中国城市综合实力"50 强"第五，是国际上看好的 21世纪亚洲环太平洋地区最具发展前景的城市之一。

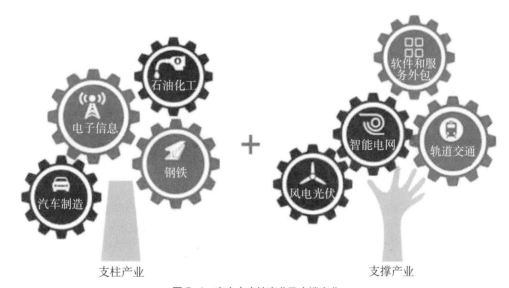

图 5-1 南京市支柱产业及支撑产业

南京拥有两个国家级经开区——南京经济技术开发区和江宁经济技术开发区以及一个国家级高新区——南京高新技术产业开发区。在国家商务部公布的 2017年国家经济技术开发区（共计 219 个）综合发展水平考核评价排名结果中，江宁经济技术开发区综合排名第七，南京经济技术开发区位列第十。江宁经济技术开发区在产业集聚、科技创新、生态环保三个方面处于全国领先水平，科技创新位列全国第四。南京经济技术开发区在 53 项指标中，有 38 项优于全国国家级经济开发区平均水平，在产业集聚、科技创新方面处于全国领先。其中，产业基础排名全国第七。2018 年初，科技部火炬中心下发的《关于通报国家高新区评价（试行）结果的通知》显示，南京高新技术产业开发区位列前 50 强。

此外，南京还有南京浦口经济开发区、江苏溧水经济开发区、南京六合经济开发区、江苏高淳经济开发区、南京雨花经济开发区、南京栖霞经济开发区、南京江宁滨江经济开发区、南京白下高新技术产业园区、南京化学工业园区 9 个省级开发区。产业布局总体较为均衡。

3. 南京的省级开发区概况（见表 5-1）

表 5-1　南京的省级开发区一览表

序号	园区名称	位置	成立时间	主导产业
1	南京浦口经济开发区	浦口区	1993 年 12 月	生物医药、高新纺织和电子信息
2	南京江宁滨江经济开发区	江宁区	2003 年 10 月	高端制造
3	南京栖霞经济开发区	栖霞区	1992 年 9 月	LCD 平板显示器配套产业、纺织面料加工及后整理产业、精密机械制造及金属模具制造产业、装备制造业、仪器仪表及交通运输设备制造产业、电子及通信设备制造产业、新型建材产业
4	江苏溧水经济开发区	溧水区	1993 年 11 月	车辆及零配件制造、电子机械、食品医药、轻工服装
5	南京白下高新技术产业园区	白下区	2001 年	云计算、智能交通、文化创意、电子商务、工业设计、现代服务业、互联网
6	江苏高淳经济开发区	高淳区	2001 年	形成高端装备制造、新材料、现代服务业、医疗健康、节能环保、绿色食品六大产业
7	南京化学工业园区	六合区	2001 年 10 月	石油与天然气化工、基本有机化工原料、精细化工、高分子材料、生命医药、新型化工材料六大领域的系列产品
8	南京六合经济开发区	六合区	1993 年	发展高端装备制造和节能环保两大主导产业
9	南京雨花经济开发区	雨花台区	2000 年	以电子信息为代表的先进制造、文化创意、生产性服务等科技研发、总部经济类产业为主导

为贯彻落实党的十九大报告中提出的"贯彻新发展理念，建设现代化经济体系"要求，南京于2017年11月发布《加快推进全市主导产业优化升级的意见》，将现有7大类14个战略性新兴产业优化为"4+4+1"主导产业体系，目标为：到2020年，全市主导产业主营业务收入达4.5万亿元（见图5-2）。

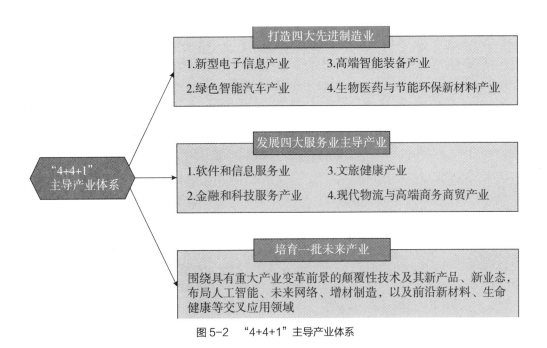

图5-2　"4+4+1"主导产业体系

（1）打造四大先进制造业。

新型电子信息产业经过多年发展，已形成了"以液晶显示规模化发展、OLED显示和照明产业化应用、激光显示核心技术突破"的产业发展体系。2015年，南京市信息通信设备产业实现销售收入1076亿元，同比增长19%。代表企业有中电熊猫、夏普、江苏瑞中数据、南大苏富特等[①]。其发展目标为：到2020年，全市新型电子信息产业主营业务收入突破5000亿元。其中新型显示产业达到2500亿元左右，集成电路产业达到1000亿元左右，信息通信产业突破1500亿元。

绿色智能汽车产业快速发展，2015年共生产新能源商用车12035辆，占全国产量的8.1%。生产新能源纯电动客车10694辆，在全国名列第二。代表企业有南京金龙、南京比亚迪等。预期到2020年，全市绿色智能汽车产业主营业务收入突破3000亿元，其中新能源汽车达到1000亿元左右，智能网联汽车产业达到

---

① 参见：http : //park.landwg.com/judge/2.html。

2000 亿元以上。

高端智能装备产业在 2015 年实现销售收入 695 亿元，同比增长 18.8%，在智能控制系统、自动化成套生产线、工业机器人、齿轮传动、关键基础零部件、系统解决方案提供等细分领域发展迅速。南京是目前国内轨道交通产业集聚程度高、拥有配套比较完整轨道交通产业链的制造业发达城市。代表企业有高精传动、西门子数控、菲尼克斯电气、埃斯顿、中车浦镇、中航工业、南京机电、莱斯信息等。预计到 2020 年，全市高端智能装备产业主营业务收入突破 4000 亿元。

生物医药产业继续保持稳中有进的运行态势，2015 年完成销售收入 443 亿元，累计增长 10%。代表企业有先声药业、江苏奥赛康药业、南京正大天晴、南京绿叶思科药业、金陵药业等。行业发展目标为：到 2020 年，生物医药和节能环保新材料产业主营业务收入突破 4000 亿元，其中生物医药产业突破 1000 亿元，节能环保产业突破 1000 亿元，新材料产业突破 2000 亿元。

（2）发展四大服务业主导产业。

南京软件和信息服务业 2016 年营收 4700 亿元，排名全国第四，占全省的 44%，吸纳 60 万就业大军，丰富和改善了城市人口结构、消费结构。代表企业有国睿集团、南瑞集团、三宝科技、联创科技、南大苏富特等。发展目标为：预计到 2020 年，软件和信息服务业营收规模达到 8000 亿元。

立足南京长三角副中心城市地位和科教名城优势，金融和科技服务产业成长为南京的"特色服务业"。2016 年，全年实现金融增加值 1200 亿元，同比增长 14%，占 GDP 比重达 11.5%。代表企业有南京资金投资、长江金融。发展目标为：到 2020 年，金融和科技服务产业营收规模达到 10000 亿元。

立志于建设国家旅游中心城市健康服务名城，南京文旅健康产业因为一大批龙头项目进驻快速发展。实施"文化 +"发展战略，推进文化创意与设计服务产业化、专业化、品牌化发展，培育新型业态，全面推动城市软实力提升。代表企业有亚东建设、弘扬集团、宏图城市新产业等。发展目标为到 2020 年，文旅健康产业营收规模达到 6000 亿元。

（3）培育一批未来产业。

现代物流与高端商务商贸产业着力于发展多式联运物流、第三方物流、供应链管理、快递物流和智慧物流，积极利用口岸条件发展国际物流，全力打造长江国际航运物流中心。代表企业有南京禄口现代物流、南京港等。发展目标为到 2020 年，现代物流与高端商务商贸产业营收规模达到 10000 亿元（见图 5-3）。

图 5-3　未来产业

加快引进大项目做强主导产业的同时，南京还放眼"未来产业"：围绕具有重大产业变革前景的颠覆性技术及其新产品、新业态，布局人工智能、未来网络、增材制造，以及前沿新材料、生命健康等交叉应用领域，这便是"4+4+1"中的"1"。

在增材制造及前沿新材料领域，抢抓新材料技术与信息技术、纳米技术、智能技术融合发展机遇，加快石墨烯、纳米材料、超导材料、极端环境材料等前沿新材料基础研究与应用创新。

在新零售领域，引导连锁经营零售企业加快推动购物自助结算系统应用，提升顾客购物便利性和店堂效率；积极发展无人售货店，鼓励应用人脸识别、信用大数据、先进支付模式等智能化技术，优化购物体验。

在新金融领域，以大数据、云计算、人工智能及区块链技术为核心，推进金融科技在征信授信、风险控制、智能投顾、支付清算以及资产交易等领域的应用，积极发展数字金融，探索打造数字货币试验区、区块链研究中心等新型要素交易中心，改进金融服务模式。

在人工智能领域，把握人工智能深度学习、跨界融合、人机协同等新特征，瞄准全产业链条，以技术突破推动多领域应用和产业升级，以应用示范推动技术和系统优化，加快人工智能与现有产业深度融合。

在生命健康领域，加快培育基因检测、细胞治疗、精准医疗、医疗机器人、健康管理、康复护理等生命健康服务新业态和新模式。

在未来网络领域，形成企业梯次协同发展、物联网与移动互联网、云计算和大数据、卫星应用等新业态融合创新的未来网络产业体系。

（二）镇江产业对金融的需求状况

1. 镇江经济运行总体平稳

2018 年，全市实现地区生产总值 4050 亿元，较上年增长 3%。一般公共预算收入 301.5 亿元，增长 6%；社会消费品零售总额 1360 亿元，较上年增长 6%；城乡居民人均可支配收入达 49020 元、24660 元，较上年分别增长 8%、8.5%；城镇登记失业率 1.8%；完成省下达的节能减排约束性指标[①]。

镇江地处江苏省西南部，位于长江运河"十字黄金水道"交汇处，是长三角地区重要的港口、工贸和旅游城市。镇江以生态立市、着力打造现代化山水花园城市。镇江需要认真落实创新、协调、绿色、开放、共享的发展理念，认识、尊重和顺应城市发展规律，坚持经济、社会、人口、环境和资源相协调的可持续发展战略，提高新型城镇化质量和水平，统筹做好镇江市城乡规划、建设和管理的各项工作，逐步把镇江市建设成为经济繁荣、和谐宜居、生态良好、富有活力、特色鲜明的现代化城市。

2. 镇江产业格局

镇江地处苏南板块，经济发展与周边城市却有一定差距。对标苏南加油干，关键还是要把目光聚焦实体经济，通过实施"产业强市"主战略，推动"两聚一高"新实践，提升发展热度和城市高度，实现"强富美高"新镇江的美好蓝图。

经国务院同意，国家发展改革委、科技部、国土资源部等六部门联合发布了 2018 年第 4 号公告，公布了 2018 年版《中国开发区审核公告目录》。镇江 3 家国家级开发区、6 家省级开发区名列其中。

镇江拥有 1 个国家级经济开发区——镇江经济技术开发区，1 个国家级高新区——镇江高新技术产业开发区，1 个国家级保税区——镇江综合保税区。江苏省通报"2017 年简政放权创业创新环境评价"情况。在全省开发区序列，镇江经济技术开发区综合排名位列第一（见表 5-2）。

---

① 参见：http：//www.js.xinhuanet.com/2019-01/11/c_1123975128.htm。

表5-2　镇江的国家级开发区一览表

序号	园区名称	位置	成立时间	主导产业
1	镇江经济技术开发区	镇江新区	1992年	光电子与通信、化工、出口加工
2	镇江高新技术产业开发区	高新区	2012年	船舶及配套、通用设备、电器机械器材
3	镇江综合保税区	镇江新区	2003年	电子信息、新材料、保税物流

镇江经济技术开发区（镇江新区）位于镇江市东部，是由1992年设立的镇江经济开发区和1993年设立的镇江大港经济开发区于1998年6月合并正式成立的，2010年4月升级为国家级经济技术开发区。下辖3个镇、2个街道，总面积218.9平方公里，人口27万。现有国家级大学科技园、国家级镇江高新技术创业服务中心、中国镇江留学人员创业园、国家级光电子与通信元器件产业基地、中国镇江出口加工区、国家级沿江绿色化工产业基地6个国家级载体品牌，已成为全球单厂规模最大的高档铜版纸生产基地、中国最大的工程塑料粒子基地、中国最大的汽车发动机缸体生产基地和中国最大的可调螺旋桨生产基地。

镇江高新区于2014年10月升格为国家高新区，是建设苏南国家自主创新示范区所依托的9个国家高新区之一，也是镇江苏南国家自创区建设的引领区、示范区和辐射区，统筹镇江苏南国家自创区"一区十四园"。镇江高新区位于镇江主城区西侧，是镇江城市发展战略"一体两翼"的"西翼"，面临"G312创新带"、"宁镇扬一体化"、扬子江城市群、国家自主创新示范区创建等一系列战略布局的机遇，镇江高新区将成为镇江城市向西发展，对接南京的先导区、核心区和主阵地。主导产业有船舶与海工装备产业、半导体及通信产业、数字创意产业、高技术服务业。聚集了挪威康士伯、德国贝克尔及日立造船、中船动力、镇江船厂等国际国内知名行业龙头骨干企业，积极发展新能源、新材料、新型节能环保设备等产业方向。

镇江省级开发区有6个（见表5-3），分别是江苏丹阳经济开发区、江苏句容经济开发区、江苏丹徒经济开发区、江苏扬中高新技术产业开发区、江苏镇江京口工业园区、江苏省丹阳高新技术产业开发区。江苏丹阳经济开发区综合实力列全省同等级开发区第二名，镇江市第一位，经济总量和规模占丹阳全市的40%以上。

表5-3　镇江的省级开发区一览表

序号	园区名称	位置	成立时间	主导产业
1	江苏丹阳经济开发区	丹阳市	1992年	五金、眼镜
2	江苏句容经济开发区	句容市	1992年	光电子、交通运输设备、服装
3	江苏丹徒经济开发区	丹徒区	1993年	装备制造、新材料、能源电力设备
4	江苏扬中高新技术产业开发区	扬中市	2015年	光伏、能源装备、电器设备
5	江苏镇江京口工业园区	京口区	2003年	新材料、新能源、木材加工、粮油加工
6	江苏省丹阳高新技术产业开发区	丹阳市	2013年	医疗器械、电子信息、汽车及零部件

江苏丹阳经济开发区成立于1992年，1993年经省政府批准升格为省级经济技术开发区。丹阳经济开发区位于江苏省丹阳市，为江苏省级首批重点经济开发区之一。丹阳经济开发区是以工业经济为主体，商贸、金融、文化、科技多元化发展的综合性开发区。开发区交通区位和地理位置十分优越，位于中国最具活力的长三角中心腹地和全国制造业最发达的沪宁城市带上。2018年，丹阳市实现地区生产总值1250亿元，同比增长2.8%；一般公共预算收入61.4亿元，应税占比86%；工业应税销售1452亿元，增长17%；工业用电量增长5.9%，工业固定资产抵扣增长12%[①]。全区有各类企业3500多家，规模以上企业154家，销售亿元以上企业36家，高新技术企业55家，有大亚科技、恒神碳纤维、大力神集团等上市企业。开发区重点围绕航空航天、医疗器械、新能源、精密制造等产业，聚焦中国深圳、上海、北京等地和日本、欧洲诸国等重点区域开展招商活动。

江苏省丹阳高新技术产业开发区，简称"丹阳高新区"，位于丹阳市区正南，312国道、241省道、122省道穿境而过，2013年由原丹阳市云阳高新区与延陵凤凰工业园整合而成，2016年5月升格为江苏省省级高新技术产业开发区。丹阳高新区区位条件良好，位于长江三角洲世界级城市群中心地带，规划管辖范围为"一区四园"，共计175.85平方公里。产业特色鲜明，形成了以新材料、新型医疗器械及生物医药、高端装备制造、现代服务业等为主导的产业体系。

3. 产业结构

2018年前三季度，镇江新兴产业实现销售收入3376.32亿元，较上年增长

[①]　参见：http://www.czwyz.com/article-154409-1.html。

12.6%，占规模以上工业比重为 46.3%，同比提高 0.1 个百分点，其中新材料、高端装备制造、新能源、航空航天、生物医药、新一代信息技术六大战略性新兴产业销售收入增幅均为两位数。重点制造业园区应税销售增长 18%，高于全市平均增幅 3.1 个百分点，占全市工业应税销售的比重达 35%，比上年底提高 1.2 个百分点。制造业集聚度进一步提高，产业结构不断优化升级。

在智能制造领域，2018 年镇江市重点推进 33 个智能制造项目，总投资 212.4 亿元，现已建成省级智能车间 23 家，全市工业两化融合发展水平总指数达 92%；作为全省唯一一国家级军民融合发展产业示范区和首家军民结合产业示范基地，镇江市"参军"企业已达 52 家，不久前与航天科工、航天科技等 12 家军工大院大所专题对接，推进了 12 个军民合作配套项目，军民融合发展步伐加快；工业绿色发展方面，镇江已跻身全国工业绿色转型发展试点城市，目前创成 6 家国家"绿色工厂"，占全省比重为 27.3%，数量居全国地级市第一。

镇江应该顺应全球新一轮科技革命和产业变革趋势，努力实现发展动力从要素和投资驱动向创新与改革驱动跨越、发展方式从注重规模速度粗放型向注重质量效率集约型跨越、产业结构从中低端向中高端跨越，以生态领先为导向、绿色融合为特色，推动形成现代服务业和先进制造业为"双主干"、现代农业为基础的特色产业体系（见图 5-4）。

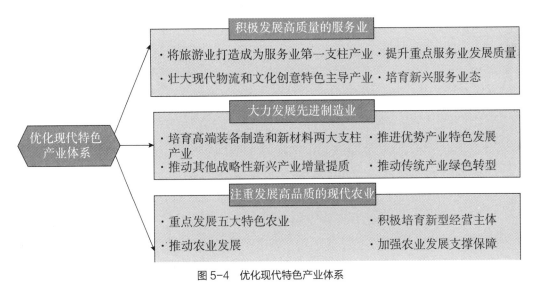

图 5-4　优化现代特色产业体系

第一，积极发展高质量的服务业。将旅游业打造成为服务业第一支柱产业。全面构建"畅游镇江"体系，推进旅游业提档升级，把镇江打造成为国际知名的山水花园城市与文化旅游名城、国内一流的旅游目的地、长三角地区重要的休闲度假胜地。整合镇江全域旅游资源，充分彰显山水、江河、湖岛等特色生态旅游资源，加快构建以"三山"、南山、十里长山、西津渡为核心的主城旅游发展核，以环茅山养生度假乡村旅游区、丹阳国家级旅游产业创新发展示范区、江岛温泉养生旅游区三大旅游发展区为主体，以沿江连岛旅游带、沿古运河旅游观光带、沿高速公路区际快速通道带、沿城市山林绿道慢行城乡体验带四大旅游带为支撑的"一核三区四带"的大旅游空间格局。

壮大现代物流和文化创意特色主导产业。以增量提质为导向，不断提升现代物流业和文化创意产业发展水平，壮大特色主导产业。现代物流产业，发挥江海河、公铁水联运优势，着力推进大港口、大物流体系建设，形成以镇江新区港口综合物流园为核心的"一核三片八区"物流产业格局，强化沿江物流带腹地产业集聚功能，打造长江经济带重要物流枢纽和长三角区域性物流中心。

提升重点服务业发展质量。加快推进现代商贸、商务金融、软件信息和科技服务等重点服务业高端化发展，提高服务业整体实力和发展质量。现代商贸业需强化规划布局引导，加快镇江主城及丹阳、句容、扬中的城市中央商贸集聚区建设，提升丹阳眼镜市场、汽摩配市场，扬中电气工业品城、丁卯市场群、句容特色农产品市场以及正阳汽配城等专业市场水平，加快发展特色商业街、品牌直销购物中心、城市商业综合体等平台和载体，建设区域性商贸流通中心。

培育新兴服务业态。培育发展电子商务、云计算和物联网、服务外包、健康养老以及环境服务等服务业新兴业态，加快形成业态创新优势，抢占新兴服务业发展先机。

第二，大力发展先进制造业。培育高端装备制造和新材料两大支柱产业。重点发展以"海、陆、空"装备和智能电气为主的高端装备制造产业，以高性能金属材料、碳纤维及其复合材料、先进高分子功能材料为主的新材料产业，将两大支柱产业培育成为支撑经济增长的重要力量。

推动其他战略性新兴产业增量提质。加快推动新能源、新能源汽车、新一代信息技术、生物技术与新医药等战略性新兴产业规模化、集聚化、高端化发展。

推进优势产业特色发展。以"高端化、规模化、智能化、集聚化、低碳化、服务化"发展为方向，运用先进适用技术和新一代信息技术改造提升传统产业，引导具有优势的传统产业特色化发展。支持眼镜、森工、食品等轻工产业升级，着力发展"名、优、新、特、精"产品。

推动传统产业绿色转型。加大技术改造升级的支持力度，全面提升化工产业环保、安全水平和产业层次，引导传统化工转向化工新材料、精细化工、石油化工深加工、清洁煤化工等，严控化工产业规模和布局，以镇江新区绿色化工产业园和索普化工基地为载体促进产业集聚发展。

第三，注重发展高品质的现代农业，重点发展五大特色农业。突出优质粮油、高效园艺、特种养殖、碳汇林业、休闲农业五大产业，大力发展生态农业，推广绿色食品、有机食品生产技术，延伸链条、壮大规模、提升知名度。

推动农业发展，推进农业产业链和价值链建设，建立多形式利益联结机制，培育融合主体、创新融合方式，拓宽农民增收渠道，更多分享增值收益。大力推进农业产业化经营，引导和支持以"农民＋基地＋龙头企业"的发展模式，通过合作与联合的方式发展五大特色主导产业、农产品加工业和农村服务业。

积极培育新型经营主体。提升农民素质，培育一批爱农业、有文化、懂技术、善经营的新型职业农民。发展多种形式适度规模经营，大力发展专业大户、家庭农场、合作社、龙头企业、社会化服务组织等新型经营主体。着力开展农民合作社综合社示范创建，积极推广"戴庄经验"，支持发展"龙头企业＋合作社＋农户"的产加销一体型合作社、综合服务型合作社。

加强农业发展支撑保障。坚持最严格的耕地保护制度，实施藏粮于地、藏粮于技战略，开展耕地质量提升行动。全面实施农田水利规划工程，加强农村泵站更新改造，全面清淤整治农村河道，大力推进农田水利设施建设，基本实现农田水利现代化。

第四，全面推动产业"三集"发展。引导先进制造业园区特色发展。重点围绕高端装备、新材料、新能源、新能源汽车、新一代信息技术、生物技术与新医药等产业，规划建设一批产业链完善、创新力强、特色鲜明的先进制造业特色园区。加快建设特色产业基地，强化园区功能分工和定位，实现错位发展，围绕重点优势产业，形成一批专业化、规模化产业特色基地。

推动服务业集聚区跨越发展。依托城市、制造业集中区、交通枢纽和旅游景区，分类建设一批中央商务商贸区、现代物流园、科技创业园、软件园、产品交易市场、文化旅游产业园等现代服务业集聚区，提升集聚带动能力。优化服务业集聚区布局，将重点放在中心城区布局建设商务、商贸集聚区，在城郊接合部和交通要道口布局建设产品交易市场，在重点开发园区布局建设现代物流产业园、科技信息服务载体，在主要交通枢纽布局建设综合性物流集聚区，在集中居住区布局建设生活性服务集聚区。推动国家级经济技术开发区、国家级高新区等产城融合发展。

实现现代农业产业园区示范发展。按照产业高效、设施先进、管理现代、服务完善的思路，建成以设施蔬菜、高档花卉苗木为主导产业，集生态种养、休闲观光、科普教育和科技研发推广等为一体的特色现代农业产业园。加快建设丹阳、句容国家现代农业示范区和镇江新区"中国—意大利农业创新示范园"，支持扬中、丹徒力争创成国家现代农业示范区，着力打造一批设施水平高、研发能力强、市场营销优、带动能力强的现代农业产业园区。

综上所述，镇江实施"产业强市"主战略，把"全面推进制造强市战略，全力振兴实体经济"列为"1号议案"，以"产业之实"推动"经济之强"，迈出了"强富美高"的坚实步伐。推出的"3+2+X"产业链培育计划，旨在推进"强、延、补"链式招商，重点打造高端装备制造、新材料两大支柱产业，加快发展新能源、新一代信息技术、生物技术与新医药三大新兴产业，传承发展眼镜、香醋等历史经典产业。该市相关领导介绍说，希望镇江到2020年进入国家创新型城市行列，全市规模以上工业销售突破1.3万亿元。努力在新时代、新征程中展示新形象、实现新作为，镇江早已蓄势待发。有理由相信，依托丰赡的历史底蕴和318万人民的凝心聚力，在产业强市、创新引领、改革开放、绿色生态上全方发力的镇江，必将迎来更加光明的前景。

（三）苏州产业对金融的需求状况

1. 苏州经济运行稳中有进

2018年，全市预计实现地区生产总值1.85万亿元左右，按可比价计算比上年增长7%左右。全年实现一般公共预算收入2120亿元，比上年增长11.1%。其中，税收收入1929.5亿元，增长15.3%，占一般公共预算收入的比重达91%。全年一般公共预算支出1952.8亿元，比上年增长10.2%。其中，城乡公共服务支出1483亿元，占一般公共预算支出的比重达75.9%[①]。

经济结构不断优化。2018年，全市服务业增加值占地区生产总值比重达到50.8%。实现制造业新兴产业产值1.73万亿元，占规模以上工业总产值比重达52.4%，比上年提高1.6个百分点。

先导产业加快发展。新一代信息技术、生物医药、纳米技术、人工智能四大先导产业产值占规模以上工业总产值比重达15.7%。成为首批国家服务型制造示范城市。

---

① 参见：http://www.tjcn.org/tjgb/10js/36013.html。

2. 产业格局

苏州作为改革开放的一名"排头兵",历经 40 余年发展转型,已经坐上全国工业总产值第二大城市、经济总量第一大地级市的交椅。苏州在《中国城市综合发展指数 2017》中位居第八,GDP 已经超过南京居江苏省首位。根据"第一财经·新一线城市研究所"发布的《2017 城市商业魅力排行榜》,经过五大指标的综合计算,苏州由 2016 年的第 13 位跃升至第七位,再次划入新一线城市。

纺织、钢铁、机械及各色代工企业,以往一直是苏州经济支柱。2010 年,传统产业占苏州规模以上工业比重的 72%,新兴产业占 28%;2016 年,传统产业占比降到 50.2%,新兴产业上升到 49.8%。以新能源、生物技术和新医药、高端装备制造为代表的高技术、高附加值产业,成为引领苏州经济发展和产业升级的主力。

2018 年,全市预计实现地区生产总值 1.85 万亿元左右,按可比价计算比上年增长 7% 左右。全年实现一般公共预算收入 2120 亿元,比上年增长 11.1%。其中,税收收入 1929.5 亿元,增长 15.3%,占一般公共预算收入的比重达 91%。全年一般公共预算支出 1952.8 亿元,比上年增长 10.2%。其中,城乡公共服务支出 1483 亿元,占一般公共预算支出的比重达 75.9%。

经济结构不断优化。2018 年,全市服务业增加值占地区生产总值比重达到 50.8%。实现制造业新兴产业产值 1.73 万亿元,占规模以上工业总产值比重达 52.4%,比上年提高 1.6 个百分点。先导产业加快发展。新一代信息技术、生物医药、纳米技术、人工智能四大先导产业产值占规模以上工业总产值比重达 15.7%。成为首批国家服务型制造示范城市。

苏州拥有六个国家级经济开发区——苏州工业园区、昆山经济开发区、苏州国家环保产业园、常熟经济技术开发区、吴江经济技术开发区、江苏苏州浒墅关经济开发区,两个国家级高新区——苏州高新技术产业开发区和昆山高新技术产业开发区,一个旅游类度假区——苏州太湖国家旅游度假区。在国家商务部公布的 2017 年国家经济技术开发区(共计 219 个)综合发展水平考核评价排名结果中,苏州工业园区综合排名第一,昆山经济开发区综合排名第六。而在 2018 年初,科技部火炬中心下发的《关于通报国家高新区评价(试行)结果的通知》显示,苏州高新技术产业开发区位列第 17。

苏州的国家级产业园如表 5-4 所示。

表 5-4 苏州的国家级产业园一览表

序号	园区名称	位置	成立时间	主导产业
1	苏州工业园区	吴中区	1994 年	以集成电路、软件、游戏动漫、生物医药、新材料等产业为代表的高新技术产业集群
2	昆山经济开发区	昆山市	1995 年	电子信息、精密机械、民生用品三大主导产业
3	苏州国家环保产业园	高新区	2003 年 1 月	环保高新技术
4	常熟经济技术开发区	常熟市通港路滨江国际大厦	1992 年 8 月	汽车及零部件、装备制造、新能源、创新创意、现代物流五大产业
5	吴江经济技术开发区	吴江市	1992 年	电子信息产业、装备制造业、新能源产业、新材料产业、生物医药产业、现代服务业六大产业
6	苏州高新技术产业开发区	高新区	2016 年 4 月	房地产、环保、先进制造、旅游、非银行金融
7	昆山高新技术产业开发区	昆山市	1994 年	机器人、传感器、电子信息、精密模具、装备制造、新能源、新材料、新显示等产业
8	苏州太湖国家旅游度假区	吴中区	1992 年	旅游、农业经济
9	江苏苏州浒墅关经济开发区	高新区	1992 年	智能电网、新型电池研发中心、储能电池、电池原材料及配套材料生产制造基地

苏州工业园区于 1994 年 2 月经国务院批准设立，同年 5 月实施启动，行政区划面积 288 平方公里。2015 年，苏州工业园区共实现地区生产总值 2070 亿元，公共财政预算收入 257.2 亿元，各类税收总收入超 670 亿元，社会消费品零售总额 343 亿元，城镇居民人均可支配收入超 5.6 万元[①]。连续两年名列"中国城市最具竞争力开发区"排序榜首，综合发展指数位居国家级开发区第二。园区集成电路产业销售收入占全国的 18%。园区已集聚集成电路设计企业 40 多家，"IC 设计与制造产业集群"入选国家产业集群试点。园区是国内集成电路产业

---

① 参见：https：//news.china.com/domesticgd/10000159/20160405/22365728_all.html。

最集中、企业最密集的地区之一。园区软件企业 300 家,游戏动漫企业 40 多家。其中游戏公司近 20 家、动漫公司近 30 家,50% 以上的企业主要从事原创作品生产和营销,每年原创动画生产能力超过 5000 分钟。此外,园区还有生物医药产业,医药企业产值达 80 亿元;新材料产业产值达 45 亿元,园区新材料产业主要包括电子信息材料、纳米材料、新能源材料、先进复合材料、生态环境材料、生物医用材料等领域。

昆山经济开发区地处江苏省东南部、上海与苏州之间。东西最大直线距离为 33 公里,南北 48 公里,总面积 921.3 平方公里,其中水域面积占 23.1%。其创办于 1985 年,1991 年 1 月被江苏省人民政府列为省重点开发区,1992 年 8 月经国务院批准成为国家级开发区。今天已发展成为全球资本、技术、人才的集聚地,产业合作的集聚区,中国对外贸易加工和进出口重要基地,综合发展实力连续八年位居全国开发区前四。高效率的行政服务,成熟的招商运营,集聚了一大批世界知名企业,支撑起了电子信息、光电显示、精密机械、民生轻工、装备制造并举的多元化产业格局。

世界 500 强企业在开发区投资创办了 54 个项目。众多投资商中,台资企业占主导地位,昆山经济开发区是台商投资最密集的地区之一,也支撑起了昆山开发区电子信息、光电显示、精密机械、民生轻工、装备制造并举的多元化产业格局,笔记本电脑、液晶面板和显示器及电视整机等产品形成完备的产业链和重要的出口基地,全区出口总额占全国 1/30 强。以特色基地承载主导产业壮大,引进民族品牌企业,推动内外资经济融合发展,是昆山经济开发区转型升级战略的重要着力点。

苏州高新技术产业开发区于 1992 年经国务院批准,1997 年又被中国政府确定为首批向 APEC 成员开放的中国亚太经济合作组织科技工业园区。2017 年底,全区总人口为 80 万人,其中户籍人口 39 万人;下辖浒墅关、通安 2 个镇,狮山、枫桥、横塘、镇湖、东渚 5 个街道和浒墅关国家经济技术开发区、苏州科技城、苏州西部生态旅游度假区、苏州高新区综合保税区。苏州高新区立足资源优势,大力发展优质高效生态农业,重点围绕农业标准化生产、示范区建设、无公害农产品、绿色食品申报等方面,加强农产品质量建设。目前高新技术产业开发区已拥有 206 家高新技术企业,占江苏省的 11.3%,苏州市的 42% 以上[①],苏州高新技术产业开发区的科技创新功能日益增强,高新技术创业服务中心是被联合国确认

---

① 参见:https://new.qq.com/rain/a/20190508A01AN9。

的"国际企业孵化器"。凭借高新技术和产业规模方面的优势，苏州高新技术产业开发区综合经济指标在全国 53 个高新区中名列前茅。

苏州省级开发区有 10 个，分别是江苏常熟新材料产业园、张家港市电子商务产业园、江苏扬子江国际冶金工业园、江苏吴中经济开发区、江苏相城经济开发区、江苏张家港经济开发区、江苏太仓港经济开发区、江苏吴江汾湖高新技术产业开发区、江苏常熟东南经济开发区、江苏昆山花桥经济开发区（见表 5-5）。

表 5-5　苏州的省级产业园一览表

序号	园区名称	位置	成立时间	主导产业
1	江苏常熟新材料产业园	常熟北部	1999 年 10 月	新材料、氟化学、精细化工、生物医药等产业
2	张家港市电子商务产业园	张家港市	2015 年 6 月	电商企业
3	江苏扬子江国际冶金工业园	张家港锦丰镇	2003 年 1 月	建成以金属冶炼为主业，以金属深加工、五金、医疗、现代物流为延伸的新型工业基地
4	江苏吴中经济开发区	吴中区	1993 年 1 月	形成了以精密机械制造、电子及 IT、生物医药和精细化工、新型材料等为特色的产业集聚
5	江苏相城经济开发区	相城区阳澄湖东路	2002 年 1 月	新一代信息技术、高端装备制造、汽车零部件三大主导产业
6	江苏张家港经济开发区	张家港市	1993 年	机械、电子、纺织、化工、汽配、食品等主导产业
7	江苏太仓港经济开发区	太仓市	1991 年	新能源、新材料、重大装备、石油化工、轻工造纸、精密机械、电子信息、现代物流等优势产业
8	江苏吴江汾湖高新技术产业开发区	吴江	1994 年 7 月	装备制造、电子信息、食品加工为主导的现代工业体系
9	江苏常熟东南经济开发区	常熟	2003 年 5 月	电子信息、精密机械、汽车零部件、高科技轻纺和现代服务业
10	江苏昆山花桥经济开发区	昆山花桥	2006 年	重点发展总部经济、金融服务业等产业，加快培育电子商务、文化创意、会展经济等特色产业

苏州坚持"工业强基"理念，按照调高调轻调优调强调绿的目标取向，加快供给侧结构性改革，积极营造符合产业转型导向的政策环境，优化布局结构，拓展发展空间，提高层次能级，提高全要素生产率，加快推动形成先进制造业和现

代服务业双轮驱动的现代产业体系，推动苏州市经济建设迈上新台阶。

第一，加快服务业重点领域发展，具体而言，有以下七个方面（见图5-5）。

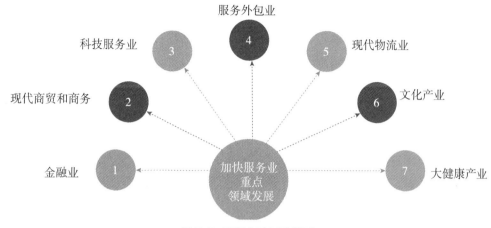

图5-5　服务业重点领域细分

金融业：推动苏州金融业实现由"支柱产业"向"最主要支柱产业"跨越发展，加快建设中新金融创新合作试验区、台资金融机构集聚区和金融服务外包集聚区、科技保险创新实验区三大金融高地。力争在2020年集聚全市超过85%的传统金融机构和新型金融机构，业务总量占全市65%以上。

现代商贸和商务：深入推进国家电子商务示范城市建设。改造提升现代商贸集聚区，打造商务服务业主体示范楼宇。大力发展总部经济，鼓励发展法律、会计、咨询、知识产权、会展服务等产业。

科技服务业：着力推进科技服务基础建设和服务能力建设，重点发展自主研发、产品设计、创业孵化、技术贸易及评估咨询等科技服务，整合科技服务资源，培育一批专业高效的科技服务机构，提升科技创新创优支撑能力，构建现代科技服务体系。

服务外包业：以国家服务外包示范城市建设为抓手，构建以企业为主体、特色园区为载体、金融资本深度参与、布局合理的服务外包产业体系。

现代物流业：提升发展港口物流、保税物流、供应链物流、国际铁路物流、联合发展公路专线物流，创新发展成像共同配送、定制与增值性物流、"智慧物流"、"绿色物流"。

文化产业：进一步提升文化资源的开发利用效率，以文化为"魂"提升关联产业的文化魅力，推动文化与创意设计、旅游、科技、互联网等其他产业融合发展；

发挥市场作用，遵循文化产业发展规律，做大做强一批骨干文化企业、文化产业园基地和文化品牌。

大健康产业：以高端医疗、健康管理、照护康复、养生保健、健身休闲等领域为重点，抢抓老龄化时代、消费升级带来的产业新机遇，努力打造"全国重要的生命健康产业基地、国内知名的新型医疗和养生休闲服务中心"。

第二，推动制造业高端化发展，具体而言，有以下六个产业（见图 5-6）。

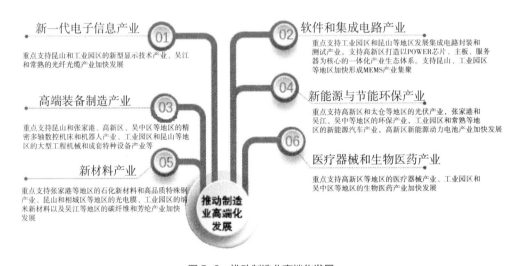

图 5-6　推动制造业高端化发展

大力贯彻《中国制造 2025》和《中国制造 2025 江苏行动纲要》，全面推动苏州制造业转型升级，向高附加值化和服务化发展。

新一代电子信息产业：突破大尺寸面板生产关键技术，推进平板显示用彩色滤光片、玻璃基板、偏光片、LED 背光源及关键生产设备的研发和产业化，逐步由组装加工向自主研发转变。加快 OLED 显示技术和产品的自主研发，积累自主知识产权。加快高效智能终端及芯片、下一代高速宽带信息网络设备、核心交换芯片及设备、高性能传输设备及高速光模块、高端网络服务器及安全产品的开发和应用。突破大尺寸光纤预制棒及配套材料的关键生产技术，使整体达到国际先进水平，部分技术性能达到国际领先水平。重点支持昆山和工业园区的新型显示技术产业、吴江和常熟的光纤光缆产业。

高端装备制造产业：突破精密重载数控机床制造、机器人系统设计与制造、工程机械智能化精确控制、增材制造、MEMS 器件微纳复合加工及高性能低成本封装等关键技术，加强集成创新和自主研发。突出数控整机、大型特种成套设备和核心功能部件的研发和规模化生产，形成高端产业集群。重点支持昆山和张家港、高新区、吴中区等地区的精密多轴数控机床和机器人产业、工业园区和昆山等地区的大型工程机械和成套特种设备产业、工业园区的微纳制造装备和图形化装备产业、工业园区和吴江等地区的半导体及光电子行业制造设备产业、吴江和常熟等地区的智能化电梯和升降机设备产业、常熟太仓等地区的中高端汽车及关键零部件、高新区和昆山等地区的轨道交通装备及外延设备产业，以及张家港和太仓等地区的环保设备、海洋工程装备产业、高新区高端泵阀产业。

新材料产业：重点发展新型功能材料、先进结构材料和复合材料等共性基础材料。突破纳米硬质合金、纳米膜、纳米晶金属等纳米新材料研发和应用。开发高性能的特殊钢、铝合金、镁合金、钛合金等结构性材料。发展无碱玻璃纤维、氨纶纤维、芳纶纤维、超高分子量聚乙烯纤维等高性能纤维材料。开发专用焊接、喷涂、密封、超导等特种材料。研发膜材料及组件、功能高分子膜材料及成套装置。开发先进陶瓷、特种玻璃等具有特殊性能的无机非金属复合材料。发展高纯石墨、人工晶体、超硬材料及制品。重点支持张家港等地区的石化新材料和高品质特殊钢产业、昆山和相城区等地区的光电膜、工业园区的纳米新材料以及吴江等地区的碳纤维和芳纶产业。

软件和集成电路产业：加快云计算、大数据、物联网、移动互联网的创新发展，突破资源管理、大数据存储、物联网感知等核心技术。发展关键领域的安全操作系统、嵌入式软件、数据库软件等工业基础软件，开发自主可控的高端工业控制平台和重点行业应用软件，突破智能设计与仿真、工业大数据处理等高端技术。拓宽信息服务与数字内容服务的应用范围，加快互联网精准搜索系统、地理信息公共服务等的发展，培育"互联网＋"旅游龙头企业。研发高密度多层印刷电路板和柔性电路板、新型晶体器件、超导滤波器等。研发高速集成电路技术及芯片，纳米级集成电路芯片制造、封装和测试。重点支持工业园区和昆山等地区发展集成电路封装和测试产业。支持高新区打造以 POWER 芯片、主板、服务器为核心的一体化产业生态体系。支持昆山、工业园区等地区加快形成 MEMS 产业集聚。

新能源与节能环保产业：加快开发太阳能光伏、风能、核能等新能源技术和装备，以及太阳能光伏电池的生产制造新工艺。推进动力电池及储能电池、大容量锂电池成组技术与设备生产，发展纯电动和插电式混合动力汽车、燃料电池汽车。促进驱动电机、先进变速器、轻量化材料、智能控制、汽车电子等核心技术的工程化和产业化。研发燃煤工业炉窑改造、节约和替代石油、流程工业能量系统优化、工业余热余压利用等技术与装备。推进大气污染与温室气体排放控制、污水废水处理与循环利用、固体废弃物综合利用等环保设备研发生产。重点支持高新区和太仓等地区的光伏产业，张家港和吴江、吴中等地区的环保产业，工业园区和常熟等地区的新能源汽车产业，高新区新能源动力电池产业加快发展。

医疗器械和生物医药产业：大力推进医学与信息、材料等领域新技术的交叉融合，构建生物医药、医工技术创新体系。加快研发高精密诊断及治疗设备，如差异化 CT、彩超、磁共振等影像设备，新型便携治疗设备。开发单克隆抗体系列产品和检测试剂、传染病早期检测诊断试剂、新型系列肿瘤标记物检测试剂。研发生物医学材料，如骨、牙、关节等系统用生物活性修复材料，人工器官等体内植入物。发展生物合成、生物芯片、生物反应器等共性关键技术和工艺装备。推进基因工程药物、抗体药物、多肽药物、核酸药物等规模化制备。发展化学制药、高端仿制药和生物育种。重点支持高新区等地区的医疗器械产业、工业园区和吴中区等地区的生物医药产业加快发展。

苏州作为制造业大市，有着雄厚的产业基础。在充分发挥其制造业的优势前提下，推动第二、第三产业相互支撑、融合互动。现代服务业成为了产业发展的新动力，以生产性服务业为支撑、高端服务业为重点、消费性和公共性服务业为基础的现代服务产业体系逐渐形成。六大支柱产业呈现良性分化走势，代表先进制造业方向和整体实力的装备制造业取代钢铁产业成为第二大主导产业。新能源、新材料、高端装备制造、智能电网和物联网已成为千亿元级新兴主导产业。

"2018 苏州民营企业 50 强"营业收入的入围门槛为 30.43 亿元，比 2017 年提高了 3.43 亿元。其中营业收入超过 1000 亿元的企业有 4 家，超过 500 亿元、300 亿元、200 亿元和 100 亿元的分别为 6 家、11 家、17 家和 27 家[①]。

历年来，50 强民营企业坚持创新、积极作为、砥砺前行，在着力转型升级中保持健康平稳发展。2018 年入围企业全年实现营业收入总额达 14805.45 亿元，同比增长 33.43%，户均实现营业收入 296.11 亿元，比 2017 年提高了 74.2 亿元，拥有资产总额 11351.30 亿元，同比增长 34.56%，户均资产规模 227.03 亿元，比 2017 年增加 58.31 亿元；全年共缴纳税收 395.76 亿元，同比增长 29.98%，户均

---

① 参见：http：//news.2500sz.com/doc/2018/07/30/316443.shtml。

缴税 7.92 亿元，比 2017 年提高 1.83 亿元。全年实现税后净利润总额为 615.41 亿元，户均净利润 12.31 亿元。企业员工总数为 44.98 万人，户均企业用工 8996 人[①]。

（四）无锡产业对金融的需求状况

1. 无锡全市经济发展再上新台阶

2018 年，全市实现地区生产总值 11438.62 亿元，按可比价格计算，比上年增长了 7.4%。按常住人口计算，人均生产总值达到 17.43 万元。全市实现第一产业增加值 125.07 亿元，比上年下降了 0.3%；第二产业增加值 5464.01 亿元，比上年增长了 8.0%；第三产业增加值 5849.54 亿元，比上年增长了 7.1%；三次产业比例调整为 1.1∶47.8∶51.1。

2018 年，全年民营经济实现增加值 7526.61 亿元，比上年增长了 7.5%，占经济总量的比重为 65.8%，比上年提高 0.2 个百分点。民营经济固定资产投入比上年增长 7.9%，民营工业产值比上年增长 16.0%。

2. 产业格局

产业是经济发展的基础，是提升城市综合实力的关键，无锡必须牢固树立"产业强市"的发展理念，加快形成以新兴产业为先导、先进制造业为主体、现代服务业为支撑的现代产业体系，在新的起点上重振无锡产业雄风。

2018 年，无锡市 GDP（地区生产总值）为 11438.62 亿元，比上年同期增长 7.4%。由国家发展和改革委员会发展规划司与云河都市研究院共同编制的《中国城市综合发展指标 2017》中，无锡排名第 20 位。

如表 5-6 所示，无锡拥有两个国家级高新区——无锡高新技术产业开发区和江阴国家高新技术产业开发区，以及一个旅游类国家开发区——无锡太湖国家旅游度假区，而 2018 年初科技部火炬中心下发的《关于通报国家高新区评价（试行）结果的通知》显示，无锡高新技术产业开发区位列前 50 强，其形成了以电子信息、精密机械及机电一体化、生物医药、精细化工和新材料为重点的五大支柱产业。国家高新区综合评价由科技部火炬中心组织实施，每年从知识创造和技术创新能力、产业升级和结构优化能力、国际化和参与全球竞争能力、高新区可持续发展能力四个方面，对全国国家高新区进行评价。

---

① 参见：https://www.sohu.com/a/244458194_753654。

表 5-6　无锡的国家级高新区一览表

序号	园区名称	位置	成立时间	主导产业
1	无锡高新技术产业开发区	高新区	1992 年	电子信息、精密机械及机电一体化、生物医药、精细化工和新材料为重点的五大支柱产业
2	无锡太湖国家旅游度假区	滨湖	1992 年10 月	旅游休闲、生物医药、先进制造业
3	江阴国家高新技术产业开发区	江阴市	1992 年	金属新材料及高端制品、融合通信装备及材料、高端智能装备、现代中药及生物新药四大先进制造业以及总部经济、文化创意、软件和服务外包、现代物流、城市经济五大现代服务业

　　无锡高新技术产业开发区，是 1992 年 11 月经国务院批准的国家级高新技术产业开发区，规划面积为 25 平方公里。2018 年，无锡高新技术产业开发区地区生产总值完成了 1750 亿元左右，增长 8% 以上，增速全市第一；一般公共预算收入 198.6 亿元，增长 12.8%，占 GDP 比重为 11.3%，其中税收收入 185 亿元，增长 13.7%，税收占比 93.4%，两项占比均位列全市第一。同时，一举实现"两个突破"：规模以上工业总产值突破 4000 亿元大关，达到 4150 亿元；进出口总额突破 500 亿美元大关，达到 505 亿美元，增长 16.9%[①]。

　　江阴国家高新技术产业开发区，前身为江阴经济开发区，成立于 1992 年。2002 年，被省委、省政府赋予国家级经济开发区的经济审批权和行政级别。2011年 6 月 15 日，国务院正式批复同意其升级为国家高新技术产业开发区。经过多年的开发建设，江阴高新区初步确立了以金属新材料及高端制品、融合通信装备及材料、高端智能装备、现代中药及生物新药四大先进制造业以及总部经济、文化创意、软件和服务外包、现代物流、城市经济五大现代服务业为主的现代产业发展新格局，并已发展成为投资环境优良、外资集聚明显、产业特色鲜明、创新功能凸显，在国内外享有较高声誉的重点开放园区。2018 年，高新区着力高水平开展招商引资、项目建设，规模以上高新技术产业产值达 521.80 亿元，增长26.5%。新认定高新技术企业 26 家，累计拥有高新技术企业 123 家，新增省民营科技企业 20 家、省高新技术产品 52 个。

　　此外，如表 5-7 所示，无锡还有江苏无锡惠山经济开发区、江苏锡山经济开

---

　　① 参见：http：//www.wxrb.com/news/wxxw/201901/t20190110_1449090.shtml。

发区、江苏无锡经济开发区、江苏宜兴经济开发区、江苏江阴临港经济开发区、无锡蠡园高新技术产业园区、江苏宜兴陶瓷产业园区和江苏无锡硕放工业园区等省级开发区，产业布局总体较为均衡。

表 5-7　无锡的省级开发区及高新区一览表

序号	园区名称	位置	成立时间	主导产业
1	江苏无锡惠山经济开发区	惠山区	2001 年 7 月	汽车及汽车零部件产业、新能源、服务外包、生命科技产业及其他产业
2	江苏锡山经济开发区	锡山区	1992 年 5 月	电子信息、精密机械及机光电一体化、高端纺织、新材料和现代服务业等优势产业集群
3	江苏无锡经济开发区	滨湖区	2002 年 8 月	工程机械、高性能机电
4	江苏宜兴经济开发区	宜兴市	2013 年 3 月	光电材料产业、光伏太阳能新材料、先进装备制造业为主的三大产业集群
5	江苏江阴临港经济开发区	江阴市	2006 年 8 月	石油化工、精密机械、工业装备、新材料、生物医药、汽车零部件
6	无锡蠡园高新技术产业园区	滨湖区	1992 年 6 月	工业设计、集成电路、软件与服务外包、物联网、网络通信、节能环保、生物医药、影视动漫与其他创意等新兴产业
7	江苏宜兴陶瓷产业园区	宜兴市	2002 年 10 月	机电、冶金、陶瓷
8	江苏无锡硕放工业园区	新吴区	1998 年 9 月	轻纺、服装、微电子

　　江苏无锡经济开发区位于无锡市东南部，南邻万顷太湖，北靠无锡市区，东依京杭大运河，西邻无锡大学城和旅游风景区，位居太湖新城建设核心区。成立于 2002 年 8 月，被无锡市批准为市重点开放园区，规划面积为 56.6 平方公里，2006 年 5 月被批准为省级经济开发区。下设江苏省无锡航空动力科技产业园，总规划面积 19.77 平方公里。目前已建成南区、北区和西拓区 10 平方公里，致力于打造产业集聚、不断创新、生态环保、可持续发展的现代化园区。开发区始终坚持"新城带动、高新引领、可持续发展和人才强区"的发展战略，目前已形成"一园（航空动力科技产业园）、一港（胡埭物流港）、一城（胡埭汽车城）和四大聚集区（高端制造产业聚集区、新兴产业聚集区、传统优势产业聚集区和配套型服务产业聚集区）"的产业体系，综合实力显著提升。已成为太湖、蠡湖两大新城搬迁企业的首选、全市农村"三个集中"的实践区、滨湖工业后劲增长的核心区、土地集约和产业集聚的科学发展示范区。

无锡蠡园高新技术产业园区于 1992 年 6 月成立，1993 年 12 月经省政府批准为省级开发区。2003 年 5 月，国家科技部批准设立国内首家以工业设计为主题的高新技术专业化园区——无锡（国家）工业设计园，与开发区实行"两块牌子一套班子"，合署办公。2006 年 9 月，国家知识产权园批复建立无锡（国家）工业设计知识产权园。无锡蠡园高新技术产业园在继续巩固电子信息、精密机械等支柱产业的同时，突出高端化、规模化、集群化战略，着力发展工业设计、集成电路、软件与服务外包、物联网、网络通信、节能环保、生物医药、影视动漫与其他创意等新兴产业，产业结构日趋优化，经济质量稳步提升，各项事业协调发展，群众生活不断改善。

3. 产业结构

从无锡经济发展的历程、禀赋和定位出发，坚定不移地走产业强市道路，主动融入全球产业分工体系，全面落实"中国制造 2025"和江苏行动纲要，推进信息化和工业化、制造业和服务业的深度融合，积极发展新产业、新技术、新业态和新模式，不断推进产业转型升级，提高产品质量和品牌影响力，抢占产业发展制高点，以制造强促进工业强、以产业强支撑经济强，奠定无锡发展的坚实基础。

第一，做强做优先进制造业。顺应当代制造业技术和管理发展趋势，结合现有的产业基础，重点发展新一代信息技术、高端装备制造、节能环保、生物医药、新能源和新能源机车、新材料、高端纺织及服装等先进制造业，力争在新能源汽车整车项目上取得重大突破，促进"无锡制造"向"无锡创造"升级，向智能化、绿色化、服务化、高端化方向发展，全面增强市场竞争力（见图 5-7）。

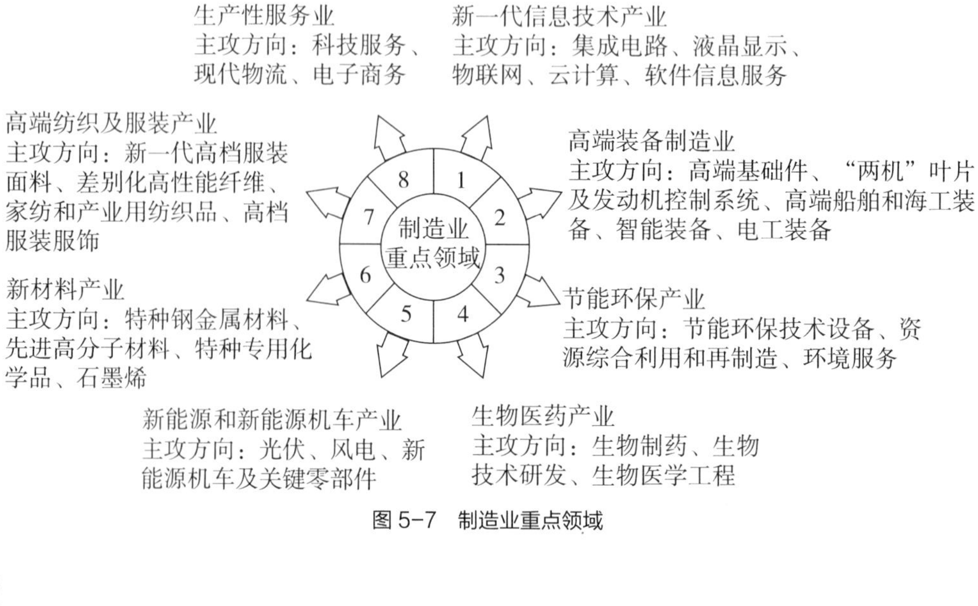

生产性服务业
主攻方向：科技服务、现代物流、电子商务

新一代信息技术产业
主攻方向：集成电路、液晶显示、物联网、云计算、软件信息服务

高端纺织及服装产业
主攻方向：新一代高档服装面料、差别化高性能纤维、家纺和产业用纺织品、高档服装服饰

高端装备制造业
主攻方向：高端基础件、"两机"叶片及发动机控制系统、高端船舶和海工装备、智能装备、电工装备

新材料产业
主攻方向：特种钢金属材料、先进高分子材料、特种专用化学品、石墨烯

节能环保产业
主攻方向：节能环保技术设备、资源综合利用和再制造、环境服务

新能源和新能源机车产业
主攻方向：光伏、风电、新能源机车及关键零部件

生物医药产业
主攻方向：生物制药、生物技术研发、生物医学工程

制造业重点领域

图 5-7 制造业重点领域

加快发展智能制造。完善信息化与工业化深度融合机制，实施企业互联网化提升行动计划，引导企业通过信息技术应用对生产经营环节进行全面改造提升，在机械、纺织、电子信息、特色冶金等传统优势制造业领域培育一批两化融合示范企业。预计到 2020 年，省级两化融合转型升级示范企业达到 40 家。

第二，培育壮大战略性新兴产业，培育新兴产业集群。立足无锡产业基础和优势，密切跟踪国内外新兴产业发展趋势，突出先导性，编制和实施战略性新兴产业培育发展规划，聚焦物联网、云计算、大数据、集成电路、石墨烯、薄膜太阳能电池等重点领域，做精、做优、做特、做实一批战略性新兴产业，提升对产业升级的支撑引领作用。突出"特色化、集聚化、高端化、创新化"，重点打造无锡国家传感网创新示范区、无锡（国家）智能交通产业园、宜兴环保科技工业园、无锡国家集成电路设计基地、中船海洋探测技术（无锡）产业园等一批产业特色鲜明、创业环境好的新兴产业基地，重点培育出一批自主创新能力强、产品市场前景好、带动作用大的龙头骨干企业，实现新兴产业规模和竞争力的整体提升。

无锡是全国唯一的国家传感网创新示范区，经过快速发展，已集聚物联网企业 2000 多家，从业人员突破 15 万，物联网产业营业收入突破 2000 亿元，年均增幅超过 20%，无锡企业承接的物联网工程遍及 30 多个国家和地区。

从 20 世纪 80 年代开始，集成电路产业一直是无锡最具代表性和最具区域竞争优势的产业。2017 年，上海华虹、SK 海力士二工厂、中环大硅片等重大产业项目相继落地，重大项目数量、规模和储备情况均为历年最好。2018 年，无锡市集成电路产业规模达到 1112.46 亿元，同比增长 24.83%，产业规模仅次于上海位居全国第二，其中设计业位列全国第五、晶圆制造业位列全国第三、封测业位列全国第一[①]。

第三，大力发展现代服务业，积极发展生产性服务业。着力推动产业金融、信息服务、科技服务、现代物流、服务外包、商务服务、检验检测、人力资源服务等重点行业的发展。加大生产性服务业企业培育力度，引导生产性服务业企业运用现代科技信息技术，加强科技研发和应用，推进企业技术创新、管理创新、制度创新和模式创新，提升营运管理水平，成为先进制造业和现代服务业发展的重要支撑力量。

大力发展产业金融，充分发挥政府股权投资母基金作用，全力推动金融与

---

① 参见：https : // mp.weixin.qq.com/s ？ src=11&timestamp=1576908480&ver=2046&signature=--cHA180CDvZJPfLb-IJIZu5ExHo6TvI1BZaxmHsUYSr88D-skqK6bPvE5I6gm5xsJdSVdVDiZZTeQiFPtoYI8a1-yJZi-QF4b0TCGnarvvfYHliWjFUZpB8H7PTXUhF&new=1。

产业对接，重点发展科技金融、文化金融、消费金融、互联网金融等产业金融新业态，推动金融、产业、交易三者的紧密衔接，努力将无锡打造成为产业与金融紧密结合的示范区。加快现代物流业发展，继续推进物流园区调整，完善西站物流园区、高新物流新安园区等多式联运物流园区功能，推动物流信息化建设，推广甩挂运输、冷链物流和多式联运，提高省市两级重点物流基地建设和重点物流企业发展水平。

提升发展生活性服务业。加快现代旅游、现代商贸、家庭服务、特色餐饮、健康养老、文化体育、教育培训、法律咨询等生活服务业的发展，推动生活消费方式由生存型、传统型、物质型向发展型、现代型、服务型转变。树立"大旅游"理念，依托旅游休闲示范城市建设，加快推进现代旅游体系建设，整合和利用现有旅游资源要素，优化规划布局，谋划新品线路，推动旅游与文化、商贸、体育、农业、工业等行业深度融合发展。加强市场流通体系建设，着力发展新型商贸流通业态，加快利用互联网等先进信息技术对传统商贸流通企业进行改造提升。

综上所述，无锡 GDP 迈入"万亿俱乐部"，并成功实现结构调整和产业升级、发展水平、综合实力、城市地位、城市能级等方面呈现出全面提升的态势。围绕提高经济发展的质量和效益，以智能化、绿色化、服务化、高端化为引领，传承工商基因，弘扬工匠精神，构建现代产业体系，加快实现经济增长新旧动能转换，努力建设全国领先的"智造强市"，打造具有国际影响力的先进制造业基地。要提高产业发展层次，优先发展战略性新兴产业，大力发展先进制造业，加快发展现代服务业，扎实推进农业现代化；优化产业发展布局，加快形成产业发展集中集约、特色产业带差异发展的良好格局，实现产业布局与城镇空间的协调互动、形态建设与功能开发的协调发展；促进实体经济发展，加快培育新型市场主体，支持企业扩大有效投入、加强管理创新，引导企业向产业链上下游延伸、向价值链高端环节攀升，推动产业迈向中高端。

（五）常州产业对金融的需求状况

1. 常州经济运行总体平稳

2018 年，全市地区生产总值突破 7000 亿元，达到 7050.3 亿元，按可比价计算增长 7%。分三次产业看，第一产业实现增加值 156.3 亿元，下降 1.0%；第二产业实现增加值 3263.3 亿元，增长 6.2%；第三产业实现增加值 3630.7 亿元，增长 8.1%。三次产业增加值比例调整为 2.2∶46.3∶51.5。2018 年全市按常住人口计算的人均生产总值达 149275 元，按平均汇率折算达 22558 美元。民营经济完成增加值 4760 亿元，按可比价计算同比增长 7.4%，占地区生产总值的比重达到 67.5%，提升了 0.1 个百分点。就业创业形势良好。2018 年城镇新增就业 13.2 万人，失业人员实现再就业 5.5 万人，扶持创业 1.9 万人，创业带动就业 8.1 万人，年末城镇登记失业率为 1.78%[①]。

2. 产业格局

近年来，常州市围绕建设全国一流的智能制造名城、长三角特色鲜明的产业技术创新中心、国内领先的产城融合示范区，以"重大项目主题年"活动为抓手，致力推动十大产业链加快发展、传统产业优化升级，现代服务业稳步提升，具有常州特色的现代产业体系加速构建，轨道交通、智能电网等装备制造业全国领先，石墨烯产业跻身国际前沿，"一核两区多元"的区域创新总体布局不断完善。

根据"十三五"规划确定的产业发展目标为优化产业布局，引导资源配置，推动产业规模化、集聚化、特色化发展。

引导制造业布局情况如图 5-8 所示。

图 5-8　引导制造业布局

第一，促进服务业集聚区提档升级。

建设金融商务区。建设武进科技金融创新区，集聚发展新北差别化小微金融、类金融特色街区。

建设现代物流集聚区。重点推进综合物流园区、临港物流园区、武南物流园区、金城港物流园区建设，提升亚邦、凌家塘等物流中心功能，积极推进电商快递物流园区及快件分拨中心建设。

建设科技服务集聚区。重点推进常州科教城、钟楼科创园、智慧科创园等建设，支持科教城建设国家级科技服务业集聚区。

---

① 参见：http://www.tjcn.org/jjfx/35719.html。

文化创意集聚区。重点推进国家创意产业基地、国家文化与科技融合示范基地、国家广告产业基地建设，提升运河五号等集聚区发展水平，发展古运河文化创意产业集聚带、西太湖影视基地。

电子商务与软件信息集聚区。重点推进西太湖电子商务产业园、国家云计算产业园、常州信息产业园、常州移动互联产业园、大数据产业园建设。

商务服务集聚区。重点推进武进工业设计园、新龙国际商务城等建设，有序推进南北广场商务服务区建设。

旅游休闲集聚区。重点推进环球恐龙城、春秋淹城、天目湖旅游度假区、太湖湾旅游度假区、茅山旅游度假区、长荡湖旅游度假区等地旅游开发和休闲观光农业发展，积极发展老城厢文商旅休闲集聚区，创建国家级旅游度假区。

健康养老集聚区。重点推进西太湖国际医疗旅游先行区、常州健康养老服务业集聚区建设，支持金坛、溧阳等地充分发挥生态资源优势发展健康养老服务业。

互联网平台经济集聚区。重点推进国家智慧旅游公共服务平台、新阳化工交易平台、淘常州等发展。

交易市场集聚区重点提升凌家塘交易市场、邹区灯具城、夏溪花木市场，调整优化龙虎塘道口市场集群。

第二，优化农业发展空间。

以基本农田保护区为基础，结合特色农业基地分布状况，优化沿江农业空间格局。

农业生产总体平稳，粮食产量小幅下降。2018年实现农林牧渔业现价总产值293.8亿元，比上年增长0.1%。其中农业产值162.5亿元，增长2.3%；林业产值2.1亿元，增长3.1%；渔业产值81亿元，增长3.5%；牧业产值27亿元，受畜禽养殖污染整治影响，比2017年下降23.6%。2018年粮食总产78.2万吨，比2017年减少3.2万吨。其中，小麦20万吨，增产1.1万吨；水稻54.6万吨，减少3.9万吨。国家现代农业示范区建设水平位居全国前列,全市新建高标准农田3.3万亩，新发展高效设施农业0.87万亩，高效设施渔业0.57万亩①。

常州设有一个国家级开发区及三个省级经济技术开发区。

（1）国家级经济技术开发区。

常州高新技术产业开发区为1992年11月经国务院批准最早成立的全国52个高新区之一，随后设立了常州市新北区，地域面积为439.16平方公里，目前下

---

① 参见：http://www.changzhou.gov.cn/ns_class/zjcz_04_02。

辖 6 镇、3 街道，常住人口近 70 万人。

长期以来，以"发展高科技、实现产业化"为历史使命，初步形成了以"化工新材料、动力装备、通用航空、光伏新能源、生命健康、文化创意、智慧科创和现代农业"八大专题园区为支撑的产业发展格局，着力打造国内一流的自主创新示范区、率先示范的产城融合先行区、包容共赢的开发合作引领区、人人向往的和谐幸福宜居区。

近年来相继获得"全国国家高新区建设 20 周年先进集体""江苏省先进开发区""华东地区最具竞争力开发区"等荣誉称号。园区内拥有生物医药产业园、新能源车辆产业园、光伏产业园、创意产业园、航空产业园五大产业园区。

常州高新区近年来加快构建以新兴产业为引领、先进制造为主体、现代服务为支撑的现代产业体系。

（2）持续推进重大产业项目。

康得新能源、扬子江海浪、星宇车灯、瑞声科技等一批特大项目相继签约落户，联影医疗、扬瑞新材料、蒂森克虏伯转向系统等一批重大项目全面在建或基本建成。

（3）新兴产业集聚壮大。

2017 年，新材料、光伏新能源、生命健康、通用航空、传感器等战略性新兴产业占规模以上工业产值比重达到 52%。

高新技术产业发展迅速，龙虎塘智能传感小镇入选首批省特色小镇，生命健康产业园被认定为省级先进制造业基地。

（4）绿色产业推进有力。

积极推进科技载体建设，支持光伏智慧能源产业，以维尔利环保科技、永安行为代表的先进节能环保产业，运用物联网技术构建绿色交通体系，为民众提供绿色交通服务。

（5）现代服务业发展稳中提质。

1）现代物流方面，常州综合物流园获得省级物流示范园区授牌，安邦物流、天地纵横物流被评为国家 4A 级物流企业。

2）电商平台方面，创意产业基地被认定为省级生产性服务业集聚示范区、江苏省 2017～2018 年度电子商务示范基地（园区）。生态文化旅游方面，环球恐龙城景区全年接待游客突破 900 万人次。

常州的省级经济开发区如表 5-8 所示。

表 5-8　常州的省级经济技术开发区一览表

序号	园区名称	成立时间	占地面积（平方公里）	主导产业
1	江苏常州天宁经济开发区		30	电力装备、现代服务、现代纺织和生物医药四大特色产业
2	江苏常州戚墅堰经济开发区		13.22	服装、食品、汽配、电线电缆、电机电器、印刷包装等
3	江苏常州钟楼经济开发区	2002 年9 月 2 日		支柱产业为电子信息、新材料、先进装备制造，重点发展计算机网络设备、动态监控设备、信息家电、装备关键部件、工程机械、高分子材料、传感器材、车辆配件、医疗器械、新能源与节能等

总体来看，常州市主要以第二产业及第三产业为主力，工业基础积淀厚实，先进制造业在全球都有较大的影响力，已形成了以机械、纺织、化工、冶金和电子等产业为支柱的较完整的工业体系。服务业发展迅速，各级金融机构着力强化风险管理，旅游产业的投入加大，在华东地区已有较大的知名度及吸引力，根据"十三五"规划指引，坚持发展是第一要务，以提升发展质量和效益为中心，深入实施创新驱动发展、产城融合发展、可持续发展、全方位开放、民生共建共享五大战略，提升"创新创业城、现代产业城、生态宜居城、和谐幸福城"发展水平，坚持以重大项目为抓手，努力打造全国一流的智能制造名城、长三角特色鲜明的产业技术创新中心和国内领先的产城融合示范区，基本建成具有突出竞争力和影响力的区域中心城市，加快建设经济强、百姓富、环境美、社会文明程度高的新常州，在全面建成更高水平小康社会的基础上积极探索开启基本实现现代化建设新征程。

二、苏中地区（南通、扬州、泰州）产业对金融的需求状况

（一）南通产业对金融的需求状况

1. 南通国民经济平稳增长

2018 年全市实现生产总值 8427 亿元，按可比价格计算，比上年增长 7.2%。其中，第一产业增加值 397.77 亿元，增长 2.2%；第二产业增加值 3947.88 亿元，增长 6.5%；第三产业增加值 4081.35 亿元，增长 8.4%。人均 GDP 达到 115320 元，

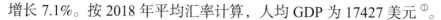

增长 7.1%。按 2018 年平均汇率计算，人均 GDP 为 17427 美元[①]。

2. 产业格局

2017 年起，南通赶超常州，稳稳地列在第 4 位，南通接轨上海过程中，南通的定位在不断地提高。全年实现生产总值 7750 亿元，增长 8%，一般公共预算收入 590.5 亿元，同口径增长 6%。转型升级再上台阶，高新技术企业突破 1000 家，高新技术产业产值、占比均居全省第二。由中国社会科学院和《经济日报》共同发布的《中国城市竞争力报告 No.15》，其中城市综合经济竞争力排行共有 294 个城市上榜——南通排全国第 25 位，《中国城市竞争力报告 No.15》还筛选出南通为 9 个转型升级的最佳案例城市之一。

经国务院同意，国家发展改革委、科技部、国土资源部等六部门联合发布了 2018 年第 4 号公告，公布了 2018 年版《中国开发区审核公告目录》。南通有 6 家国家级开发区、11 家省级开发区名列其中。

南通拥有 5 个国家级经济开发区——南通经济技术开发区、江苏如皋经济开发区、江苏海门经济开发区、江苏海安经济开发区、南通综合保税区，1 个国家级高新区——南通国家高新技术产业开发区。在 2018 年初，科技部火炬中心下发的《关于通报国家高新区评价（试行）结果的通知》显示，南通国家高新技术产业开发区进入前 50 位（见表 5-9）。

表 5-9　南通的国家级开发区一览表

序号	园区名称	位置	成立时间	主导产业
1	南通经济技术开发区	开发区	1984 年 12 月 19 日	电子信息、机械装备、新材料、新医药、新能源、现代服务业等重点产业
2	南通国家高新技术产业开发区	通州	1992 年	电子信息、精密机械、新材料及新能源、汽车零部件、现代服务业
3	江苏如皋经济开发区	如皋	1992 年 9 月	节能与新能源汽车、新能源和长寿生物科技
4	江苏海门经济开发区	海门	1992 年 7 月	轻工纺织、电子通信、新材料、生物医药、化工五大产业群
5	江苏海安经济开发区	海安	1992 年	高新技术、装备制造、现代纺织
6	南通综合保税区	崇川	2013 年 1 月	生物医药、电子信息、精密机械

---

① 参见：http：//www.nantong.gov.cn/ntsrmzf/tjsj/content/8dbde1ce-0215-43d3-a8b6-382eb63f5ef7.html。

南通经济技术开发区，位于南通市东南，距市中心 12 公里，于 1984 年 12 月 19 日经国务院批准设立，当前规划面积 184 平方公里。开发区四周江河海连成一体，海陆空运输便捷，紧靠南通港和南通兴东机场。南通经济技术开发区是中国首批 14 个国家级开发区之一，首批通过中国政府规划审核的开发区之一，被评为中国最具投资价值的十大开发区之一，中国权威机构公布的中国综合投资成本最低的十佳开发区之一，通过 ISO14001 环境管理认证。

南通经济技术开发区大力扶持电子信息、机械装备、新材料、新医药、新能源、现代服务业等重点产业发展，鼓励保税物流、出口加工型企业落户南通出口加工区。南通经济技术开发区已吸引了 34 个国家和地区的投资客商，累计兴办外资项目 800 多个，总投资 180 亿美元，其中世界 500 强企业 70 多家，日资企业 142 家，欧美企业 50 多家。包括日本富士通、日立金属、东芝、东丽、帝人、宝理、三菱丽阳、DIC、伊藤忠、丸红、王子制纸、旭化成、住友、宇部兴产、大王制纸、丘比食品，德国默克，英国捷利康化学、西屋电气，美国 GE、ITT、瑞利、帝高纳、嘉吉，法国液化空气，新加坡三德集团，中国台湾合成橡胶等世界 500 强企业和一批知名公司纷纷在开发区落户。南通开发区已成为长三角利用外资集中的制造业基地和上海一小时经济圈重要的产业集聚地以及日资最密集的地区之一。日本最早在江苏省设立的企业（1983 年建立企业力王）和对华单体投资最大日资企业（王子造纸投资 27 亿美元）以及日企在华第一家经营无期限企业（海盟）均在南通。

南通国家高新技术产业开发区创建于 1992 年，地处江海平原区，周边港口、码头、机场、铁路高速公路一应俱全，与上海、苏州隔江相望，是江苏省首批省级开发区之一（现已晋升为国家级），规划控制面积 130.7 平方公里。2013 年 12 月，经国务院批准，南通高新技术产业开发区晋升为国家级。南通高新技术产业开发区坚持以科学发展观为指引，以项目建设为中心，以产业升级和创新驱动为指引，坚持产业高新化、功能特色化、园区生态化的发展方向，突出精密机电、新材料、新能源和现代服务业等主导产业，园区经济和社会建设取得长足发展。引进了众多国内外知名企业投资的项目，有瑞典宜家、住友商事、新日铁、法国 FCI、希玛电力等世界 500 强公司，中国供销集团、中国航空工业集团等央企，江苏综艺集团、金飞达股份、东源集团、江海股份、鸿图科技等上市公司，雄邦压铸、甬金金属、古镇灯具灯饰城等行业领先企业。

南通省级开发区有 11 个，分别是江苏南通崇川经济开发区、江苏南通港闸经济开发区、江苏通州经济开发区、江苏如东经济开发区、启东吕四海洋经济开发区、南通外向型农业综合开发区、江苏启东经济开发区、江苏如东洋口港经济开发区、江苏海门工业园区、江苏省南通市北高新技术产业开发区、江苏省海安高新技术产业开发区（见表5-10）。

表5-10 南通的省级开发区一览表

序号	园区名称	位置	成立时间	主导产业
1	江苏南通崇川经济开发区	崇川区	1993年	电子信息、港口仓储及加工、塑胶建材、现代物流、总部经济
2	江苏南通港闸经济开发区	港闸区	1993年	机械制造、电力能源、电子产业、船舶配套、精细化工、现代纺织服装
3	江苏通州经济开发区	通州区	1992年6月	电子电器、精密机械、汽车零部件、生物医药等新兴产业
4	江苏如东经济开发区	如东	1992年	光纤光缆、石油机械、汽车配件、精细化工、纺织服装、劳保用品等
5	启东吕四海洋经济开发区	启东	1993年	在五金机械、水产品加工、水产养殖等传统特色产业的基础上，重点发展电力能源、石油化工、金属冶炼等临港重化工业和大型港口物流
6	南通外向型农业综合开发区	如东	1995年	种植养殖、农海产品加工、物流贸易、科研培训科教、旅游餐饮
7	江苏启东经济开发区	启东	1992年	医药化工、精细化工
8	江苏如东洋口港经济开发区	如东	2005年	能源、石化
9	江苏海门工业园区	海门	2006年	现代纺织
10	江苏省南通市北高新技术产业开发区	港闸区	2015年11月	通用装备、海工船舶
11	江苏省海安高新技术产业开发区	海安	2012年8月	装备制造、新材料、新能源

加快培育发展一大批承载"3+3+N"重点产业的市级特色产业基地。形成多点支撑、多极发展的产业布局，成为南通工业转型升级的动力引擎（见表5-11）。

表 5-11　南通重点培育发展的市级特殊产业基地一览表

地区	现有基地	拟培育基地
通州区	电子信息产业基地、太阳能及风电装备组件产业基地、精密机械特色产业基地、汽车配件产业基地	高端纺织产业基地、航空产业基地、不锈钢产业基地
崇川区	船舶与海洋工程产业基地、节能环保与智能装备产业基地、电子信息产业基地、轻工产业基地	软件与服务外包产业基地
港闸区	装备制造及船舶配套产业基地、软件和服务外包产业基地、现代物流产业基地	智能装备产业基地、市北无人机研发基地
市开发区	新材料产业基地、海洋工程装备制造产业基地、医药健康产业基地、光纤通信产业基地、精密机械产业基地、膜产业基地	智能装备产业基地、港区一体的综合保税加工、检测、物流基地、云计算和大数据产业基地、服务外包产业基地
海安县	新能源产业基地、磁性新材料产业基地、电梯制造产业基地、节能环保产业基地、机器人产业基地	锻压机械产业基地、高端纺织产业基地、现代物流产业基地
如皋市	船舶海工及配套产业基地、新能源汽车及汽车零部件产业基地、锻压机械产业基地、电子商务产业基地	新材料产业基地、高压电力装备基地
如东县	化工新材料产业基地、风电及风电装备产业基地、健身器材产业基地、生命安全防护用品产业基地、智能通信与电网装备产业基地	新能源产业基地、光电材料产业基地、高端装备制造产业基地、现代物流产业基地
海门市	生物医药产业基地、高端输变电装备产业基地、现代家纺产业基地、模块化能源装备产业基地、金属材料产业基地	海门装备产业基地、机器人产业基地、智能装备产业基地
启东市	海洋工程及重装备产业基地、电动工具产业基地、节能环保特色产业基地、新医药产业基地	新能源及光电特色产业基地、电子元器件、通用航空产业基地、新材料产业基地及智能电网装备特色产业基地
苏通科技产业园	新能源汽车产业基地	集成电路特色产业基地、精密制造特色产业基地、节能环保特色产业基地
通州湾示范区	特种车辆产业基地	新材料产业基地、通用航空产业基地、游艇产业基地、智能装备制造产业基地、医疗器械产业基地、装配式建筑产业基地

3. 产业结构

南通依托区域优势、产业基础，大力推进重点产业发展，形成了六大主导产业。2018 年，全市六大工业主导产业累计完成工业总产值 764 亿元，同比增长10.7%；占全市规模以上工业总产值的 97.3%，拉动全市规模以上工业增长 10.2

个百分点；增加值增速达 7.9%。从而有力支撑了南通市规模以上工业稳定增长。其中，电力行业完成工业总产值 245.8 亿元，同比增长 4.3%，增加值增速达 5.9%；冶金行业完成工业总产值 332.2 亿元，同比增长 19.2%，增加值增速达 11.2%；化工行业完成工业总产值 125.0 亿元，同比增长 18.1%，增加值增速达 15.5%；建材行业完成工业总产值 31.7 亿元，同比增长 40.5%，增加值增速达 31.0%；农副产品加工业完成工业总产值 28.7 亿元，同比下降 29.5%，增加值增速为 −24.2%；装备制造业完成工业总产值 0.6 亿元，同比下降 90.9%，增加值增速为 −85.6%[①]。

构筑现代产业体系，加快长三角北翼先进制造业基地建设。对此，南通在省内率先出台《中国制造 2025 南通实施纲要》，市委、市政府在六大千亿级产业的基础上，研究构建代表南通未来发展的 "3+3+N" 先进制造业产业体系。其中第一个 "3" 是高端纺织、船舶海工和电子信息三大重点支柱产业（见图 5-9）。

船舶海工	**高端纺织**	**电子信息**
（1）加快发展两大总装产品（重点开发引进高技术船舶、特种船舶等） （2）依托骨干建造企业，开展海洋工程装备关键技术研发	（1）做强做大家居产业 （2）做精做专纺织材料产业 （3）强化棉纺织业转型升级 （4）大力发展产业用纺织品 （5）做强做绿色纺织印染	（1）提升电子信息制造业 （2）培育发展信息产业新兴业态

图 5-9　三大重点支柱产业

第二个 "3" 是智能装备、新材料、新能源和新能源汽车三大重点新兴产业。"N" 是指符合产业发展导向、有利于发挥自身优势的若干产业。

着力推动传统优势产业高端化，创新发展船舶海工、高端纺织、电子信息三大重点支柱产业。立足以创新谋提升、以特色强优势，整体提升产业综合实力、竞争能力和配套能力，打造三大高端优势产业集群。

（1）船舶海工。

1）加快发展两大总装产品。重点开发引进高技术船舶、特种船舶、高附加

---

① 参见：http：//www.sohu.com/a/314055502_120054444。

值主流船舶、节能环保船舶以及船用发电机组、齿轮箱、舵机、全自动码头和港口设备、船用通信导航、自动控制设备等产品和技术的研发建造。加强绿色节能环保型 VLCC、VLOC 等产品研发，形成批量生产能力；积极进入 LNG 船、超大型集装箱船建造领域，加快万箱级以上超大型集装箱船的生产力优化，提高市场占有率，实现大型 LNG 船等高附加值产品的接单与建造；加强大型汽车运输船、化学品船、LPG 船等产品的接单与建造。

2）依托骨干建造企业，开展海洋工程装备关键技术研发，重点发展海上天然气处理装备、FPSO、深水半潜式钻井平台、自升式钻井平台、居住平台、多用途平台等，风电安装船、铺管船等特种海洋工程船、海工模块等产品。

（2）提升四大产品配套率。

1）动力装置。重点发展高速柴油机及船用柴油机配件、推进器、发电机、主机遥控、尾气排放系统等产品。

2）甲板舱室机械。继续做大做强甲板机械产品，重点支持自主品牌吊机与装卸机械、锚机及克令吊项目、船用液压起重机项目等。

3）电气、通导及自动化设备。做强做大配电装置、变频装置、电缆、控制台等电力电气产品；重点发展电子海图、雷达、船载航行数据记录仪、计程仪、无线电装置等通信导航产品、船舶自动化设备；高端发展豪华邮轮用电梯、救生消防设备、油漆涂料、防火隔热材料、装饰材料等配套设备与材料。

4）海工核心关键配套设备。依托骨干企业，重点发展钻井包、钻井塔、动力定位系统、定位绞车、抬升系统等核心高端专用配套产品。预计到 2020 年，全市船舶海工产业实现产值 3000 亿元，年均增幅 11% 左右。

产业载体：如皋市船舶海工及配套特色产业基地；启东市海洋工程及重装备特色产业基地；崇川区船舶与海工工程特色产业基地；港闸区装备制造及船舶配套特色产业基地；南通经济技术开发区海洋工程装备制造特色产业基地。

（3）高端纺织。

1）做强做大家居产业。重点利用好叠石桥市场贸易采购方式试点，扩大家纺出口，推进智能家居体系建设，支持企业开发生产具有鲜明个性和丰富文化底蕴的高品质配套化家纺面料和产品。

2）做精做专纺织材料产业。重点开发、引进特种增强纤维、高性能纤维复合材料、天然纤维后整理、化纤仿真、多种纤维复合染整、功能性后整理等产品和技术；开发改良真丝、膨化弹力真丝和新型复合丝。

3）强化棉纺织品业转型升级。引进数字化纺纱装备、涡流纺、赛络纺和无梭织机等先进纺织设备，提高棉纺织装备的数字化、信息化、自动化、智能化和生产效率。

4）大力发展产业用纺织品。推进产业用纺织品的开发应用，不断满足军事、水利、交通、建筑、环保等领域的需求，提高产业用纺织品的市场占有比重。

5）做强做绿色纺织印染。重点在节能减排、清洁生产、绿色环保上下功夫，发展功能产品、仿真产品、复合染整、后整理技术和产品。预计到2020年，全市高端纺织产业实现产值3000亿元，年均增幅7%左右。

产业载体：中国（叠石桥·志浩）国际家纺城；海安县常安纺织科技园；海安县高新区、墩头镇锦纶功能新材料产业园；启东市纺织新材料产业园；通州湾示范区高端纺织产业园；如东经济开发区生命防护特色产业基地。

（4）电子信息。

1）提升电子信息制造业。重点开发引进智能终端及芯片、下一代互联网设备、高端网络服务器、智能家居、车载终端设备、大规模集成电路、新型电子元器件、新型显示设备等产品和技术。围绕物联网、智能交通、智能装备以及两化融合等重点应用领域，大力开发工业控制芯片、传感器芯片等集成电路产品。做强光纤光缆，延伸产业链。依托中天科技光纤等龙头骨干企业，重点突破传输材质、波导结构和制造工艺等关键技术，研发制造高纯四氯化硅和石英管等原料、超低损耗光纤制棒等光器件，大力发展特种光纤光缆、超大尺寸光纤预制棒及配套材料。研发新型电子材料，发展新型元器件。大力发展铁基纳米磁材、高性能混合液晶材料、电子传输和空穴注入传输材料等新型电子材料产品。提高片式元件、敏感元件、新型机电元件、新型印刷电路板等产品的研发生产能力。积极发展汽车电子、下一代通信网络、智能电网、物联网等应用领域的配套支撑产品。

2）培育发展信息产业新兴业态。积极构建电子政务云服务平台，实现信息资源共建共享。加强示范推广，开展云计算应用试点示范创建活动，推动纺织云、电子商务云、中小企业云等行业云建设，深化云计算在经济领域的广泛应用。重点发展传感器件，拓展物联网应用领域。围绕中欧绿色智慧城市及国家智慧城市试点建设，拓展物联网在公共管理和公众服务领域的应用；实施船舶、重装备等领域物联网应用示范工程。预计到2020年，全市电子信息产业实现产值3000亿元，年均增幅为10%左右。

产业载体：通州区电子信息特色产业基地；崇川区电子信息特色产业基地；南通经济技术开发区光纤通信特色产业示范基地；如东经济开发区中天科技产业园；苏通园区集成电路产业园；通州湾示范区；各国家级开发园区。

要加快发展三大重点新兴产业，具体如图5-10所示。

图 5-10　三大重点新兴产业

智能装备	新材料	新能源和新能源汽车
（1）重点打造五大产业领域 （2）积极培育两大新兴种子产业	（1）聚焦发展先进高分子材料和光电子信息材料 （2）招引培育前沿新材料和金属新材料 （3）提升壮大高性能纤维及复合材料、新型无机非金属材料和新型纺织材料	（1）提升发展新能源产业 （2）培育发展新能源汽车产业

全面加快战略性新兴产业规模化步伐，精心培育智能装备、新材料、新能源和新能源汽车三大重点新兴产业，进一步提升南通产业的创新力和竞争力，构筑工业发展新动能。

（5）智能装备，重点打造五大产业领域。

1）智能成套装备方面。重点发展大型建材、纺织印染、印刷包装、日化产品加工等自动化成套装备。

2）智能仪器仪表与控制系统方面。重点发展机器人伺服系统、分散性控制系统（DCS）、现场总线控制系统（FCS）等新一代主控系统装置；压力变送器、温度变送器等智能变送器；阀门定位器、电动执行机构等智能执行器。

3）智能装备关键基础零部件方面。重点发展大功率电力电子元件和模块，精密轴承、高强度紧固件等。

4）数控机床方面。重点发展一批精密、高速、高效、柔性数控机床与基础制造装备及集成制造。

5）增材制造（3D打印）方面。重点发展激光（电子束）高效选区熔化、大型整体构件激光及电子束送粉（送丝）熔化沉积等增材制造装备。

（6）积极培育两大新兴种子产业。

1）智能机器人方面。积极研发智能机器人新产品，重点发展焊接机器人、锻造机器人、搬运机器人等工业机器人及机器人系统以及应用于特殊环境下的特种机器人和智能生活服务机器人。

2）增材制造（3D打印）装备方面。重点发展激光（电子束）高效选区熔化、大型整体构件激光及电子束送粉（送丝）熔化沉积等关键技术和基础零部件。预计到 2020 年，全市智能装备产业实现产值 2000 亿元，年均增幅 14% 左右。

产业载体：海安县数控金属加工智能装备创新集聚区；如皋市智能化电网等特高压装备产业创新集聚区；如东县海上及潮间带风力发电智能装备产业创新集聚区；海门市装备制造产业园；启东市智能润滑装备产业创新集聚区；通州区智能包装机械产业创新集聚区；崇川区精密机械等特种智能装备产业创新集聚区；港闸区数字化智能装备产业创新集聚区；南通经济技术开发区智能特种装备产业创新集聚区；南通高新区智能化压铸产业创新集聚区。

（7）新材料聚焦发展先进高分子材料和光电子信息材料。

1）先进高分子材料。重点发展合成树脂、合成纤维、合成橡胶、有机氟材料新品种，以及高性能工程塑料和合金、高性能纤维等高端产品。

2）光电子信息材料。围绕光通讯器件、光通讯设备、光通讯网络运营服务等环节，重点突破光纤光棒材料的制备技术、无源光芯片制造等高端技术。

（8）招引培育前沿新材料和金属新材料。

1）前沿新材料。重点发展碳及其化合物（C01B）、纳米结构应用（B82Y）、介电材料及性能（H01B）等领域，主要侧重石墨烯材料制备及其在半导体器件和电池电极中的应用。

2）特种金属新材料。重点发展核电、石化等专用大口径无缝不锈钢管和合金钢材、高强合金钢、大型高强度型钢、高性能工模具钢和特殊锻材等高性能特种钢材，以及特种铜材、高性能电子铝箔、粉末冶金制品。

（9）提升壮大高性能纤维及复合材料、新型无机非金属材料和新型纺织材料。

1）高性能纤维及复合材料。重点发展基于高性能碳纤维、特种玻璃纤维、芳纶等制备技术。

2）新型无机非金属材料。重点发展基于氧化铝陶瓷的低成本制备技术和陶瓷纤维材料的制备技术；重点突破高纯超细氧化铝粉体、高性能氧化铝陶瓷的共性关键技术。

3）新型纺织材料。鼓励发展高性能纤维、差别化纤维、绿色环保纤维等新型纤维以及高档绒类面料、弹性面料、保健型针织品等，大力发展在汽车、医疗等领域应用的纺织品。预计到 2020 年，全市新材料产业实现产值 2000 亿元，年均增幅 11% 左右。

产业载体：南通经济技术开发区精细化学和新材料产业园；启东市吕四新材料产业园；如东县沿海经济开发区化工新材料特色产业基地；海安县磁性材料特

色产业示范基地；海门市金属材料特色产业基地；重点化工园区等。

（10）提升发展新能源产业。

1）风电装备。加快发展新一代大容量海上风电整机及碳纤维风机叶片、关键铸件、大型塔架、高性能复合材料等风电产品。

2）光伏产业。巩固光伏电池及组件产品制造能力，积极研究新一代光伏核心技术及产品，突破集中监控、微电网、光伏储能等光伏发电应用、并网技术，完善光伏组件及光伏电站配套能力，不断提升分布式光伏发电系统集成能力。发展以光伏为能源的电源模块、电气设备、穿戴设备等终端应用产品。

（11）培育发展新能源汽车产业。

重点开发引进新能源整车集成、驱动电机、高性能动力电池、管理及控制系统等产品和技术，提升新能源汽车制造技术创新能力。大力发展多元化新能源汽车系列产品。加快发展锂离子电池、电池隔膜、电机控制等新能源汽车关键零部件，形成较为完善的新能源汽车配套体系。到 2020 年，全市新能源及新能源汽车产业实现产值 2000 亿元，年均增幅 16% 左右。

产业载体：海安县新能源特色产业基地；如皋市新能源汽车及汽车零部件特色产业基地；如东县风电及风电装备特色产业基地；海门市模块化新能源装备特色产业基地；通州区太阳能及风电组件特色产业基地；苏通新能源汽车特色产业基地；通州湾特种车辆产业基地等。

（12）着力发展"N"个特色优势产业。

"N"是指符合产业发展导向、具有良好产业基础或有利于发挥南通自身优势的若干产业。通过大力招引积极发展轻工食品、精细化工、电力装备、现代建筑、航天航空装备、生物医药和高端医疗器械、节能环保装备、智慧产业等特色优势产业，构建形成竞争力强劲、配套体系完善的良性产业生态（见图 5-11）。

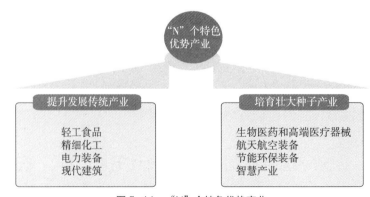

图 5-11 "N"个特色优势产业

1）轻工食品。强化水产品养殖及深加工能力，巩固提升如皋长寿食品和南通脆饼、新中乳腐等传统品牌。到 2020 年，实现产值 2500 亿元，年均增幅 8% 左右。

产业载体：如皋市长寿生物科技产业园、如东县新店镇健身器材产业园、启东市电动工具产业园、崇川区轻工食品特色产业基地等。

2）精细化工。大力发展专用和特种精细化学品，包括新型纺织助剂系列产品、蛋白饲料系列产品、吡啶系列产品、醋酸系列产品、高档染料系列产品、各种功能性染料系列产品、各类高档船用涂料系列产品等。预计到 2020 年实现产值 2000 亿元，年均增幅 17% 左右。

产业载体：南通经济技术开发区化工园区、如东县洋口化工工业园、如皋港开发区化工专业园区、启东市滨江精细化工园、海门市临江新区。

3）电力装备。重点发展特高压、超高压交直流高效节能变压器、全封闭组合开关等输变电成套设备，以及断路器、互感器、智能化设备、绝缘材料及设备等关键产品。到 2020 年，实现产值 1500 亿元，年均增幅 5% 左右。

产业载体：海安光伏光电产业园、如东风电产业园、启东新能源产业园；海安变电设备制造集中区、如皋新型电力设备制造集中区、通州成套输变电设备制造集中区。

4）现代建筑。基于南通建筑产业优势，以实现建筑工业化、现代化，发展智慧建筑为发展目标，建设一个包括设计、建造、运维的全产业链协同创新生态体系。到 2020 年，实现产值 9000 亿元，年均增幅 8% 左右。

5）生物医药和高端医疗器械。大力发展人工肌肉、骨骼、软骨、腱、韧带、血管和皮肤，生物人工器官，人工血液等领域的工程研发和制造。到 2020 年实现产值 600 亿元，年均增幅 13% 左右。

产业载体：启东市新医药特色产业基地；海门市生物医药特色产业示范基地；南通经济技术开发区医药健康特色产业基地等。

6）航天航空装备。积极参与国产大飞机、支线客机研制及产业化，重点研制中小型飞机、无人驾驶飞机等整装制造和飞机维修改装。到 2020 年实现产值 2 亿元，年均增幅 25% 左右。

产业载体：南通高新区、苏通园区、通州湾示范区、海门航空装备产业园、启东市江海产业园。

7）节能环保装备。围绕设备总装为主、工程总包与装备配套结合，着力培育特色节能环保产业。到 2020 年实现产值 1000 亿元，年均增幅 16% 左右。

产业载体：海安县节能环保特色产业基地；启东市节能环保特色产业示范基地；崇川区节能环保特色产业基地；中奥苏通生态园等。

8）智慧产业。大力实施智慧产业培育工程，促进互联网产业创新发展，大力培育信息产业新业态。重点建设服务外包产业园、动漫衍生产业园、电子商务创新园、数据中心产业园四大"互联网特色产业集聚区"。

综上所述，江苏省南通市"聚江海之汇、扼南北之喉"，与中国经济重镇上海一衣带水，正成为上海经济辐射和产业转移的首选之地。南通作为上海的"北大门"，近年来为积极抢抓长三角区域一体化和江苏沿海开发两大国家战略机遇，主动加强与上海的产业对接，特别在促进产业融合发展方面取得明显成效。未来产业发展方面，南通聚焦"3+3+N"战略，根据目前产业发展基础和未来发展条件，提出重点发展高端纺织、船舶海工、电子信息三大重点支柱产业，同时聚焦发展智能装备、新材料、新能源和新能源汽车三大重点新兴产业，以及符合产业发展导向、有利于发挥自身优势的若干产业，加快发展生产性服务业，攻招商、扩增量、抓技改、调存量，深化开展补链、展链、强链工作，着力推动工业资产重组、要素整合、技术创新、链式发展，构建形成创新能力强劲、特色优势鲜明、健康持续发展的现代产业新体系。

（二）扬州产业对金融的需求状况

1. 扬州经济运行稳中有进

2018年实现地区生产总值5466.17亿元，比2017年增长6.7%。其中，第一产业增加值273.34亿元，增长3.0%；第二产业增加值2623.24亿元，增长5.8%，其中工业增加值2283.60亿元，增长6.4%；第三产业增加值2569.59亿元，增长8.2%。按常住人口计算的人均地区生产总值为120944元，按年均汇率折算达18277美元。结构调整扎实推进，三次产业结构调整为5∶48∶47，第三产业增加值占地区生产总值比重比上年提高了1.1个百分点[①]。

2018年全市工商部门登记的私营企业141500户，全年新登记私营企业25606户，新登记私营企业注册资本1176.65亿元。年末个体工商户333668户，全年新登记54983万户。年末全市就业人口267.1万人，第一产业就业人口39.4万人，第二产业就业人口120.4万人，第三产业就业人口107.3万人。失业保持较低水平，年末全市城镇登记失业率为1.78%，城镇新增就业人数79103人。全年新增转移

---

① 参见：http://js.xhby.net/system/2019/01/25/030920604.shtml。

农村劳动力 15200 人。城镇失业人员再就业 85772 人，城乡就业困难人员再就业 16142 人。

2. 产业格局

根据"十三五"规划的指引，扬州市近年来推动先进制造业和现代服务业"双轮驱动"，优化调整农业结构，推进制造业转型升级，壮大战略性新兴产业，巩固建筑业发展优势，大力发展服务业。

传统支柱产业以及战略性"5+3"新兴产业情况如图 5-12 所示。

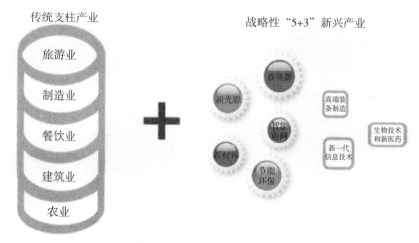

图 5-12　传统支柱产业以及战略性"5+3"新兴产业

粮食播种面积、总产双增。全年粮食播种面积为 594.14 万亩，增长 1.1%。其中，水稻 294.83 万亩，下降 1.8%；小麦 268.5 万亩，增长 2.7%。粮食总产量为 287.36 万吨，增长 0.4%。其中，水稻 179.43 万吨，下降 1.1%；小麦 99.84 万吨，增长 2.0%。

主要畜禽品种存出栏有升有降。全年生猪出栏 116.84 万头，下降 0.6%；存栏 51.04 万头，下降 7.6%。家禽出栏 3726.77 万只，增长 3.7%；家禽存栏 1141.84 万只，下降 4.4%。全市水产养殖面积 112 万亩，下降 6.7%；水产品产量 39.6 万吨，下降 1.98%，其中养殖产量为 36.8 万吨，捕捞产量为 2.8 万吨[①]。

现代农业稳步发展。全市登记家庭农场 3181 家，成立农民专业合作社（含农地股份合作社）3763 家，累计创成国家级示范合作社 39 个，创成省级示范家庭农场 128 个，建成市级以上现代农业园区 50 个，实现全市农业电商网上销售

---

① 参见：http：//www.tjcn.org/tjgb/10js/35955.html。

额达 57.9 亿元。

3. 工业和建筑业

工业运行总体稳定。2018 年规模以上工业增加值增长 5.1%，其中轻工业增长 3.8%，重工业增长 5.5%。分经济类型看，国有工业增长 0.8%，集体工业下降 17.3%，股份制工业增长 6.7%，外商港澳台投资工业增长 2.0%。在规模以上工业中，国有控股工业增长 8.5%，民营工业增长 5.7%。

先进制造业发展速度加快。全市先进制造业总产值增长 10.1%，对规模以上工业产值增长的贡献率达 56.9%。分产业看，海工装备和高技术船舶、新型电力装备、高端纺织服装、汽车及零部件（含新能源汽车）、生物医药和新型医疗器械、电子信息、高端装备、食品先进制造业产值分别增长了 21.9%、18%、12%、8.2%、8%、7.1%、4.7%、1%。全市高技术产业、装备制造业产值分别增长了 16.5%、8.9%，对规模以上工业产值增长的贡献率分别为 5.5%、39.8%。

工业企业盈利能力提升。全年规模以上工业企业主营业务收入增长 7.8%，利润增长 46.6%。规模以上工业企业主营业务收入利润率、成本费用利润率分别为 6.3%、6.7%，比上年分别提高了 1.7 个、1.8 个百分点。规模以上工业企业资产负债率为 51.7%，总资产贡献率为 14.3%。全年规模以上工业企业产销率为 97%[①]。

国家级经济开发区：扬州经济技术开发区和扬州高新技术产业开发区。

扬州经济技术开发区位于目前全世界经济发展最富有活力的长三角地区，地处上海都市区与南京经济区的接合部。根据产业发展需求，在现有的基础上，统筹、优化、提升、完善空间布局，进一步增强产业承载能力和配套能力，实现相对集中、特色突出、资源共享、相互支撑、配套完善、集约发展的产业格局，打造商务、休闲、旅游、购物的宜居佳处。

总体产业布局为"一城一区四园"，即临港新城、出口加工区和四大产业园区。

出口加工区内除具有保税加工功能外，还具有保税物流功能，适宜从事研发、检测、维修、展示等业务。区内设有保税物流中心，主要提供：保税仓储、国际物流配送、简单加工和增值服务、进出口贸易和转口贸易、商品展示、特种物流服务、口岸功能、出口退税等服务。

四大产业园区为：绿色光电产业园、装备制造产业园、高端轻工产业园、港口物流产业园，具体如下：

---

① 参见：http://www.chinanews.com/cj/2018/12-27/8713626.shtml。

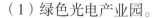

（1）绿色光电产业园。

产业概况：绿色光电产业是近年来大力发展的主导产业，重点发展太阳能光伏产业、半导体照明、新材料、智能电网、电子书等"三新一网一书"产业，努力增强产品研发创新能力，积极招引整机和配套产品落户，不断提高产业化发展水平。已进区的川奇光电、峻茂光电、璨扬光电、晶澳太阳能、天威太阳能、国电南自产业园等企业发展势头良好。

投资导向：重点招引半导体照明产业下游终端应用企业，LED、OLED 背光与照明应用设计、制造、销售龙头型项目，大功率芯片制造、封装与测试等电子核心基础产业；太阳能光伏产业终端产品制造、逆变器与控制器制造企业；智能电网产业分布式发电接入系统、充电站和储能技术、智能化配电用电终端产品以及应用软件平台企业；电子书产业终端应用制造、网络运营、数字内容提供等企业。

（2）装备制造产业园。

产业概况：扬州是轿车、面包车、客车、特种车辆的生产基地。具有以大中轻型客车为主，半挂车专用车为特色的产品优势，知名产品有"亚星—奔驰"客车、大众、荣威轿车、"通华"半挂车等。区内中集通华、潍柴控股等企业发展势头良好。

投资导向：重点招引特种车辆装备、轻量化车辆装备、海洋工程装备、高端智能装备、节能设备和"三新一网一书"专用设备制造等企业。

（3）高端轻工产业园。

产业概况：重点培育高档生活护理用品、造纸、冰箱电器等领域项目。目前区内已有世界知名企业永丰余纸品、海信容声冰箱、尤妮佳生活用品等。

投资导向：重点招引高档轻工产品（含日化产品）的设计、生产与销售项目；高档绿色纸品、豪华电器、名牌服饰、高档生活护理品项目等，着力打造高端生活生产基地。

（4）港口物流产业园。

产业概况：现代服务业是大力发展的产业之一。重点发展科技服务业、商贸商务、港口物流业等现代服务业。

投资导向：重点招引国际性、大区域性的企业运营总部、研发中心、营销中心等职能型总部经济企业；公共服务平台、创业孵化、物联网、云计算数据中心、新一代通信网络信息技术等科技服务业企业；知名大型超市、购物中心、星级酒店、楼宇经济等商贸商务业企业；港口物流业、保税物流业、第三方物流业等现代物流业企业。

扬州高新技术产业开发区位于扬州市区西南部，其前身为邗江工业园，总规划面积约 60 平方公里，逐步形成了以数控装备制造为主导，以生物技术、新型光电、现代服务业为支撑的"一主三新"产业发展格局，先后建成了中科院扬州中心（国家级技术转移示范机构）、江苏省数控机床研究院、清华大学智能装备研究院等一批以科技研发为主题的创新平台，精心打造了高新技术创业服务中心（国家级科技孵化器）、扬州大学科技园、金荣科技园等一批主题创业载体，先后荣获国家火炬计划数控金属板材加工设备产业基地、国家高端装备制造业标准化试点园区、国家文化产业示范基地、江苏省新型工业化示范基地、江苏省高端装备示范产业基地等称号。

一主：数控装备制造。数控成形机床拥有整机及配套企业 80 多家，建有产业研究院，掌握行业标准权，占领技术制高点，占据行业 30% 以上的市场份额，为中国航天航空、轨道交通、汽车家电等行业振兴提供装备支撑。智能饲料装备和油脂淀粉工程全球领先，从田园到餐桌的农牧全产业链模式初步形成，先进技术和优良品质保障国家粮食和食品安全。

三新：新兴产业朝气蓬勃，形成了以完美日化、国药威克、伯克生物为代表的生物技术产业，培植了以美国强凌、汇成光电、德豪润达等为龙头的新型光电产业，打造了以科技研发、现代商贸、软件信息为主体的现代服务业。

省级经济开发区如表 5-12 所示。

表 5-12 省级经济开发区

序号	园区名称	成立时间	占地面积（公顷）	主导产业
1	江苏扬州广陵经济开发区	1993 年 11 月	706.69	汽车零部件、液压机械装备、船舶重工
2	江苏扬州维扬经济开发区	2001 年	400.28	骑车、通用设备、电气机械器材
3	江苏江都经济开发区	1993 年 12 月	328.21	机械电子、特钢、船舶、汽车及零配件
4	江苏宝应经济开发区	2001 年 3 月	485.16	智能电网、泵阀管件、汽车配件
5	江苏扬州化学工业园区	2002 年 9 月	112.2	石化化工、精细化工
6	江苏仪征经济开发区	2007 年 9 月	338.55	汽车零部件、船舶
7	江苏高邮经济开发区	1992 年 9 月	459.13	纺织服装、电器、机械

（三）泰州产业对金融的需求状况

1. 泰州综合实力再上新台阶

2018 年，全市地区生产总值首次突破 5000 亿元大关，达到 5107.63 亿元，按可比价计算，比上年增长 6.7%。其中，第一产业增加值 280.05 亿元，增长 2.7%；第二产业增加值 2434.01 亿元，增长 6.8%；第三产业增加值 2393.57 亿元，增长 7.0%。按常住人口计算，全市人均地区生产总值为 109988 元，增长 6.8%[①]。

市场主体活力增强。全力支持民营经济发展，出台企业减负 30 条政策、便民利企 50 条意见，深化"放管服"改革，营商环境日益优化。全年新增各类市场主体 13055 户，注册资本金 293.15 亿元。其中新注册私营企业 3832 户，个体工商户 8749 户。民营经济实现税收收入 73.26 亿元，比上年增长 19.0%；民营经济固定资产投入同比增长 11.5%。

2. 产业格局

顺应"中国制造 2025"和"互联网+"发展趋势，加快推进新一代信息技术与制造业高度融合，加快推进战略性新兴产业培育、传统产业改造提升、新型业态突破、两化深度融合、绿色低碳发展等，促进泰兴制造业转型升级。到 2020 年，泰州市制造业中先进制造业的比重达 40% 以上；培育亿元以上企业 260 个，其中 100 亿元级企业 4~6 个，50 亿元级企业 3~5 个，10 亿元级企业 30 个。

近日，经国务院同意，国家发展改革委、科技部、国土资源部等六部门联合发布了 2018 年第 4 号公告，公布了 2018 年版《中国开发区审核公告目录》。泰州 2 家国家级开发区、6 家省级开发区名列其中。

泰州拥有 1 个国家级经济开发区——靖江经济技术开发区，以及 1 个国家级高新区——泰州医药高新技术产业开发区（见表 5-13）。

表 5-13　泰州的国家级开发区一览表

序号	园区名称	位置	成立时间	主导产业
1	泰州医药高新技术产业开发区	高新区	1996 年	化工、电子信息、生物医药
2	靖江经济技术开发区	靖江市	1992 年	船舶、金属冶炼加工、设备制造

2009 年 3 月，泰州医药高新技术产业开发区升格为国家级高新技术产业开发

[①]　参见：http://www.tjcn.org/tjgb/10js/35773.html。

区。2010 年 2 月，科技部、卫生部、国家食品药品监督管理局、国家中医药管理局与江苏省人民政府共建泰州医药高新区机制正式建立。泰州医药高新区下辖正处级泰州医药高新技术产业园区、泰州经济开发区、泰州综合保税区、泰州高等教育园区和泰州市周山河街区，副处级泰州数据产业园区和泰州滨江工业园区等功能性园区，以及野徐镇和寺巷、明珠、凤凰、沿江 4 个街道，全区行政区划面积约 125 平方公里。泰州国家医药高新技术产业开发区，总体规划面积 25 平方公里，由科研开发区、生产制造区、会展交易区、康健医疗区、综合配套区五大功能区组成，正在打造成为中国产业规模最大、产业链最完善的医药产业基地。目前，区内已集聚了美国哈姆纳研究院、德克萨斯医学中心、中国药科大学等一批国内外知名医药研发机构，一批医药生产、服务型企业先后落户，一大批"国际一流、国内领先"的医药创新成果成功落地申报。到 2010 年，泰州医药产业销售收入达到 550 亿元。到 2020 年，泰州医药产业规模可达 2000 亿元。

靖江经济技术开发区创建于 1992 年，1993 年被批准为江苏省省级开发区，2012 年 12 月升级为国家级经济技术开发区。开发区规划控制面积 168 平方公里，目前已形成了开发区本部、城南园区、城北园区、新桥园区四个板块。开发区本部着力打造核心港区与大健康产业园、精密制造产业园、电子元器件产业园、重装产业园等"一区多园"，持续提升发展船舶、钢构、能源、木材、粮食，加快形成临江产业集群和高新技术产业集群。城南园区持续做强汽配、工程机械等装备制造产业，打造转型升级的示范园区。城北园区加快空调特色小镇建设，做特做优中小企业园，加快创成省级高新区。新桥园区重点建设环保装备、核电装备、特种合金、石化装备 4 个园中园。2017 年，靖江经济技术开发区经济运行稳中趋好，实现工业开票销售 571.18 亿元，同比增长 5.53%；完成一般公共预算收入（不含乡镇）15 亿元，同比增长 16.6%。招商引资持续突破，全年累计签约亿元以上项目 147 个，新开工亿元以上项目 83 个，新竣工重大项目 74 个。发展动力不断激活，新建产学研联合体 7 家、新增离岸科技孵化基地 38 家，高新技术产值占比 30.67%[①]。

泰州省级开发区有 6 个，分别是江苏泰兴经济开发区、江苏兴化经济开发区、江苏姜堰经济开发区、江苏泰州海陵工业园区、江苏泰州港经济开发区、江苏泰兴黄桥经济开发区。江苏省政府 2017 年发布的《关于 2016 年度全省经济开发区科学发展综合考核评价情况通报》显示，泰州省级开发区排名整体前移，创下历

---

① 参见：http://www.jingjiang.gov.cn/art/2018/12/25/art_9649_340069.html。

史最好名次。其中，泰兴经济开发区、泰州港经济开发区双双进入全省省级经济开发区前 10 强。在江苏省级经济开发区排名中，泰州市位次上升最快的是海陵工业园区，跃升 5 位，跨入前 30 强；泰兴经济开发区上升了 3 个位次，排至第 7 位；泰州港经济开发区和兴化经济开发区均上移两位，前者跃至第 9 位，后者排至第 47 位；姜堰经济开发区往前进一位，排名第 35 位（见表 5-14）。

表 5-14　泰州的省级开发区一览表

序号	园区名称	位置	成立时间	主导产业
1	江苏泰兴经济开发区	泰兴市	1991 年	精细化工、新材料、医药
2	江苏兴化经济开发区	兴化市	1992 年	食品、机械、新材料
3	江苏姜堰经济开发区	姜堰区	1993 年	机械、化工、纺织
4	江苏泰州海陵工业园区	海陵区	2003 年	光电子器件、机械、纺织服装
5	江苏泰州港经济开发区	高港区	1997 年	农副食品加工、医药、装备制造
6	江苏泰兴黄桥经济开发区	泰兴市	1991 年	装备制造、新能源、新材料

3. 产业结构

高质量发展离不开产业，产业是高质量发展的主战场。在科学分析全球产业发展大势的基础上，结合泰州产业基础和比较优势，创新提出构建"1+5+1"现代产业体系（见图 5-13），为泰州市经济发展、招商选资和项目建设指明了方向。第一个"1"指大健康产业；中间的"5"指生物医药及高性能医疗器械、高端装备及高技术船舶、节能与新能源、新一代信息技术、化工及新材料五大主导产业；最后一个"1"指现代服务业。

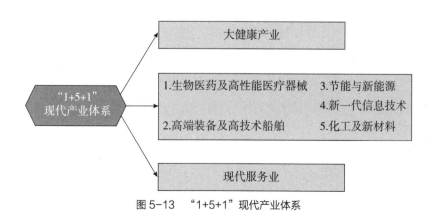

图 5-13　"1+5+1"现代产业体系

（1）大健康产业——地标产业。

规模突破 4000 亿元，打造泰州"新名片"。

大健康产业是泰州市重点培育的地标产业。泰州市发展大健康产业，起步较早，基础坚实，已初步形成了集"药、医、养、食、游"为一体的大健康产业体系。当前，以中国医药城为"核心"、里下河生态经济示范区和沿江健康制造板块为"两翼"、一批大健康园区和特色小镇（街区）为"支点"的空间体系正加快布局。

泰州市大健康产业包括医药制造、医疗服务、养生养老、保健食品和康养旅游五大领域、17 个具体产业。"在'药'方面，2018 年上半年，全市完成生物医药及高性能医疗器械产业产值 595.11 亿元，同比增长 19.47%。"市发改委改革协调处处长纪宇介绍，龙头企业扬子江药业连续三年居全国医药工业百强榜首位，中国医药城已建有 19 个公共技术服务平台，吸引 3100 多名海内外高端人才加盟，其中国家"千人计划"人才 55 人，成为我国生物医药领域"千人计划"人才集聚度最高的地区之一。

同时，泰州市结合长江经济带建设总体布局，坚持差异化定位和融合跨界发展，通过"药＋诊"做特"医"、"医＋保"做大"养"、"生态＋农业"做强"食"、"养＋文"做精"游"，下半年，将按照《泰州市大健康产业集聚发展规划》要求，进一步细化时间表、路线图、任务书，力争 2018 年大健康产业规模突破 3000 亿元。

力争到 2020 年，全市大健康产业不仅产业规模突破 4000 亿元，更要基本建成全国领先的生物医药及高性能医疗器械产业集聚区、全国知名的前沿医疗技术应用及精准医疗先行区、长三角养生养老健康旅游目的地，让"医药名城颐养福地"成为泰州发展"新名片"。

（2）五大主导产业——特色先进制造业。

产业迈向中高端，总规模达 8500 亿元。

生物医药及高性能医疗器械、高端装备及高技术船舶、节能与新能源、新一代信息技术、化工及新材料这五大主导产业，是具有泰州特色的先进制造业。当前的任务是推动其高端化、高质量、高附加值发展，进一步提升产业运行质态。

泰州大力推动五大主导产业高端化、高质量、高附加值发展，突出产业集群的带动力和产业链条的整合力。全市五大主导产业 2018 年完成现价产值 3979.25 亿元，同比增长 11.62%。其中，生物医药及高性能医疗器械产业、高端装备及高技术船舶产业利润分别增长 22.53%、18.14%[①]，造船完工量居全国地区排名之首。泰州产业基本涵盖了化学原料药、化学制剂、中药、生物制药、医疗设备及药用辅料领域，已形成系列化、多元化的合理结构。

2018 年，高端装备及高技术船舶产值增长 11.6%，新一代信息技术产业产值增长 33.3%，全年完成建筑业总产值 3335.67 亿元，增长 11%。年末全市具有资质等级的总承包和专业承包建筑企业 747 家，比 2017 年增加 116 家。其中具有特级、一级和二级资质企业 308 家，比上年增加 33 家。年末建筑业从业人员达 116.94 万人，增长 9.5%[②]。

2018 年，全年规模以上工业产值增长 9.8%，规模以上工业增加值增长 5.5%，其中轻工业增加值增长 6.2%，重工业增加值增长 5.1%。分经济类型看，国有企业增加值增长 2.2%，集体、股份制、外商和港澳台投资企业增加值分别增长 8.8%、5.0%、8.9%。支柱行业增长平稳。全年医药、石化、装备制造、食品产业产值分别增长 17.1%、11.0%、7.8%、4.4%。

2018 年上半年，泰州市化工及新材料产业共有规模以上企业 445 家，实现主营业务收入 808.66 亿元，同比增长 6.2%。目前，泰州市化工园区主要有泰兴经济开发区、滨江工业园区、高港高永化工集中区、姜堰经济开发区。其中，泰兴经济开发区规模最大，2017 年在全国 502 家化工园区中排名第 6。

新一代信息技术产业基础较弱，产业领域涉及 "下一代广播电视网设备""软件与服务""集成电路" 等，2017 年实现主营业务收入 334.24 亿元，2018 年上半年实现主营业务收入 190.41 亿元。

对于五大主导产业，下一步重点是强化产业链研究，按照全会精神，绘制产业链条、优化产业布局、整合创新要素、集成政策支持，培育一批具有产业链掌控力的龙头企业、一批在细分领域具备国际竞争力的 "隐形小巨人"，提升 "泰州制造" 的产业集中度、标准话语权、品牌影响力。到 2020 年，这五大产业发展目标分别为 1800 亿元、2000 亿元、1300 亿元、400 亿元、3000 亿元，产业总规模达 8500 亿元。

（3）现代服务业——高质量发展重要支撑。

根据市委五届五次全会精神，泰州市将把现代服务业作为产业升级重要着力点、增长发力点，把生产性服务业作为主攻方向。

近年来，泰州市服务业发展持续向好、结构水平明显提升。2017 年，泰州

---

① 参见：http://jsnews.jschina.com.cn/tz/a/201902/t20190226_2245594.shtml。
② 参见：http://tjj.taizhou.gov.cn/art/2019/2/19/art_2444_1998776.html。

市服务业增加值占地区生产总值比重达到 47.3%，首次超过二产，产业结构实现了"三二一"历史性转折。2018 年 1~6 月，全市服务业固定资产投资同比增长 13.3%，增幅列全省首位。[①]

在此基础上，下一步要围绕补齐发展短板和提升城市品质，立足泰州市情，聚焦高端商贸、健康服务、现代金融、文化旅游、现代物流和信息服务六大产业，策划招引建设一批重大项目，推动现代服务业高质量发展。2018 年下半年重中之重的工作是进一步推进《泰州市现代服务业高质量发展三年行动计划（2018—2020 年）》2018 年度十大新开工项目、十大推进项目和十大竣工项目等 30 个重点项目。

与此同时，泰州市谋定了六项举措。

一是扩大总量规模。服务业增加值年均增长 10% 左右，占地区生产总值比重年均提高 1 个百分点左右，到 2020 年，服务业增加值突破 3000 亿元，占地区生产总值比重达到 50% 左右。

二是优化产业结构。改造升级传统服务业，培育发展新兴服务业，着力构建以高端商贸、健康服务、现代金融、文化旅游、现代物流和信息服务为主导的产业体系，到 2020 年，现代服务业占服务业比重达到 55% 以上。

三是提升集聚水平。建设产业集中、发展集约、资源共享、功能互补的高质量现代服务业集聚区，到 2020 年，省级、市级集聚区分别达到 12 家和 30 家以上，集聚区总营业收入突破 2000 亿元。

四是扩大有效投资。围绕补齐短板和提升发展品质，着力招引建设一批现代服务业重大项目，服务业投资年均增长 10% 左右，每年推进 50 个服务业重大项目开工建设。到 2020 年，服务业投资将达到 1800 亿元左右。

五是培育重点企业。泰州市将加大服务业规模以上企业培育力度，年新增服务业规模以上企业 60 家以上，2020 年服务业规模以上企业要达到 1000 家以上。

六是空间布局将进一步优化。泰州市将着力构建"2+1"两区一带（中心城区、里下河地区和长江经济带泰州段）现代服务业高质量发展总体空间布局，努力把中心城区打造成全市现代服务业高质量发展的引领区、高端商贸和信息服务的核心区，把泰州里下河地区打造成中心城市的"后花园"、长三角的旅游休闲度假地，把长江经济带泰州段打造成现代服务业与先进制造业融合发展的示范区、大江生态风光的展示区。

[①] 参见：https://park.landwg.com/judge/36.html。

"十三五"时期，泰州围绕"经济强、百姓富、环境美、社会文明程度高"的目标追求，实现创新发展、协调发展、绿色发展、开放发展、共享发展蓝图的发展目标、发展任务和发展重点，是制定其他各类规划和重大项目计划的重要依据，是全市人民共同奋斗的行动纲领。

三、苏北地区（宿迁、淮安、盐城、连云港、徐州）产业对金融的需求状况

（一）宿迁产业对金融的需求状况

1. 宿迁经济总量再上新台阶

2018年，全市实现地区生产总值2750.72亿元，比上年增长6.8%，比全省增速快0.1个百分点。其中，第一产业增加值300.84亿元，增长3.0%；第二产业增加值1279.54亿元，增长7.4%；第三产业增加值1170.34亿元，增长7.3%。人均GDP达55906元，按平均汇率达8448美元。[①]

产业结构进一步优化。全市三次产业结构调整为10.9∶46.5∶42.6。其中，第一产业增加值比重比上年下降0.3个百分点，第二产业增加值比重下降1.5个百分点，第三产业增加值比重提升1.8个百分点。[②]

2. 宿迁产业格局

宿迁正处在从"追赶型"发展转向"内涵型"发展的重要关口，在高质量发展理念的指引下，加快产业集聚，打造特色标识，为宿迁市经济社会发展注入强劲动力。

近日，经国务院同意，国家发展改革委、科技部、国土资源部等六部门联合发布了2018年第4号公告，公布了2018年版《中国开发区审核公告目录》。南通有3家国家级开发区、3家省级开发区名列其中。

宿迁拥有2个国家级经济开发区——宿迁经济技术开发区、沭阳经济开发区，1个国家级高新区——宿迁高新技术产业开发区。2013年11月，经国务院批准，江苏省沭阳经济开发区正式升格为国家级经济技术开发区，成为苏北地区第一家县域国家级经济技术开发区（见表5-15）。

---

①② 参见：http：//js.people.cn/n2/2019/0319/c360301-32753283.html。

表 5-15 宿迁的国家级开发区一览表

序号	园区名称	位置	成立时间	主导产业
1	宿迁经济技术开发区	宿城区	1998 年 11 月	食品饮料、装备制造
2	沭阳经济开发区	沭阳县	2001 年 8 月	服装纺织、装备制造、电子信息
3	宿迁高新技术产业开发区	宿豫区	2001 年	新材料、装备制造、电子信息

宿迁经济技术开发区成立于 1998 年 11 月，经国务院批准，2013 年 1 月升格为国家级经济技术开发区。开发区位于宿迁中心城市南部，距市政府仅 1.5 公里，是全市最主要的政策、资本、技术和人才高地，也是宿迁中心城市的重要板块、现代化的"南部新城"。开发区为来区投资客商提供"一站式、帮办式、保姆式"的全程服务，努力营造"亲商、安商、富商"的投资环境，被评为"中国最佳投资环境开发区"。宿迁经济技术开发区已经形成了光电、新材料、食品饮料、纺织服装、机械电子五大特色产业。中国饮料行业排名第一的娃哈哈集团、中国乳品行业排名第一的蒙牛集团、中国果汁行业排名第一的汇源集团、"中国饼干大王"嘉士利集团等一批知名企业汇聚国家级食品产业园；全球领先的泰源光电、亚洲塑料包装行业排名第一的金田塑业等高新技术企业领衔新兴产业园；纺织服装产业园汇集了亚洲纺织行业排名第一的恒力集团、中国织带行业排名第一的三鼎集团、中国出口服装行业排名第一的晨风集团等企业。

沭阳经济开发区创建于 2001 年 8 月，2006 年被江苏省政府批准为省级经济开发区。位于沭阳县城东部新区，总规划面积 58 平方公里，建成区面积已达 35 平方公里，已实现"九通一平"，已吸纳从业人员 13.8 万人。产业集聚、企业集群、项目集中效应明显，配套能力较强，发展势头强劲。2011 年底荣登"中国最具投资潜力开发区百强榜"并跃入江苏省开发区科学发展综合水平"第一板块"，2013 年 11 月被国务院批准升级为国家级经济技术开发区。沭阳经济技术开发区以开放型经济为主导，致力于推进纺织服装、林木深加工等传统产业高新化，不断提升装备制造、电子电器、汽配产业的发展层次，大力培育新能源、新材料、生物技术和新医药等新兴产业。

宿迁省级开发区有 3 个，分别是江苏宿城经济开发区、江苏泗洪经济开发区、江苏泗阳经济开发区（见表 5-16）。

表 5-16　宿迁的省级开发区一览表

序号	园区名称	位置	成立时间	主导产业
1	江苏宿城经济开发区	宿城区	2002 年 4 月	纺织服装、绿色建材、智能电网
2	江苏泗洪经济开发区	泗洪县	2002 年	电子信息、膜材料、机械
3	江苏泗阳经济开发区	泗阳县	2004 年 6 月	纺织服装、食品、能源光电

3. 产业结构

2018 年，全市三次产业结构调整为 10.9：46.5：42.6，其中第一产业比重较上年下降 0.3 个百分点，第二产业比重下降 1.5 个百分点，第三产业比重提升 1.8 个百分点。

农业稳定发展。全年农林牧渔业增加值增长 3.2%，增速较前三季度提升 0.2 个百分点，对经济增长贡献率为 4.9%，较前三季度提高 0.4 个百分点。

工业经济提速。工业增速有所提升。全市规模以上工业增加值增长 7.8%，居全省第二位，苏北第一位，快于全省水平 1.7 个百分点；增速快于前三季度 0.4 个百分点，提升 GDP 增速 0.15 个百分点。

服务业回升明显。前三季度，全市服务业增长 6.4%，低于 GDP 增速 0.1 个百分点，是自 2015 年上半年以来，服务业增速首次低于 GDP 增速。第四季度，批发业、交通运输业、金融业、房地产业、非营利性服务业等多个领域增速均较前三季度有不同程度提升，在多行业回暖带动下，全市实现服务业增长 7.3%，较前三季度提高 0.9 个百分点，高于 GDP 增速 0.5 个百分点。服务业对经济贡献率达 44.1%，较前三季度提高 5.8 个百分点。

"十二五"期间主导产业以及新兴产业产值情况见图 5-14。

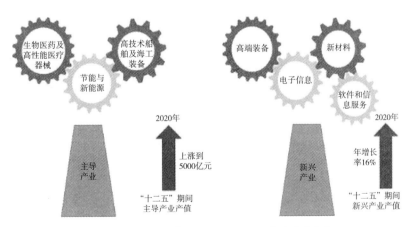

图 5-14　"十二五"期间主导产业以及新兴产业产值

第一，提高三大主导产业发展规模。生物医药及高性能医疗器械产业，力争达到 2000 亿元规模。以生物医药为突破口，推进从上游构建、小试、中试放大、临床研究到产业化的创新体系建设，引导企业重点研发生产基因工程产品、重组蛋白药物、组织与细胞工程药、新型疫苗与特异性诊断试剂。推进化学药平稳快速发展，鼓励企业获得一批化学新药证书，通过仿创结合争取一批化学原料药通过美国、欧盟等认证。加快发展现代中药，引导企业开发一批药效机理清晰、质量标准完善、安全高效、稳定可控的现代中成药新品种。鼓励企业研发生产 MRI 等医用影像设备、高通量分子诊断等临床检验设备及试剂、术中影像和骨科植入物等先进医疗设备，形成一批位居全国同行业前沿的高性能医疗器械。积极推广应用自动化生产设备和生产线，深入推进口岸药品检验机构建设，全面提升药品质量的检测、控制水平。引导企业深化生产制造与经营管理、采购销售等核心业务的综合集成，逐步完善产品质量和安全的全生命周期管理体系。

高技术船舶及海工装备产业力争达到 1500 亿元规模。引导重点船企加快提升主力船型设计制造能力及配套设备装船率，研究掌握降低新船能效设计指数（EEDI）、减少船舶压载水等设计新技术，推动船舶产业向高技术船舶、特种船舶、海工装备转型。大力发展海工装备，积极开发海洋钻井平台、超大型海洋油气储备中转与供给站、海洋泊链等海洋海工装备。鼓励企业积极发展船舶用发动机、电子控制、通信导航等核心部件，提高本土化配套能力。放大海军诞生地的资源优势，引导船企努力拓展军船市场。

节能与新能源产业力争达到 1500 亿元规模。鼓励企业着力攻克高显色 LED、蓄热式节能工业燃气炉等关键装备技术瓶颈并实现产业化。引导企业突破新一代光伏、大规模储能、汽车动力电池集成控制等产业核心技术，大力发展具有国内乃至世界先进水平的光伏发电组件、智能电网集成设备、风电核电用关键零部件等装备制造，形成产业化能力。加大新能源汽车"三电"（电池、电机、电控）核心技术推广应用，全力招引落户新能源整车生产企业，推动节能与新能源产业的产业化和示范应用。

第二，提高三大传统产业发展质量。化工产业重点推进转型升级。围绕打造千万吨级原油加工基地目标，突出精细化、特色化、绿色化、循环化的发展方向，以炼化、氟化工、氯碱等领域为重点，大力发展石油衍生产品、精细化工产品和新型化工复合材料，实施一批重大项目，拉长增粗产品链，不断提升产品精细化率。在危害健康和危险作业环境，鼓励企业加快机器人替代人工作业，提高生产效率、降低生产成本。鼓励企业运用信息化技术手段改造提升绿色制造水平，实现生产、管理、控制、节能一体化。开展化工行业转型发展专项行动，推进化工企业入园率提高到 70% 左右、化工园区（集中区）对全市化工产业主营业务收入总额贡献率提高到 80% 以上。

粮油食品加工产业重点提高产品质量。延伸、拓展食品加工产业链，重点发展安全、营养、方便、功能食品，全力推进脱水蔬菜生产、植物油加工、面粉加工、方便食品制造、啤酒及啤酒麦芽生产、奶制品加工、银杏加工、畜禽水产品加工等行业规模化、集约化发展，不断提高产品附加值。推广应用大规模个性化定制生产、订单式生产、客户关系管理、零库存管理、产业链协同创新等生产、管理和营销模式，降低产成品库存。鼓励企业建立产品质量信息追溯体系，提高粮油食品信息管理和质量保障水平，加快推进兴化及沿江食品加工产业集聚区建设，着力打造"长三角"地区重要的绿色食品生产基地。

纺织服装产业重点提高经济效益。大力发展装饰用纺织品和产业用纺织品，努力构建结构优化、技术先进、绿色环保、附加值高、吸纳就业能力强的现代产业体系。推进关键岗位机器人替代工程，提高生产效率、降低维护成本。引导企业抢抓"互联网＋"战略机遇，积极发展电子商务、创新营销模式，推进网上交易、物流配送、信用支付集成发展。鼓励有条件的企业通过网络化制造系统，实现包括产品设计、制造、销售在内的全产业链条的集成协同，形成网络化企业集群，发展基于互联网的个性化定制、网络众包、云制造等新型制造模式。

第三，提高四大新兴产业发展层次。高端装备产业突出高端数控机床、机器人、增材制造、高端专用装备等重点领域，不断提高研发、设计、制造的水平。高档数控机床重点发展大型、精密、高速、高性能数控金属切削机床、成形机床、特种加工机床等。着力招引一批机器人龙头制造企业，重点发展工业机器人、专用服务机器人和家用服务机器人。加快推进机器人用 RV 减速机研发与应用，实现工业机器人核心技术（部件）的突破。增材制造鼓励发展依据三维 CAD 设计数据，采用离散材料制造实体物件的技术设备。高端专用装备围绕航空航天、轨道交通、石油化工、现代农业、工程建筑等领域，重点发展专用装备及配套零部件，形成具有地方特色的高端专用装备制造产业体系。

电子信息产业围绕高性能集成电路、新型元器件、新型显示和信息终端设备重点领域，以重大项目、龙头企业为依托，着力提升电子信息产业研发、制造水平，加快促进产业集聚，积极推动产业向高端攀升。集成电路重点引进培育高性能集成电路设计、制造、封装、测试产业。新型电子元器件重点发展新型片式元件、超导滤波器、传感器等电子元件。新型显示重点发展新型有源有机电致发光二极管（AMOLED）面板以及新型柔性显示、激光显示、立体显示器件等。信息终端设备重点发展新一代移动终端设备、穿戴式智能设备、视频监控设备、数字电视终端设备等。

新材料产业围绕复合化、智能化、绿色化新材料前沿技术，大力发展特种合金材料、新型功能材料、高性能复合材料。特种合金材料重点发展高速钢、工模具钢、各种兼具高强高韧特点的高品质不锈钢材料，加快拓展在航天航空、国防军工等领域的应用。新型功能材料主要发展稀土永磁材料、镍基合金、锑阻燃材料、新型显示材料、新型建筑材料添加剂等。高性能复合材料主要发展高性能复合工程塑料、高性能纤维、含氟高端材料、SBS 改性沥青防水材料等。推进纳米材料、石墨烯材料在新能源、电子信息等领域的应用。

软件和信息服务产业把握新一代信息技术潮流、互联网经济和制造业服务化发展趋势，引导企业加快发展高端软件和技术服务。鼓励企业重点开发云计算软件、工业软件、智能终端软件、信息安全软件等高端软件。支持工业自动控制系统、网络化集成系统、智能化生产线等智能系统的开发应用。支持开发面向新一代互联网、物联网应用的嵌入式系统软件。依托新一代互联网技术、系统仿真及图形技术，大力发展 VR（虚拟现实）娱乐、数字互动、数字媒体、移动支付、社区网络服务等基于互联网的信息服务。积极发展制造业大数据、健康大数据、政务大数据服务，推进制造业云计算平台建设，发展云储存、云安全、云物联业务。把电子商务作为变革传统流通格局、创新型商业模式、提升区域经济竞争力的撬动杠杆，鼓励"互联网＋进出口"，大力发展电子商务。

（二）淮安产业对金融的需求状况

1. 淮安经济发展总体稳定

2018 年，淮安全年实现地区生产总值 3601.3 亿元，按可比价格计算，比上年增长 6.5%。其中，第一产业增加值 358.7 亿元，增长 3.1%；第二产业增加值 1508.1 亿元，增长 4.9%；第三产业增加值 1734.5 亿元，增长 8.8%。三次产业结构比例为 10.0∶41.8∶48.2，第三产业增加值占 GDP 比重比上年提升 0.6 个百分点。人均 GDP 达到 73203 元人民币，按可比价格计算，增长 6.1%，按当年平均汇率折算为 11062 美元。[①]

---

① 参见：http：//www.js.xinhuanet.com/2019−02/15/c_1124120570.htm。

2.产业格局

近日，经国务院同意，国家发展改革委、科技部、国土资源部等六部门联合发布了 2018 年第 4 号公告，公布了 2018 年版《中国开发区审核公告目录》。淮安 2 家国家级开发区、6 家省级开发区名列其中。

淮安拥有 1 个国家级经济开发区——淮安经济技术开发区，1 个国家级高新区——淮安高新技术产业开发区（见表 5-17）。

表 5-17　淮安的国家级开发区一览表

序号	园区名称	位置	成立时间	主导产业
1	淮安经济技术开发区	清江浦区	1992 年	电子信息、盐化业、装备制造
2	淮安高新技术产业开发区	淮阴区	2001 年	电子信息、新能源汽车及零部件、装备制造

淮安经济技术开发区成立于 1992 年，2010 年获批为国家级经济技术开发区，常住人口 30 万人，管辖面积 166 平方公里，多次获评"江苏省先进开发区"。淮安市是中国唯一国家级"台资企业产业转移集聚服务示范区"，连续五年获评台商投资"极力推荐城市"。"3+2"产业进一步集聚，2017 年，五大产业完成应税开票 315 亿元，同比增长 50%。

其中，电子信息产业 82.54 亿元，同比增长 240%；装备制造产业 60.05 亿元，同比增长 12.9%；新能源汽车及零部件产业 59.85 亿元，同比增长 11.4%。工业方面，重点打造了以敏实为代表的新能源汽车及零部件、以卧龙电机为代表的智能装备、以晟德药业为代表的生命健康三大战略性新兴产业和以富士康为代表的IT、以台玻为代表的盐化新材料两大主导产业——"3+2"现代产业加速集聚。

淮安高新技术产业开发区吸引了日韩、港台、欧美等近 30 个国家和地区的客商来区投资兴业，累计集聚富士康、台玻、敏实、晟德药业、卧龙电气、明基、膳魔师、阿里巴巴、搜狐、浙大网新、京永自行车等各类企业 6000 余家（其中台企 400 余家），成为了江北知名的台资集聚高地，也是江苏省政府重点扶持的台资企业产业转移集聚服务核心区。服务业方面，开发区发挥自身优势，重点打造四个特色产业：以淮安掼蛋网为代表的电子商务，以华润苏果、普洛斯、宇培、新地等为代表的现代物流，以麦德龙、大润发、亿丰时代广场、建湉商业广场、仕泰隆、博德五金、锦绣国际装饰城为代表的综合商贸，以西游记主题乐园为代表的文化旅游产业。

淮安高新技术产业开发区位于淮安市区东北部，前身为淮阴经济开发区，2001

年开始建设，2006年4月经省政府批准为省级开发区，2012年11月经省政府批准更名为江苏省淮安高新技术产业开发区，2017年2月经国务院批准升格为国家级高新技术产业开发区。淮安高新区区位优势明显，航空、航道、高铁、高速公路等综合交通汇集，总规划面积72平方公里，"九通一平"面积33.4平方公里，辖5个产业园、1个乡、4个村。[①]

建区以来，淮安高新区紧紧围绕"建设苏北地区创新驱动发展先导区、淮河生态经济带新兴产业发展引领区、江苏省区域开放协同发展示范区"的总目标，以"一区五园"、产城融合战略布局为总抓手，坚持存量培育和增量招引双轮驱动、传统产业和新兴产业同步推进，初步形成了以电子信息、中高端机械装备制造、新能源汽车及零部件为核心的三大主导产业。以食品加工、机电科技、盐硝加工为主体的三大传统产业，先后引进德科码半导体、时代芯存相变存储器、益威新能源汽车动力电池、富强新材料等超百亿级项目，双汇食品、德瑞加数控机床、伊弗特精密零部件等一批行业内知名企业，截至2016年底，累计进驻企业826家，省级以上高新技术企业达到61家，千亿级半导体产业集群、百亿级"智"造基地正在加速形成。近年来，淮安高新区相继荣获"全国十大诚信开发区""江浙企业家投资中国首选开发区""江苏省高端装备制造业特色和示范产业基地""江苏省科技创业园""江苏省知识产权试点园区""江苏省和谐劳动关系工业园区"等称号。

淮安省级开发区有6个，分别是江苏淮安工业园区、江苏淮安清河经济开发区、江苏洪泽经济开发区、江苏涟水经济开发区、江苏盱眙经济开发区、江苏金湖经济开发区（见表5-18）。

表5-18　淮安的省级开发区一览表

序号	园区名称	位置	成立时间	主导产业
1	江苏淮安工业园区	清江浦区	1995年	新材料、节能环保、电子信息
2	江苏淮安清河经济开发区	清河区	2016年5月	软件、光伏、光电、食品
3	江苏洪泽经济开发区	洪泽县	2001年10月	机械电子、纺织、新能源、新材料
4	江苏涟水经济开发区	涟水县	2000年6月	纺织服装、医药医疗、机械装备
5	江苏盱眙经济开发区	盱眙县	2001年10月	新能源、新材料、装备制造
6	江苏金湖经济开发区	金湖县	2002年5月	装备制造、自动控制系统、新能源

① 参见：http://www.china-nengyuan.com/park/6862.html。

江苏淮安工业园区是 1995 年批准成立的省级开发区，享有市级审批权限。为了加快淮安工业化、城市化进程，培育淮安新的增长板块，淮安市委、市政府于 2008 年 9 月对原园区区划进行了拓展和调整，新拓展面积 58 平方公里。拓展区域位于淮安市区南部，苏北灌溉总渠北侧、宁连一级公路东侧，紧邻宁淮高速、京沪高速、宿淮盐高速，淮安市区景观大道淮海南路纵贯园区，园区周边规划配套建设苏北灌溉总渠 800 万吨码头、大运河集装箱港口、宁淮铁路火车站。园区将依托闽商、浙商、台商、欧美、央企五大引资平台，围绕汽车机械、纺织服装、食品医药、光伏电子、节能环保五大产业方向，按照"高、大、名、外、绿"五大选资要求，深化产业链招商，积极打造工业新城，形成淮安经济新的增长板块。

3. 产业结构

淮安需要坚持调高、调轻、调优、调强、调绿的导向，加速推进转型升级，打造"4+2"优势特色产业升级版，推进"4+3"现代服务业加速突破，推动"4+1"现代农业提质增效，促进产业高端化、高技术化和服务化发展，形成技术先进、协调融合、优质高效、绿色低碳的现代产业新体系。

第一，打造"4+2"优势特色产业升级版。坚持工业强市战略，落实《中国制造 2025 江苏行动纲要》，实施重大项目引领、规模企业培育、制造装备升级、品牌质量提升四大工程，推行规模化、智能化、品牌化、循环化和集约化发展，打造"4+2"优势特色产业升级版（见图 5-15）。到 2020 年，实现工业产值过万亿元，四大主导产业产值均过千亿元、战略性新兴产业产值翻番，总体上步入工业化后期，成为长三角北部先进制造业基地。

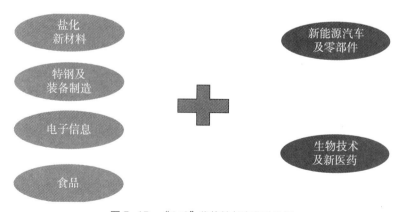

图 5-15 "4+2"优势特色产业升级版

盐化新材料产业。以高端、绿色、循环、集约为发展导向，重点发展基础化工、精细化工、新材料、石油化工和生物化工。到 2020 年，盐化新材料产业产值力争达到 1200 亿元，建成国内知名盐化新材料生产研发基地。

特钢及装备制造产业。以高端化、智能化、绿色化、服务化、集群化、国际化同步发展为主线，促进特钢产业与装备制造业融合发展、联动发展，逐步形成特钢原材料—机械零部件—装备整机的产业链体系。到 2020 年，特钢及装备制造业产值突破 1000 亿元，建成国内知名的特钢及装备制造产业基地。

电子信息产业。以终端化、多样化、高端化为发展方向，重点发展信息终端制造、电子元器件、光电子、应用电子、软件与信息服务五大产业链，促进信息终端制造与电子元器件产业协同发展。到 2020 年，电子信息产业产值力争达到 1800 亿元，建成全国重要的电子制造业集聚区和中国声谷。

食品产业。以服务中高端消费市场为核心，以特色食品精深加工为基础，打造农副产品加工、食品制造、饮料制造、烟草加工四大特色产业，积极培育保健功能产品和宠物食品新兴产业。到 2020 年，食品产业产值力争达到 1500 亿元，建成长三角食品产业重要基地和苏北区域健康食品产业精深加工制造、检测认证高地。

新能源汽车及零部件产业。按照政府引导、龙头带动、重点突破、结构优化的发展思路，加快引进和培育新能源汽车整车制造与零部件制造两大产业，构建具有核心竞争力的省级新能源汽车产业集群。到 2020 年，新能源汽车及零部件产业产值达到 400 亿元，建成国家新能源汽车推广示范城市和国内知名的新能源汽车研发生产及核心零部件制造基地。

生物技术及新医药产业。以推动产业向规模化、集聚化、高端化发展为引领，大力推进产业链与创新链融合，重点发展生物医药、医疗器械、生物农业产业。到 2020 年，生物技术及新医药产业产值突破 300 亿元，建成省内重要的生物医药产业基地。

第二，推进"4+3"现代服务业加速突破（见图 5-16）。着力完善"4+3"服务业特色产业体系，全力打造产业集中、发展集约、资源共享、功能互补的现代服务业集聚群，加速构筑布局合理、规模适当、配套齐全的苏北现代服务业集聚高地，全面打响游在淮安、购在淮安、食在淮安、学在淮安、医在淮安、居在淮安"六在淮安"品牌。到 2020 年，服务业增加值突破 2000 亿元，占 GDP 比重达到 48%。

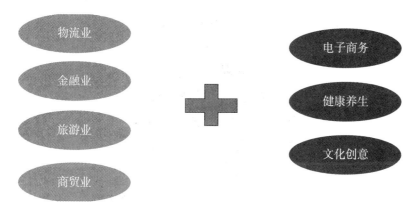

图 5-16　"4+3" 特色服务业版

物流业。抢抓机场、铁路、公路、航道建设等重点工程实施的机遇，大力发展现代物流业，打造区域性物流中心城市。到 2020 年，形成 "一区、十园、九中心、多节点" 的现代物流业空间布局体系，物流业增加值达到 400 亿元，全社会物流总费用与 GDP 比率降至 14%。

金融业。建设淮安金融中心，成为金融机构集中、金融市场发达、金融信息灵敏、金融设施先进、金融服务高效的区域性金融业发展载体，打造苏北区域金融中心。到 2020 年，银行、保险、担保机构分别达 40 家、55 家、40 家。实现30 家境内外挂牌和上市企业，企业发债等其他各类直接融资余额新增 500 亿元。

旅游业。建设长三角知名旅游目的地城市，叫响 "游在淮安" 品牌。积极发展特色主题旅游，加快里运河文化长廊、古淮河·西游记文旅区建设，构建淮安旅游服务核心功能区。到 2020 年，大旅游格局初步形成，旅游业实现收入超 500亿元，接待游客人数达 4400 万人次，旅游业增加值占 GDP 比重达到 5.5%。

商贸业。大力发展现货与电子交易、有形与无形相结合的现代商贸流通业，构建区域商贸集散中心。到 2020 年，商贸流通业增加值突破 500 亿元，培育年销售过亿元的零售企业 30 家左右，过亿元市场 15 个左右。

电子商务。创成国家电子商务示范城市。到 2020 年，电子商务交易额达到 1500 亿元，网络商品交易额突破 300 亿元，占社会消费品零售总额的比重达20%。

健康养生。打造长三角北部滨湖休闲养生谷，面向华东地区的养生文化体验目的地与国家历史文化名城相辉映的乐活健康之城。到 2020 年，建成国家级旅游度假区 1 个，健康养生业增加值达到 200 亿元，城乡居民电子健康档案规范化建档率达 90% 以上，健康知识知晓率达 80% 以上，健康行为形成率达 65% 以上。

文化创意。打造现代文明与历史文化相得益彰的文化创意之城。着力挖掘特色文化品牌，加快文化淮安建设步伐。积极发展创意产业，加快创意设计、新兴媒体、动漫游戏、工业设计、广播影视、工艺美术、演艺娱乐等产业发展。加快文化与产业融合。到 2020 年，文化创意产业增加值达到 200 亿元，建成省级文化创意产业示范区 3~4 个、国家级文化创意产业示范区 1 个。

第三，推动"4+1"现代农业提质增效（见图 5-17）。以现代农业产业为主线，大力实施优势农产品主导、农业产业化带动、科教兴农、绿色农产品行动和农业机械化支撑等行动，推动"4+1"现代农业提质增效，构建新型现代农业经营体系，强化现代农业发展支撑保障，建成国家现代农业示范区，基本实现农业现代化。

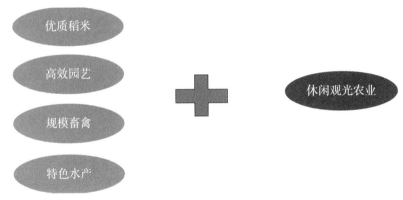

图 5-17　"4+1"现代农业格局

优质稻米。做强优势稻米基地。到 2020 年，建成优质稻米基地 300 万亩，建成以白马湖、洪泽湖等湖泊周边区域为主的优质稻米核心基地 100 万亩，绿色大米、有机稻米基地分别达到 50 万亩、1 万亩，使用"淮安大米"品牌标识的大米年销量突破 10 亿斤。

高效园艺。建设区域优势园艺基地。坚持以市场需求为导向、以提高效益为根本，着力构建普及年亩产纯效益 5000 元、扩大 1 万元、示范 5 万元、探索 10 万元的高效园艺发展模式，加快推进标准化园艺基地建设。到 2020 年，高效园艺面积扩大到 200 万亩，年亩均纯效益 1 万元以上的高效园艺面积力争突破 100 万亩。

规模畜禽。打造畜禽产业发展集群。坚持以优品种、调结构为先导，以产业化经营为重点，以种养结合、生态循环为取向，加快养殖方式和资源利用方式的转变。重点培育适度规模标准化养殖主体，努力打造"淮安黑猪"等地方特色畜禽品牌。到 2020 年，畜牧业规模养殖比重达 80%，创建农业部畜禽养殖标准化示范场 15 个、省级畜牧生态健康养殖示范场 300 个。

特色水产。做强特色水产，促进生态循环。全面开发地方种质资源，推进生态健康、科技高效的养殖模式，形成渔业生产、水产品加工和休闲渔业"三业"融合协调发展。到 2020 年，龙虾、河蟹养殖面积达 60 万亩，特种鱼类养殖面积达 10 万亩，高效设施渔业面积占比达到 26%，建成千亩以上水产养殖示范基地 40 个，新增农业部健康示范养殖场 40 个、省级现代渔业产业园 2 个。

休闲观光农业。围绕都市农业、乡村旅游、健康养生、农事体验、生态文明、科普教育、农耕文化等主题，进行差异化布局，着力建设吃、住、行、游、购、娱一体化的休闲农业园区和新农庄。建设一批现代农业观光精品园、生态休闲度假区和升级版农家乐，策划一批休闲农业节庆和游乐活动，培育一批叫得响、传得开、留得住的休闲观光农业知名品牌。到 2020 年，建成休闲观光农业主体 700 个。

淮安现代产业不断发展壮大，具有淮安特色的现代产业体系初步形成。"4+2"优势特色产业加速集聚发展，实现产值 3902 亿元，占规模以上工业比重达 58%，电子信息产业产值率先突破千亿元，获批国家火炬计划盐化工特色产业基地和盱眙凹土特色产业基地、省新型工业化电子信息产业示范基地和新能源汽车先进制造业基地。"4+3"特色服务业快速发展，物流、电子商务等新兴服务业异军突起，服务业增加值占比年均提高 1 个百分点，服务业税收占地方税收比重达 73.5%，第三产业增加值占 GDP 比重首次超过第二产业。"4+1"现代农业产业加快培育，新增省级以上龙头企业 28 家，获批 6 家国字号农业载体，农产品地理标志证明商标数量居全国地级市第一，农业综合机械化和粮食收储现代化水平跃居苏北首位，粮食生产实现十二连增，农业现代化工程发展指数苏北领先。"十三五"期间，淮安需要主动融入"一带一路"、长江经济带、沿海开发等国家和省重大战略，充分发掘交通枢纽、绿色生态、文化吸引、产业发展等方面的潜力和优势，精心谋划实施一批重大工程、重点项目，着力提升交通支撑力、城市带动力、产业竞争力、文化引领力，不断增强对周边区域的影响力、辐射力。

（三）盐城产业对金融的需求状况

1. 盐城经济保持稳定增长

2018 年，全市实现地区生产总值 5487.1 亿元，总量居全省第 7 位，按可比价计算，比上年增长 5.5%。其中，第一产业实现增加值 573.4 亿元，比上年增长 3.2%；第二产业实现增加值 2436.5 亿元，比 2017 年增长 3.7%；第三产业实现增加值 2477.2 亿元，比上年增长 8.1%。产业结构持续优化，三次产业增加值比例调整为 10.5∶44.4∶45.1，第二、第三产业比重比 2017 年提高了 0.6 个百分点，人均地区生产总值达 75987 元（按 2018 年平均汇率折算约 11483 美元），比上年增长 5.8%。[①]

2. 产业格局

目前，盐城市经济总量排在国内第 34 名，《2018 年上半年全国城市 GDP 排名（001-100）》排行榜显示，盐城位居省内的苏州、南京、无锡、南通、常州、徐州六座城市之后。盐城经济在江苏省内排名第七。

近日，经国务院同意，国家发展改革委、科技部、国土资源部等六部门联合发布了 2018 年第 4 号公告，公布了 2018 年版《中国开发区审核公告目录》。其中，盐城 2 家国家级开发区、11 家省级开发区名列其中。

盐城拥有 1 个国家级经济开发区——盐城经济技术开发区，1 个国家级高新区——盐城高新技术产业开发区。其中，盐城经济技术开发区是江苏长江以北首家实现"千亿工业销售、百亿财政收入"的开发区。盐城高新技术产业开发区综合考核排名在全国 147 家国家级高新区中由 2016 年的第 101 位跃升到第 86 位，前移 15 位，土地集约节约利用水平在全国 438 家国家级开发区中排名第 111 位，在全省领先（见表 5-19）。

表 5-19　盐城的国家级开发区一览表

序号	园区名称	位置	成立时间	主导产业
1	盐城经济技术开发区	亭湖区	1992 年 7 月	汽车、光伏、纺织
2	盐城高新技术产业开发区	盐都区	2006 年 4 月	智能终端、装备制造、新能源

盐城经济技术开发区位于盐城市区河东部，成立于 1992 年 7 月，1993 年被省政府批准为省级开发区，2010 年经国务院批准升格为国家级经济技术开发区。2012 年成功获批盐城综合保税区，2014 年跻身江苏省 131 家开发区第 16 位，是江苏长江以北首家实现"千亿工业销售、百亿财政收入"的开发区。2015 年 7 月，被确定为中韩盐城产业园核心区，拥有中国沿海汽车城、韩资工业园、盐城综合保税区、盐城未来科技城、韩国社区 5 大功能平台。2017

---

① 参见：https://mp.weixin.qq.com/s？src=11&timestamp=1576914744&ver=2047&signature=awVyP7tSNkhxc3s6pu LPf0l5JPNLt9GjAJRkChf6HtQuZ7iz8RJEfzsgsb5mEyCWwCpH97yhM1K92−ua77HJybrD7hHWohEeHKXtKl3pTY*lJ31HNc− O*BE9ylxzvZal&new=1.

年 12 月，国务院正式批准设立中韩（盐城）产业园。近 3 年来，累计招引项目 172 个，总投资 674 亿元，其中总投资 10 亿元以上的重大项目 18 个，以东风悦达起亚汽车三厂为代表的一批重大项目先后落户。经过 20 年的发展，全区现已集聚工业企业 483 家，其中世界 500 强企业 7 家，外资企业 139 家，涉及 20 多个国家和地区；2018 年销售超 100 亿元企业 2 家，其中东风悦达起亚公司销售可达 550 亿元[①]。汽车产业：建有长三角新能源汽车研究院、国内首家新能源汽车产业主题展览馆、科技研发中心和孵化中心，现有奥新新能源、台湾实联电池、普天新能源等 33 个产业链项目，36 款新能源汽车进入国家工信部公告目录。智能制造产业拥有意大利布雷维尼、行星减速机、印度马恒达拖拉机、江苏江淮动力柴油机、悦达专用车等重点龙头企业，以及国家物联网产业研究院、南大苏富特、软通动力、艾克玛特等知名软件企业，规划建设高端装备制造产业园和东风产业园。光伏广电产业拥有天合光能太阳能组件、台玻太阳能镜板、东芝三菱逆变器、鑫晨光热、普光新能源等光能源项目，中节能立德照明基地、新锐光电 RGB 封装、米优光电、新光字智能灯等 LED 光照明项目、鸿佳电子、汉创电子等光显示项目先后落户。

盐城高新技术产业开发区的前身是江苏盐都经济开发区。2012 年 11 月 16 日，江苏省人民政府苏政复〔2012〕94 号文件批复批准。江苏省盐城高新技术产业开发区总规划面积 116 平方公里，总人口 18 万，隶属于盐城市盐都区管辖，规划建设 5 园 3 区，包括江苏华锐风电产业园、盐城通讯电子产业园、新材料产业园、外资工业园、中小企业（创业）园、现代服务业集聚区、农产品集中加工区、盐城中小科技文化企业集聚区。盐城高新区产业基础较好、发展前景广阔。截至目前，盐城高新区已累计招引亿元以上项目 186 个，集聚华锐风电、秦川机床、麦德龙等行业领军企业及上下游配套企业 300 多家，其中，规模以上工业企业 137 家、上市公司 15 家、外资企业 40 多家、国家高新技术企业 22 家，初步形成以风电及高端装备、电子信息、新材料、现代服务业四大主导产业集约集聚融合发展的格局。2017 年，实现地区生产总值 245.3 亿元，一般公共预算收入 25.22 亿元，外资到账 8197 万美元，外贸进出口 6.56 亿美元。

盐城省级开发区有 11 个，分别是江苏省盐城环保高新技术产业开发区、江苏省盐南高新技术产业开发区、江苏大丰经济开发区、江苏大丰港经济开发区、江苏响水经济开发区、江苏滨海经济开发区、江苏阜宁经济开发区、江苏射阳经

---

① 参见：http：//jsnews2.jschina.com.cn/system/2012/12/19/015619331.shtml。

济开发区、江苏建湖高新技术产业开发区、江苏建湖经济开发区、江苏东台经济开发区（见表5-20）。

表5-20 盐城的省级开发区一览表

序号	园区名称	位置	成立时间	主导产业
1	江苏省盐城环保高新技术产业开发区	亭湖区	2009年	环保设备、新材料、环保服务
2	江苏省盐南高新技术产业开发区	亭湖区	2015年	软件、信息技术、装备制造
3	江苏大丰经济开发区	大丰县	1992年	新能源设备、汽车零配件、通用设备
4	江苏大丰港经济开发区	大丰县	2003年5月	新能源、新材料、海洋生物
5	江苏响水经济开发区	响水县	2006年8月	纺织服装、机械电子、建材
6	江苏滨海经济开发区	滨海县	2001年8月	纺织、机械、化工
7	江苏阜宁经济开发区	阜宁县	1998年8月	风电装备、光电光伏、机械加工
8	江苏射阳经济开发区	射阳县	1992年	航空装备、大数据、智能制造
9	江苏建湖高新技术产业开发区	建湖县	2009年8月	石油机械、汽车及零配件、通用航空
10	江苏建湖经济开发区	建湖县	1992年6月	节能环保、装备制造、电子信息
11	江苏东台经济开发区	东台市	2002年	新材料、机械装备、电子信息

3.产业结构

盐城市围绕"调轻调新调绿调高调强"方向，坚持创新引领、市场导向、绿色路径，大力实施产业创新"十大工程"，推进全产业链一体化发展，加快实现产业调旧立新、从弱转强，由低走高，打造一批在长三角乃至全国有较大影响力的产业标杆，构建具有总高端水平的现代产业体系，建设长三角北翼产业创新高地，具体如图5-18所示。

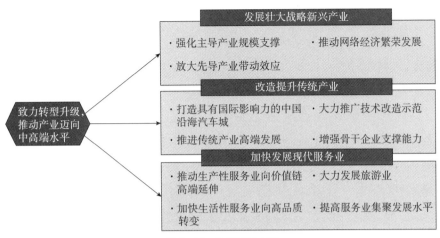

图 5-18　转型升级方案

第一，发展壮大战略新兴产业。强化主导产业规模支撑以低碳、绿色技术创新和应用为重点，紧扣全产业链打造，全力推进新能源、节能环保、电子信息、高端装备快增长、扩规模、上水平。

（1）新能源产业。巩固放大国家海上风电产业区域集聚发展试点效应，加快推动风电产业向产业链和价值链高端延伸，重点发展具有世界先进水平的 2MW 以上低速风电机组、6 MW 以上海上风电机组及关键零部件、集中监控及智慧风场管理系统、风电控制系统及设备，构建集技术研发、装备制造、风场应用和配套服务于一体的全产业链。到 2020 年，新能源产业规模突破 1000 亿元。

（2）节能环保产业。以盐城环保科技城、建湖节能电光源产业园、阜宁环保滤料产业园为依托，重点发展具有国内领先水平的 PM2.5 过滤、电袋复合除尘、湿电除尘、脱硫脱硝除尘成套装置及设备，推进装备制造、工程承包、交易市场、创新平台、教育培训等大气污染防治全产业链一体化发展。到 2020 年，节能环保产业实现开票销售 1000 亿元，争创中国节能环保高新技术产业化基地。

（3）电子信息产业。抓住当前信息经济新一轮发展契机，重点发展新一代移动通信手机、便携式通信产品，成立智能终端产业研究院，努力突破整机制造、零部件制造、关键技术研发等相关领域。到 2020 年，电子信息产业实现开票销售 500 亿元，打造东部沿海智能终端产业基地。

（4）高端装备产业。立足装备制造业现有技术积累、制造能力和产业基础，重点突破高性能数控金属切削与成型机床、多轴联动加工中心、柔性制造单元等高档数控机床与基础制造装备产业。到 2020 年，高端装备产业实现开票销售 500

亿元，建成省先进重大装备研发及制造的重要示范基地。

第二，放大先导产业带动效应。加快新能源汽车产业、海洋产业、航空装备产业和健康产业的发展，加快实施创新关键节点项目，提升产业核心竞争力。

（1）新能源汽车产业。加强新能源汽车源头创新，实现整车、零部件的同步推进。做大做强新能源汽车整车企业，争取实现 20 万辆以上产销规模，形成"风电车"等一系列可复制推广的绿色应用模式，建设国家新能源汽车推广应用示范城市。到 2020 年，新能源汽车产业实现开票销售 300 亿元，打造集新能源乘用车、客车、专用车于一体的国家级新能源汽车研发和制造基地。

（2）海洋产业。重点发展以"风电水"为主架构的海水淡化成套装置和智能微电网成套设备，积极承揽海水淡化工程总承包业务，实施多能源协同供电微网控制系统示范工程，打造中国新能源海水淡化产业发展标杆，建设国家海水淡化试点示范城市。到 2020 年，海洋经济总量实现倍增，海洋产业规模达到 1600 亿元，其中海水淡化产业 100 亿元，海洋生物医药产业 300 亿元，海工装备及相关产业 200 亿元，海洋渔业 200 亿元，海洋服务业 800 亿元。

（3）航空装备产业。以通用飞机系统研制和集成制造为着力点，构建以整机制造产业为核心、服务产业为支撑、关联制造产业为延伸的通用航空产业发展格局。到 2020 年，航空装备产业实现开票销售 200 亿元，建设江苏航空装备产业示范基地。

（4）健康产业。抓住当前全球生命科学迅猛发展机遇，瞄准国际健康产业前沿，应用先进生物技术，加快发展创新药物、医疗器械、新型生物医药材料，重点建设以社会养老、休闲养生、国际美容为特征的健康产业高地。到 2020 年，健康产业规模突破 500 亿元。

第三，推动网络经济的繁荣发展。实施"互联网＋"行动计划。大力发展互联网经济，推动互联网再造制造业，实现设计数字化、产品智能化、生产自动化和管理网络化，推动互联网嵌入现代农业，发展信息农业、智慧农业，推动互联网提升服务业，促进供应链管理等服务模式创新；积极培育工业设计、远程诊断、远程教育、数字家庭等新模式和众创、众包、众扶、众筹等新业态。到 2020 年，互联网服务收入超过 450 亿元，电子商务交易额超过 3000 亿元，争创 2 个国家级工业设计中心。

第四，改造提升传统产业。深入贯彻"中国制造 2025"和江苏行动纲要战略部署，大力实施转型升级工程，推动汽车、机械装备、纺织、化工等传统支柱产业加速向中高端环节迈进、向高附加值方向发展。

打造具有国际影响力的中国沿海汽车城。以整车为基础，形成研发、零部件、汽车服务业一体化全产业链，加快实现整车、零部件、汽车服务业"三个千亿"目标，打造汽车及汽车零部件制造基地、新能源汽车产业基地、汽车试验检测基地，建成具有国际影响力的中国沿海汽车城。

（1）提升发展汽车产业。积极推进东风悦达起亚一工厂搬迁改造和二三工厂技术改造，规划建设四工厂，加快东风悦达起亚汽车研发中心建设和运营，增强自主研发能力，打造具有国际影响力的主流品牌和车型。到2020年，全市乘用车生产能力扩大到100万辆/年，进入全国乘用车前六强。规模以上零部件生产企业超过400家，建成5家以上国内一流的国家级零部件研发中心，培育形成10家以上具有自主开发能力的核心企业。

（2）大力发展汽车服务业。加快完善中汽中心盐城汽车试验场功能配套，加快大丰汽车25产业园发展，建成世界一流、亚洲领先的汽车试验检测服务平台。

第五，推进传统产业高端发展。

（1）机械装备产业。重点围绕大型石油钻采机械、高端泵阀、高性能港机、成套工程装备、大马力农业机械，培育发展具备国内领先、国际先进水平的首台（套）重大装备。到2020年，机械装备产业开票销售突破1800亿元。

（2）纺织产业。重点发展具备国内领先水平的新型纤维、高支纱线、高档面料产品，鼓励企业进入家用纺织品、产业用纺织品、服装"快时尚"领域，推动产业重心转向具有自主品牌的中高档终端消费品。到2020年，纺织产业开票销售突破800亿元。

（3）化工产业。重点推进化工产业产品高端化、装备现代化、工艺清洁化、控制自动化、资源循环化发展。积极发展化工新材料、高端石化项目，严控新上化工中间体项目。鼓励发展医药原料药及成品药，加快基因工程药物、抗体药物、生物医药新品研制及产业化。到2020年，化工产业开票销售突破1000亿元。

第六，加快发展现代服务业。到2020年，服务业增加值占地区生产总值比重达到45.5%，建成全省重要的服务外包基地、东部沿海商贸物流中心城市，推动生产性服务业向价值链高端延伸。

（1）现代物流业。按照"依托产业链、优化供应链、提升价值链"的总体思路，大力发展港口物流、城市配送物流和专业物流，完善农村物流服务体系，加快发展第三方、第四方物流，全力提升物流业现代化水平。到 2020 年，物流业增加值达到 560 亿元以上，建成苏北地区重要的物流基地和江苏沿海主要商品出口通道。

（2）金融服务业。加大金融主体引培力度，做大、做强地方法人金融机构，加快培育金融业务中心、研发中心、区域性总部等各类金融机构，大力发展会计师事务所、律师事务所、评估机构等金融市场中介服务平台，努力实现外资银行零的突破。到 2020 年，全市新增社会融资总量 5000 亿元，新增上市企业 5 家以上、新三板挂牌 50 家以上。

（3）商务服务业。积极培育总部经济，着力引进企业管理中心、研发中心、采购中心、物流中心、投资中心和营销中心等职能性总部。到 2020 年，商务服务业增加值达到 120 亿元以上，年均增长为 15% 左右。

（4）软件和信息服务业。积极探索发展新模式，大力发展基于大数据、云计算、物联网、新一代移动互联技术的信息服务业，加快电子政务、数字媒体等软件开发应用，建设软件与信息服务外包基地。到 2020 年，全市软件和信息服务业主营业务收入力争突破 450 亿元，年均增长 35% 以上。

（5）科技服务业。大力发展科技金融、创业孵化、成果转化、检验检测、评估咨询、技术服务等科技服务业。到 2020 年，科技服务业总收入突破 100 亿元，年均增长 30% 以上。

第七，大力发展旅游业。加快重点景区建设，推动中华麋鹿园、丹顶鹤湿地生态旅游区、大丰港蓝色旅游度假区、滨海港生态旅游度假区、大纵湖、金沙湖、九龙口、黄海森林公园、大洋湾、西溪景区、荷兰花海、射阳岛和古云梯关等重点景区提档升级，争创国家 5A 级旅游景区、国家旅游度假区和国家生态旅游示范区，积极申报世界自然遗产，打造世界生态旅游大会永久会址。提升旅游服务水平，完善旅游基础设施，打造盐城旅游特色精品线路。创新旅游营销方式，加大国际、国内旅游宣传推广力度，打响"盐城，一个让人打开心扉的地方"城市旅游品牌。到 2020 年，全市旅游总人数达到 4500 万人次，总收入达到 585 亿元。

第八，提高服务业集聚发展水平。坚持规模扩张与质态提升并重，积极推进盐城智慧科技城、国际汽车试验服务中心、现代物流园区等重点服务业集聚区发展，做大规模，增强功能，形成特色，推进服务产业集聚、服务企业集中和服务功能集成，全面提升现代服务业集聚区发展层次和水平，把服务业集聚区建设成为服务经济发展的承载区、服务业创新发展的先导区、服务业集聚发展的主体区、现代产业融合发展的示范区、创业就业的承载高地。到 2020 年，建成省级现代服务业集聚区的有 10 家，市级以上现代服务业集聚区有 50 家，营业收入超百亿元的集聚区有 5 家、超 30 亿元的有 15 家。

综上所述，近年来盐城始终坚持抓重点、促转型、补短板、强动力，着力构建以绿色低碳产业、信息技术产业、海洋新兴产业等战略性新兴产业为先导引领，先进制造业和生产性服务业"双轮驱动"为主干支撑，高效特色农业为基础保障的现代产业体系。下一步，盐城将围绕汽车、新能源、电子信息产业，继续加强关键技术研发、加快重点产品突破、壮大产业发展规模，切实提高主导产业产值在全市的比重，形成示范、带动作用。围绕全产业链强链补链，积极招引龙头企业和旗舰型项目，力争更多重大产业项目列入省重大项目投资计划。加快设立中国盐城（上海）国际科创中心，引导企业加大研发投入并引入稀缺性高端人才，为产业发展提供科技支撑。利用中韩产业园平台优势，全力打造中韩地方经济合作和高端产业合作的新高地；利用沪苏产业联动集聚区"飞地"优势，打造北上海临港生态智造城；利用滨海新区空间优势，打造国家河海联动开发示范区，持续增强全市产业竞争力，为"强富美高"新盐城建设取得新成就做出更大贡献。

（四）连云港产业对金融的需求状况

1. 连云港经济总量不断扩大

2018 年，全市实现地区生产总值 2771.70 亿元，比 2017 年增加 131.39 亿元，增长 4.7%。其中，第一产业增加值 325.57 亿元，增长 2.6%；第二产业增加值 1207.39 亿元，增长 1.9%；第三产业增加值 1238.74 亿元，增长 8.2%。人均地区生产总值 61332 元，增长 4.5%。

2. 产业格局

"十二五"以来，连云港战略性新兴产业规模不断扩大，实力和水平得到显著提升，生物技术和新医药、新材料、新能源等产业竞争力居全国前列，节能环保、高端装备制造、新一代信息技术、海洋等产业发展势头良好。到 2020 年，战略性新兴产业将成为国民经济和社会发展的重要先导和支柱力量。

产业格局分布情况见图 5-19。

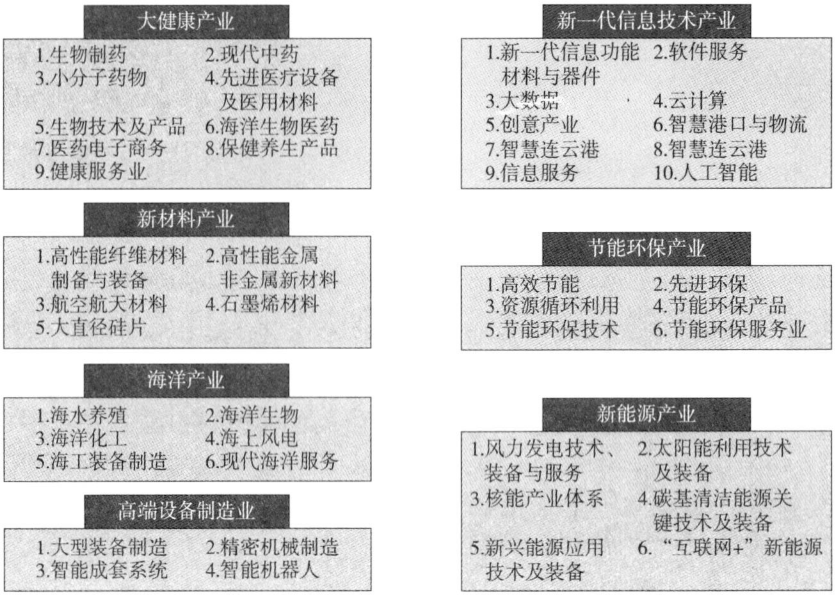

大健康产业	
1.生物制药	2.现代中药
3.小分子药物	4.先进医疗设备及医用材料
5.生物技术及产品	6.海洋生物医药
7.医药电子商务	8.保健养生产品
9.健康服务业	

图 5-19　产业格局分布

3. 产业结构

连云港市 2018 年实现生产总值 2771.7 亿元，同比增长 4.7%。其中，第一产业实现增加值 325.57 亿元，增长 2.6%；第二产业实现增加值 1207.39 亿元，增长 1.9%；第三产业实现增加值 1238.74 亿元，增长 8.2%。第一产业占比逐渐下降，第三产业占比平稳上升，产业结构逐步调优调高。[①]

连云港经济技术开发区位于连云港市东部城区，是 1984 年 12 月经国务院批准设立的首批国家级开发区，规划管理面积 126 平方公里。区内有国家级出口加工区、国家级新医药产业基地、新材料产业国家高技术产业基地、省级国际服务外包示范区、省级高性能纤维检验中心，还有留学生创业园、软件园等科技创新载体，具有承接各类项目的一流平台。

连云港开发区具备建设石化、冶金、装备制造等现代临港工业基地和新医药、新材料、新能源、新型装备制造"四新"产业集聚的得天独厚条件。开发区区位交通优越，物流便捷通畅，发展空间广阔，潜力无限。开发区毗邻国家主枢纽港连云港，距 4D 级连云港民航机场仅 20 公里，陇海铁路、连盐铁路穿区而过，对外公路交通已全面实现高速化。区内拥有大量可直接用于项目建设的转产盐田。连云港经济技术开发区立足资源禀赋、产业基础，重点发展生命健康、先进材料、临港装备制造这三大主导产业，加快项目集群集聚。目前，区内已集聚中国建材

---

① 参见：http://www.lyg.gov.cn/zglygzfmhwz/sjdt1/content/fd18b205-e73c-431f-aad3-1a5667864141.htm。

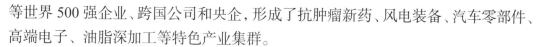

等世界 500 强企业、跨国公司和央企,形成了抗肿瘤新药、风电装备、汽车零部件、高端电子、油脂深加工等特色产业集群。

（1）新医药产业。

以打造"中国健康港"为目标,重点突破新医药、医疗器械、保健品三大板块,同时发展医药包装、药用辅料、制药装备三大配套产业。其中,新医药板块优先发展化学创新药、生物医药、中成药;医疗器械板块优先发展体外诊断试剂,同时兼顾医用耗材、康复医疗器械、消毒灭菌器械。

（2）新材料产业园。

重点发展高性能纤维及复合材料、高性能膜和电子信息材料三个方向的国内先进材料研发、生产和下游应用。其中,高性能纤维优先发展碳纤维、聚酰亚胺纤维、高强高模聚乙烯纤维。

（3）临港装备。

重点发展海工装备、风电装备、光伏装备、动力电池及储能装备、新能源交通装备等产业,联动发展仓储物流装备、船舶配套、岸电系统、船舶工业机器人等产业,致力打造江苏沿海临港装备制造业集聚区（见表 5-21）。

表 5-21　连云港的省级开发区一览表

序号	园区名称	成立时间	占地面积（平方公里）	主导产业
1	江苏赣榆经济开发区	1993 年 12 月	15	制管、服装纺织、鞋帽玩具、电子机械、医药化工、农产品加工等
2	江苏东海经济开发区	1995 年	30	硅资源加工业、新材料、轻纺业、电子信息、高新技术产业、农副产品深加工
3	江苏灌云经济开发区	2003 年 8 月	40	机械制造、汽车配件、金属制造、轻工纺织、新医药和科技研发等
4	江苏海州经济开发区	1992 年	12	新装备制造、新医药、新材料、新能源
5	江苏连云经济开发区	1992 年 6 月	35	盐化、金属材料、现代物流、高新科技

出口加工区具有保税加工、保税物流、售后维修、跨境电商、检测和研发六大功能。

（五）徐州产业对金融的需求状况

1. 徐州经济发展总体良好

2018 年,全市实现地区生产总值（GDP）6755.23 亿元,按可比价计算,比上年增长 4.2%。其中，第一产业增加值 631.39 亿元，增长 2.4%；第二产业增加值 2812.02 亿元，增长 1.5%；第三产业增加值 3311.82 亿元，增长 7.0%。全市人均地区生产总值 76915 元，比上年增长 3.7%。全社会劳动生产率持续提高，全年平均每位从业人员创造的增加值达 139961 元，比上年增加 3206 元。[①]

与 2017 年 8.4% 的增速相比，徐州经济增速放缓。原因是近年来为了环境保护与可持续发展，徐州大面积关停一批钢铁、焦化、水泥、煤电等重污染企业，还有很多工地、工厂一度停工，进行整改。而被涉及的这些行业，曾是徐州经济的发展命脉。目前，徐州电子产业、智能制造、新能源、医药健康等产业正在发展。

2. 产业格局

徐州市为典型的资源型及老工业城市，肩负转型和振兴的双重任务。作为全国重要的老工业基地，国家新型工业化装备制造产业示范基地、国家新能源产业基地，工业门类齐全、产业基础雄厚，工业总产值超 1.2 万亿元，装备制造、食品、物流等产业规模均超千亿元。近年来，以创新驱动，加快产业转型步伐，2017 年，徐州市实现地区生产总值 6605.95 亿元，同比增长 7.7%，增速快于全国 0.8 个百分点、全省 0.5 个百分点，高新技术产业产值占 GDP 比重达 36%。新增国家高新技术企业 140 家、国家级科技孵化器 2 家、省级以上研发机构 33 家。[②]

支柱产业和支撑产业情况见图 5-20。

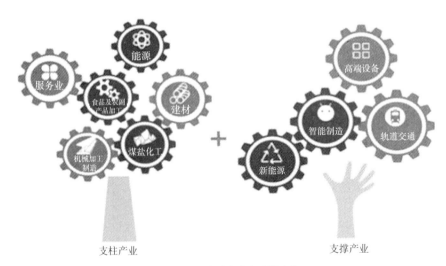

图 5-20　支柱产业和支撑产业

---

① 参见：http：//www.86hh.com/finance/zixun/2019-03-27/434537.html。

② 参见：http：//finance.china.com.cn/news/20190715/5029582.shtml。

徐州拥有 1 个国家级经济开发区——徐州经济技术开发区，一个国家级高新区——徐州国家高新技术产业开发区。2018 年 5 月 10 日，商务部对外发布了其对国内 219 家国家级经济技术开发区综合发展水平的考核评价结果。徐州经济技术开发区入围国家级经开区综合排名 30 强，在全国位居第 25。江苏省共有 7 家经开区入围 30 强，徐州经开区位居第 5。科技部火炬高技术产业开发中心通报了 2016 年度国家高新区评价结果，在全国 147 家国家级高新区中，徐州国家高新技术产业开发区综合排名第 51 位，较 2015 年度提升 5 个位次（见表 5-22）。

表 5-22　徐州的国家级开发区一览表

序号	园区名称	位置	成立时间	主导产业
1	徐州经济技术开发区	鼓楼区	1992 年	新能源车辆、智能制造机器人、生物制药及医疗器械、新型照明产业研发制造、新型家电及通信五个新兴产业
2	徐州国家高新技术产业开发区	铜山区	1992 年	新材料、新医药、ICT 等战略性新兴产业

徐州经济技术开发区创建于 1992 年 7 月，2010 年 3 月晋升为国家级经济技术开发区，辖徐庄镇及大庙、大黄山、东环、金山桥、金龙湖五个街道办事处，总面积 293.6 平方公里，常住人口 32 万人，是中国工程机械之都核心区、国家新型工业化高端装备制造产业示范基地、国家火炬计划新能源特色产业基地、全国知名品牌创建示范区、国家知识产权试点园区、国家生态工业示范园区、海外人才中国创业示范基地，综合经济实力居全省参评的 110 家开发区第 7 位。

徐州经济技术开发区始终把招商引资和项目建设作为高质量发展的第一路径、工作考核的第一权重、锤炼干部的第一阵地，确立 "4+2" 产业发展方向，精心布局 "6+5" 协同出击的招商体系，全力推进 "1090" 重大产业项目，深圳正威金属新材料、台湾正崴高端手机供应链、协鑫大晶圆、中建材薄膜电池等一批基地型项目签约落地，中科曙光先进计算中心、智慧城市体验馆、盒子科技、上海维音、溢美金融等项目建成运营，形成项目密集签约、密集落地、密集开工的强劲态势。

2017 年，徐州经济技术开发区完成一般公共预算收入 41.4 亿元，增长 20.8%；固定资产投资 512.2 亿元，增长 12.6%；完成实际到账注册外资 6.16 亿美元，增长 37.4%；自营进出口总额 188.8 亿元，增长 23.8%；重点经济指标走在了全市前列。开发区拥有各类企业 3176 家，其中外资企业 151 家。美国卡特彼勒、德国蒂森克虏伯和利勃海尔、法国圣戈班以及香港协鑫、徐工集团等一批世界 500 强企业和跨国公司在徐州经济技术开发区投资建厂。

徐州高新技术产业开发区原是创建于 1992 年 6 月的铜山经济开发区，1993 年被江苏省政府批准为省级开发区。2012 年 8 月 19 日，国务院正式批准徐州国家高新技术产业开发区升级为国家级高新技术产业开发区，成为苏北首家国家级高新技术产业开发区。高新区坐落于徐州主城区南部，目前下辖 2 个办事处、2 个乡镇，管辖面积 200 平方公里。其先后被授予国家火炬安全技术与装备特色产业基地、国家安全产业创新示范园区、省级生态工业园区、省级科技金融合作创新示范区等称号。

徐州高新区坚持"工业立区、产业强区"的发展理念，以创新驱动为引领，聚力创新、聚焦产业，形成了以安全科技产业为特色，以智能装备、电子信息、汽车及核心零部件为主导，ICT、新材料、新医药、新能源为重点培育方向，按照有方向、不设限的原则，寻觅新经济产业、捕捉"独角兽"企业的 134N 现代产业体系。园区入驻企业 2000 多家，其中规模企业 387 家。

徐州高新区以国家创新型特色园区建设为引领，大力实施创新驱动战略，积极搭建创新平台，先后建设了徐州产业技术研究院、徐州科技创新谷、徐州国家安全科技产业园、淮海科技创新研究院、矿山安全物联网等 8 个功能性平台，构建了"一院一谷五园五区"的专业园区框架，建设各类企业研发中心 282 个；获批国家级科技企业孵化器 1 个，国家级特色产业基地 1 个、国家级示范园区 1 个。

徐州省级开发区有 7 个，分别是江苏铜山经济开发区、江苏沛县经济开发区、江苏丰县经济开发区、江苏邳州经济开发区、江苏新沂经济开发区、江苏睢宁经济开发区、江苏徐州工业园区（见表 5-23）。

表 5-23　徐州的省级开发区一览表

序号	园区名称	位置	成立时间	主导产业
1	江苏铜山经济开发区	铜山区利国镇	2016 年 6 月	采矿、炼铁、炼钢、轧材、铸造、资源综合利用、建材、工程机械零配件
2	江苏沛县经济开发区	沛县	2006 年 10 月	煤化工产业、盐化工产业、铝加工产业、农副产品加工产业、纺织服装产业、城市发展产业

续表

序号	园区名称	位置	成立时间	主导产业
3	江苏丰县经济开发区	丰县	1995 年	电动三轮车产业、煤盐化工产业、机械铸造产业、农副产品深加工产业
4	江苏邳州经济开发区	邳州	2001 年	煤化工产业、电子化学品产业、高端装备制造及新兴产业等
5	江苏新沂经济开发区	新沂	2003 年	精细化工、纺织服装、机械制造、绿色食品、资源加工五大产业
6	江苏睢宁经济开发区	睢宁	2006 年 4 月	家电、皮革皮具、纺织服装、电子机械
7	江苏徐州工业园区	贾汪区	2001 年 11 月	工程机械、矿山机械、农用机械产业、精细化工产业、新能源产业、新医药产业

3. 产业结构

2017 年，徐州市三次产业增加值比例为 9.1：43.6：47.3。[①] 从近 7 年的走势来看，第一产业占比基本稳定，第三产业占比平稳上升，结构不断优化，实现了由二三一到三二一的历史性跨越（见图 5-21）。

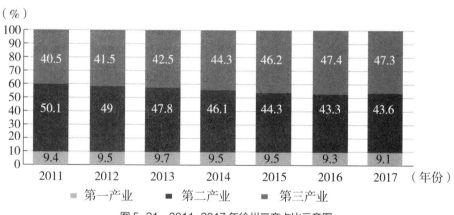

图 5-21　2011~2017 年徐州三产占比示意图

2016 年，徐州市政府关于印发《徐州市国民经济和社会发展第十三个五年规划纲要》的通知，指出徐州市实施产业强市战略，推动经济转型升级需要从六大方面进行（见图 5-22）。

---

① 参见：http：//www.sohu.com/a/348530135_716044。

推动制造业迈向中高端	1.改造提升传统产业；2.积极发展智能制造； 3.打造制造业产业集群；4.提升企业综合竞争力
培育壮大战略性新兴产业	优先发展新能源、高端装备两大优势产业
加快现代服务业扩容提质	1.突出发展生产性服务业；2.加快提升生活性服务业； 3.高水平建设现代服务业集聚区
推进农业现代化建设	1.构建现代农业产业体系；2.培育新型农业经营主体； 3.推进农村一二三产业融合发展；4.强化农业发展支撑保障
着力培育发展新动能	1.释放新需求创造新供给；2.推动"互联网+"向各行业渗透； 3.加快互联网载体平台建设；4.推进军民融合发展
强化现代基础设施支撑	1.提升国家综合交通枢纽地位；2.完善安全可靠的水利水务设施； 3.构建清洁低碳安全的能源保障体系；4.推进军民融合发展

图 5-22　徐州建立产业强市及推动经济转型的六大方式

第一，推动制造业迈向中高端。改造提升传统产业，落实《加大技术改造推进制造业向中高端迈进的意见》，推动装备制造、食品及农副产品加工、能源、煤盐化工、冶金和建材等传统行业向高端化、品牌化发展。"十三五"期间，工业投资年均增速保持在 8.5% 以上。

积极发展智能制造。制定实施《中国制造 2025 徐州行动纲要》，推进"两化"深度融合，制定实施制造业技术装备升级计划，推进制造业装备由机械化向数字化、智能化提升。到 2020 年，两化融合发展水平总指数达到 85，两化融合示范试点企业超过 300 家。

打造制造业产业集群。改造提升现有制造业集聚区，推动产业集聚向产业集群转型升级，建设一批工程机械、光伏光电等特色和优势突出、产业链协同高效、核心竞争力强、公共服务体系健全的新型工业化示范基地。

提升企业综合竞争力。强化企业市场主体地位，支持企业国际化发展，推动工程机械、能源等重点领域企业战略合作和跨行业、跨区域兼并重组，提高规模化、集约化经营水平，培育一批核心竞争力强的企业集团。

第二，培育壮大战略性新兴产业。坚持以增量优化带动存量调整，制定实施《徐州市战略性新兴产业发展规划》和推进方案。推动战略性新兴产业在空间、资源、人才等方面的有效集聚，优先发展新能源、高端装备两大优势产业，提升发展新材料、生物医药、物联网和安全产业等特色产业，培育发展节能环保、大数据、新能源汽车等新的增长点。重点建设徐州经济技术开发区新能源、高端装备、新能源汽车和新材料，徐州高新技术产业开发区物联网和安全产业，邳州开发区电子新材料，新沂开发区高分子及硅材料等特色新兴产业基地；加快引进培育一批产业带动作用大的行业龙头企业和创新活力强的中小企业，推进产业规模和层次双提升。抢抓国家开展互联网试点城市、新能源汽车推广应用城市、智能制造试点城市等机遇，启动新技术、新产品推广示范。

第三，加快现代服务业扩容提质。突出发展生产性服务业。重点发展科技服务、金融服务、现代物流、商务服务四大行业，推动信息技术、服务外包、人力资源服务、节能环保等领域和行业跨越发展，统筹推进检验检测、售后服务等细分领域培育壮大。"十三五"期间，生产性服务业增幅高于服务业0.5个百分点，培育形成营业收入超50亿元的生产性服务业企业10家，打造一批省级制造业服务化示范企业和示范项目。

加快提升生活性服务业。制定实施《徐州市加快发展生活性服务业实施方案》，积极培育生活性服务新业态新模式，推动生活消费方式由生存型、传统型、物质型向发展型、现代型、服务型转变，全面提升生活性服务业质量和效益。推动生活性服务业便利化、精细化、品质化发展，加快发展居家、健康、养老、旅游、体育、文化、法律、批发零售、住宿餐饮、教育培训等服务。

高水平建设现代服务业集聚区。高水平建设高铁生态商务区、中心商圈、新城区金融集聚区等现代服务业集聚区，规划建设高铁、电商快递等物流园区，推进云龙山文化休闲街区、江苏师大创意产业园等文化产业集聚区建设，创新集聚区运营模式，提升效率效益和管理水平。到2020年，培育50个市级现代服务业集聚区，生产性服务业营业收入超100亿元集聚区达5个。

第四，推进农业现代化建设，构建现代农业产业体系。按照高产、优质、高效、生态、安全的要求，加快推进农业结构优化，形成具有徐州特色的现代农业产业体系。到2020年，高标准农田面积占耕地面积比重达到60%，加强粮食仓储物流市场体系建设，提高粮食收储保障安全水平，建成百亿斤粮食产量大市。实施2020工程，建设优质粮食、林果产业、设施农业、健康畜禽、农业产业化5大中心，实施设施农业上山工程。加强农产品出口基地建设，大力发展外向型农业。到2020年，农业现代化发展水平居全省领先地位。

培育新型农业经营主体。继续稳定农村土地承包关系，完善土地所有权、承包权、经营权管理办法，依法推进土地经营权流转，推动多种形式的适度规模经营，构建新型农业经营体系。大力发展家庭农场和专业合作社，发展多种形式的农田托管经营，支持土地向专业大户、家庭农场集中，鼓励专业大户向家庭农场转型。到 2020 年，全市培育年产值 3 亿元以上的农业龙头企业 50 个。

推进农村第一、第二、第三产业融合发展。推进农业全产业链标准化、品牌化建设，增厚农业价值链，延长农民收入链。推进农业与先进制造业、现代服务业交叉融合，拓展农业多种功能，推动农业生产、生活和生态功能综合开发。推进休闲农业与现代农业、美丽乡村、生态文明以及文化创意产业融合发展，加快发展特色旅游观光农业和都市型休闲观光农业，打造一批休闲观光农业基地。到 2020 年，农村产业融合发展总体水平明显提升，产业链条完整、功能多样、业态丰富、利益联结紧密、产城融合更加协调的新格局基本形成。

强化农业发展支撑保障。加快农业技术创新步伐，注重现代装备武装农业、现代科技提升农业、现代经营方式推进农业。提高农业装备技术水平，推进农机农艺配套，扩大农产品机械应用，推动农机由普及向提升水平转变。加大农业科技人才的引进和培育力度，健全农业社会化服务和农技推广服务体系，探索创新"专业化服务公司＋合作社＋专业大户"等社会化服务模式，开展农业生产全程社会化服务试点，推广现代农业重大技术，实施强农富民、农业科技入户工程和农业信息服务全覆盖工程，到 2020 年，农业信息化覆盖率提高到 65% 以上。健全农业气象服务和农村气象灾害防御体系。

第五，着力培育发展新动能。释放新需求创造新供给。牢牢把握扩大内需的战略基点和产业发展方向，坚持扩大内需和稳定外需并重，促进消费升级、投资增效、供给创新。大力发展消费经济，落实和创新鼓励消费的各项政策，全面改善消费环境，创新消费模式和产品业态，加快推动服务、信息、绿色、时尚、品质、农村等重点领域消费升级和制度创新，积极发展网络购物等与消费相关的新型消费业态，加强市场监督管理，切实维护消费者权益。到 2020 年，消费对经济增长的贡献达到 60%。

推动"互联网＋"向各行业渗透。丰富拓展智慧徐州建设内涵，深入实施"互联网＋"行动计划，努力建设国家信息消费试点城市、智慧城市和电子商务示范城市，形成信息化与经济社会各方面深度融合的发展态势。全面落实《"智慧徐州"总体规划》，构筑"一枢纽、三中心"新格局，建设"智慧徐州"枢纽、创新打造产业集聚中心、协同推进高效运行中心、融合构筑公共服务中心。

加快互联网载体平台建设。推动电商平台建设，大力发展品牌经济，壮大平台经济规模。加快制定促进电子商务发展规划、政策及标准，建设一批综合类、商品销售类、消费服务业类和跨境贸易类电商平台，推广以沙集模式为特色的农村电子商务，优化农村物流快递配送体系，实现线上线下融合发展。加快推进各地区、各行业、各领域大数据资源的融合发展，支持徐工、协鑫、恩华发展工程机械"车联网"、光伏"云计算"、医疗"移动互联"，促进大数据产业向规模化、产业化迈进。到 2020 年，规模以上平台企业营业收入年均增长 20% 以上，打造千亿级平台经济。

推进军民融合发展。深度对接国家军民融合发展战略，依托能源、装备等产业基础，找准与国防建设的共振点，发挥全国双拥模范城市优势，创新基础设施军地合建共用新机制，大力发展军民两用产业，引导"军转民"和"民参军"，提高服务经济社会发展和国防军队建设保障能力。支持徐工集团建设军民融合产业示范基地、国家级工程机械装备动员中心，鼓励恩华药业等企业开展军地科技交流合作，引导驻徐空军学院、工程兵指挥学院与徐州市高校交流协作，为军地培养急需高层次人才，加强科技、教育、文化等双向合作交流，探索军地合作新模式，创建全国军民融合深度发展示范区。

第六，强化现代基础设施支撑。提升国家综合交通枢纽地位。围绕构建新亚欧大陆桥沿线高速铁路枢纽，重点推进徐宿淮盐、郑徐客专、徐连客专、合青（徐州段）建设，争取规划建设徐济、徐菏城际轨道交通和睢宁货运铁路，实施符夹铁路扩能改造、新长铁路复线改造等工程，高水平打造徐州高铁东站等高速铁路站点，支持顺堤河、双楼港、邳州新港等疏港铁路专用线建设，形成国铁干线网络和城际铁路交通体系。

完善安全可靠的水利水务设施。巩固和完善水资源保障体系，推进南水北调后续工程规划与建设，实施郑集河输水扩大工程等骨干输水工程，提升区域水资源配置水平。全面实施城乡区域供水工程，完成骆马湖水源地及第二地面水厂等工程建设。

构建清洁低碳安全的能源保障体系。在保障能源供给安全的基础上，推动能源生产和消费战略性调整。稳定煤炭生产能力，扩大天然气等清洁能源供应规模，大力提升太阳能、生物质能等可再生能源的开发利用规模，加快构建主体多元、多层互补能源储备体系，到 2020 年，全市电力装机规模争达 1400 万千瓦，各类能源资源供应能力和质量实现双提升。加快转变能源发展方式，推动分布式能源利用，在持续控制煤炭生产消费总量的同时，继续扩大天然气等清洁能源利用规模，深入推进节能减排改造升级，全面提升能源利用效率，推动清洁高效、低碳优质能源成为增量能源的供应主体。到 2020 年，非化石能源消费比重达到 7% 左右。

　　综上所述，徐州将坚持调高调轻调优调强调绿基本导向，推进产业高端化、智能化和服务化发展，坚持新型工业化第一方略，推动先进制造业和现代服务业成为现代产业体系主干部分，加快农业现代化步伐，培育经济发展新动能，推进"智慧徐州"建设，强化基础设施支撑，形成技术先进、协调融合、优质高效、绿色低碳的现代产业新体系。到 2020 年，徐州地区生产总值达到 8000 亿元（2015 年价，下同）左右、年均增长 8.5% 左右；人均 GDP 达到 9.5 万元左右；以先进制造业和现代服务业为主干的现代产业体系基本形成，高新技术产业产值占比提升到 40%，服务业增加值占比达到 50% 左右；加快建设创新型城市，大众创业、万众创新体制机制更加健全，科技进步贡献率达到 60% 左右；信息化水平达到 88%；居民人均收入达到 31000 元，基本消除绝对贫困。城镇调查失业率控制在 5% 以内；城乡基本社会保险覆盖率达到 98%；人民群众安全感持续提升，公共安全感指数达 95%；城市空间全面优化，常住人口城镇化率提高到 68% 左右，"六个城乡一体化"体系更加健全，改善生态面貌，完善体制机制，全面建设新徐州。

第六章

江苏产业需求金融配套可以借鉴的外部经验

第五章是从江苏省宏观层面和中观层面两个角度来分析江苏产业发展对产业金融的需求。后面的任务应该是设计江苏产业金融发展路径，而他山之石可以攻玉，在设计江苏产业金融发展路径前，有必要介绍其他省市产业金融的发展状况，并总结成功的经验，吸取失败的教训，从而避免走不必要的弯路。因此，第六章对第五章和第七章起着承上启下的作用。第六章通过对"浙江互联网产业金融、深圳高新产业金融、佛山特色产业金融"的形成路径、聚集模式进行分析，总结已有产业金融服务的形成模式并对不同模式进行比较分析，其目的是给江苏发展产业金融提供借鉴。

第一节　经验借鉴1：浙江互联网产业金融的因素

互联网产业金融是互联网金融回归本质和产业发展必然的大势。对于浙江来说，发展互联网产业金融拥有众多的利好因素，但同样也将面临不少问题。浙江的互联网产业发展、实体经济结构、民间借贷的基础、中国制造2025等，都是浙江发展互联网产业金融的有利因素。

一、浙江互联网产业的雄厚基础

消费互联网的巨头之一阿里巴巴就在浙江，互联网金融的创新首发在浙江。"互联网＋"战略已经成为浙江发展的核心战略。在2016年浙江省发布的《关于印发浙江省"互联网＋"行动计划的通知》中提出，到2017年应重点在"互联网＋"创业创新、产业融合、益民服务、治理体系现代化、关键技术研发和基础设施建设等领域实现重大突破，进一步提升中小企业互联网使用率和电子商务的全球影响力，力争在智慧物流、云计算、大数据、互联网金融创新和电子政务等领域成为全国"互联网＋"先行示范区。到 2020 年，力争成为具有全球影响力的互联网技术与应用中心。浙江必然已经在消费互联网发展中取得了先机，必然不会错过产业互联网的发展大势。

二、浙江实体经济结构的优势基础

民营中小企业是浙江经济结构的支柱，是中国民营中小企业最活跃的省份之一，具有"轻、小、集、加、贸"的特点。在 2008 年金融危机之后，伴随着全球贸易的衰退，浙江的中小企业均受到了前所未有的挑战，温州、宁波等地的外向型加工经济遭遇的困境尤其明显。发挥互联网金融对中小企业的支持作用加速产融结合，对于浙江中小企业的复苏具有重要作用；在 2016 年中国民间固定投资增速断崖式下跌的情况下，发展互联网产业金融，盘活浙江中小企业优质资产，意义非凡。在整体结构之外，浙江汽车产业、文创产业这两大朝阳产业的发展现状，同样是互联网产业金融发展的利好因素，作为仅次于京沪广的汽车产业大省、文创产业大省，积极发展互联网金融与汽车产业、文创产业的融合，具有广阔的市场前景。

三、浙江民间借贷活跃的利好因素

浙江中小企业的发展强盛，使浙江民间投资借贷同样非常活跃。浙江老百姓具有相对敏锐的投资与风险意识，并愿意将资金投向实体产业。从互联网金融的发展就可以发现,浙江无论是在发展规模还是发展稳定性上,均有突出表现。未来，进一步引导民间投资资金向中小企业配置，推动产融结合，促进互联网产业金融发展。

四、宁波成为首个中国制造 2025 试点示范城市

中国制造 2025 是中国制造业发展的十年纲领，是建立中国制造业的全新产业体系。产业互联网发展的其中一项，就是推动"互联网＋"制造业的发展，而制造业发展离不开金融的支持；互联网金融的发展，与实体制造产业的结合，对以中小微企业为主体的宁波制造业发展来说，也将成为一项产融结合的利好因素。

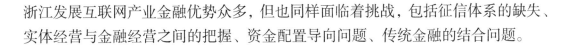

浙江发展互联网产业金融优势众多，但也同样面临着挑战，包括征信体系的缺失、实体经营与金融经营之间的把握、资金配置导向问题、传统金融的结合问题。

（一）征信体系缺失问题

互联网金融风险高企，其本质就在于互联网金融企业整体征信体系的缺失，基于互联网大数据的结构性发展还不够完善，最终导致互联网金融企业走上"影子银行"的路子，远离对实体产业的发展与把控以及数据收集。互联网金融尤其是网贷平台，作为定位明确的信息中介，在整体征信缺失、无法接入国家整体系统的情况下，如何加强自身产业把控力，提升对产业实体（中小企业）的风险管控，是考验互联网产业金融最终能否走出新境界的关键。

（二）实体与金融的间隔

金融下沉实业、产融结合、革新资金供给侧现状是金融创新与改革一直寻求的最终目标。但是，金融、实体产业毕竟属于两个不同的体系，金融下沉实业不意味着金融与实体经济的混杂发展，金融产业与实体产业拥有自己的发展周期，必须尊重彼此不同的运营体系，对于互联网产业金融而言，尤其是对于混业经营的企业而言，做好实体产业与金融产业的防火墙，规避自融等潜在风险，是对下一阶段互联网产业金融创新者的一大考验。

（三）资金配置的导向力

传统金融尤其是银行的僵化，原因在于新的经济形势下，从计划经济时代走来的金融体系，在长期缺少挑战的环境下，资金配置能力弱化，无法有效形成对产业的有效资金配置，逐利的本质导致资金大量流向房地产、基建、国有大型企业等。互联网产业金融的发展，互联网金融如何支持实体产业面临的最大问题，就是如何发挥资金的配置力，让民间资金再次回到固定资产投资而非投机的领域，向高新科技、朝阳产业等方向有效配置。

（四）传统金融的结合问题

互联网金融不是传统金融的颠覆者，而是补充者。这一定位需要重新明确，而就目前发展形势而言，基于各自的利益关系，导致传统金融机构对互联网金融保持戒心、抵触、抹杀的意识，后续如何有效为传统金融与互联网金融创造结合点，是互联网产业金融能否加入金融对实体产业资金配置责任的挑战。

第二节　经验借鉴2：广东尤其是深圳的产业金融发展经验

作为成长中的区域金融中心，广州和深圳有效利用自身优势，集聚大量优质金融资源，发展多层次、实力强的金融机构体系，但是如今金融市场竞争激烈，城市间的金融机构竞争激烈，目前形势下的城乡金融发展需要积极创新、加强政策扶持力度、实现金融发展城乡一体化，根据城乡区域的现实状况来制定发展策略，无论是宏观调控还是策略操作，都需要共同努力，才能更好地平衡广东整体金融发展。

广州深圳产业金融发展特点：广东省的金融发展，主要以构建广州与深圳两大一线城市的科学金融发展体系，来带动整体的金融发展水平，其发展特点包括金融组织形式的多样化、金融服务对象的普惠化、金融发展动力的协同化、金融合作的多元化等，积极鼓励金融市场进行自我创新，提高金融市场的整体丰富性。广州在金融机构创新、金融业务创新、金融产品创新、金融政策创新以及金融监管创新方面取得了全国一百多项"第一"，是中国毋庸置疑的金融创新中心；深圳金融中心拥有包括股票市场、债券市场、银行间货币市场等十多个金融市场，已经形成了多层次金融市场体系，深圳利用自身优势，大力发展多层次金融市场体系。

广深区域金融发展现状：广州、深圳两座城市位于珠三角地区，并且两座城市的地理位置相对较近，广东省就相关发展文件提出将广州和深圳两座城市建设为珠三角地区的区域金融中心，两个城市由原本的相互争夺金融资源和市场，转变为相互合作，发挥各自金融市场的特点与优势，合理分工，打造珠三角金融联动体系，为珠三角地区的经济发展带来帮助。广州根据自身省会城市的特点，主要以地方地域性金融总部的进程来发展，银行大区分行以及大量商业银行的总部均在广州，包括证监会、保监会等政府金融监督机构也在广州有其分支机构，因此目前广州是作为珠三角地区金融总部的位置存在。而深圳作为创业创新城市的代表，根据其自身市场优势，可以大力发展全面的体系化金融市场，从一个小渔村发展成如今的国际大都市，深圳的创新能力与发展潜力毋庸置疑，从单一的信用贷款金融市场状态，转变为以创新化金融市场，再转变为综合化的金融市场，深圳拥有全国最多的私募基金管理公司，拥有大量的创业创新园区，是安全高效的创业中心。创业往往离不开金融服务的支持，因此与广东不同的是，深圳作为大量提供和消化金融产品的区域，为更多的人带来了实现创新想法的机会，也为整个珠三角地区的金融分工和发展提供了大量帮助。

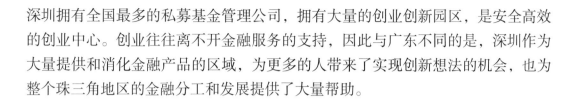

第三节　经验借鉴3：佛山市战略性新兴产业金融支持现状与问题

战略性新兴产业的培育和发展需要长期、持续的资金投入。目前，佛山市政府在战略性新兴产业发展上出台了一系列扶持政策并取得了一定成效。2010 年 6 月出台的《佛山市战略性新兴产业扶持办法》大力支持了战略性新兴产业的发展。自 2010 年起，佛山市财政连续三年每年安排 1 亿元专项资金，用于支持当年符合条件的相关项目，用于战略性新兴产业关键技术领域的研发。在融资方面，佛山市积极推动战略性新兴产业企业上市，设立专项产业投资基金，解决产业发展中的资金问题。为支持创新平台的建设，当年市政府和所在区政府对经市政府与科研院校签订协议组建的研究院每个给予不低于 100 万元的启动经费；对新认定的国家级企业研究开发中心、国家认定的企业技术中心和国家工程研究中心、国家工程实验室，每个给予不低于 200 万元的支持。此外，广东省政府还设立了 2011~2015 年度战略性新兴产业政银企合作专项资金，5 年安排 50 亿元，以求通过贷款贴息方式，扶持战略性新兴产业的发展。在政府大力的支持下，佛山市战略性新兴产业的融资环境得到了改善。据统计，2010 年，佛山市发放企业技术改造贷款 8383 万元，比上年增长了 1.9 倍，占全年贷款总额的 3.65%。

第四节　江苏可以借鉴的产业金融发展模式总结

国内其他地区开放型经济模式主要有广东东莞模式、厦门模式、宁波模式、温州模式。

一、广东东莞模式

东莞是以侨资经济、私有经济、集体经济和国有经济等混合经济和利用外资形成的较为明显的"进口—加工—出口"的两头在外的加工、开放型经济发展模式的典型代表。这一模式的基本特征就是利用广东对外开放的先发优势和东莞的特殊区位优势以及香港产业升级换代的时机，以"三来一补"的启动大力引进外资经济和利用外资改造传统的老企业，使得东莞的开放型经济获得了大的发展，引进了先进的设备和技术，培训了一大批熟练的工人，改造了传统的老企业，提高了产品的品位，形成了一定的集聚优势和规模优势。

二、厦门模式

厦门重视先期科学的规划布局。在厦门岛内以轻工业、加工工业为主，在厦门岛郊区着重发展建材、技术升级型企业；在远郊区着重发展化工、能源工业；在厦门郊县重点发展与大城市大企业相配套的行业。在布局中还特别注重台商的成片开发布局，这样一个以岛内核心区域为主，逐渐向外辐射的生产力布局，形成了以混合经济和利用台资为主的开放型布局，主次明确地进行"引进—结构优化—出口市场"的多元化发展模式。

三、宁波模式

宁波在开放型经济发展中，充分发挥濒临沿海的区位优势和在海外的"宁波都市圈"优势，制订优惠政策，多渠道吸引外资，以三资企业为龙头，大力发展出口加工工业，利用外资嫁接改造传统的支柱产业，使得宁波具有了出口加工工业发达、传统支柱产业进一步壮大的势头。出口加工工业呈现出的特点是劳动密集型的产业多，经营的集约化程度较高。其产品采用的是出口导向型战略，出口为宁波经济的发展做出了重要的贡献，宁波的开放型经济发展效果明显，已发展成为浙江省开放型经济发展的第二大重要区域。

四、温州模式

温州选择了"走出去"的开放型经济模式，这一模式具有以下特点：以出口为导向，促使外贸快速发展，以向境外投资带动出口，积极开拓国际市场，促进温州的商品出口。传统的温州模式本质上属于"市场解决模式"，"走出去"的开放型经济模式是对传统温州模式的发展和创新，但是单一的"走出去"模式影响了温州的快速发展和对外开放程度。

第七章

与江苏产业配套的产业金融的发展路径

第七章依据江苏省产业金融的战略定位，结合区域位置和区域产业特征，在不同的城市发展不同特点的产业金融，依据产业金融的构成要素情况，提出为发展产业金融所需要的要素投入、政策支持来选择合理的发展产业金融的路径和手段。从构建产业金融的战略定位、布点设计、要素投入、发展路径、支持政策等方面入手，提出合理的政策建议来应对江苏发展产业金融中存在的问题以及进行更深入的发展创新。

依托江苏省区位和产业优势，打造立足"长三角"、辐射全中国、面向全世界的产业金融体系。按照健全金融产业基础、聚集金融资源、服务实体经济的原则，推动金融产业集聚、金融改革创新、金融行业服务三位一体的产业金融体系建设。

进行经济资源诱导与政府政策引导相结合的产业金融建设。以产业园区、城市发展功能区为依托，发展金融服务集聚示范区；以新技术和新业态为发展结合点，推动金融服务重大项目建设；以提升品牌效应为着力点，培育金融服务领军企业。

第一节　发展涉外产业金融与科技产业金融

一、营造良好的政策环境，鼓励技术创新

第一，建立技术创新驱动的利益激励机制。创新驱动投资具有投资量大、时间长、效益慢、涉及面广、参与主体多等特点，因而需进一步解决创新观念、行为导向等问题，确定创新目标，完善创新驱动的激励机制。

第二，建立有利于科技研发的保障体系。遵循科技创新的规律和特点，规

范科研经费使用，激发科研人员的积极性和创造性，增加科研人员科技创新成果。

第三，完善知识产权保护制度。应进一步完善知识产权法律法规，消除不同层级之间知识产权体系的矛盾和冲突；发挥投资、税收等金融政策作用，鼓励高校、科研机构和企业开展基础研究和技术合作，促进自主知识产权和科技创新成果转化。

二、坚持企业是创新的主体，充分发挥市场配置资源的作用

第一，鼓励企业集聚人才、资金、技术等资源，强强联合，走产学研合作道路，实现开放创新和合作创新。继续推动创业投资机构的建设，积极探索产学研合作与科技金融创新相结合的新途径，壮大技术经纪人队伍及加大科技中介的建设。

第二，以企业技术创新需求为导向，确立企业研发主体地位，鼓励、支持、引导企业开展科技创新活动。由企业建立创新平台，实现企业研发、成果转化、平台建设、人才培养的良性循环。

第三，推动科技成果转化。发挥工业园区、高新区、科技城的科技创新资源优势、创造政策优势、高新技术产业聚集优势等，建设创业孵化器、软件园、大学科技园、公共技术研发平台等载体，提高科技成果转化率。

三、培养专业技术人才，建立更为灵活的人才管理机制

第一，以苏州离岸创新创业基地为依托，大力构建良好的创新人才培养环境，为实现产业转型升级有计划、有重点地引进一批优秀人才和科研团队，建设高层次和高技能人才队伍。

第二，进一步深化与国内外一流高等院校、科研机构的产学研合作，通过建设国家级的大学科技园，形成人才洼地效应和磁场效应；同时促进科研成果、技术、资金、人才等优质创新要素在企业的聚合，为企业发展注入新的活力。

第三，进一步明确企业在人才培养和人才使用中的主体地位，发挥市场在人才激励、培养、评价过程中的作用；采用股权激励、科研绩效奖励等方式，完善人才培养制度和使用政策。

第二节　发展沿海沿江金融支持港口经济

一、政策引导战略

连云港滞后的金融发展水平制约着港口经济的发展壮大，考虑到连云港内外部软硬条件与发展金融的需求还不匹配，尚处于初级阶段，连云港金融的发展就迫切需要市政府力量的推动，构建以政策推动型为主的模式：通过政策的推动和引导作用，合理规划使用连云港的金融资源，进而推动港口经济快速发展。具体来讲，市委市政府在明确以港强市的基础上，面对港口基础设施、配套产业、疏浚体系等项目建设资金缺乏的现状，市政府及相关部门（金融办）应不断创新观念，积极发挥带动作用，政策上引导各金融机构在制定发展目标和工作计划时，要将支撑港口经济的发展置于首位，在控制风险的基础上，明确一定比例的港口经济信贷投放额度，支持港口经济发展。总之，加大政策支持力度，提供一系列优惠条件鼓励金融机构到港区开拓业务，吸引更多的金融资源向港区集聚。

二、完善金融组织体系战略

金融功能的发挥必须以完善的金融组织体系为前提，连云港金融机构缺失，金融配套服务不到位，金融产品的种类与港口经济发展的离心力凸显，难以满足港口经济快速发展的需要。因此，必须加快完善金融组织体系，促使金融功能更好地发挥作用，以此来推动港口经济的发展。

第一，合理规划金融机构布局，设立港区金融机构集聚区。首先，逐步建立适应港口经济发展需要的银行类金融机构体系。促进现有银行类金融机构到港区设立分支机构，在连云港的金融机构总部可以设立专门服务于港口经济的业务部门，减少审批的中间环节，最大程度地简化审批流程，更好地为港口经济发展服务。对于新引进的银行类金融机构，政策上扶持向港区倾斜，鼓励金融机构到港区设立总部，发挥金融机构的集聚效应。其次，逐步建立起与港口经济发展相适应的非银行类金融机构体系。积极引导证券公司、创业投资基金、产业投资基金、信托、保险等非银行类金融机构到港区设立服务总部；推动有条件的大企业集团在港区建立融资租赁公司，促进形成便捷的港区金融商务区，优化金融资源配置，更好地支撑港口经济发展。

第二，逐步完善准金融机构体系。如鼓励典当行和一些有实力的大企业集团在港区设立典当机构和财务公司，完善金融体系的辅助功能。发展风险投资，吸引一些如创业投资基金、产业投资基金在港口设立机构，以支持临港产业园区、经济技术开发区、高新技术产业园区的快速发展。

三、投融资模式多样化战略

连云港港口发展正处于关键的起飞时期，所需建设资金和相关的配套资金巨大。为此，在充分利用自身资源，不断争取国家支持的基础上，应该以利率市场化优化金融市场结构，引进多元化融资。将银行主导的资金供给向多元化的资金供给模式转变，引入并不断扩大来自证券市场、信托、融资租赁、产业基金等行业的竞争者，不断拓展筹融资渠道，间接融资与直接融资并举，逐步实现投资主体多元化，为更多的资金需求客户提供多渠道融资方式，形成全方位的港口投融资模式。

第一，积极创新信贷管理模式，充分利用好银行类金融机构的信贷资源。通过推动连云港市内银行类金融机构改善现有的信贷机制，适当完善信贷管理机制。尤其是中小商业银行，可以通过信贷管理模式的创新，尝试建设具有港口特色的专业性银行。借鉴国内港口金融、物流金融以及航运金融做得比较出色的中信银行、深圳发展银行和浦发银行的先进经验，结合连云港实际，逐步建立港口经济金融服务专营机构，完善港口经济相关企业授信业务制度，提高港口经济贷款的规模和比重，不断优化金融机构对港口建设和临港产业发展的支撑。

第二，利用资本市场进行直接融资，实现港口融资的多元化战略。一是引导港口及其相关产业企业创造符合上市融资的条件，鼓励有条件的企业上市融资，以港口股份有限公司作为借鉴，对港口码头设施、港口物流及其他资金需求较大的企业包装上市融资，逐步形成上市融资群体，产生集聚效应；二是畅通发行债券和融资融券筹资渠道。

四、金融产品创新战略

连云港港口金融与港口经济适配度较低，没有进行有效对接。金融机构依然游离于港口经济之外，没有形成港口金融与港口经济相互促进、共同发展的良性态势，很重要的一个原因就是金融产品匮乏，创新类金融产品稀缺，无法满足港口经济发展的需求。因此，港口金融需要通过产品创新融入港口经济发展过程当中，以此推动港口经济发展。

第一，融资类产品创新。首先，为了克服传统担保财产范围（静态质押）过于狭窄的缺陷，银行类金融机构应积极探索将业务产品与连云港的实际情况结合起来，推出并做大动态质押监管融资模式，帮助中小企业更加便利地获得融资，盘活企业存储货物的资金占用，加快货物周转，扩大企业贸易规模。然后，针对动态质押模式进一步创新，对外贸进出口货物设计未来货权融资产品，争取突破港口企业因为现有财产不足以担保的障碍，在企业未获得货权的情况下获得融资，有利于企业利用较少资金获得较大订单，并享受较大订单的优惠，利于企业扩大经营规模。其次，试点并推广"信用共同体"模式。"信用共同体"是由港口贸易交易公司作为实际掌控人，负责对市场内交易商户进行调查走访，筛选出有意向、有资质、守信誉的客户，为其制定融资方案，之后将客户推荐给商业银行，银行对其进行贷款，作为实际掌控人的公司，为银行监控贷款企业提供质押物，并不断了解企业的经营情况，对风险进行预警。"信用共同体"能够克服传统港口融资服务门槛高、审批周期长、贷款期限长、无法满足港区中小企业用款灵活的优势。再次，设计推出"买方信贷"类金融产品。针对港口经济区内企业资产较少、先款后货的特点，银行等金融机构在取得商品控制权的条件下，为买卖双方之间的先款后货贸易提供封闭式采购融资支持。出质人及供应商实行先款后货的结算方式，出质人不能提供现货供质押，但供应商能够配合银行控制货权，指定货物到达指定监管人拥有使用权的仓库后，由监管人确认出具仓单或清单，并按质权人约定实施控货监管。最后，借助金港湾投融资平台，不断创新融资租赁模式。融资租赁是由专业的融资租赁公司向第三方物流企业或者是生产企业提供其所需的物流设备，以租金的方式回收成本并获取收益。融资租赁公司利用其资金优势，通过让渡物流设备的占有和使用权获得收益，而第三方物流企业或生产企业通过租赁获得物流设备，减少资金占用情况，并且可以降低设备贬值、技术进步、市场需求变化等因素带来的风险。金融机构携手融资租赁公司，不断拓展融资租赁业务，增强对港口经济的助推作用。

第二，涉外避险类产品创新。紧密结合港口经济的外向型特点，继续大力发展国际贸易方面各种融资信用证、出口押汇、福费廷、国际保理、出口发票贴现、现货质押以及国际投资方面的资金划拨、集中清算等业务，引入外汇交易中的人民币与外汇掉期及期货市场套期保值等各种避险工具和外汇理财业务等，使企业有效规避市场价格波动和汇率变动带来的经营风险，降低企业生产成本，同时学习发达港口经验做法，积极申请试办离岸金融业务。

第三，银行加强和港口合作，设计"物流金融"类产品，推出"物流金融服务"平台。"物流金融"作为一种新型的融资模式，基于整个供应链系统，银行委托第三方物流企业担纲，向供应链中的企业提供一种集金融和物流于一身的创新型金融服务。物流金融改变过去银行对单一企业的授信模式，银行围绕某一核心企业，从其原材料采购到生产出最终产品，再到最后由销售网络把产品送到消费者手中这一供应链链条，将供应商、制造商、分销商、零售商直到最终用户连成一个整体，为链条上的若干个企业提供融资服务。"港口物流金融"的主要服务内容包括物流、流通加工、融资、评估、监管、资产处理、金融咨询等方面，相应的业务模式多种多样，包括货物质押、仓单质押、集中授信、未来货权开证、未来货权融资（仓储监管模式）、保兑（备用信用证）业务等。

第四，结合港口经济中航运业务特点，设计航运金融产品。航运金融是指航运企业运作过程中发生的融资、保险、货币保管、兑换、结算、融通等经济活动而产生的一系列与此相关业务的总称。航运金融主要包括船舶融资、航运保险、资金结算、航运价格衍生品四个方面。首先，金融机构应针对航运业的投资金额大、风险高、回收期限长的特点，推动"银团贷款"，拓宽融资渠道；其次，结合航运企业在全球范围内开展的业务，对货币保管、兑换、结算等业务有很大的需求，银行等金融机构在开展传统资金结算业务基础上，需要不断创新现有产品，设计具有避险功能的外贸型金融产品，满足港口经济发展的需求。

五、营造良好的融资环境战略

包括金融运行制度、社会信用体系及金融监管体系等一系列制度在内的金融生态环境是港口金融功能得到充分发挥、金融市场维持稳定运行的基本保证。虽然连云港已经制定了相关的行政法规和一系列优惠政策，但是实施效果不尽如人意，社会失信行为时有发生，部分金融需求难以得到满足，金融违法案件时有发生。因此，各方应齐心协力，采取多种方式进一步加强沟通协商机制，为港口经济和金融的良性互动发展营造良好的外部环境。

第一，发挥政府调解和市场监管职能，推动社会形成良好的信用环境。如加强政策引导和扶持、推进信用担保体系建设、提高企业和个人的信用意识、建立和完善社会信用体系、推进金融中介机构信用管理体系建设等。健全与港口投融资相配套的法律法规，营造有利于金融业发展的司法环境。如制定规范地方政府融资平台的相关法律法规，排除民间资本和外资参与港口投融资的相关法律障碍，遏制逃废金融债务的违法行为等。

第二，加大金融开放和制度创新的力度，营造金融机构聚集的市场环境。在市场准入、税收、业务拓展、土地使用等方面细化和落实各项优惠措施，吸引国内各类金融机构落户，鼓励港台等金融资本来投资兴业。同时，多方促进政银企信息交流机制，营造高效融资服务环境。疏通交流渠道，增进政银企之间的相互了解合作，促进企业有效融资需求和银行机构信贷投放的有机结合。

六、打造人才城提供智力保障战略

港口金融的发展需要培养和集聚一批在全国及周边省市有较高知名度的金融人才，以"接受辐射、发掘储备、选拔培养、容纳共享、个体与团体并容"的人才培养与引进模式，推进金融人才培养与引进同时并举，为港口金融的壮大提供人才保障。

第一，市金融服务部门应当会同有关部门建立本市金融教育信息资源库，推动教学资源共享，发掘区域内部人力资源。一方面，以连云港高等院校为主体，会同市有关部门设立金融职业教育与培训基地，加强财经金融相关专业研究机构的建设，引进国际认可的金融职业能力考试认证机构在本市开展相关认证业务，强化金融专业教育和技术培训；另一方面，积极与高层次金融中心内的一流大学、科研机构合作，进一步拓展交流与合作渠道，主动接受来自高层次金融中心的人力资源与智力资源的辐射。

第二，通过市场机制引进金融领域的优秀人才，助推连云港金融业和港口经济发展。具体而言：首先，提高城市的包容性与宽容度，制定人才优惠政策；其次，建立和完善以市场为导向的、与港口金融建设相适应的金融人才使用激励机制与评价机制，分类制定与金融人才相关的保障政策。总之，要加快建设人才集聚港，为港口经济和港口金融的发展打下良好基础。

第三节　建设内陆产业金融体系

一、完善现代金融体系

优化金融生态软环境，积极引进全国性银行、证券、保险等金融机构的区域总部，鼓励境外金融机构设立代表处、分支机构。组建和培育新型金融机构，整合地区金融资本，创造条件、积极协调推动新型金融企业设立区域总部或分支机构；积极发展股权投资机构，培育一批有影响力的本地股权投资机构。

探索设立新型互联网金融机构，构建金融机构大数据平台；尝试设立众筹融资平台，构建新型网络开放创业股权投资平台。

二、构建多元金融市场

推进企业境内外上市融资及资产重组，充分发掘科技产业优势，实现在中小板、创业板上市融资。积极培育发展债券市场，充分利用永续债、区域集优债、私募债、中期票据、集合信托等新型债务融资工具，增加企业直接融资渠道，降低融资成本，提高融资效率。推动构建区域性票据交易市场，大力发展基金市场，壮大创业投资，引进风险投资、证券投资等金融新业态，鼓励设立外资股权投资基金管理公司，积极发展保险市场，做大保险市场规模，加强与保险公司总部合作，争取更多保险资金投资。

三、培育特色金融产业

大力发展"科技金融"，鼓励设立各类科技产业基金和天使投资基金，探索券商开展科技企业股权直投业务，提供专业化的科技产业信贷、保险和投资服务；创新发展"绿色金融"，探索建立绿色金融服务体系，拓展绿色产业投融资渠道，鼓励绿色企业通过上市、股权转让、发行债券等方式融资，推进发展"城镇化金融"，努力打造多元、开放、协同、创新的城镇化金融服务体系，鼓励和引导民间资本进入城镇化建设领域，尤其是公共服务领域；全面发展"民生金融"，积极创造条件，充分发挥金融的资源配置作用，把民生领域转变成为金融机构可持续发展的增长点；落实发展"普惠金融"，为小微企业、低收入人群甚至贫困人口提供普惠金融服务，在规章政策方面对普惠金融机构进行倾斜；快速发展"供应链金融"，探索设立物流交易所，完善物流企业产权交易，鼓励设立专业性物流银行，构建专业化、独立性的物流金融部门。

四、加强区域金融合作

多层次推进区域内金融辐射，积极开展与淮海经济区城市之间的金融交流与合作，进而带动区域内部金融业的发展，推动有条件的金融机构以参股、交叉持股、兼并重组、合伙经营等方式实现深层次合作。分阶段推进跨区域金融合作，充分发挥徐州在淮海经济区的龙头带动作用，加强与东部地区其他城市和"长江经济带"区域的合作，为各地发展优势产业提供金融服务，建设互惠互利、共赢统一的区域金融服务中心。

五、优化区域金融布局

以徐州新城区为金融中心落脚点，重新规划区域布局，大力引进金融机构区域性总部，支持本土金融机构进一步发展，加快融入长三角金融核心步伐，充分发挥淮海经济区中心城市金融辐射作用。以徐州城镇作为金融服务示范区，加快自身金融服务能力的提升，优化地方性金融机构服务流程，重点培育一批地方法人机构，完善地区金融服务体系。以徐州农村地区作为金融服务扩展区，以普惠金融的思想为引领，建立具有完善惠农政策的金融服务体系，大力普及新兴支付工具，形成安全、高效的支付清算系统。

六、引培高端金融人才

大力推进金融人才引入战略，在完善金融人才引入奖励机制的基础上，从经济发达地区引入一批学历高、经验足、能力强的现代金融高层人才，推动自身金融能力的提升。加大对金融人才的培养力度，与本土高校、科研机构、金融企业合作，切实培育一批能够适应金融中心发展的现代金融基层人才，推动自身金融执行力的增强；同时，加强金融科研成果的转化，构建产学研金融合作互动平台。

第四节 建设普惠产业金融体系

一、金融机构提高普惠金融信贷服务能力

乡村振兴战略旨在提高农民收入水平，助力全面建成小康社会。在脱贫攻坚阶段，金融机构主要通过改善农村支付条件、提供小额扶贫贷款等方式加大普惠金融服务，体现金融企业价值观。在满足农民美好生活需要的过程中，金融机构将通过消费金融创新，提供个性化、综合化、创新化的金融服务，带来消费信贷、移动支付、理财投资等诸多重大发展机遇，分享乡村振兴带来的巨大红利，加快形成新时代转型发展的新动能。

二、政府部门持续加大"三农"投入力度

增加农业农村资金投入，一是要广辟来源、多措并举，配置公共资源优先流向"三农"；二是将优先发展农村，农业的理念贯穿于农村规划和有关政策的全过程；三是把普惠金融的重点放到农村，加强对农村发展的金融支持；四是完善农业支持保护制度，继续加大对农业的补贴和扶持力度。

三、建立健全农村土地产权制度

以农村土地所有权、承包权、经营权分置为契机，促进农村土地的流转和收益。创新农村金融政策，推动金融资本向农村流动。推动城镇化过程中企业创造和积累的资本下沉到农村，推动企业下乡。推动科技、管理、劳动力等要素下乡。深化户籍、医疗和社会保险、就业创业等制度的改革和创新，促进人才自由流动，尤其是激励和吸引农村外出务工人员返乡创业，发展农村"归雁经济"。

四、推广农村普惠金融与信用体系建设

良好的信用环境是普惠金融发展的根基。因此，社会征信体系的健全就变得

尤为重要，各相关金融机构的信贷数据虽还不十分完备，但在此基础上仍旧要继续完善信贷数据，再依托大数据，把客户的所有交易信息和消费信息等进行整合，以此来建立并完善个人和企业的信用信息档案，打实社会征信体系的基础。

第五节　打造互联网金融服务于"三农"的模式

江苏是中国经济发达省份、南京是江苏经济发达城市，互联网金融服务于"三农"的情况尚是如此。由此看来，作为一种新兴事物，互联网金融服务于"三农"在江苏还将有一段较长的摸索时间。现阶段可以尝试以下措施：

第一，加大互联网金融在该地区宣传普及力度。要想让农民使用互联网金融，首先要让农村居民更多地了解互联网的快捷、高效以及便利。可建立村级或者乡级服务站，定期向农民普及互联网金融的相关知识，加深农民对这些新兴事物的认识程度。

第二，政府加强支持。市场经济条件下社会经济活动和经济发展的主体是企业和劳动者个人，但政府仍是不可或缺的角色，其能为市场主体创造良好发展环境。一方面，政府可加快该区农村信用体系建设，严厉打击失信行为，营造诚信经营环境，降低互联网金融的风险，从而降低农户互联网金融融资成本；另一方面，政府可以拿出一部分资金奖励互联网金融企业涉农业务，或对其产生的风险给予适当补偿，以提高互联网金融企业服务"三农"的积极性。

第三，借鉴大北农经验、发挥江苏供销合作总社的作用。前面的调研显示，江苏供销合作总社牵头发挥"互联网＋农业"模式，利用其掌握农户的全方位数据建立互联网金融平台。一方面，利用其自有资金既可以为农户融资提供担保，也可直接为农户提供资金融通；另一方面，撮合其服务的农户相互提供资金融通，实现资金盈余的农户及资金紧缺的农户的双赢。

第四，加大推进对互联网金融监管力度。网络毕竟是一个虚拟的世界，尤其是还要在这样一个虚拟的平台上发展经济。因此，这更是增加了很多农民对这个交易平台的怀疑态度。一方面，他们渴望从这种信息技术中获得收益；另一方面，他们也担心自己的钱打了水漂。因此，政府部门应加大互联网尤其是有关金融交易方面的监管力度，制定互联网防诈骗、盗窃方面的法律法规，为互联网金融发展提供制度保障，保护互联网用户特别是小型农户的合法权益。

第八章

金融支持江苏省产业结构升级的对策建议

通过第四章至第七章的阐述，设计了江苏产业金融的发展路径，但江苏产业金融发展是个系统工程，需要相应的产业政策配套。因此，第八章从"完善信用体系建设，优化金融生态环境；强化金融政策支持，积极推进供给侧结构性改革；改善金融结构，构建多层次资本市场；发挥银行信贷的间接融资作用，提高资本运作效率"四个角度提出了相应的政策建议。

第一节　完善信用体系建设，优化金融生态环境

一、加快信用体系建设

无论是金融规模的扩大还是金融效率提升都离不开金融环境建设。金融通过资金形成机制以及发挥资金导向作用来影响产业结构的调整方向，即金融机构通过吸收存款，然后将获得的闲散资金选择性转化为企业投资，通过改变产业资金投向，促进经济增长，通过促进不同企业发展影响产业结构转型升级。通过前文分析可以看出，江苏省当下金融效率较低，即储蓄转化为投资的能力较弱，然而省内却有许多中小企业面临着发展资金不足、融资困难等问题。因此，江苏省迫切需要提高资本使用效率。缓解区域资本供需矛盾和企业的资金紧张问题、改善金融生态环境对江苏省实现经济增长和产业结构转型具有深远意义。同时金融效率的高低与省内信用环境之间具有重要联系，一些金融机构为控制自身风险，对信用评级不高的中小企业和市场前景存在很多不确定性的高新技术企业避而远之，导致这些企业很难获得信贷支持。因此，要提高资金运行效率，必须推进江苏省信用体系建设。一是加快信用体系法制建设，对社会失信、金融诈骗等行为予以惩戒；二是加快信用担保体系建设，对中小企业提供融资担保，发挥政府政

策引导作用，加快政策性金融担保体系建设；三是促进社会审计、担保、法律等中介服务体系建设；四是加强个人信用和企业征信系统体系建设，改善信息不对称引发的各种问题，使个人和企业信用信息透明化，建设信息共享征信系统，同时政府加强对信用市场的监管，改善金融生态环境。

二、构建市场为主导的金融环境

目前金融环境仍然是以政府为主导，政府和金融监管部门在金融体系中的过多干预，不利于信息透明化，造成由于信息不对称而增加的相关成本。而随着社会不断进步，经济全球化的不断加快，社会对资金日益呈现多元化的需求，与经济发展相适应的市场导向型金融环境的建设越发重要。江苏省要积极发挥市场在金融资源配置中的导向作用，增强市场有效性，降低信息不对称增加的成本，满足客户多样化融资需求。金融机构根据市场经济不同层次需求对资金进行合理分配，满足不同产业、不同层次经济发展，对市场进行合理有效的划分。政府则发挥好政策导向和相关规则的制定作用，政府需要明确自己在金融体系中的定位，发挥好对市场金融监管作用，但不能越俎代庖，做好市场金融风险防范措施，同时制定有效的激励机制，促进市场金融体系的发展。市场发挥在资源分配中的基础性作用，通过合理有效的分配增强金融资源的有效利用率，促进企业提升效率，以提升对资金的吸引力，从而促进产业的发展。目前江苏省个别城市积极参与金融生态环境建设，为解决企业"融资难、融资贵"问题迈出了坚实的一步，江苏省要继续加强多元化金融生态环境建设，加强对产业发展的金融支持作用。首先，江苏省商业银行要充分利用好传统金融工具，支持银行信贷投向技术含量高、经济效益好、市场前景广阔的产业或企业，同时加快银行体系金融产品的创新，实现战略转型；其次，为发展潜力较大的中小企业提供小额担保贷款业务，并简化贷款流程，对贷款项目也加强监管，防范信贷风险；最后，随着第三产业对江苏省经济贡献度的持续提升，未来江苏省要加强消费领域的金融服务体系建设，引导银行信贷向服务行业倾斜，促进服务行业发展，提高第三产业发展水平，改善供给侧结构，从而推动江苏省产业结构的调整与升级。

三、加强中小银行体系建设

目前，江苏省金融机构仍然是以大型商业银行为主，然而中小企业在需求资金的企业中占绝大多数，受金融机构自身体制影响，中小企业融资受到抑制。面对江苏省中小企业融资瓶颈问题，江苏省需要建立专门为中小企业服务的中小金融机构，特别是适合本省产业结构发展的特色中小银行。如江苏省早在 2010 年设立的科技银行，旨在加大对科技型企业的金融支持力度，至今已取得显著成果。江苏省要继续加强科技银行的建设，为江苏省科技型中小企业服务。各类银行业金融机构也要明确自己的市场定位，形成自己的经营特色，加强对中小企业发展的服务力度，同时提高自身经营效率。不断加强江苏省中小银行体系建设，加快银行金融机构体制改革，提升银行业金融机构市场化水平，更好地为江苏省企业发展服务，同时提高银行业金融机构的市场竞争力。

第二节　强化金融政策支持，积极推进供给侧结构性改革

江苏省政府应加强信贷政策与产业政策的配合，根据江苏省产业发展的实际情况，制定差别的金融政策，对不同产业制定不同的信贷支持标准，对产业政策中重点扶持的企业制定最低金融支持标准，对产业政策中抑制发展的高污染、高能耗企业制定最高金融支持标准。江苏省金融政策要适应"十三五"规划中提出的加快产业调整目标，积极推进供给侧结构性改革，制定相关金融优惠政策，引导金融机构为省内高新技术产业等技术含量高、发展潜力大的企业提供金融服务。同时，江苏省政府可将金融机构对企业融资中的政策倾向比例纳入银行业金融机构的业绩考核指标，制定相应的业绩考核奖励政策，鼓励银行信贷流向高科技企业，提升银行业金融机构支持产业结构调整的积极性。加强政府财政政策的支持力度，在给予高科技产业、政府重点扶持产业等产业发展的金融部门财税优惠的基础上，可通过投资购买高科技企业股票、投资企业债券等形式支持创新型企业发展。在促进产业结构升级过程中，首先，江苏省政府利用政策上的优惠，对先进制造业、高新技术产业、新兴产业等企业给予用地、税收等优惠政策，减免审批流程，促进产业发展，加快产业结构升级进程；其次，可通过政府采购、政府担保形式降低金融机构支持产业发展所面临的投资风险，也可设立专项基金，为金融机构投向科技型、高附加值型中小企业金融资本提供担保，增强政策性金融对产业结构升级的支持力度。

第三节　改善金融结构，构建多层次资本市场

一、扩大直接融资渠道

健全和完善资本市场，拓宽直接融资渠道，有效地满足企业的融资需求。上市是企业获得股权资本的主要途径，江苏省应大力发展资本市场，增加上市公司数量，着力扶持发展潜力较大、符合条件的企业上市融资，依托上市公司平台，为企业解决大量资金需求。并通过上市公司间的并购或重组，增强企业竞争力。上市公司通过资本市场进行长期资本融通，有利于企业改善自身经营状况，加强企业内部结构治理，合理化资产负债结构，同时在优胜劣汰的市场环境下，更加激励企业实现技术创新。积极推进债券和票据市场的发展，鼓励企业推进企业债券、短期融资券等金融产品开发，有效满足企业多元化融资需求，丰富金融市场融资体系，扩大企业资金融通渠道，构建江苏省多层次资本市场。

二、完善中小企业融资体系

中小企业规模较小，机制较为灵活，是企业科技创新的主要力量，在国民经济发展和产业结构转型中发挥重要作用。然而中小企业的发展一直面临"融资难、融资贵"的难题，江苏省同样受这个问题的困扰。因此要想发展中小企业，解决融资问题是关键，江苏省应实施多重举措解决中小企业融资难题。

首先，江苏省应拓宽中小企业直接融资渠道，支持中小企业特别是高新技术产业上市融资，符合条件的中小企业通过发行企业债券方式融资；推进中小企业在中小板上市融资，支持有条件的中小企业通过创业板上市融资；取消中小企业发行债券中的限额要求，只要企业满足资本结构健全、具有良好的盈利能力、信息披露全面等条件，就可以通过发行企业债券方式进行融资，加快发展中小企业直接融资体系建设。

其次，要完善风险投资机制，提高风险资本规模，促进高新技术产业等中小企业发展。中小企业规模较小，信用等级不高，银行信贷由于谨慎性原则，不愿意向这类企业提供贷款。因此，要想调整产业结构，必须解决高新技术产业等中

小企业的融资难题，江苏省政府应该通过激励措施引进风险投资机构，吸引外商投资，同时利用国外的先进经验，发展壮大省内高新技术产业企业。江苏省政府应利用自身信用程度高的优势，积极引导省内个人投资，聚集社会闲散资金，将个人储蓄转化为投资，利用聚集的资金设立风险投资基金支持中小企业发展，加快江苏省风险投资体系建设。

第四节　发挥银行信贷的间接融资作用，提高资本运作效率

一、调整信贷流向

虽然当下中央及各地政府均大力倡导拓宽直接融资，构建多元化的直接融资体系，提高资本运作效率，但是现阶段江苏省企业仍然是以间接融资中的银行贷款为主要融资方式，融资方式的改变需要一个长期调整过程。目前，江苏省中小企业数量所占比例较高，虽然融资受到限制，但银行信贷仍然是中小企业主要融资方式。

二、加强金融人才队伍建设

21 世纪各行各业发展的关键是高端人才的竞争，金融专业人才是金融创新的核心要素。江苏省要想提高产业结构升级金融支持水平，提升金融服务效率，金融人才的培养是关键。首先，江苏省应充分利用省内众多高校优势，加强与省内高校科研合作力度，为地区金融发展和金融创新培养专业性金融人才；其次，应放眼国内外，吸引省外和国外优秀金融人才，吸收引进先进的金融发展经验；最后，江苏省政府要提供更多的优惠政策，吸引更多的省外金融人才，同时留住省内金融人才，加强省内金融人才队伍建设，为江苏省金融发展打下基础，从而为产业结构升级提供良好的金融环境。

产业金融的区域政策与实践

　　本篇主要是按照江苏"1+3"经济布局分析不同经济功能区的金融与实体产业融合情况。江苏"1+3"重点功能区战略中的"1"指的是扬子江城市群,"3"指的是沿海经济带、淮海经济区和江淮生态经济区。本篇重点分析区域(市、县、区)出台的产业与金融融合的政策对区域实体经济发展的推动作用,力求能够获得一些不同地区金融发展服务实体产业的经验或教训。

第九章

扬子江城市群的产业金融政策

在江苏"1+3"重点功能区战略中，"1"指的是扬子江城市群，包括江苏沿江的南京、镇江、常州、无锡、苏州、扬州、泰州、南通 8 座城市，涵盖了江苏经济最发达的地区，是全省经济的"发动机"和"增长极"。扬子江城市群的发展可以将苏南与苏中进一步融合起来，形成江苏高端发展的新经济板块，来支撑全省并带动其他区域发展，形成长三角城市群北翼核心区、长江经济带绿色发展示范区和我国对外开放的重要门户。本章主要梳理和分析南京、镇江、常州、无锡、苏州、扬州、泰州 7 市的金融政策，同时兼顾南通市。

第一节　扬子江城市群的主要产业金融政策

一、扬子江城市群的经济和金融发展概况

（一）扬子江城市群的经济发展概况

扬子江城市群主要包括江苏沿江的南京、镇江、常州、无锡、苏州、扬州、泰州、南通 8 座城市。南京市全市土地面积 6587.02 平方公里，下辖玄武区、秦淮区、鼓楼区、建邺区、雨花台区、浦口区、六合区、栖霞区、江宁区、溧水区、高淳区。2018 年末，全市户籍人口 696.94 万人，常住人口 843.62 万人，常住人口城镇化率 82.5%。2018 年，南京市全年实现 GDP 12820.4 亿元，按可比价格计算，比上年增长了 8.0%。其中，第一产业增加值 273.42 亿元，增长了 0.6%；第二产业增加值 4721.61 亿元，增长了 6.5%；第三产业增加值 7825.37 亿元，增长了 9.1%。三次产业结构比例为 2.1∶36.9∶61.0，服务业增加值占 GDP 比重比上年提高了 1.3 个百分点；人均 GDP 达到 152886 元人民币，按可比价格计算，增长了 6.1%，按

国家公布的年平均汇率折算为 23104 美元。①

镇江市全市土地面积 3843 平方公里，下辖京口区、润州区、丹徒区、镇江新区、镇江高新区、丹阳市、扬中市、句容市。2018 年末，全市户籍总人口 270.78 万人，常住人口为 319.64 万人，全市城镇化率 71.2%。2018 年，镇江市全年实现地区生产总值 4050 亿元，比上年增长 3.1%。其中，第一产业增加值 138.40 亿元，下降了 4.2%；第二产业增加值 1976.60 亿元，增长了 3.0%；第三产业增加值 1935.00 亿元，增长了 3.7%。人均地区生产总值 126906 元，增长了 2.9%。产业结构继续优化，三次产业增加值比例调整为 3.4∶48.8∶47.8，服务业增加值占 GDP 比重提高了 0.7 个百分点。②

常州市全市土地面积 4373 平方公里，下辖金坛区、武进区、新北区、天宁区、钟楼区、溧阳市。2018 年末，全市户籍人口 382.2 万人，常住人口 472.9 万人，常住人口城镇化率 72.5%。2018 年，常州市全年实现 GDP 7050.3 亿元，按可比价计算增长了 7%。分三次产业看，第一产业实现增加值 156.3 亿元，下降了 1.0%；第二产业实现增加值 3263.3 亿元，增长了 6.2%；第三产业实现增加值 3630.7 亿元，增长了 8.1%。三次产业增加值比例调整为 2.2∶46.3∶51.5。2018 年全市按常住人口计算的人均生产总值达 149275 元，按平均汇率折算达 22558 美元；民营经济完成增加值 4760 亿元，按可比价计算同比增长了 7.4%，占地区生产总值的比重达到 67.5%，提升了 0.1 个百分点。③

无锡市全市土地面积 4628 平方公里，下辖梁溪区、滨湖区、惠山区、锡山区、新吴区、江阴区、宜兴市。2018 年末，全市户籍人口 497.21 万人，常住人口 657.45 万人，常住人口城镇化率 76.28%。2018 年，无锡市全年实现 GDP 11438.62 亿元，按可比价计算增长了 7.4%。按常住人口计算人均生产总值达到 17.43 万元。全市实现第一产业增加值 125.07 亿元，比上年下降了 0.3%；第二产业增加值 5464.01 亿元，比上年增长了 8.0%；第三产业增加值 5849.54 亿元，比上年增长了 7.1%。三次产业比例调整为 1.1∶47.8∶51.1。④

苏州市全市土地面积 8488.42 平方公里，下辖姑苏区、相城区、吴中区、虎丘区、吴江区、常熟市、昆山市、张家港市、太仓市。2018 年末，全市户籍人口 703.55 万人，常住人口 1072.17 万人，常住人口城镇化率 76.05%。2018 年，苏州市全

---

① 资料来源：《南京市 2018 年国民经济和社会发展统计公报》。
② 资料来源：《镇江市 2018 年国民经济和社会发展统计公报》。
③ 资料来源：《常州市 2018 年国民经济和社会发展统计公报》。
④ 资料来源：《无锡市 2018 年国民经济和社会发展统计公报》。

年实现 GDP 1.85 万亿元，按可比价格计算，比上年增长了 7%；全年实现一般公共预算收入 2120 亿元，比上年增长了 11.1%。其中税收收入 1929.5 亿元，增长了 15.3%，占一般公共预算收入的比重达 91%。全年一般公共预算支出 1952.8 亿元，比上年增长了 10.2%。其中城乡公共服务支出 1483 亿元，占一般公共预算支出的比重达 75.9%。全市服务业增加值占地区生产总值比重达到 50.8%。实现制造业值占规模以上工业总产值比重达 15.7%。[①]

扬州市全市土地面积 6634 平方公里，下辖广陵区、邗江区、维扬区、宝应县，代管高邮、仪征 2 个县级市。2018 年末，全市户籍人口为 458.34 万人，常住人口为 453.1 万人，人口净流出 5.24 万人，常住人口城镇化率 67.13%。2018 年，扬州市全年实现 GDP 5466.17 亿元，按可比价格计算，比上年增长了 6.7%。其中，第一产业增加值 273.34 亿元，增长了 3.0%；第二产业增加值 2623.24 亿元，增长了 5.8%，其中工业增加值 2283.60 亿元，增长了 6.4%；第三产业增加值 2569.59 亿元，增长了 8.2%。按常住人口计算的人均地区生产总值为 120944 元，按年均汇率折算达 18277 美元。结构调整扎实推进，三次产业结构调整为 5∶48∶47，第三产业增加值占地区生产总值比重比上年提高了 1.1 个百分点。[②]

泰州市全市土地面积 5787 平方公里，下辖泰州市、海陵区、高港区、姜堰区、兴化市、泰兴市、靖江市。2018 年末，全市户籍人口 503.39 万人，常住人口 463.57 万人，常住人口城镇化率 66%。2018 年，泰州市全年实现 GDP5107.63 亿元，按可比价格计算，比上年增长了 6.7%。其中，第一产业增加值 280.05 亿元，增长了 2.7%；第二产业增加值 2434.01 亿元，增长了 6.8%；第三产业增加值 2393.57 亿元，增长了 7.0%。按常住人口计算，全市人均地区生产总值为 109988 元，增长了 6.8%。[③]

南通市全市土地面积 8544 平方公里，下辖嵩川区、港闸区、通州区、海安县、如东县、启东市、如皋市、海门市。2018 年末，全市户籍人口 762.5 万人，常住人口 731 万人，常住人口城镇化率 67.1%。2018 年，全市实现生产总值 8427 亿元，按可比价格计算，比上年增长了 7.2%。其中，第一产业增加值 397.77 亿元，增长了 2.2%；第二产业增加值 3947.88 亿元，增长了 6.5%；第三产业增加值 4081.35 亿元，增长了 8.4%。人均 GDP 达到 115320 元，增长了 7.1%。按 2018

---

① 资料来源：《苏州市 2018 年国民经济和社会发展统计公报》。
② 资料来源：《扬州市 2018 年国民经济和社会发展统计公报》。
③ 资料来源：《泰州市 2018 年国民经济和社会发展统计公报》。

年平均汇率计算，人均GDP为17427美元。[①]

2018年扬子江城市群主要经济指标具体见表9-1。

表9-1 2018年扬子江城市群主要经济指标（a）

指标	南京市	镇江市	扬州市	泰州市	全省	扬子江城市群占全省比重（%）
土地面积（平方公里）	6587.02	3843	6634	5787	107200	45.6
户籍总人口（万人）	696.94	270.78	458.34	503.39	7831.98	54.85
常住人口（万人）	843.62	319.64	453.1	463.57	8050.7	62.27
地区生产总值（亿元）	12820.4	4050	5466.17	5107.63	92595.4	78.69
人均GDP（元）	152886	126906	120944	109988	115168	121.86
农林牧渔业总产值（亿元）	288.41	470.65	495.68	484.36	7192.46	47.62
粮食总产量（万吨）	106.92	107.3	287.36	287.11	3660.3	26.81
粮食播种面积（万亩）	227.07	229.95	594.14	570	8214	33.52
工业增加值（%）	7.3	3.2	5.1	9.8	5.1	134.31
建筑业总产值（亿元）	3833.69	537.64	3915	3335.67	30846.7	55.56
固定资产投资增速（%）	9.4	−26.5	11	9.2	5.5	67.5
社会消费品零售总额（亿元）	5832.46	1360.92	1557.03	1282.87	34244.66	73.46
进出口总额（亿美元）	654.91	118.39	119.9	147.30	6619.27	92.3
货运量（万吨）	38563.56	9793	14100	43512	247388.1	68.85
邮政业务收入（亿元）	110.58	23.95	27.61	19.92	647	85.74
电信业务收入（亿元）	134.76	139.34	45.54	262.97	975.1	81.79
旅游总收入（亿元）	2460.2	934.46	917.90	375	13247.3	83.39
一般公共预算收入（亿元）	1470.02	284.33	340.03	366.64	8630.2	75.54
一般公共预算支出（亿元）	1532.71	786.71	563.57	532.65	11658.2	77.48
居民人均可支配收入（元）	52916	40883	34076	34642	38096	117.92

① 资料来源：《南通市2018年国民经济和社会发展统计公报》。

表 9-1　2018 年扬子江城市群主要经济指标（b）

指标	苏州市	无锡市	常州市	南通市	全省	扬子江城市群占全省比重（%）
土地面积（平方公里）	8488.42	4628	4373	8544	107200	45.6
户籍总人口（万人）	703.55	497.21	382.2	762.5	7794.19	54.85
常住人口（万人）	1072.17	657.45	472.9	731	8050.7	62.27
地区生产总值（亿元）	18500	11438.62	7050.3	8427	92595.4	78.69
人均 GDP（元）	173151	174300	149275	115320	115168	121.86
农林牧渔业总产值（亿元）	410.09	226.19	293.8	761.23	7192.46	47.62
粮食总产量（万吨）	23.85	56.8	78.2	33.69	3660.3	26.81
粮食播种面积（万亩）	124.47	84.34	109.5	803.04	8214	33.52
工业增加值（%）	6.1	9	6.6	7.7	5.1	134.31
建筑业总产值（亿元）	2367	874.63	1607.6	667.4	30846.7	55.56
固定资产投资增速（%）	4.5	5.8	7.5	8.8	5.5	67.5
社会消费品零售总额（亿元）	5746.9	3672.7	2613.2	3088.77	34244.66	73.46
进出口总额（亿美元）	3541.1	934.44	342.49	251.350	6619.27	92.3
货运量（万吨）	16200	18639.80	15663.8	13865.24	247388.1	68.85
邮政业务收入（亿元）	181.57	74.07	47.7	45.78	647	85.74
电信业务收入（亿元）	215.36	105.52	61.1	81.11	975.1	81.79
旅游总收入（亿元）	2609	1951.97	1088.6	709.19	13247.3	83.39
一般公共预算收入（亿元）	2120	1012.28	320.1	606.19	8630.2	75.54
一般公共预算支出（亿元）	1952.8	1056.02	1731.6	——	11658.2	——
居民人均可支配收入（元）	63500	50373	45933	37071	38096	117.92

资料来源：《江苏省 2018 年国民经济和社会发展统计公报》《苏州市 2018 年国民经济和社会发展统计公报》《无锡市 2018 年国民经济和社会发展统计公报》《常州市 2018 年国民经济和社会发展统计公报》《南通市 2018 年国民经济和社会发展统计公报》。

扬子江城市群地处"一带一路"和长江经济带建设两大国家战略的融合交汇地带，城市群总面积约 5.1 万平方公里，占江苏总面积的 48.2%；2018 年城市群总人口约 4613 万人，占江苏总人口的 57.29%，占全国的 3.6%；2018 年城市群地区生产总值合计为 72925 亿元，占江苏 GDP 的 79%，占全国的 8.2%；2018 年城市群人均 GDP 约 139240 元，是江苏人均 GDP 的 1.21 倍，是全国的 2.2 倍。从扬子江城市群经济体量和发展质量来看，无疑是江苏省乃至全国区域经济中的重要板块之一，载体作用尤为明显。

打造扬子江城市群，是深化实施全省功能区战略、促进区域协调发展的一个战略考量。江苏省苏南、苏中、苏北三大区域发展的梯度差异仍然较大，苏南地区作为全省发展的先行区，主要承接上海的辐射，对苏中、苏北地区辐射效应有限。苏中与苏南虽然近年来融合步伐加快，但要素流通仍然不足，城市协调仍然不足，苏北受苏南辐射作用更弱。省委、省政府打造扬子江城市群的一个重要战略意图，就是要打破三大板块的地理分界和行政壁垒，使苏南、苏中进一步融合起来，沿江城市实现一体发展，发挥更大作用，形成更为强大的经济增长核，更好地辐射、带动和支撑包括苏北腹地在内的其他区域发展。

（二）扬子江城市群的金融发展概况

2018 年，扬子江城市群的金融业实现了稳步发展。南京市 2018 年末金融机构本外币各项存款余额 34524.86 亿元，比年初增加 3760.21 亿元，比上年增长了12.2%。其中住户存款 7106.00 亿元，比年初增加 903.05 亿元；非银行业金融机构存款 5930.47 亿元，比年初增加 2286.98 亿元。2018 年末金融机构本外币各项贷款余额 29065.66 亿元，比年初增加 3880.90 亿元，比上年增长了 15.5%。其中住户贷款 9136.16 亿元，比年初增加 1432.49 亿元；非金融企业及机关团体贷款19723.57 亿元，比年初增加 2429.94 亿元。全年实现保费收入 603.55 亿元，比上年下降了 13.6%。分类型看，财产险收入 162.22 亿元，增长了 11.2%；寿险收入353.30 亿元，下降了 25.1%。[①]

镇江市 2018 年末全市拥有各类金融机构 33 家，金融机构人民币存款余额5042.97 亿元，比年初增加 165.48 亿元。其中住户存款 2161.07 亿元，比年初增加 177.64 亿元；非金融企业存款 1852.42 亿元，比年初减少 63.13 亿元。年末金融机构人民币贷款余额 4450.60 亿元，比年初增加 586.45 亿元。其中短期贷款1510.48 亿元，比年初增加 102.37 亿元；中长期贷款 2702.22 亿元，比年初增加392.13 亿元。截至 2018 年末，全市上市挂牌企业达 279 家，其中主板上市公司19 家（境内 13 家，境外 6 家），"新三板"挂牌企业 43 家，区域股权市场挂牌

---

① 资料来源：《南京市 2018 年国民经济和社会发展统计公报》。

企业 217 家。全年新增上市挂牌企业 117 家（主板上市公司 1 家，区域股权交易中心挂牌企业 116 家），上市挂牌企业新增股票融资 11.56 亿元。2018 年末全市拥有市级保险机构 62 家，其中财险公司 29 家、寿险公司 33 家。全年保费收入 128.19 亿元，比上年增长了 9.3%。其中，财产险收入 27.80 亿元，增长了 3.3%；寿险收入 100.39 亿元，增长了 11.1%；健康险和意外伤害险收入 5.10 亿元，增长了 24.6%。全年赔付额 35.22 亿元，比上年下降了 8.9%。其中，财产险赔付 16.94 亿元，增长了 1.5%；寿险赔付 18.28 亿元，下降了 16.8%；健康险和意外伤害险赔付 7.54 亿元，增长了 26.9%。[①]

常州市 2018 年实现金融业增加值 420.5 亿元，增长了 7.5%。2018 年末全市金融机构本外币存款余额 10090.1 亿元。其中住户存款 3888.4 亿元；非金融企业存款 3834.2 亿元。全市金融机构本外币贷款余额 7564.8 亿元。其中住户贷款 2231.7 亿元；非金融企业及机关团体贷款 5332.1 亿元。全年新增本外币贷款 840.9 亿元，创历史最高。2018 年末全市保险公司共 74 家，其中产险公司 29 家，寿险公司 45 家。全年保费总收入 263.9 亿元，下降了 5.8%。其中人寿险 202.4 亿元，下降了 8.4%；财产险 61.5 亿元，增长了 4.2%。全年保险赔（结）款支出 69.5 亿元，与上年持平。其中人寿险 33.1 亿元，下降了 3.5%；财产险 36.4 亿元，增长了 3.3%。2018 年全市保险深度为 3.74%，位居全省第三；保险密度 5580 元 / 人，居全省第四位。2018 年末全市证券营业部 72 个，资金账户总数 114.9 万户。证券市场全年各类证券交易总额 14432.8 亿元，比上年下降了 1.3%。其中 A 股交易额 9195 亿元，增长了 1.1%；B 股交易额 958.4 亿元，增长了 68.1%；基金成交额 1673.6 亿元，下降了 5%；债券成交额 2605.9 亿元，下降了 18.6%。新增上市企业 4 家，总数达 58 家；新增新三板挂牌企业 10 家，总数达 113 家。[②]

无锡市 2018 年末金融机构各项本外币存款余额达 16056.79 亿元，比上年增长了 6.1%；各项本外币贷款余额 12102.76 亿元，比上年增长了 7.8%。存款中，非金融企业存款余额 7044.32 亿元，比上年增长了 5.8%；住户存款余额 5599.85 亿元，比上年增长了 8.9%。贷款中，非金融企业及机关团体贷款 9355.30 亿元，比上年增长了 5.9%；住户贷款 2739.73 亿元，比上年增长了 15.0%。全年现金净投放 225.59 亿元。2018 年实现保费收入 374.36 亿元，比上年下降了 8.4%。其中财产险收入 96.21 亿元，比上年增长了 3.5%；人寿险收入 278.15 亿元，比上年下降了 11.9%。保险赔款支出 68.16 亿元，比上年增长了 14.4%。保险给付支出

---

① 资料来源：《镇江市 2018 年国民经济和社会发展统计公报》。
② 资料来源：《常州市 2018 年国民经济和社会发展统计公报》。

32.63 亿元，比上年下降了 0.1%。2018 年证券市场完成交易额 2.39 万亿元，比上年下降了 24.8%。本年新增上市公司 11 家，累计 138 家。全市证券交易开户总数 152.82 万户，托管市值 1958.97 亿元，下降了 25.9%。年末全市共有证券公司 2 家，证券营业部 155 家。全年新三板企业挂牌 9 家，累计挂牌 268 家。①

苏州市 2018 年末全市金融机构总数 868 家，金融总资产 5.5 万亿元。2018 年末全市金融机构人民币存款余额 28560.4 亿元，比年初增加 2092.9 亿元，比年初增长了 7.9%；金融机构人民币贷款余额 26546.2 亿元，比年初增加 2555.1 亿元，比年初增长了 10.7%。苏州市 2018 年新增保险公司 4 家，年末达 86 家，保险公司分支机构 916 家。全年保费收入 629.7 亿元，比上年下降了 2.8%；保险赔付支出 181.3 亿元，比上年增长了 10.9%。苏州市 2018 年新增上市公司 8 家，年末上市公司总数达 135 家，累计募集资金 2770 亿元。其中境内 A 股上市公司 107 家，数量列全省第一位、全国第五位，累计募集资金 2560 亿元。全年新增债券融资 1184 亿元。年末全市证券机构托管市值总额 5000 亿元，各类证券交易额 4 万亿元，期货市场交易额 2.5 万亿元。②

扬州市 2018 年末人民币存款余额 5997.55 亿元，增长了 5.2%。其中住户存款余额 2860.65 亿元，增长了 7.4%。人民币贷款余额 4630.51 亿元，增长了 15.5%。其中个人消费贷款 1356.17 亿元，增幅达 20.9%；住房消费贷款 1210.79 亿元，增幅达 23.7%。全市证券资金账户数 67.79 万户，比上年增加 5.15 万户，增长了 8.2%。证券交易额 9950.41 亿元，比上年减少 1780.62 亿元，下降了 15.2%。其中股票交易额 6714.03 亿元，比上年减少 1796.64 亿元，下降了 21.1%，占交易额的 67.5%；基金交易额 546.86 亿元，比上年增加 102.51 亿元，增长了 23.1%，占交易额的 8.1%。全市各类保险机构实现保费收入 175.75 亿元，增长了 11.1%。其中财产险保费收入 37.20 亿元，增长了 6.2%；人身险保费收入 138.55 亿元，增长了 12.5%。保险赔款总支出 26.58 亿元，增长了 8.0%。其中财产险支出 22.58 亿元，增长了 7.1%；人身险支出 4.01 亿元，增长了 13.2%。③

泰州市 2018 年金融信贷规模不断扩大。年末金融机构人民币存款余额 6119.38 亿元，增长了 6.8%。其中住户存款余额 2876.63 亿元，增长了 9.1%。金融机构人民币贷款余额 4784.04 亿元，增长了 14.6%。其中短期贷款余额 1837.26 亿元，增长了 12.03%；中长期贷款余额 2710.88 亿元，增长了 14.0%。保险业发展总体平

---

① 资料来源：《无锡市 2018 年国民经济和社会发展统计公报》。
② 资料来源：《苏州市 2018 年国民经济和社会发展统计公报》。
③ 资料来源：《扬州市 2018 年国民经济和社会发展统计公报》。

稳，全年保费收入 162.71 亿元，下降了 9.3%。其中人身险 125.14 亿元，下降了 12.4%；财产险 37.57 亿元，增长了 2.8%。全年赔付金额 46.52 亿元，下降了 8.8%。其中人身险 21.77 亿元，下降了 26.6%；财产险 24.75 亿元，增长了 15.8%。证券交易有所回落，全年证券交易额 4846.10 亿元，下降了 26.0%。其中股票交易额 3615.17 亿元，下降了 25.8%；基金交易额 277.73 亿元，下降了 21.0%。[①]

南通市全年金融机构新增本外币存款 493.01 亿元，年末存款余额 12211.17 亿元。其中储蓄存款余额 5596.37 亿元，比年初增加 125.67 亿元；非金融企业存款余额 3736.89 亿元，比年初减少 117.07 亿元。全年金融机构投放贷款 988.41 亿元，年末各项贷款余额 8878.00 亿元。年末全市拥有保险机构 80 家，保险行业从业人员 3.45 万人。全年保费收入 300.59 亿元，比上年下降了 9.3%。其中，财产险收入 67.23 亿元，增长了 5.1%；人寿险收入 193.38 亿元，下降了 16.2%。2018 年末全市上市公司 41 家，其中境内上市公司 33 家，比上年新增 1 家，上市公司通过首发、配股、增发、可转债筹集资金 77.32 亿元。企业境内上市公司年末总股本 312.3 亿股，市价总值 2292.7 亿元。[②]

扬子江城市群 2018 年金融业主要经济指标见表 9-2。

表 9-2　扬子江城市群 2018 年金融业主要经济指标

指标	金融机构人民币各项存款余额（亿元）	金融机构人民币各项贷款余额（亿元）	保费收入（亿元）
南京市	34524.86	29065.66	603.55
镇江市	5042.97	4450.6	128.19
扬州市	5997.55	4630.51	175.75
苏州市	28560.4	26546.2	629.7
无锡市	16056.79	12102.76	374.36
常州市	10090.1	7564.8	263.9
南通市	12211.17	8878	300.59
泰州市	6119.38	4784.04	162.71
全省	139718	115719	3317.3
占全省比重（%）	84.89	84.71	79.55

资料来源：江苏省扬子江城市群各地 2018 年统计公报。

---

① 资料来源：《泰州市 2018 年国民经济和社会发展统计公报》。

② 资料来源：《南通市 2018 年国民经济和社会发展统计公报》。

二、扬子江城市群总体产业金融政策概述

（一）进一步形成扬子江城市群的融合发展格局

扬子江城市群集聚全省最为丰富的经济、科教、人文等要素资源，以占全省近半的面积，创造全省约 80% 的经济总量，是江苏经济发展的重心所在，更是长江经济带建设的主要阵地。

推进扬子江城市群融合发展，使之成为未来江苏区域协同发展的最重要增长极，是扬子江城市群建设的重要使命，也给沿江八市带来全新的发展机遇。扬子江城市群在跨江融合发展中要突出政府推动、市场引导的作用，整合沿江八市的资源要素，沿江两岸的城市可以发展升级版的"飞地经济"，深入推进跨江联动发展，形成大中小城市以及城乡一体化的连绵发展态势，从而有效激发沿江八市发展的内生动力和共建合力，使扬子江城市群整体接轨上海，真正实现扬子江城市群的融合发展。[①]

（二）扬子江城市群各司其职

1. 注重政策体系顶层设计

谋划建设扬子江城市群，是贯彻习近平总书记提出的建设"强富美高"新江苏的具体行动，是落实"一带一路"和长江经济带两大国家战略的重要载体，也是新发展理念与江苏实际紧密结合的顶层设计。要研究世界级城市群形成的标志、基本条件、发展趋势，把握世界级城市群的形成规律和显著特点，对标世界级城市群，围绕扬子江城市群的战略定位，及早谋划和设计。

2. 强化龙头引领作用

江苏省着手起草形成"1+X+8"的规划实施体系，已经着手启动了扬子江城市群发展规划编制工作，这是全省第一个以城市群为主题的综合规划，是一项涉及方方面面的复杂系统工程。

3. 强化重大项目支撑作用

要围绕扬子江城市群建设的重点任务，超前谋划一些大手笔、新手笔项目，尤其在产业创新转型、基础设施建设、生态环保、对外开放等领域，加快推进一批、开工一批、超前谋划一批、积极向上争取一批重大工程项目，使之成为促进城市

---

① 资料来源：《智库专家团调研　扬子江城市群融合发展》，江苏省发改委 2017 年 6 月 20 日。

群建设的重要推动力。

4. 强化重大改革示范作用

要注重发挥改革的深刺激、强刺激作用，在行政管理体制、资源要素一体化配置机制、区域利益协调机制、产业创新发展机制、绩效考核体制、城市群治理机制等方面，提出新思路、新举措、新招数；要继续深化落实科技创新、商贸流通、外资管理、空间管制等领域的国家级和省级改革试点，同时积极争取新的改革试点事项。

（三）发展低碳经济，打造现代产业结构

"绿色"不仅要体现在生态上，也要体现在产业发展上。2018 年，扬子江城市群 8 市国内生产总值过 7 万亿元，是上海的两倍多，是长三角南翼浙江 8 市的 1.5 倍。相比改革开放之初，经济总量增长了 100 多倍，成为名副其实的"龙头老大"。但是，产业结构距离"绿色发展"距离仍然遥远，传统产业仍占半壁江山。

推进产业跨界融合。发展若干绿色低碳先进制造业集群，形成服务经济与智能制造双强的现代产业体系。一方面，扬子江城市群需要努力在航天、智能制造、工业互联网、新能源、生物技术、高端装备制造等领域取得突破，打造低碳、高端、现代化为主的先进制造业结构；另一方面，要大力推进金融、现代物流、科技信息等与制造业融合发展，使现代生产性服务业占比达 50% 以上。

扬子江城市群应构建绿色的一二三产业绿色体系。在农业领域，大力推行生产资源利用节约化、生产过程清洁化、废物处理资源化和无害化、产业链循环化，提高农业综合效益。在工业领域，全面推行"源头减量、过程控制、纵向延伸、横向耦合、末端再生"的绿色生产方式；大力发展金融服务、电子商务、文化、健康、养老等低消耗、低污染的服务业，推进零售批发、物流、餐饮住宿、旅游等行业服务主体生态化、服务过程清洁化、消费模式绿色化。

（四）发展跨江通海的现代交通体系

实施扬子江城市群战略，要强调 8 市联动、协同发展。不需要变动行政规划，但要打破行政区对经济要素自由流动、资源配置的隔离性。从行政区经济走向都市圈经济，再走向城市群经济，是江苏经济发展的必由之路。因此，应成立"扬子江城市群建设协调小组"，负责协调与推进，加快经济发展与城乡一体化进程。

综观海内外经济体系的空间结构，都是建立在综合交通完善的基础之上的。正是人流、物流、资金流和网络节点的汇聚，才形成各级各类的中心城市和城市

群。因此,要发展扬子江城市群,必须发展完善跨江通海、连接城乡一体化的立体、快速、大容量的现代交通体系和数字化、智能化、网络化的基础设施。江苏省已为城市群制定了连通8市的快速大容量交通建设方案。

应完成扬子江城市群"同城化"的城市管理体系,推进交通设施同城化,建立综合配套的交通网络,实现互联互通、立体对接。取消区域内除高速公路外的干线公路及桥梁收费,建立免费的农产品和食品运输绿色通道。在城市群中,南京应发挥自主创新的引领作用。"南京具有非常丰富的创新资源,到了爆发强大创新力的时候了。"南京市委市政府进一步整合、配置行政区内外的创新资源,进一步推进产学研一体化,使南京成为扬子江城市群创新发展的领导者。

利用南京长江大桥以下发展深水港,发展江海、水陆、海空联运,必将形成区域性、国际性的物流中心新优势。应争取设立扬子江城市群沿江自贸区,将自贸区总部设在江北新区,打造江北新区成为以贸易服务、金融服务为主,同时发展新型制造产业的新经济区,这将有力服务苏北和皖北的发展。

（五）扬子江城市群的应有定位——高度国际化的产业创新高地

1. 产业迈向高端,高度突出创新空间的主诉求

根据权威调查,中国15.1%的领跑技术分布在江苏,纳米、超级计算、生命科学、太阳能光伏、物联网等领域的一批重大技术和战略产品位居国际前沿。一批具有很好基础和发展前景的新兴产业,成了江苏重点聚力、发力的领域。未来城市群的发展一定是新的创新空间,而扬子江城市群创新空间的主诉求,就是产业创新,包括制造业、科技服务业、现代服务业,尤其在科学领域当中积极向高端产业迈进。以高度国际化的产业创新高地作为定位,从带动北沿江地区发展,到建成全球性中高端的现代产业集群体系,扬子江城市群实现了"中部隆起",潜力巨大。

2. 汇聚高端产业要素,人才是关键

高端产业的竞争,说到底是人才的竞争。产业创新的人才池无不朝着"效率高地"加速流动,会聚全球人才是扬子江城市群建设的重中之重。政府在筑巢引凤的过程中,与其漫天撒网,不如有的放矢。提高眼界,对产业创新具有引领作用的顶尖人才需求贤若渴。

3. 提升国际化服务功能

城市建设上完善国际化服务功能,建设一批国际化社区、国际化学校、国家化医院等载体,构建国际化高品质生活圈,在城市文化上体现时代性、国际性。扩

大对外的国际化优势，扬子江城市群本身就是最大的开放载体。在对接国家战略中的"走出去"、打造高端载体中的"引进来"优势中，不断在国际化进程中寻求新突破，行稳致远，扬子江城市群正在更积极地承担着国际分工合作的时代使命。

（六）融内联外，让合作的扬子江城市群渐行渐近

1. 无缝对接，正让三座城市同打"一把伞"

事实上，这样的设想正在宁镇扬一体化的融合中渐渐成形。2017 年 8 月 14 日，南京市人民政府办公厅正式发布《关于贯彻落实宁镇扬同城化发展规划的通知》，到 2020 年宁镇扬一体化格局将基本形成。基本实现南京与镇江、扬州主城区间一小时通达，产业体系互补共荣，生态环境共保共治，民生服务同城共享，区域协同创新体系更加完善，科技创新能力显著增强等目标。生活在未来的宁镇扬，无论是学习工作，还是消费购物，隔阂变通途，就好像生活在同一座城市里，三市的百姓将从中获得更多实惠。推动地区产业分工协作，三市根据长三角城市群规划、苏南现代化示范区规划、宁镇扬同城化规划，坚持错位分工、协调发展，立足各自的产业基础与比较优势，共同打造长江国际航运物流中心、区域金融商务商贸中心、全国文化科技中心和国际著名旅游目的地。

2. 开放发展，积极探索与上海的契合点

智能制造是中国制造 2025 明确的主攻方向，在城市获得感上，叶格认为先进智能技术将提升城市群的生活质量，城市群需要对创新进行更多的投资。2017 年 9 月 20 日，2017 南通智能装备产业投资与发展恳谈会在上海举行。来自上海 90 多家企业负责人应邀到会，与南通就智能装备的产业投资与发展进行交流恳谈。会上，海安经济技术开发区与德国菲希尔集团的测试仪器生产线等 15 个项目现场签约，项目总投资额 40 多亿元。资金的注入为智能制造的发光发热提前设定了精彩预告，而对接上海则是扬子江城市群在发展中阔步的一道方向。叶格指出，扬子江城市群毗邻上海，可以充分借鉴上海在智能制造、金融、投资等领域中的建设经验。

三、扬子江城市群各市产业金融政策情况

（一）南京市的产业金融政策

2018 年，南京市认真贯彻全国和全省金融工作会议精神，紧紧围绕"服务实

体经济、防控金融风险、深化金融改革"三大任务，营造优良金融环境，聚焦服务实体经济发展，着力构建银企命运共同体，取得了显著成效。

1. 金融政策对制造业发展的支持 [①]

为了加大制造业信贷投放力度，提高制造业贷款比重，提高制造业信贷风险容忍度，2016 年 12 月 25 日，市金融办、人民银行南京分行营管部联合下发了《关于金融支持制造业发展的实施意见》（以下简称《意见》），通过落实差别化信贷政策、增加企业投融资渠道、建立风险分担机制等一系列措施，为南京市制造业实现创新驱动和转型升级提供了稳定有效的金融支持。

（1）加大制造业信贷投放力度。《意见》明确要求，各银行业金融机构要加大制造业信贷投放力度，特别是加大对新一代信息技术产业、高端装备制造业等7 大类 14 个重点领域的信贷支持，并推进钢铁、石化、汽车、电子等传统优势产业提档升级。同时，针对制造业的信贷政策落实差别化：对有品牌、有订单、有效益但暂时出现流动性紧张的优质企业，继续给予信贷支持；对"三高一低"企业要限制贷款；对产能严重过剩行业未取得合法手续的新增产能建设项目，一律不得给予授信；对长期亏损、失去清偿能力和市场竞争力的"僵尸企业"，坚决压缩退出相关贷款。

（2）着力解决"融资难、融资贵"的问题。《意见》提出要推动制造业企业多渠道融资。在鼓励金融机构开展排污权、碳排放权质押贷款等绿色金融业务的同时，支持有资质的商业保理公司与各类银行业金融机构合作，开展应收账款、存货、仓单等权益类质押融资。同步发展融资租赁业务，为制造业企业技术改造、扩建生产线提供重点设备租赁服务。

（3）加大制造业企业"走出去"投融资的政策倾斜。《意见》支持企业以境外资产和股权、矿权等权益为抵押来获得贷款。在合理调控外债规模、促进结构优化和有效防范风险的前提下，鼓励资信状况良好、偿债能力强的重点制造业企业赴境外发行本外币债券。同时，中小制造企业利用西部地区绿色通道金融资本市场融资，境内制造业企业利用境外市场发行股票、债券和资产证券化产品等"走出去"的投融资方式也将获得支持。

（4）加强控制信贷风险防范。《意见》给出了具体实施路径。一方面，鼓励和引导保险机构开展制造业贷款保证保险业务，为缺乏抵押担保手段的制造业中小企业提供贷款增信服务，建立融资性担保银担风险共担机制。另一方面，各银

---

① 参见：http : //www.nanjing.gov.cn/zdgk/201810/t20181022_573329.html。

行业金融机构逐步建立制造业信贷风险分担机制，在有效管控风险的基础上，减少对担保、抵押物的依赖。

2. 政府加大产业基金的投资

2018 年，南京市政府设立了多项产业基金项目，其中包括 10 亿元民营企业转贷互助基金、百亿级纾困发展基金、南京国调国信智芯股权投资基金项目等。

（1）南京市组建 10 亿元民营企业转贷互助基金。

2018 年 12 月 10 日，为深入贯彻习近平总书记在民营企业座谈会上的重要讲话精神，全面落实党中央、国务院和省委省政府关于支持服务民营经济发展的有关要求，全力以赴支持南京市民营经济持续健康发展，南京市委、市政府近日出台《关于支持民营经济健康发展的若干意见》（以下简称《若干意见》）。为缓解民营企业因用款周期与贷款期限不匹配造成的转贷困难，《若干意见》第十条提出："设立民营企业转贷基金。市财政出资 2 亿元，并吸纳各区财政出资和民营企业会员出资，组建 10 亿元民营企业转贷互助基金，在银行承诺续贷的前提下，为民营企业及时提供应急转贷服务，年转贷规模超过 200 亿元。基金按照市场化原则运作，会员企业可享受优惠费率，原则上单笔转贷服务不超过 500 万元，特殊情况一事一议，最高不超过 1 亿元。所有驻宁银行机构应与转贷基金合作，确保不因企业使用该基金转贷而下调企业信用评级或压降授信额度。"

为落实《若干意见》，市金融办根据南京市民营企业融资面临的实际困难，结合南京实际，同多个部门广泛调研、借鉴经验、征求意见，颁布了《南京市民营企业转贷互助基金实施暂行办法》，基金总规模 10 亿元。资金来源具体为：原小微企业应急互助基金余额 1.2 亿元，市财政新增专项资金 2 亿元，玄武、秦淮区、建邺区、鼓楼区各新筹集和会员企业认缴资金 5000 万元，江北新区、栖霞区、雨花台区、江宁区、浦口区、六合区、溧水区、高淳区各新筹集和会员企业认缴资金 6000 万元。

（2）南京市组建百亿级纾困发展基金。

为贯彻落实中央相关精神，帮助民营企业防范流动性风险，南京市积极开展民营企业纾困救助行动。2018 年 11 月 18 日，江苏润和软件股份有限公司发布公告，南京国资混改基金通过协议转让的方式收购润和软件 4000 万股的股份。随着本次股权转让完成，润和软件控股股东可交债流动性风险将基本释放，这也是南京市首单针对民企纾困项目的实质性落地。南京国资混改基金方面表示，此次收购是基于对润和软件经营理念、发展战略的认同及对其未来发展前景的看好，通过协议转让的方式收购润和软件 4000 万股的股份，交易价格为 10 元 / 股，总投资额达 4 亿元。交易完成后，国资混改基金所持股份占上市公司总股本的 5.02%。南京国资混改基金由紫金集团、城建集团等六家市属集团于 2016 年 4 月共同出资组建，注册资本 10 亿元，主要投向南京市优质企业混合所有制改革项目，以促进国有资本与社会资本的有序融合、共同发展，实现企业股权结构多元化和公司治理的现代化。自成立至今，混改基金已顺利参与了南京医药和南京化纤的非公开发行项目，为提升地方经济活力、促进区域优质企业的发展做出了积极的贡献。

为加大企业纾困力度，南京市将按照国有资本引导、市场化运作的原则，引导设立百亿元以上级别的民营上市公司和拟上市公司纾困和发展基金，帮助优秀民营企业防范流动性风险，并对符合经济结构优化升级方向、有前景、有市场、有技术优势的优质民营企业进行支持。同时，南京市也将扩大"国资混改基金"规模至 30 亿元，并拓宽混改基金投资方式，通过购买上市公司公司债、可转换债、可交换债、股票质押融资等相关债权，为上市公司提供股权融资和流动性支持。

（3）设立南京国调国信智芯股权投资基金。

2018 年 11 月 14 日下午，南京市人民政府与中国诚通控股集团有限公司签订合作协议，在签约仪式上，南京国调国信智芯股权投资基金项目正式落户浦口开发区，自此开发区再添一家 30 亿集成电路发展产业基金。南京国调国信智芯股权投资基金，主要（70% 以上）投资于集成电路半导体产业，围绕集成电路产业链开展投资，重点投资芯片设计、封装测试、半导体装备、材料等；并重点关注人工智能、智能制造、工业 4.0 等相关领域。后续将通过吸纳各类社会资本和金融资本等多种渠道，力争使基金总规模达到 30 亿元。金融配套服务是加快产业发展的助推器，该基金的落户将对浦口智能制造产业的发展发挥更加积极的促进作用。

3. 加大对小微企业的融资支持

近年来，市金融办在市委、市政府的正确领导下，不断优化小微企业政策服务体系，搭建小微企业融资服务对接平台，全面拓宽小微企业融资渠道。一是出台《关于加快科技金融体系建设促进科技创新创业的若干意见》，打造科技金融的政策扶持体系。二是建立"小微金融直通车"对接平台。截至目前，市金融办已会同相关区举办 8 场专场对接活动，服务小微企业 500 余家。三是建立"融动紫金"中小微企业综合金融服务信息平台，为小微企业提供线上融资服务。四是建立总规模 5000 万元的股权质押融资风险补偿专项资金，缓解缺少抵质押物的小微科技创业融资难题。2018 年上半年，市股权质押融资专项基金累计尽调企业 65 家，实际授信 18 家，授信贷款金额 3800 万元。五是建立小微企业应急互助基金，通过短期借款帮助南京市 60 余家小微企业完成续贷融资 4.65 亿元，节省转贷成本近千万元。六是引导南京市创业投资基金加大对小微企业的股权融资支持。七是创新发展和利用多层次资本市场，引导小微企业挂牌融资。

4. 金融和科技创新创业、战略性新兴产业的深度融合

近年来，在市委、市政府的正确领导和高度重视下，南京市上下深入推动金融和科技创新创业、战略性新兴产业的深度融合，抢抓多层次资本市场体系改革和发展的契机，积极打造金融资本服务科技创新、人才创业、产业集聚的生态圈，一大批企业成功对接多层次资本市场。2017 年，南京市新增上市企业数量和境内首发融资额双双在全省折桂。2018 年以来，南京市又新增 5 家企业上市，新增境内上市公司数量位居全国第二，企业上市和多层次资本市场已经成为南京市经济社会发展和城市转型升级的重要支撑力量。

（1）百企上市撑起资本市场的"南京板块"。

南京市上市公司总量达到 107 家，其中境内上市 83 家，境外上市 27 家（含 3 家 A+H），形成了百舸争流的企业上市格局。随着南京市产业结构调整和转型升级步伐的加快，2013 年以来南京新增上市企业也始终保持在稳步上升的通道中，南京市共新增上市公司 46 家。目前，南京市境内上市公司数量在 GDP 万亿俱乐部城市中居第 7 位，首发募集资金居第 5 位。在上市公司数量激增的同时，南京市境内上市公司总市值实现了 3 倍的增长，从 2012 年末的 3307 亿元增加到 2017 年的 10821 亿元。在总市值的支撑下，南京市资产证券化率也相应大幅提升，从 2012 年末的 46% 提升到 2017 年末的 105%。2013 年以来，南京市共有 60 余家境内上市公司通过定向增发、发行公司债等进行再融资，累计融资额达 1840 亿元。同时，上市公司营收规模和盈利能力也在不断提高。根据上市公司年报，2017 年，南京市境内上市公司实现营业总收入 6301 亿元，同比增长 19%，实现净利润 564 亿元，同比增长 20%。全市 107 家上市公司中，科技型企业达到 69 家，占全部上市公司总数的 65%。在近 5 年新增的上市公司中，就有 34 家为科技型企业，占新增上市公司总数的 76%。此外，自 2014 年新三板扩容以来，南京挂牌全国"新三板"企业从无到有，增长迅猛。截至 2017 年底，全市共有"新三板"挂牌企业 237 家，科技型企业占比超过 80%，其中江苏中旗科技、药石科技等科技型企业已经成功"转板"至主板上市，分别创下南京市第一家上市的"新三板"企业和全国"转板"最快的原"新三板"挂牌企业纪录。

（2）精准发力多层次资本市场。

　　围绕《推进南京市发展和利用资本市场实施办法》，南京市金融办聚焦科技创新创业领域，强化服务和政策供给，建立了覆盖企业初创期、成长期、成熟期全生命周期的服务体系，为南京企业上市发展提供了肥沃土壤。

　　一是梯队培育，实现企业上市的连续性。自 2011 年起，就制定了《拟挂牌上市企业重点培育计划》，以能在 1~2 年内完成挂牌上市的企业作为培育重点，以市区各级部门、中介机构以及各类创投机构为信息来源，通过拟挂牌上市后备企业数据库、中介机构备案数据库、股权投资机构数据库的"三库合一"，构成了动态企业数据库，实施分类指导、重点培育。

　　二是上下联动，提升企业上市的保障性。建立了以分管副市长为总召集人，市金融办、发改委、财政局、国资委、经信委等部门及各区（国家级开发区）分管领导任成员的推进企业上市工作联席的会议制度，形成了定期沟通、协调解决问题的工作机制。5 年来，通过主动上门、市区联动等方式，帮助企业协调解决问题 100 余件，有效地缩短了企业挂牌上市的时间。

　　三是政策支持，增强企业上市的激励性。市本级每年安排不低于 2000 万元，各区、开发区按同比例配套，建立了企业利用资本市场补贴资金，既对企业上市前的各个环节给予补助，同时也鼓励上市公司通过增发、配股、发行公司债等方式多渠道筹资，实施战略性重组，加快资源整合与结构调整。2017 年，市区两级财政向 129 家（次）企业兑现企业挂牌上市及再融资补贴奖励资金 5160 万元。

　　四是注重服务，提高企业上市的主动性。针对企业对资本市场认识还不够到位的问题，市金融办创办了"南京资本市场学堂"线上线下宣传对接交流平台。通过线上微信公众号推送，线下组织培训、对接活动相结合的方式，整合政产学研金等各方力量，先后与沪深交易所、汇丰银行、伦敦交易所等国内外知名机构共同举办以境外上市发债、税收筹划、跨境并购等为主题的多场培训对接会，推动企业开展直接融资。同时，南京市对接深交所"科技金融平台"，建立了"南京科技金融路演中心"，构建科技型企业面向全国投资机构的常态化路演对接平台，并进行了 4 场路演活动，已有 5 家企业获得股权或债权融资 2300 万元。与上交所合作，共建"南京资本市场学院"，为科技企业对接资本市场，开展直接融资，提供了更为专业化和个性化的培训服务。

　　（3）为创新名城建设持续聚合资本力量。

　　科技创新始于技术，成于资本。南京多层次资本市场建设将深入贯彻落实党的十九大精神，按照建设"强富美高"新南京和"两聚一高""两高两强"的要求，在更高的坐标系中提升发展标杆，扛起创新名城建设的新担当。

目标引领。实施上市企业"三年倍增计划"，聚焦"121"战略和"两落地一融合"工程，围绕"4+4+1"主导产业体系，力争到 2020 年，实现上市和拟上市企业总量达到 200 家。

政策激励。建立健全更具竞争力的股权投资发展环境，打造更加精准的覆盖企业股改、挂牌上市、再融资和并购重组的全链条政策激励机制，全过程、多维度助推创新创业企业对接多层次资本市场。

搭建平台。强化与深交所合作的"南京科技金融路演中心"的常态化服务，为科技创新创业企业搭建全国性的展示和对接平台。以"南京资本市场学院"为载体，提升科技创新创业企业对资本市场的认知水平和实际操作能力。

创新服务。完善企业上市协调机制，统筹协调解决企业股改、挂牌上市过程中的突出困难和问题。建立"企业上市服务专家顾问团"，为企业上市提供更加精细化、专业化服务。

（二）苏州市的产业金融政策

打造扬子江城市群是江苏省贯彻落实长江经济带发展规划的系统设计和重大部署，彰显了长江经济带战略实施中的"江苏标记"和"江苏使命"。苏州的优势是经济实力强，谁也不能轻视。苏州在江苏创新格局中发挥引领性作用，苏州现阶段在做的正是：经济升级转型。苏州近年来全面加强国家创新型城市和苏南国家自主创新示范区建设，积极推进科技进步和技术创新，科技综合实力连续 7 年位居全省第一，苏州是推动扬子江城市群融合发展的重要引擎之一。

1. 金融服务实体经济规模较大

截至 2018 年末，苏州市本外币各项贷款余额为 2.74 万亿元，同比增长了 10.22%，增速同比提高 0.79 个百分点。全年全市本外币贷款新增 2466 亿元，同比多增了 321 亿元。同期全市各项存款余额为 3.05 万亿元，同比增长了 6.92%，增速同比提高 3.96 个百分点。全年全市本外币存款新增 1976 亿元，同比多增了 1155 亿元。2018 年末，全市本外币存贷比为 89.9%，分别比南京和无锡高出了 5.71 个和 14.53 个百分点，全年全市增量存贷比为 124.83%，分别比南京和无锡高出了 21.62 个和 30.6 个百分点。除了贷款融资之外，2018 年以来全市金融机构积极发展银行间市场债务融资工具，有效提高对地方经济的资金投入。2018 年全年全市企业发行债务融资工具 935.15 亿元，同比增加了 340.65 亿元，当期发行额占全省的 16.05%，同比提高 3.28 个百分点。截至 2018 年末，全市债务融资工具余额为 1710.05 亿元，较年初增加 371.65 亿元，同比多增了 360.15 亿元。小微金融扶持政策效果显现，12 月全市金融机构小微企业新发放 1 年期贷款加权平均利率为 5.42%，同比和较 6 月分别下降 0.06 个和 0.26 个百分点。[①]

2. 加大金融政策对制造业的支持

为全面贯彻党的十九大精神，落实中央经济工作会议和全国、全省金融工作会议要求，进一步推动金融服务实体经济，苏州市金融办制定了金融支持制造业发展的具体政策，加强金融对制造业企业转型升级和创新发展的支持力度，经苏州市政府第 36 次常务会议审议通过，政策执行期自 2018 年 1 月 1 日起，至 2020 年 12 月 31 日止。政策共有两项主要内容：

第一项政策的目的是鼓励担保机构和再担保机构为符合条件的制造业企业提供融资性担保服务，主要有两个方面：一是根据融资性担保业务年均在保余额的 1% 给予业务补助，引导机构增加对制造业企业的担保额；二是对发生损失的融资性担保业务，在其年平均在保余额 1%（含）范围内的实际损失，按照 30% 给予风险代偿，同时设定了对单一机构年度代偿的总额为 500 万元，以此来激发机构服务制造业企业的积极性。

第二项政策的目的是鼓励银行业金融机构为符合条件的制造业企业提供增量信贷服务。政策对实现制造业信贷投放正增长的银行，从信贷余额、信贷增量和信贷增幅三个方面进行综合考评并择优奖励。在设定奖励依据时，以机构上年度末的制造业贷款余额为分档依据，按照 200 亿元以上（含）、100 亿（含）～200 亿元、50 亿（含）～100 亿元、10 亿（含）～50 亿元、10 亿元以下五个档次进行分组，保证了不同业务规模的银行参与考评的公平性；同时在不同档次内，通过设置不同数量的一、二、三等奖，对不同考评结果进行差异化激励，鼓励争优。

金融支持制造业发展若干具体政策的出台，将引导融资性担保机构、再担保机构和银行积极将金融资源向优质制造业企业投放，进一步优化金融供给结构，全面提高金融服务实体经济的质量、效率和水平。

3. 金融政策对民营企业的支持

2018 年 4 月 11 日，苏州市召开金融服务民营企业座谈会，进一步推动政银企对接合作，深化金融服务民营企业。苏州市积极打造具有苏州特色的综合金融服务体系，至 2018 年 2 月末，累计解决 9744 家企业 5703 亿元融资需求，信保贷授信 167.84 亿元，2000 多家企业获得 126.79 亿元首贷资金。发展壮大民营经济，需要金融界在内的全社会共同努力，既要高度重视发展中的问题，更要保持定力、

---

① 参见：http://mini.eastday.com/a/190125164055490.html。

精准施策，为民营企业排忧解难、为民营经济营造更好的发展环境。

4. 积极搭建金融服务平台

苏州市政府为全方位服务中小企业，搭建了苏州综合金融服务平台，苏州银行负责承建平台和系统实施工作，也是平台重要的融资机构之一。这个平台打通了金融机构资金与企业融资需求之间的"梗阻"，形成企业守信用、机构有创新、政府有推动的综合金融服务机制，为企业创造了融资新空间。目前已有 59 家金融机构入驻该平台，其中包括 33 家银行机构、9 家保险机构和 17 家担保机构。为创造充分的市场竞争环境，平台引入了"抢单"机制，即对于企业用户提交的非定向融资需求，最多有 3 家金融机构可以同时贷审。平台还首创了线上/线下撮合模式，先为企业和金融机构搭建线上撮合渠道。对于未成功对接的企业融资需求，再组织协调金融租赁公司、小贷公司以及金融资产交易所等多种类型的金融机构进行线下交易撮合。

截至 2018 年 3 月末，苏州综合金融服务平台已累计解决融资需求 37615 项、金额 5830 亿元，需求项目解决率 84.13%，需求金额解决率 97.04%。其中，2122 家企业获得了 128 亿元"首贷"资金；1845 家企业获得信用贷款，合计 1232 亿元。从担保方式来看，越来越多的轻资产企业解决了融资难题，非抵押、质押类贷款约占 50%；从平台企业融资成本来看，平台对接成功的融资利率基本为基准利率上浮 20%~30%，在 5.5% 左右，低于目前企业平均贷款利率 1~2 个百分点，相比目前企业平均贷款利率明显优惠。其中，苏州银行累计解决平台企业融资需求 6228 项、金额 482 亿元，户均授信 774 万元，充分体现了服务小微的普惠特色。

苏州银行正向其他城市推广、研发、上线具有当地特色的服务平台，例如江苏省综合金融服务平台、泰州市产融服务平台、扬州政税银大数据服务平台等。目前，苏州综合金融服务平台已完成了第一阶段特色基础平台的搭建，成功融合了银行、保险等融资渠道，正在按计划扩展投贷联动、产业基金、风险投资、天使投资、私募股权等多元化的融资渠道。未来平台将向智能化发展，包括增加自动化预授信、风险智能预警、产品智能推荐和地方经济指数功能等。

5. 加快金融和科技的融合

用科技赋能金融，2018 年 11 月 26 日，苏州市金融科技协会正式成立。推出苏州市金融科技协会，主要是在金融科技方面为供给侧和需求侧两端搭建一个平台，在供给侧聚集国内外知名研究机构，将新的技术应用到科技上面来。此外，在由众多顶尖投资机构坐镇的苏南股权路演总决赛上，10 个来自不同领域的优质项目上演了一场精彩绝伦的巅峰聚合。截至 2018 年 9 月末，园区已集聚金融类

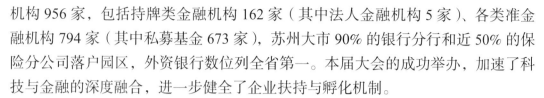

机构 956 家，包括持牌类金融机构 162 家（其中法人金融机构 5 家）、各类准金融机构 794 家（其中私募基金 673 家），苏州大市 90% 的银行分行和近 50% 的保险分公司落户园区，外资银行数位列全省第一。本届大会的成功举办，加速了科技与金融的深度融合，进一步健全了企业扶持与孵化机制。

　　6. 支持外国对苏州的产业投资

　　2018 年 11 月 20 日，新加坡—江苏合作理事会第十二次会议在新加坡成功召开。双方将坚定推进贸易和投资的自由化、便利化，积极响应企业发展国际化的巨大潜力和需求，致力于建立高水平的国际投资引导和综合服务体系；支持中新苏州工业园区开发集团股份有限公司与新加坡企业战略合作共同拓展"一带一路"倡议下的相关项目，实现苏州工业园区与新加坡共同走出去，在第三方"一带一路"沿线国家共建合作项目；以建设中的江苏（苏州）国际铁路物流中心为载体，共同开展投资合作，打造开放型经济发展的重要平台；在苏州工业园区境外投资服务平台的现有合作基础上，进一步探索和构建中国企业"走出去"所需的政府公共服务和市场化专业服务一站式功能。苏州工业园区是中国和新加坡两国政府合作成功的典范。近年来，园区大力深化中新金融合作，成效显著。星展银行、华侨银行、大华银行三家新加坡本土银行纷纷入驻，齐聚园区，基本形成了金融机构高度集聚、功能层级相对较高、金融产品和服务较为丰富的发展格局。

第二节　扬子江城市群产业金融发展存在的问题

一、地区差距大、阻碍区域的快速发展

　　改革开放以来，扬子江两岸八个城市通过自身努力，均实现了各自的快速发展。但是，由于长期以来缺乏合作的意识和机制，在发展过程中分工不明确、定位不清晰、功能不错位，不可避免地造成了重复建设、恶性竞争、市场割裂等问题，难以形成 1+1>2 的协同效应，阻碍了区域的快速发展。而且，由于相互之间缺乏合作，也造成了发展上的不平衡，使扬子江南北两岸城市之间存在较为明显的二元经济现象。此外，行政壁垒的存在，使得一些需要通过大区域协同治理才能取得成效的领域，如环境区域协同治理等，难以达成共识，产生了很大的外部不经济现象，在一定程度上削弱了整体竞争力。

2018 年，扬子江城市群生产总值为 72860.12 亿元，占整个江苏省的 78.69%，是江苏省乃至长三角地区最为发达的城市群。如图 9-1 所示，在经济总量上可以分为四个梯队：苏州市和南京市处于第一梯队，苏州市以 18500 亿元位居全省第一，南京市以 12820.4 亿元位居全省第二；无锡市处于第二梯队，以 11438.62 亿元位居全省第三；南通市和常州市处于第三梯队，但早已突破 5000 亿元；扬州市、泰州市、镇江市处于第四梯队，扬州市和泰州市突破 5000 亿元大关，但镇江市经济总量尚未突破 5000 亿元。在经济效益上可以分为四个梯队：苏州市和无锡市处于第一梯队，人均 GDP 突破 17 万元，苏州市以 17.43 万元位居全省第一；南京市和常州市处于第二梯队，人均 GDP 在 15 万元左右，南京市以 15.20 万元位居全省第三；扬州市、镇江市处于第三梯队，人均 GDP 突破 12 万元；南通市和泰州市处于第四梯队，人均 GDP 未达到 12 万元。扬子江城市群八个城市之间经济发展存在明显的差异性，苏州市无论经济总量还是经济效益均居八市之首，其他城市还需与苏州市看齐。

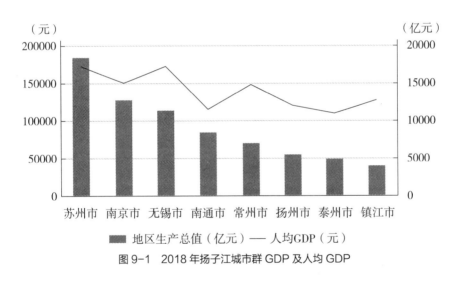

图 9-1　2018 年扬子江城市群 GDP 及人均 GDP

资料来源：2018 年各地区统计公报。

从金融业的发展来看，扬子江城市群的总体实力非常强，但各地区金融发展参差不齐，对实体经济的支持差别也很大。2018 年末，从存款余额来看，南京市全市金融机构人民币存款余额 34524.86 亿元，苏州市金融机构人民币各项存款余额 28560.4 亿元，无锡市金融机构人民币各项存款余额 16056.79 亿元，南通市金融机构人民币各项存款余额 12211.17 亿元，常州市金融机构人民币各项存款余额 10090.1 亿元，泰州市金融机构人民币各项存款余额 6119.38 亿元，扬州市金融机构人民币各项存款余额 5997.55 亿元，镇江市金融机构人民币各项存款余额 5042.97 亿元，合计 118603.22 亿元，占全省的 84.89%；从贷款余额来看，南京市全市金融机构人民币贷款余额 29065.66 亿元，苏州市金融机构人民币各项贷款余额 26546.2 亿元，无锡市全市金融机构人民币贷款余额 12102.76 亿元，南通市金融机构人民币各项贷款余额 8878 亿元，常州市全市金融机构人民币贷款余额 7564.8 亿元，泰州市金融机构人民币各项贷款余额 4784.04 亿元，扬州市全市金融机构人民币贷款余额 4630.51 亿元，镇江市金融机构人民币各项贷款余额 4450.6 亿元，合计 98022.57 亿元，占全省的 84.71%；从保费收入来看，南京市保费收入 603.55 亿元，苏州市保费收入 629.7 亿元，无锡市保费收入 374.36 亿元，南通市保费收入 300.59 亿元，常州市保费收入 263.9 亿元，扬州市保费收入 175.75 亿元，泰州市保费收入 162.71 亿元，镇江市保费收入 128.19 亿元，合计 2638.75 亿元，占全省的 79.55%（见图 9-2）。

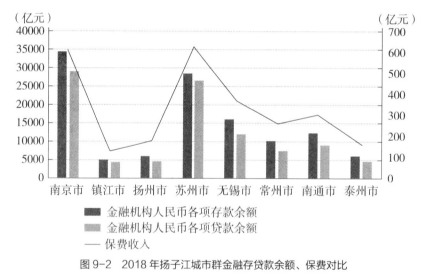

图 9-2　2018 年扬子江城市群金融存贷款余额、保费对比

资料来源：2018 年各地区统计公报。

二、产业同构导致的负面影响大于正面效应，产业集而不群现象突出

扬子江城市群产业同构现象既源于相似的要素禀赋，也是地方行政体制分割下竞相发展热门产业的结果。产业同构本身并不可怕，由于沿江各市的细分产业和产品并不同构，区域分工仍然存在，本可以发挥其协同效应，但由于各市突出

提升本地配套率，导致产业发展呈现"大而全""小而全"的布局，没有能形成各市分工协作的区域产业集群。产业同构下恶性竞争导致的资源分散、重复建设是当前发展中的突出问题。加之市场化的出清机制没能有效发挥作用，导致一些产业产能过剩问题比较突出，制约了产业的转型升级。

三、南京市缺少中心城市发展体量、辐射带动能力不够强

城市体量不足，是南京发展为中心城市的拦路虎。一方面，统计数据显示，南京现有土地面积、人口数量距离特大城市、中心城市的定义尚有一定距离；另一方面，南京现有人口增加战略、区域引导战略缺乏长期连贯性规划，区域中心位置难以突出。

1. 缺乏国家级领头战略

国家级领头战略，是南京中心城市建设的助推剂。我国多数地区都在重塑经济地理，有的形成城市群，如长株潭城市群、杭州湾城市群；有的推进同城化，如武汉城市圈、广渤城市圈、港深城市圈。而就南京而言，中央仅明确了其特大城市与中心城市的城市定位，并无一个以南京为领头的国家战略，这成为南京与其他同级城市在中心城市建设竞争中的不利因素。

2. 缺少区域中心向心引力

城市对周边的吸引力，是建设中心城市的黏着剂。多年来，南京对周边城市如镇江、扬州等进行一体化建设的向心力、聚合力始终不足。原因包括南京中心地位一直未被上级政府、周边地区及南京自身明确认知；三市交界地区在功能设施、配套环境等方面缺乏衔接和协调；各城区之间的道路通达程度较差，交通系统存在割裂和阻滞。这些使得周边城市更多寻求与苏南城市及上海进行合作，而与南京渐行渐远。

四、融资难、融资贵问题突出

受外围形势、经济周期、产业转型等多重因素影响，当前扬子江城市群民营经济发展中存在着一些矛盾和问题。其中，贷款到期转贷难是造成南京市民营企业融资难、融资贵的重要原因之一。很多民营企业在贷款即将到期时，因为用款周期与贷款期限不匹配，无法及时筹措自有资金归还贷款，不得不通过民间借贷甚至是高利贷进行续贷。这种融资行为滋长了高利贷的生存空间，对正规金融形

成挤压效应，大幅增加了民营企业的融资成本。更严重的是，一旦续贷不成功，企业极易发生资金链断裂，陷入困境。即便有的时候政府出台了这方面的政策，是否能在民营企业落实也是一个很重要的问题。

近期南京市制造业融资形势有所好转，但发展向好的基础尚不牢固，制造业融资环境建设仍然存在短板。南京市要认真落实中央和省委省政府相关工作部署，贯彻执行《省政府关于金融支持制造业发展的若干意见》，拓展工作思路，聚焦主攻方向，推动金融支持制造业发展提质增效。要围绕创新驱动战略，加大对"双创"的支持力度；瞄准制造业中高端，促进金融资源向传统产业转型升级和战略性新兴产业集聚；构建绿色金融体系，推动制造业向绿色产业发展；提升对外开放水平，加大对"走出去"的支持力度；践行普惠金融理念，缓解中小微制造企业融资难、融资贵的矛盾。

第三节　促进扬子江城市群产业金融发展的政策建议

一、加大南京市自身发展力度，引领扬子江城市群实现区域率先发展

扬子江城市群是江苏省经济发达程度最高的区域，也是长三角城市群北翼核心。南京作为江苏省省会城市以及长三角地区唯一特大城市，应成为扬州城市群率先发展的引领者，成为提升扬子江城市群综合实力的带动者，担负起长三角地区特大城市地位所赋予的重任。从扬子江城市群发展上看，也需要形成一个发展核心，形成"中心—外围"的发展格局，来最大化地引领整个区域共同进步，而且能够更好地对接上海这一长三角地区龙头城市，形成更大范围的区域辐射和带动作用。从这个角度看，只有南京真正具备这样的资格。

南京要真正成为引领扬子江城市群发展的核心城市，还需要加大自身发展力度，要注重加强科技创新、高新技术产业、现代服务业的发展，占据产业发展的高端地位，并逐渐形成在国内外市场整合产业发展要素的能力；要加强南京"枢纽中心"建设，把南京建设成为长三角区域物流、人流、资金流、信息流的"枢纽"中心城市，同时借助长江经济带战略和"一带一路"倡议的推进，提升南京在全

国范围乃至世界范围的重要节点城市地位；此外，还要借助长期以来积聚的深厚历史文化资源，凸显南京在扬子江城市群乃至全国的文化中心影响力，引领扬子江城市群对外的人文合作与文化发展。

二、建立对话沟通机制，引领扬子江城市群实现区域协同发展

扬子江城市群建设的目的是要打破区域壁垒、区域障碍，加快不同城市之间的一体化发展，整合内部资源和要素，促进它们自由流动，最大限度地实现资源和要素的有效利用。在这一过程中，关键就是要实现不同城市之间的协同发展。在国内外经济发展压力不断加大的今天，扬子江城市群八个城市只有打破壁垒、相互合作、协调一致，才能优势互补，形成资源的有效整合，实现合作共赢的发展态势。

南京区域中心城市的定位不仅需要其加快自身的发展，起到区域引领的带动示范作用，更需要南京能够从扬子江两岸区域发展的角度出发，在促进相互之间的协调和合作、加强不同城市之间的沟通与共享上做出贡献。对此，南京要充分发挥省会城市的带动作用，加快建立与其他城市的对话和沟通机制，在基于宁镇扬都市圈同城化建设的基础上，加强与锡常泰和苏通经济圈的合作，促进三大区域之间的融合发展、一体发展。尤其要注重在规划衔接、立体交通体系建立、公共服务共享、生态环境保护、文化合作交流以及区域对外开放等方面加强协同。同时，南京要加快江北新区建设，缩小城市内部江南和江北之间的发展差距，为更大范围的两岸一体化发展奠定基础。

三、突出转型升级，大力推动产业经济配套融合

优化产业结构，共建优势互补、协作紧密的现代产业体系。完善工业企业转型升级正向激励和反向倒逼机制，运用差别化政策，推动制造业绿色高效发展。壮大金融、文化旅游、健康养老等产业，构筑扬子江城市群现代服务业高地。

四、注重分工协作，大力推动对外开放互动融合

发挥苏州开放型经济优势，打造扬子江城市群对外开放窗口，引领城市群更高层次参与国际合作。加快高端载体建设，提升苏州工业园区中新合作、昆山海

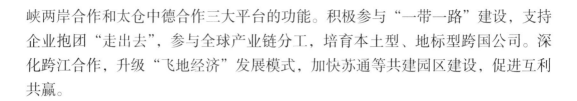

峡两岸合作和太仓中德合作三大平台的功能。积极参与"一带一路"建设，支持企业抱团"走出去"，参与全球产业链分工，培育本土型、地标型跨国公司。深化跨江合作，升级"飞地经济"发展模式，加快苏通等共建园区建设，促进互利共赢。

五、共建共享开放创新服务平台

首要的是发挥大平台的支撑作用。一个是苏南国家自主创新示范区。应尽快建立和发布反映区域创新状况的苏南指数，使之成为集聚高端要素的风向标。省级层面可先做好规划，引导各地明确战略性新兴产业发展重点，建设好未来网络试验设施等重大平台和纳米等产业技术创新中心。以市场化为手段，推进国家技术转移中心等跨地区综合性服务平台建设，推广省技术产权交易市场服务体系，盘活群内技术创新资源。苏南"9+1"国家级高新区，相关创新政策在不改变示范区规划的情况下，可以探索推广至南通、扬州、泰州二市高新区，形成一个更大范围的创新平台。另一个是江北新区。借鉴北京中关村、上海张江等建设经验，秉持"小政府、大社会"的理念，以服务对象需求为导向，大幅简化政务服务，推动以管理体制、外贸、金融、科技、人才等为主要内容的改革创新，构建与国际接轨的管理体制、运行体制和创新生态。同时，推动省产业技术研究院、省技术产权交易市场和企业、高校院所的研发机构等各类创新平台向公众开放，建设开放性创新服务平台。依托具有明显优势的产业集群、国家级基地和企业创新平台，组建一批跨领域、跨区域的制造业创新中心，为各地特色产业提供研发服务和技术支撑。

六、明确产业发展龙头

产业发展离不开龙头带动作用，因此要根据八市的比较优势，从不同领域明确产业发展的龙头。扬子江城市群中心领头城市尚不明确，各个城市都有一定的产业优势，但不足以带动整个区域的发展。

明确产业龙头的思路：首先，加强区域中心城市建设。南京市、苏州市相对更具有竞争力，但从中心领头城市的要求看，南京市可能更胜一筹。因为南京市是省会城市、区域中心城市，要素集聚能力和辐射带动能力无论从当前还是从长远来看，均要超过苏州市。南京市要进一步做大经济总量，形成规模优势；在发展生产性服务业的同时，在发展智能化高端制造业，制造业与服务业相互驱动，避免出现产业空心化问题；要集聚国际化的产业功能，提升国际影响力和竞争力。其次，培育区域产业副中心。以苏州市为例，经济总量最大，经济效益最强，制造业基础最雄厚，通过副中心建设，一方面提升苏州市的辐射带动作用，另一方面将其产业发展模式和经验向外推广，为区域其他板块发展提供经验支持。最后，以特色产业为基础，建立若干产业基地（服务业集聚区）。总之，明确产业发展龙头，即形成"中心—副中心—产业基地"三级格局。在每个层次都有相应的龙头带动，南京市是全域的龙头，也是宁镇扬板块的龙头；苏州市是全域的副中心，也是苏锡常板块的龙头；南通市是苏中板块的龙头。同时，不同城市也是相应产业的龙头。区域协同后仍有板块划分，但与之前的区别是，板块之间的割裂局面不复存在，完全是根据产业集聚和集群发展的需要进行的划分。明确龙头的另一个重要作用，就是以此促进区域内产业实现梯度转移。通过产业转移、集聚、链接和融合，能够实现产业资源的有效流动，进而促进产业协同。当然，产业转移的过程中，要警惕高污染、高能耗产业转移，即要根据生态发展要求按照绿色化、低碳化路径转移。

第十章

江苏沿海地区的产业金融政策

在江苏"1+3"重点功能区战略中，沿海地区包括江苏沿海的南通市、盐城市和连云港市。江苏沿海地区要积极谋划和推进现代海洋经济发展，彰显沿海经济带建设的特色优势。沿海三市各具优势，潜力极大，南通重点建设上海"北大门"，连云港是"一带一路"的重要节点城市，盐城具有发展海洋经济和生态经济的特殊优势，这一地区未来将成为全省经济发展的新增长极。本章研究江苏沿海地区的产业金融政策，主要分析南通和盐城两市的金融政策，兼顾连云港市。

第一节 江苏沿海地区的主要产业金融政策

一、江苏沿海地区的经济和金融发展概况

（一）江苏沿海地区的经济发展概况

江苏沿海地区包括江苏沿海的南通市、盐城市和连云港市。南通市 2018 年末全市常住人口 731.00 万人，其中城镇人口达到 490.50 万人，增长了 1.69%，城镇化率 67.1%，比上年提高 1.07 个百分点，年末户籍人口 762.52 万人。全市人口出生率 6.9‰，人口死亡率 9.1‰，人口自然增长率 –2.2‰。国民经济平稳增长，经初步核算，全市实现生产总值 8427 亿元，按可比价格计算，比上年增长了 7.2%。其中第一产业增加值 397.77 亿元，增长了 2.2%；第二产业增加值 3947.88 亿元，增长了 6.5%；第三产业增加值 4081.35 亿元，增长了 8.4%。人均 GDP 达到 115320 元，增长了 7.1%。按 2018 年平均汇率计算，人均 GDP 为 17427 美元。[①]

---

① 资料来源：《南通市 2018 年国民经济和社会发展统计公报》。

2018 年末，盐城市全市户籍人口 824.7 万人，比上年末减少 1.42 万人，其中城镇人口 496.5 万人，乡村人口 328.2 万人。全年人口出生率为 9.89‰，死亡率为 6.46‰，自然增长率为 3.43‰。年末常住人口 720 万人，城镇化率 64.03%，比上年提高 1.13 个百分点。经济保持稳定增长，经初步核算，2018 年全市实现地区生产总值 5487.1 亿元，总量居全省第 7 位，按可比价计算，比上年增长了 5.5%。其中，第一产业实现增加值 573.4 亿元，比上年增长了 3.2%；第二产业实现增加值 2436.5 亿元，比上年增长了 3.7%；第三产业实现增加值 2477.2 亿元，比上年增长了 8.1%。产业结构持续优化，三次产业增加值比例调整为 10.5∶44.4∶45.1，二三产业比重比上年提高了 0.6 个百分点，人均地区生产总值达 75987 元（按 2018 年年平均汇率折算约为 11483 美元），比上年增长了 5.8%。①

连云港市人口总量保持稳定。年末户籍人口 534.34 万人，比上年末增加 1.81 万人，增长了 0.3%。年末常住人口 452.0 万人，比上年末增加 0.16 万人，增长了 0.04%。其中，城镇常住人口 282.95 万人，比上年末增加 4.17 万人，增长了 1.5%。常住人口城镇化率 62.6%，比上年提高 0.9 个百分点。经济总量不断扩大，2018 年全市实现地区生产总值 2771.70 亿元，比上年增加 131.39 亿元，增长了 4.7%。其中，第一产业增加值 325.57 亿元，增长了 2.6%；第二产业增加值 1207.39 亿元，增长了 1.9%；第三产业增加值 1238.74 亿元，增长了 8.2%。人均地区生产总值 61332 元，增长了 4.5%。②

2018 年江苏沿海经济区主要经济指标见表 10-1。

表 10-1　2018 年江苏沿海经济区主要经济指标

指标	南通市	盐城市	连云港市	全省	沿海占全省比重（%）
土地面积（平方公里）	8544	17000	7614	107200	31
户籍总人口（万人）	762.52	824.7	534.34	7794.17	27
常住人口（万人）	731.0	720.0	452.0	8050.7	24
地区生产总值（亿元）	8427	5487.1	2771.70	92565.4	18
人均 GDP（元）	115320	75987	61332	115168	36
农林牧渔业总产值（亿元）	761.23	1183.9	636.65	7210.41	73

---

① 资料来源：《盐城市 2018 年国民经济和社会发展统计公报》。
② 资料来源：《连云港市 2018 年国民经济和社会发展统计公报》。

指标	南通市	盐城市	连云港市	全省	沿海占全省比重（%）
粮食总产量（万吨）	419.5	704.3	364.03	3660.3	41
工业增加值（亿元）	1922.04	939.8	−196.95	35748.27	7
建筑业总产值（亿元）	667.4	80.53	245.50	30846.7	3
固定资产投资增速（%）	8.8	9.4	6.7	5.5	—
社会消费品零售总额（亿元）	3088.77	1778.7	1121.31	34244.66	17
进出口总额（亿美元）	3088.77	95.5	95.47	6619.27	50
货运量（万吨）	26702.1	6587.2	5473.17	247388.1	16
邮政业务收入（亿元）	45.78	21.2	55.61	647	19
电信业务收入（亿元）	81.11	55.9	38.25	975.1	18
旅游总收入（亿元）	709.19	374.2	531	13247.3	12
一般公共预算收入（亿元）	606.19	381	234.31	8630.2	14
一般公共预算支出（亿元）	877.12	845.7	—	11658.2	—
居民人均可支配收入（元）	37071	29488	25864	38096	—

资料来源：《江苏省 2018 年国民经济和社会发展统计公报》《南通市 2018 年国民经济和社会发展统计公报》《盐城市 2018 年国民经济和社会发展统计公报》《连云港市 2018 年国民经济和社会发展统计公报》。

（二）江苏沿海地区的金融发展概况

2018 年，江苏沿海经济区的金融业实现了快速发展。南通市全年金融机构新增本外币存款 493.01 亿元，年末存款余额 12211.17 亿元。其中，储蓄存款余额 5596.37 亿元，比年初增加 125.67 亿元；非金融企业存款余额 3736.89 亿元，比年初减少 117.07 亿元。全年金融机构投放贷款 988.41 亿元，年末各项贷款余额 8878.00 亿元。年末全市拥有保险机构 80 家，保险行业从业人员 3.45 万人。全年保费收入 300.59 亿元，比上年下降了 9.3%。其中，财产险收入 67.23 亿元，增长了 5.1%；人寿险收入 193.38 亿元，下降了 16.2%。年末全市上市公司 41 家，其中境内上市公司 33 家，比上年新增 1 家，上市公司通过首发、配股、增发、可转债筹集资金 77.32 亿元。企业境内上市公司年末总股本 312.3 亿股，市价总值

2292.7 亿元。①

盐城市信贷规模持续扩大。2018 年，全市共有银行业金融机构 42 家，年内净增 1 家，为光大银行盐城分行。金融机构年末本外币存款余额 6421.4 亿元，比年初增长了 3.3%，其中储蓄存款 2902.1 亿元，比年初增长了 5.8%。金融机构年末本外币贷款余额 5003.8 亿元，比年初增长了 16.6%，其中中长期贷款 2560.4 亿元，比年初增长了 11.6%。保险业健康发展，2018 年全市拥有各类保险机构 78 家，其中市级产险公司 22 家，寿险公司 39 家，保险专业中介一级法人机构 11 家，保险经纪分支机构 3 家，保险公估分支机构 3 家。保险分支机构及营销网点 646 个，保险从业人员 4.8 万人。全市实现保费收入 176.4 亿元，比上年下降 1.5%。其中财产险 40.9 亿元，比上年增长了 3.9%；人身险 135.5 亿元，比上年下降了 3%。全市各项赔偿和给付 52.5 亿元，比上年下降了 3.7%。②

连云港市金融信贷较快增长。2008 年末，全市金融机构存款余额为 3261.64 亿元，比年初增加 284.66 亿元，同比增长了 9.6%。其中，住户存款余额 1429.18 亿元，比年初增加 139.25 亿元，同比增长了 10.8%。贷款余额为 2945.04 亿元，比年初增加 468.96 亿元，同比增长了 18.9%，增速居全省第一位。保险市场快速发展，全市保险业务总收入突破百亿元，达到 103.41 亿元，增长了 12.5%，居全省第三位。其中，财产险 27.87 亿元，增长了 7.1%；寿险 61.58 亿元，增长了 10.0%；健康险 12.28 亿元，增长了 46.0%，居全省第一位。③

2018 年江苏沿海经济区金融业主要经济指标见表 10-2。

表 10-2　2018 年江苏沿海经济区金融业主要经济指标

指标	南通市	盐城市	连云港市	全省	占全省比重（%）
金融机构人民币各项存款余额（亿元）	12211.17	6421.4	3261.64	139718.0	15.7
金融机构人民币各项贷款余额（亿元）	8878.00	5003.8	2945.04	115719.0	14.6
保费收入（亿元）	300.59	176.4	103.41	3317.3	17.5

资料来源：各地 2018 年统计公报，江苏省保监局。

---

① 资料来源：《南通市 2018 年国民经济和社会发展统计公报》。
② 资料来源：《盐城市 2018 年国民经济和社会发展统计公报》。
③ 资料来源：《连云港市 2018 年国民经济和社会发展统计公报》。

二、沿海地区总体产业金融政策概述

（一）加快构建现代海洋产业体系

"1+3"功能区战略构想的"3"中之一，是在连云港、盐城、南通的沿海区域发展临港经济，建设沿海经济带。江苏作为海洋大省，以"海洋强省"战略为目标，从陆域到海洋、沿海到远海、浅海到深海的视角，对海洋三次产业进行分类细化，加快构建现代海洋产业体系，对全面建成小康社会具有重要的现实意义。

沿海陆域：构建"一带、三港群、三功能区板块"的沿海产业布局新模式。第一，打造"E"型特色海洋经济带。树立大沿海意识，增强陆海之间经济的整体性、产业的关联性。深入实施"沿海开发"战略，实现港口、产业、城镇联动发展，打造黄海经济带。第二，构建沿海三大产业港口群。加快以连云港为核心的沿海港口群建设，发挥连接南北、沟通东西的桥梁作用。依托港口开放开发，通过重大项目的带动，加速临港产业集聚。第三，优化沿海"南、北、中"三大功能区板块。北部产业板块，以连云港市为核心，重点发展产业集聚区；中部产业板块，以盐城市为核心，重点发展临海特色产业；南部产业板块，以南通市为核心，重点发展江海联动产业。

沿海滩涂：构筑"试验区、综合开发区、绿色城镇带"滩涂综合开发新格局。第一，推进滩涂综合开发试验区建设。严格执行沿海地区开发主体功能区规划，积极探索滩涂开发与保护、产业布局与产业联动的新机制，为提高滩涂利用效率提供保障。第二，推进临港产业综合开发区建设。大力发展沿海生态农业，把沿海滩涂建成我国重要的现代农业综合开发区。加强沿海滩涂保护性开发，把沿海地区建成我国重要的湿地旅游示范区。大力发展临港产业，优化滩涂开发产业布局。第三，加快沿海绿色城镇带建设。以连云港、盐城、南通三市为中心，以临海城镇为节点，促进人口、资金、技术等要素集聚。以改善生态环境为保障，营造滨海绿色宜居城市。

近岸海域：开创"近岸海域综合开发与保护实验区"建设新局面。第一，加强海洋保护区建设。加强现有海洋保护区管理，维持、恢复、改善海洋生态环境和生物多样性，保护自然景观。第二，发展近海特色产业。集约利用岸线和海域资源，壮大临海农渔业和港口航运业。深化海水淡化技术及项目研究和海水淡化示范工程建设。科学论证与规划海上油气、海洋新能源、固体矿产、盐田和可再生能源的开发价值，建设特色产业基地。第三，打造旅游休闲娱乐区。加强海岛的保护与开发，发展海岛旅游业。加强对珍稀物种、自然遗迹、海蚀地貌和湿地的保护，以秦山岛为主园区建设海洋公园，大力发展海上旅游、休闲渔业等产业。

远海、深海海域：拓展"蓝色经济"发展新空间。第一，发展远洋渔业。实施海外渔业工程，推进远洋渔业产品精深加工和市场销售体系建设，把启东打造成为国际性海洋水产品集散地。第二，巩固远洋运输业。推进海运船舶大型化、专业化和智能化。在巩固提升现有航线基础上，重点发展"21世纪海上丝绸之路"航线。第三，推动深海资源开发。加强对黄海海域深水油气、矿产的勘探，筹谋深海资源开发的布局，积极推进深海对外招标和合作。第四，筹谋深海采矿业。国家对深海资源开发将日益重视，未来会将其上升为与太空发展并行的国家战略。第五，助力深海装备制造业。依托江苏海洋装备制造业技术优势，提升勘探勘察装备研发和产业化水平。[①]

（二）创新平台建设，畅通融资渠道

2018年以来，江苏沿海经济区各地方金融监督管理局认真贯彻落实了中共中央办公厅、国务院办公厅和国家有关部委出台的《关于加强金融服务民营企业的若干意见》《关于金融服务乡村振兴的指导意见》《进一步深化小微企业金融服务的意见》《关于有效发挥政府性融资担保基金作用切实支持小微企业和"三农"发展的指导意见》等文件精神，扎实推进金融供给侧结构性改革，畅通金融血脉，协调金融机构落实好金融支持实体经济、支持乡村振兴、支持民营企业特别是小微企业的各项政策措施，不断增强金融服务实体经济的能力。

南通综合金融服务平台于2018年5月初首批接入江苏省服务平台，省平台开通后首笔融资落户南通。据介绍，南通市早在2013年便设立小微查访平台，为企业提供"一站式"金融服务，该平台为对接成立综合金融服务平台打下良好基础。截至2018年10月底，该金融服务平台上线企业数达到5520家，核准上线金融机构30家，共483家企业发布融资需求20.98亿元，已有254家企业与金融机构成功对接，获得贷款授信9.79亿元。

近年来，南通市围绕股权融资和债权融资两大功能，搭建线上线下"三大平台"，有效解决融资信息不对称、渠道不通畅等问题。据介绍，另一线上平台为南通创业融资服务平台，2015年上线以来累计发布492项创新创业项目及79余

---

① 资料来源：《沿海经济带助力海洋强省建设》，《中国江苏网》2017年8月16日。

家投资机构对接信息。2018 年 9 月底在该中心举办的一场广告创意园专场活动上，企业家与银行投资机构深入对接，拓宽贸易和文创类企业融资渠道。自 2016 年底成立，该中心已开展融资对接活动 141 场，帮助 95 家企业成功融资 9.26 亿元。[①]

盐城市的信贷规模进一步扩大。积极推动金融机构盘活存量、用足增量，多渠道扩大实体经济信贷投放。2018 年 4 月末，全市各项贷款余额 5433.14 亿元，居全省第 7 位；比年初新增 426.64 亿元，同比多增了 184.4 亿元；比年初增长 8.5%，居全省第 2 位。[②]

（三）开发网贷系列产品助力小微企业

"融资难、融资贵"一直是困扰小微企业发展的难题，江苏银行盐城分行从小微业务融资难的症结入手，积极运用互联网和大数据技术，相继开发出"税 e 融""电 e 融"等小微网贷系列产品，深受小微企业主欢迎，业务领跑互联网金融市场。

2017 年 5 月，江苏银行与电力部门合作创新推出"电 e 融"，根据小微制造业企业电力使用、电费缴纳的历史记录等进行大数据分析，为那些规范经营、诚信用电的企业提供无抵押无担保的全线上信用贷款。当年 8 月，盐城市某药业公司成功申请到 30 万元"电 e 融"贷款，企业直接缴纳了电费，从审批到成功缴纳电费，只用了短短 20 分钟。江苏银行勇于创新尝试，积极借助大数据应用提升竞争力和服务水平，在服务小微企业方面取得了显著成效。2016 年，盐城分行小微网贷业务审批通过 462 笔，共 1.43 亿元，其中"税 e 融" 326 笔，共 1.03 亿元，"电 e 融" 130 笔，共 3929 万元。至 2018 年 2 月末，该行小微授信客户 1659 户，小微贷款余额 182.52 亿元。

三、沿海地区各市产业金融政策情况

（一）南通市的产业金融政策

金融活，经济活；金融稳，经济稳。经济兴，金融兴；经济强，金融强。推动金融服务实体经济高质量发展是当前的重要任务。近年来，南通市围绕"三项创新"，搭平台、推活动、强举措，努力提升金融服务实体经济的质量和效率，

---

① 资料来源：南通市地方金融监督管理局。
② 资料来源：盐城市地方金融监督管理局。

优化营商环境。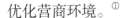

1. 注重政策引导

南通市出台了《南通市企业信贷突发事件应急处置办法》，积极帮助银企双方化解资金链风险；牵头建立了常态化的防非宣传教育工作机制，推动防非宣传教育具有更广的覆盖面、更高的频次、更强的针对性；不定期组织开展各类金融知识培训活动，努力满足企业的金融知识需求。研究吃透"江苏高质量发展监测评价指标体系"。紧扣"新增制造业贷款占全部新增贷款比重"指标，加大政策引导力度，通过日常推动、月度通报、季度监测等措施，新增制造业贷款占全部新增贷款比重稳步提高，截至 2018 年 11 月末，全市新增制造业贷款占全部新增贷款的 10.84%，高于全省 6.27 个百分点；排名由 2017 年末的第 11 名跃升至第 3 名。紧扣"每亿元 GDP 境内上市公司股权融资数"指标，借鉴浙江"凤凰行动"等做法，结合服务企业上市实践中形成的良好经验，形成了相关工作计划，并给各县市区明确了目标导向，为企业上市和并购重组等方面提供助力。紧扣营商环境考核，研究学习"不见面审批（服务）"，开展信贷获得季度评价。

2. 搭建服务平台

针对融资信息不对称、渠道不畅通问题，南通市通过模式创新，围绕股权融资和债权融资两大渠道，搭建了市综合金融服务平台、市创业融资服务平台，着力打造了市中小企业金融服务中心，为企业提供"一站式"普惠金融服务。截至 2018 年底，市金融综合服务平台完成企业注册 6762 家，上线 32 家金融机构（6 家地方法人银行、1 家担保机构、1 家保险分公司、1 家转贷服务公司），实现 573 家企业融资 23.14 亿元的需求，省平台首家转贷公司以及首单融资落户南通。优化线下服务环境，市金融办制定了《金服中心办公用房使用管理办法（试行）》，完善了《金融服务机构服务情况评价办法》，开放金服中心办公资源，吸引更多具有品牌优势、服务中小企业的优秀金融机构入驻。2018 年，金服中心开展融资对接活动 32 场，服务企业 462 家，50 家企业成功融资 6.6 亿元。打造金融后台服务产业基地，开展金融后台服务基地课题研究，并在上海召开南通金融后台服务产业发展招商恳谈会，听取专家和行业内企业意见。出台了《关于加快推进市区专业金融集聚区建设的工作意见》，明确工作目标和主要措施。制定市保险科技及保险产业园发展规划，进一步推动金融后台服务项目落地，打造上海国际金融中心配套服务外包基地。

---

① 资料来源：南通市地方金融监督管理局。

3. 举办融资助推活动

根据企业在融资过程中面临的不同困难，南通市开展"融资会诊直通车""金融顾问百企行""江海创投行"等融资助推活动，多渠道解决企业融资问题。

（1）开通"融资会诊直通车"，了解制造业融资的痛点难点。利用一年时间，对全市银行业金融机构和近100家企业进行了深入走访交流，了解企业的经营动向、融资需求、服务诉求，向全市银行征求融资建议并及时向企业反馈，目前已与91家企业进行了面对面交流，及时将有融资需求的56家企业相关信息反馈至各金融机构，已收集融资建议反馈表513份。在帮助融资对接的同时剖析实体企业融资过程中存在的共性问题，发现政策盲点和发力点，力争不断完善和修正相关支持政策，提高政策支持的精准度和可达性。

（2）开展"金融顾问百企行"活动，大力推进企业上市挂牌。通过各种途径汇集各领域资本市场专家顾问团，借助专业力量，为不同阶段的企业提供量身定制的服务。专家顾问团累计走访企业40余家，座谈现场专家为企业发展出谋划策，会后提供企业评估材料200余份，企业资本运作建议书40余份，获得了企业的好评。每周跟踪对接2018年有可能境内报会（或境外上市）的拟上市企业，对摸排出的30余项问题下发交办单，明确责任主体与完成时限，并定期跟踪问题落实情况，召开专题协调会5次，协调涉及12家企业的20多个问题，均取得较好效果。利用统计局、税务局等部门数据，筛选出南通市净利润5000万元以上的企业，筛查出仍具备上市可能性的企业。2018年，南通市新增上市公司3家，新增挂牌企业6家，新增直接融资330亿元。

（3）组织"江海创投行"项目路演，深入推进私募股权融资。2018年共举办"江海创投行"活动14次，累计有52家企业参与，促成股权融资7000万元。积极支持私募股权发展，起草了《私募股权证券投资类企业商事注册登记审核参考要点（试行）》，为南通市的私募股权投资发展提供政策支持。全面更新"南通创业融资服务平台"数据，新增线上股权融资需求提交信息超100条。与江苏股权交易中心深度合作，共同筹备了江苏省内首家特色城市专板——"南通板"。"南通板"于2018年7月正式开板，目前已有114家企业在江苏股权交易中心"南通板"挂牌。注重辖内基金管理人合规性培育，召开私募基金合规性专题培训，配合省证监局对辖内基金法人进行核查，促使辖内基金规范化运作。

4. 强化保障高质量发展举措

顺畅转贷工作运行机制。为进一步规范全市转贷机构服务行为，促进银转合作顺利开展，南通市金融办与23家银行签署了《小微企业转贷服务政银战略合

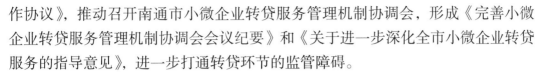

作协议》，推动召开南通市小微企业转贷服务管理机制协调会，形成《完善小微企业转贷服务管理机制协调会会议纪要》和《关于进一步深化全市小微企业转贷服务的指导意见》，进一步打通转贷环节的监管障碍。

（1）召开"优化不动产登记助力金融服务实体经济推进会"。市区新增 10 家不动产登记便民服务点试点银行，推动投贷联动业务。为进一步推动科技创新项目资源、政策资源与金融资源高质量对接，组建了投贷联动合作联盟。目前，联盟包括了银行、创投机构、基金公司、融资担保公司、券商、会计师事务所、律师事务所等机构在内的 25 家成员单位，共同为全市科技创新创业型企业打造全方位金融服务联合体。

（2）举办期货支持实体经济专题推介会活动。向各地各部门、行业协会和相关企业推介期货支持实体经济的方式和方法，帮助更多的企业熨平风险，引导地方政府了解发展期货物流与交割中心对地方经济的重要作用。参会 100 余家企业与在通的 12 家期货机构进行现场对接，初步在通建立起期货服务实体经济的纽带与平台。加强上海金融对接服务工作，会同市人大财经委举办南通对接上海金融合作专题交流会，有 10 多家驻沪外资银行机构参加活动；加大专业金融集聚区建设推进力度，着力打造以基金、保险、金融后台服务等金融、准金融和新兴金融机构为重点的特色园区，加快承接上海国际金融中心的溢出效应。赴浦东新区金融服务局进行学习调研交流，学习上海在发展金融中后台产业方面的先进经验。

（二）盐城市的产业金融政策

1. 增强金融服务实体经济的能力

2018 年以来，盐城市扎实推进金融供给侧结构性改革、畅通金融血脉，协调金融机构落实好金融支持实体经济、支持乡村振兴、支持民营企业特别是小微企业的各项政策措施，不断增强金融服务实体经济的能力。

（1）信贷规模进一步扩大。积极推动金融机构盘活存量、用足增量，多渠道扩大实体经济信贷投放。2018 年 4 月末，全市各项贷款余额 5433.14 亿元，居全省第 7 位；比年初新增 426.64 亿元，同比多增 184.4 亿元；比年初增长了 8.5%，居全省第 2 位。

（2）信贷结构进一步优化。2018 年 4 月末，制造业贷款余额 650 亿元，比年初新增 12.92 亿元，同比增长了 16.44%，居全省第 2 位；工业贷款余额 895.02 亿元，比年初新增 31.07 亿元，同比增长了 13.6%，居全省第 3 位；企业中长期贷款余额 1359.98 亿元，比年初新增 103.66 亿元，同比多增 40.75 亿元；民营企业贷款余额 807.54 亿元，比年初新增 39.84 亿元；小微企业贷款余额 1127.24 亿元，比年初新增 110.12 亿元；涉农贷款余额 1958.44 亿元，比年初新增 105.34 亿元。

（3）融资担保服务能力进一步增强。2018 年 1~4 月，全市 29 家融资担保公司新增担保 54.36 亿元，解除担保 40.82 亿元；4 月末，全市在保户数 2092 户，在保余额 143.58 亿元，比年初新增 13.54 亿元。江苏省农业融资担保有限责任公司在盐城的两家分公司在保余额 6.3 亿元，担保户数 695 户，均列全省第一位；户均担保额 91 万元，大大低于全省平均水平，有效满足了新型农业经营主体融资需求。

（4）融资成本进一步降低。全市已设立总规模为 17.49 亿元的过桥应急资金，为全市资金周转暂时出现困难的中小微企业按时还续贷提供垫资服务，实行规定时间不收费或低收费制度。截至 2018 年 6 月已累计为企业转贷 29.55 亿元，其中民营企业转贷金额 20.41 亿元。同时，鼓励金融机构在有效管控风险的前提下，落实好无还本续贷、循环贷款等流动资金贷款还款方式，降低企业"过桥"融资成本。4 月末，全市企业贷款平均加权利率 5.41%，同比和环比分别降低了 0.17 个和 0.04 个百分点。

（5）金融服务水平进一步提高。加大银企对接力度，进一步解决银企信息不对称问题，有效缓解中小微企业融资难题。高效运行盐城综合金融服务平台，持续推动中小微企业和金融机构接入平台，实效融资服务两端高效对接。截至 2018 年 6 月，平台注册企业达 5720 家，比年初新增 1513 家；接入金融机构 28 家，发布金融产品 115 项；2018 年以来发布融资需求 2252 个，金额 101.59 亿元；成功对接融资需求 1607 个，金额 83.89 亿元。[①]

2. 推进产业投资基金发展

由省政府投资基金、盐城市财政局、盐城国泰投资有限公司等六方出资设立的中韩（盐城）产业园发展基金于 2016 年 4 月成立，实缴规模 20 亿元，首开江苏省、市、区三级出资设立区域引导母基金先河，现已成为全省 6 只区域基金中设立最早、投资最快、项目最多的一只。支持重大项目落地，充分发挥招商配资作用，出资 7.24 亿元助力总投资 15 亿元的阿特斯电池片项目、25 亿元的捷威动力电池生产线项目和 10 亿元的润阳光伏二期项目落地建设。

在促进产业转型升级中谋求发展。发挥财政资金撬动作用，带动社会资本投资重点产业，加快经济结构调整和发展方式转变。政府产业投资基金突出支持新

---

① 资料来源：盐城市政府网站。

能源、电子信息、新材料、节能环保、高端装备等新兴产业项目。截至 2018 年底，支持汽车、新能源、电子信息等主导产业项目 17 个，投放资金 13.46 亿元，带动社会资本投资 52.53 亿元，园区产业体系进一步提升。

发挥引导带动作用。主动与韩国基金机构、省以上大基金、县（市、区）对接合作，共同组建了中韩世曼凯基金、盐城市开发区高新技术基金等 6 只子基金，支持中韩基金合作和盐城产业基金发展。截至 2018 年 12 月，中韩（盐城）产业园发展基金已投项目 22 个、投放资金 16.19 亿元，进度超过 80%，带动社会资本投资 68.31 亿元，助力园区打造新一轮改革开放"试验田"。

3. 发挥"财政 + 金融"政策作用

近年来，盐城市财政拓展"财政 + 金融"服务实体经济新路径，创新财政引导方式，服务实体经济发展。积极发挥苏微贷、苏科贷、小微创业贷、科技成长贷资金池作用，鼓励和引导银行机构扩大对中小企业信贷投放，充分发挥政策性担保公司过桥担保作用，帮助缓解中小微企业融资难问题。2018 年 1~10 月，资金池累计扶持了 855 户企业，引导信贷资金投放 29.01 亿元，其中苏微贷扶持企业 187 户，引导信贷 9.86 亿元，苏科贷扶持企业 244 户，引导信贷 6.23 亿元，小微创业贷扶持企业 314 户，引导信贷 9.96 亿元，科技成长贷扶持企业 110 户，引导信贷 2.96 亿元。全市财政性担保公司为 1026 户中小微企业提供贷款担保 1433 笔，金额达 86.04 亿元；为 330 户中小微企业提供过桥 660 笔，累计金额 56.89 亿元。"财政 + 金融"政策有效地降低企业融资成本，积极支持企业发展，推进产业强市。[①]

（三）连云港市的产业金融政策

1. 政府引导金融机构服务实体经济发展

为解决当前实体经济融资难、融资贵问题，连云港市出台了《关于推动金融服务实体经济加快地方金融改革发展的实施意见》，突出引导金融机构服务实体经济发展。从保持银行信贷规模持续增长、加大对重点产业领域的支持力度、提升金融服务效率、支持金融产品创新、丰富小微企业信贷资金来源、合理控制小微企业贷款成本等方面，提出了明确的目标和针对性措施。

其主要目的就是要通过加强金融机构改革创新，着力缓解连云港市中小微企业融资过程中信息不对称、抵质押物不足、信贷风险偏高等问题。同时，建立健

---

① 资料来源：盐城市财政局。

全服务中小微企业融资平台载体，完善融资增信和风险分担机制，更好地发挥财政资金引导和撬动作用，充分调动金融机构对实体经济重点领域和薄弱环节信贷投放的积极性。

主要从以下几个方面入手：一是积极发展贷款保证保险。保险公司向符合连云港市产业政策的小微企业提供单户贷款金额 500 万元及以下的贷款保证保险，每年按贷款保证保险承保总额的 2% 给予补偿，专项用于对冲风险弥补损失，单一机构每年奖励总额不超过 100 万元。二是配套设立中小微企业信用保证基金。基金初期规模 1 亿元，2018 年到位不低于 5000 万元。推动应急转贷基金县区全覆盖，每个县区不低于 5000 万元。加强融资性担保体系建设，建立健全政银担保融资风险分担机制。三是大力实施企业上市倍增计划。提高企业上市费用补贴，对境内外首次上市企业、借壳上市并将注册地及经营场所迁至连云港市的企业及迁至连云港市的域外上市企业，分阶段给予 300 万元资金扶持；企业上市后，企业首发融资用于连云港市内生产性、经营性项目（房地产项目除外）建设，给予最高 200 万元的资金奖励。

2. 出台方案切实降低实体经济企业成本

连云港市出台了《连云港市进一步降低企业负担促进实体经济高质量发展实施方案》，该方案有助于加快推进全市供给侧结构性改革，切实降低实体经济企业经营成本，促进实体经济高质量发展。

（1）进一步降低企业税费负担。主要从以下几个方面入手：第一，落实国务院进口关税税率调整政策。自 2018 年 11 月 1 日起，执行国务院降低 1585 个税目工业品等商品进口关税税率，将部分国内市场需求大的工程机械、仪器仪表等机电设备平均税率由 12.2% 降至 8.8%，纺织品、建材等商品平均税率由 11.5% 降至 8.4%，纸制品等部分资源性商品及初级加工品平均税率由 6.6% 降至 5.4%，并对同类或相似商品减并税级。第二，调整印花税核定征收标准。自 2018 年 12 月 1 日起，印花税的核定标准调整为：工业企业按产品销售收入 70%，商业企业、外贸企业按商品销售收入 40% 核定征收，其他行业按应税金额的 80% 核定征收。第三，允许符合条件的财政性资金作为企业所得税不征税收入。企业从县级以上财政部门及其他部门取得的应计入收入总额的财政性资金，凡符合条件的，可以作为不征税收入，在计算应纳税所得额时从收入总额中减除。第四，鼓励外商扩大再投资。对境外投资者从中国境内居民企业分配的利润，用于境内直接投资暂不征收预提所得税政策的适用范围，由外商投资鼓励类项目扩大至所有非禁止外商投资项目和领域。鼓励境外投资者以其在连云港市设立企业所得人民币利润再投资，或以外商投资企业未分配利润、股利（利息）、资本公积金等转增注册资本，符合产业发展方向且年实际到账外资金额超过 1 亿元人民币的，争取省级商务专项资金给予政策支持。第五，落实好减征或免征房产税相关规定。对纳税人按规定纳税确有困难，需要给予减免或免税照顾的，由市、县（区）人民政府批准，减征或免征房产税。

（2）进一步降低企业融资成本。主要从以下几个方面入手：第一，改进融资支持机制。整合现有各类融资支持政策，综合运用贴息、风险补偿、政银合作产品等方式，加大投入力度，给予中小微企业融资支持。依托省综合金融服务平台，发挥征信系统在降低银企信息不对称方面的作用，实现各类融资支持政策与综合金融服务平台的融合对接。第二，完善转贷应急机制。支持各县区设立公益性转贷基金为企业提供低成本的转贷"过桥"服务。鼓励小微企业转贷基金发挥其服务快捷的优势和服务区域经济发展作用。第三，大力推进政府性融资担保体系建设。积极对接国家和省级融资担保基金，支持实施市级融资担保代偿补偿和动态补偿机制。支持省再担保集团对连云港市小微企业、"三农"、"双创"和战略性新兴产业融资担保、再担保进行风险分担补偿。第四，支持省农担公司为连云港市"三农"提供政策性信贷担保进行风险分担补偿，推进"政银担"风险分担机制落到实处。

（3）设立连云港市中小企业应急转贷资金。为有效防止和化解中小企业资金链断裂风险，兼顾缓解其他企业和单位归还金融机构贷款资金不足的困难，帮助企业和单位及时获得金融机构转贷支持，连云港市设立了中小企业应急转贷资金。

由市工业投资集团出资 2 亿元人民币，设立首期应急转贷资金。根据应急转贷资金使用和企业需求情况，采取滚动支持、逐步增加的原则，根据应急转贷资金运营情况和转贷需求情况，适时增加资金的规模，更好地满足应急转贷企业和单位的融资需求。支持符合条件的小微和民营企业利用转贷基金降低转贷成本。充分发挥 2 亿元市中小企业应急转贷基金的作用，推动各县、区设立不低于 5000 万元的中小企业应急转贷基金，做大应急转贷资金池。

3. 开展普惠金融创新试验区建设，助力"三农"发展

普惠金融是指立足机会平等要求和商业可持续原则，以可负担的成本为有金融服务需求的社会各阶层和群体提供适当、有效的金融服务，增强所有市场主体和广大人民群众对金融服务的获得感。连云港市政府根据《国务院关于印发推进普惠金融发展规划（2016—2020 年）的通知》和《省政府关于推进普惠金融发展的实施意见》等文件精神并结合实际，开展全市普惠金融创新试验区建设。主要从以下四个方面着手：

（1）完善服务体系，积极推进"互联网＋"普惠金融，逐步实现金融服务对小微企业、"三农"、扶贫开发的全覆盖。第一，强化金融体系普惠功能。巩固优化金融机构县域网点，扩大服务范围，发挥政策性银行、股份制银行、城市商业银行、农村商业银行、村镇银行等作用，形成普惠金融支持合力。鼓励财政出资建立政策性涉农信贷担保机构，专项支持涉农企业信贷投放。第二，实施"互联网＋"普惠金融行动。推进正规网络借贷、众筹以及有资质的互联网金融企业在连云港市拓展业务。金融机构要利用互联网、大数据等技术，降低运营成本，向农村、社区延伸金融服务。开展农村电商和跨境电商金融服务，建立适合城乡商贸物流特点的电商金融服务体系。第三，普及移动支付业务。银行机构和非银行支付机构要面向农村地区提供安全可靠的网上支付、手机信贷、扫码支付等服务，推动移动支付在公共交通、水、电、燃气缴费、教育、医疗等重点便民领域的应用，支持银行机构在乡村探索移动支付一点通业务，整合银行、支付机构、银联等移动支付渠道入口，汇集查询转账、缴费充值、在线支付等业务，提供安全、高效、便捷的移动支付服务。第四，规范发展各类新型金融组织。支持小额贷款公司发展，调整完善监管政策。坚持农村小额贷款公司"服务三农、小额分散"的经营宗旨，推动农村小额贷款公司开展"惠农贷""小微贷"业务。

（2）充分利用多层次资本市场，拓宽融资渠道，深化金融开放，支持企业做大做强。第一，支持利用股权市场融资。培育小微企业、农业产业化龙头企业，推动其上市挂牌融资。推动证券公司、中介服务机构为企业上市挂牌融资提供服务。各县区涉农、中小企业要充分利用股权投资基金、创业投资基金和互联网股权融资平台等进行融资。第二，扩大多元融资规模。支持有条件的金融机构发行"三农"、小微企业专项金融债，拓宽支农资金融资渠道；探索发行绿色金融债券，筹集资金支持绿色产业发展。拓宽农业和涉农企业直接融资渠道，支持符合条件的涉农企业在多层次资本市场融资，支持符合条件的小微企业发行私募债券、集合债券，探索发行小微企业集合信托；鼓励各类资本设立农业产业投资基金、农业科技创业投资基金等股权投资基金。引导农业企业通过期货市场进行农产品的套期保值，探索"订单农业＋保险＋期货（权）"试点，为规避农产品价格波动风险提供有效手段。第三，深化金融开放创新。抓住"一带一路"倡议支点建设和沿海开发等国家战略重大机遇期，引入境外资本、技术和设备，设立外商独资、合资、中外联营等企业。对于带动创业就业、小微企业发展和扶贫项目的外资企业，落实更优惠的财税金融政策。在风险可控前提下，推进贸易投资便利化和对外开放。

（3）强化金融管理政策与财税政策支持，促进普惠金融发展。第一，强化货币政策工具支持。对于单户授信小于500万元的小微企业贷款、个体工商户和小微企业主经营性贷款等普惠金融领域贷款达到一定标准的金融机构，拓展优化定向降准政策。开展县域法人金融机构新增存款一定比例用于发放当地贷款的考核，对达标的县域金融机构执行优惠准备金率政策。积极发挥好支小再贷款、扶贫再贷款和再贴现等货币政策工具导向作用。发挥常备借贷便利等短期流动性调节工具作用，保持金融机构流动性相对充裕。支持金融机构开展信贷资产质押再贷款试点，解决地方法人金融机构合格抵押品相对不足问题。第二，发挥财政资金杠杆功能。强化财政专项资金的金融风险缓释功能，建立财政资金增信措施、贷款和担保风险补偿政策、支持直接融资和地方金融体系发展政策等。积极争取国家科技投资引导基金、国家新兴产业创投计划基金、江苏省财政涉企资金基金化改革基金等创业产业基金优先向连云港市倾斜。鼓励各县区政府建立小微企业信用保障保险基金，用于小微企业信用保证保险的保费补贴和贷款本金损失补偿。探索建立普惠金融发展基金，用于普惠金融支持对象提供低收费的担保、对出现的损失进行补偿和对普惠金融工作成效好的单位进行奖励。第三，落实普惠金融税收优惠政策。落实好对融资担保机构收入，农户小额贷款利息收入、种植业、养殖业保险保费收入等予以适度降低或减免计税的政策，提高其开展普惠金融工作的积极性。实施差异化监管政策：对市及县区金融机构在网点审批、业务发展、金融监管等方面，争取实行与涉农金融机构同等的政策。对涉农、小微企业信贷业务给予更大的风险容忍度。落实好对涉农、小微企业信贷业务经办人员尽职免责制度。

（4）加强产权交易和金融服务平台建设，完善相关配套体制机制，支持普惠金融改革试验区建设。第一，支持设立农村综合金融服务公司。积极提供小额信贷、信用担保、农业代理保险、涉农产业投资、农业农村人才培训等综合金融服务。支持符合条件县区组建农村资产经营公司，以市场化方式运营管理，开展农村各类经营性资产资源价值评估、抵押物回购处置等业务。完善银行、融资担保机构和政府出资的担保基金的风险共担机制。提升政策性农业信贷担保服务能力，加快建设农业信贷担保服务网络。第二，建立健全普惠金融信用信息体系。建立健全多层级覆盖小微企业、农户及农村经济主体、建档立卡低收入农户的信用体系。形成市县乡村四级共建共享的信用信息工作机制，以农户和小微企业为重点对象，依法采集户籍所在地、居住与婚姻状况、农业土地、扶贫人口、工商登记、税收登记、出入境、违法犯罪记录等信息，通过全国及地方信用信息平台实现政务信息与金融信息的互联互通。第三，完善产权交易平台。完成农村宅基地、土地承包经营权、农村股份经济合作社股权、集体土地房屋拆迁补偿权、集体林权、水域滩涂养殖权、大型农机具、船舶使用权、海域使用权等农村综合产权确认，创新产权产品，完善产权交易平台功能。结合小微企业、"三农"、贫困家庭的产权情况，开展价值评估、抵押登记、交易流转和风险处置机制建设。第四，推广动产质押融资服务平台建设。利用人民银行征信中心动产融资统一登记系统、应收账款融资服务平台，开展小微企业、"三农"、扶贫领域的产权抵押登记、应收账款质押登记、转让登记、租赁登记、所有权保留登记、留置权登记、保证金质押登记、存货（仓单）质押登记、动产信托登记，推广形式多样的抵质押融资，丰富金融产品。第五，推进建立一网通金融服务平台。推进一网通金融服务平台建设，与银行、证券、保险、担保、小贷、典当等机构对接，集合线上结算、资金管理、线上融资、线上保险等金融服务功能，为"三农"、小微企业提供一站式、综合性金融服务。

4. 实施上市挂牌企业倍增计划

为贯彻落实连云港市委、市政府"高质发展、后发先至"的决策部署，推动更多的优质企业通过资本市场做大做强，连云港市制订了《连云港市上市企业培育行动计划（2016—2020年）》。目标是到2020年，力争全市上市公司、新三板等场外市场挂牌企业总数实现倍增，非金融企业境内股票融资累计超过200亿元。主要从以下四个方面入手：

（1）拓宽优质企业上市渠道。坚持境内和境外上市统筹兼顾、上市和挂牌同步推进，实施多层次、多渠道上市公司倍增计划。各县区、功能板块要结合本区域实际情况，合理制订区域企业上市挂牌目标，不断拓宽优质企业上市挂牌渠道。上市方面重点帮助诺泰澳赛诺、联瑞新材、汤沟酒业、广晟健发等9家企业成功上市，对香如生物、鹰游纺机、丽鑫炭业等8家企业完成上市辅导。场外市场挂牌方面重点帮助飞亚电光源、伊云贝尔、丰收菇业等23企业在新三板挂牌；推动市股权中心每年新增挂牌企业20家以上。到2020年，力争全市上市公司达到15家，全市场外市场挂牌企业总数突破150家，各县区、功能板块新增上市企业均不少于1家。

（2）加快国有企业对接资本市场进程。市国资委要指导和帮助相关国有企业排出上市挂牌计划，组建专门工作班子，列出问题和责任清单，形成工作方案和规划，大力推动市属国有企业上市和挂牌。要以港口股份、奥神新材、中荷花卉等上市挂牌公司为平台和载体，通过资源整合、资产注入等方式提高国有资产证券化比率，抓紧利用资本市场做优做强。加快推进汤沟酒业、善能生态科技、杜钟新奥神、碱业公司4家国企上市工作。至2020年，力争工业投资集团、城建控股集团、交通控股集团、金融控股集团、农业发展集团等国有集团公司各有1家企业上市。

（3）推进上市公司融资并购。支持上市公司充分利用资本市场工具，通过再融资、公司债、绿色债、双创债等募集资金，加快主业发展，提升核心竞争力。积极打造以上市公司为龙头的产业创新服务综合体，研究设立"上市公司＋私募股权投资（PE）"产融发展模式，支持上市挂牌公司开展并购重组，改善企业存量资产结构，发展培育新的增长点，推动企业做大做强。推动银行业金融机构与"新三板"公司合作，开展投贷结合、股权质押等新型融资方式，为挂牌公司加快发展提供资金支持。引导和支持挂牌公司创造条件积极进入创新层或转板上市。各县区政府、功能板块市各相关部门要加大募投项目落实服务力度，按现行招商引资的相关政策落实好上市、拟上市等企业募投项目本地投资有关事项，协调解决募投项目落地过程中的用地、环评等问题。

（4）进一步加强政策激励。对首次在上交所、深交所及境外上市的企业，市财政给予300万元资金扶持，其中拟上市企业首次在省证监局辅导完成备案、首次向中国证监会（证券交易所）提交上市申请文件并得到受理，市级财政分别给予100万元的工作经费补贴；成功上市后，再给予100万元工作经费补贴。企业上市后，募集资金80%（含80%）以上用于本市范围内生产性、经营性项目（房地产项目除外）建设的，市级财政按照首发融资额的5‰进行奖励，最高限额为200万元。对于通过借壳上市，并将注册地及经营场所迁至连云港市的或域外上市企业迁至连云港市的企业，视同首发上市，享受相关优惠政策。

第二节 江苏沿海地区产业金融发展存在的问题

一、存在"搭车收费"问题

一些金融机构在发放贷款的过程中，仍然存在搭车收费的问题，亟待相关部门加以重视。如某单位一笔10亿元的贷款，在签订的贷款合同中，除执行规定的基准贷款利率之外，还需要以服务费或顾问费名义，向银行支付4000多万元的中间费用，增加了融资单位的融资成本。审计延伸发现，银行收取的中间费用，未按正常的收入纳入表内反映，而是作为表外收入，用于处理银行的其他不良贷款，规避了正常的业务监管。关于搭车收费，《中国银监会关于整治银行业金融机构不规范经营的通知》明确规定，银行业金融机构不得借发放贷款或以其他方式提供融资之机，要求客户接受不合理中间业务或其他金融服务而收取费用。

搭车收费禁而不止，究其原因大致有三个方面：一是金融机构不良贷款需要消化，但是来源不足，渠道不多，于是利用贷款单位急需用钱的软肋，"巧取豪夺"；二是贷款单位尤其是一些政府融资平台，面对国家对政府债务规模收紧的形势，想尽一切办法筹集资金，不计成本不惜代价满足金融机构的无理要求；三是监管不到位，对贷款单位而言，没有明确的融资成本约束，没有具体的监管措施；对金融机构监管更是缺位，使得其表外业务极不透明，自主性和随意性非常大。[1]

二、政府产业引导基金管理不完善

政府产业引导基金是政府设立，通过发挥财政资金的杠杆放大效应，吸引民间资本参与创业投资，从而推动创业投资产业和本地经济发展的基金。但是南通市政府引导基金在管理运作方面存在一些问题，需要加以健全完善。

1. 项目投资决策、运行、退出的效率不高

一是决策机制市场化程度不高。在对某政府引导基金审计中，该基金投资的政府类项目决策需经投资决策委员会审核通过后，再由政府相关主管部门参加的基金管理委员会审批同意。而被投企业一般处于初创期和成长期，对资金需求比较急切，决策程序市场化程度不高，使得基金很容易错失投资项目机会。二是运作监管程序复杂。国有资本参与投资的创业企业上市或挂牌，除须接受证监部门、财政部门的监督外，还有一些国资监管的审批要求，相对影响了运作效率。三是退出周期长。根据《企业国有产权转让管理暂行办法》《企业国有资产评估管理暂行办法》的相关规定，国有产权有偿转让应当通过依法设立的产权交易机构公开进行，交易价格需经评估并核准或备案，运作效率较低，容易错失退出机会和风险补偿的机会，同时也增加了交易成本。

---

[1] 资料来源：南通市审计局。

2. 尚未建立独立的管理团队

该基金尚未建立独立的管理团队，目前委托国资管理团队进行日常管理，而国资运营团队的市场竞争力不高。私募股权投资基金通常采用合伙制的组织形式，普通合伙人一般为基金管理人，但《中华人民共和国合伙企业法》规定："国有独资公司、国有企业、上市公司以及公益性的事业单位、社会团体不得成为普通合伙人。"这在一定程度上降低了国有私募股权管理公司的市场竞争力。

3. 激励约束机制不完善

一是薪酬水平市场化进程慢。一般创投行业会以基金规模的 1%~2% 作为管理费，按基金净收益的 10%~20% 进行超额收益分配，以提高员工的积极性和责任心，但现有国有企业薪酬机制对高端人才缺乏吸引力，人才引进困难，不利于稳定管理团队。二是跟投机制不完善。跟投制度将管理团队和投资项目的利益捆绑，收益共享、风险共担，降低了项目投资运作风险和道德风险，而《国有企业领导人员廉洁从业若干规定》《关于规范国有企业职工持股、投资的意见》对国有从业人员投资入股有限制条款，这在一定程度上影响了跟投机制的落实，难以起到激励约束作用。

2018 年 9 月 14 日，启东市政府召开第 20 次常务会议，对政府投资建设项目审计发现问题整改落实情况进行了专题研究。2018 年召开的启东市第十七届人大常委会第十三次会议上，该市审计局受市政府委托所做的审计工作报告通过数据对比分析、列举典型案例等形式，实事求是揭露了部分工程项目未公开招投标、区镇政府工程管理力量薄弱管理不规范、工程超概算超预算现象严重、少数项目存在设计缺陷影响使用造成财政资金损失等问题，并引起人大常委会组成人员的热议。该市政府主要领导列席会议并明确要求，与会有关部门要针对审计揭露的问题，举一反三，立即开展全面自查，制定切实有效的整改措施，全面提高政府投资项目建设管理水平；同时明确，市政府常务会议将专门听取整改情况汇报。常务会议上，该市公共资源交易中心等部门系统汇报了审计发现问题全面自查的结果，深刻剖析了问题产生的原因，并提出了"进一步加强公共资源交易阳光防范体系建设"等整改措施。[①]

三、财政专项资金管理不到位

东台市审计局在 2018 年部门预算执行情况审计中，针对发现的年初预算编

---

① 资料来源：南通市审计局。

制失当；年中专项资金调整和追加项目多、数额大；年底结转结余多、使用效益不高等问题，提出了规范部门预算编制，严格控制预算调整，及时清理结余资金的审计建议。东台市财政局高度重视审计发现的问题和提出的建议，认真研究，积极整改，制定并下发了《市级财政专项资金管理办法》，进一步明确了市级财政部门和业务主管部门各自应承担的管理职责。规定了专项资金设立、调整、撤销的条件和情形，以及申报的批准程序和权限。强调专项资金必须纳入预算管理，做到专款专用，量入为出，明确了专项资金的使用必须实施分类管理，对支出预算实现"以奖代补"的，采取根据预算情况预拨部分资金、项目完成并经考核后拨付剩余资金的方式管理。对不符合奖补条件的，由财政部门收回预拨资金，市级业务主管部门予以配合；支出预算涉及基本建设投资的应当按基本建设程序办理。建立专项资金项目绩效目标管理机制和绩效评价体系，对专项资金开展全过程绩效管理。对违反本办法规定的行为视情节轻重，分别给予处罚、追究行政和刑事责任等处理。

四、部分地区协税平台未有效利用

建湖县政府采纳审计建议，出台了《建湖县综合治税工作实施方案》，进一步加强税收征管，确保财政收入应收尽收。2018 年上半年，建湖县审计局在开展同级审税收征管情况审计时，发现存在协税平台未有效利用、税源监管质量不高、涉税信息登记管理不到位等方面问题。针对上述问题，审计人员在深入分析出现问题原因的基础上，提出了加强税源监管，推进挖潜堵漏的审计建议。对审计发现的问题和提出的建议，该县高度重视，多方调研后制定出台了《建湖县综合治税工作实施方案》。该方案从健全机构；加强领导、明确责任、分工协作、完善机制；强化保障三个层面明确工作要求，从监督控管、信息传递、委托代征、税源培植四大方面，明确镇区街道及各综合治税成员单位工作内容。同时还明确考核督查机制，对于措施得力的单位以及单位重视、履行工作职责好、工作成绩突出的个人予以表彰和奖励；对配合不得力的单位和个人通报批评。该方案的出台，充分发挥各部门的协助作用，建立起社会综合治税网络体系，通过创新征管方式、征管手段和征管机制，强化信息共享，拓宽税源管控渠道，推动形成政府依法管税、税务部门依法征税、相关部门协税护税、纳税人依法纳税、社会各界综合治税的良好局面，促进了经济健康快速发展。

五、部分地方政府委托招商管理较为混乱

委托招商是政府采取有偿支付的办法，委托对目标招商地熟悉的机构、知名人士、商界名人推荐项目，达到招商引资目的。笔者发现，委托招商超额支付费用和委托招商协议不完善两个方面问题的存在，导致地方政府委托招商管理较为混乱，甚至容易成为特定人员利益输送的渠道。两个问题突出表现在：一是委托招商费用支付标准形同虚设，超额支付现象十分普遍。笔者了解到，各地均出台了本地区委托招商费管理使用办法，明确了相应支付限额，但是在实际操作中，为了保证招商顺利，往往以委托机构和个人的心理目标价格为标准进行支付。二是委托招商协议未能明确具体考核内容。政府部门与委托机构和个人签订协议时，未明确有效招引项目信息数量、客商实地考察活动次数、达到目标投资额的项目落户个数等量化指标，对被委托对象缺乏有效约束，最终导致被委托人提供的信息寥寥无几或质量不高。对于上述问题，笔者建议：一是制定有效可行的委托招商费限额标准。以全国各地区经济发展现状制定基础定价，执行被委托对象区域差别性委托招商费限额，并结合被委托对象的地方知名度、影响力、资源广度等情况，在一定范围内给予委托招商费自由裁量权。二是将委托招商费支付与委托招商考核目标任务完成情况挂钩。签订协议时应当明确委托期间的量化考核指标，并设专人负责核实统计，财政部门要按照目标任务完成进度情况，在规定的限额标准范围内列支委托招商费。三是建立健全的责任追究制度。对签订空泛委托协议、提前支付费用的经办人、审批人，严肃追究直接责任和领导责任，涉嫌犯罪的，及时移送司法机关追究刑事责任。

第三节　促进江苏沿海地区产业金融发展的政策建议

一、防范化解金融风险，营造良好的经营环境

为打好防范化解重大风险攻坚战，坚决遏制非法集资等非法金融活动案件高发频发势头，江苏沿海经济区必须立足市场主体信用监管和广告监管职能，建立健全处置和防范非法集资的长效机制。坚决清理涉嫌非法集资广告资讯的宣传活动。所有发布涉及或者可能涉及金融业务的广告和宣传资讯，必须具备

金融监管部门和地方金融管理部门颁发的金融业务许可证或者审批文件。强化金融业务广告资讯发布审查，引导并督促指导广告经营者、广告发布者、广告代言人等市场主体强化事前审查，建立健全涉及金融类广告业务的承接登记、审核、档案管理等制度。严格管控非法金融活动的宣传造势行为。充分发挥虚假违法广告专项整治工作联席会议作用，协调宣传、网信、文化广电新闻出版等部门，督促各类媒体（新闻媒体、网络媒体、自媒体等）履行自律责任，自觉封堵涉嫌非法金融活动的相关推介会、宣讲会、形象宣传、人物专访等宣传造势行为。组织开展线上、线下排查研判。利用大数据监测开展线上排查工作，充分发挥企业信用信息公示系统、市场监管信息平台、违法广告监测系统、网络监测系统等平台作用，多维度、多角度发现非法金融活动线索。牵头做好"双随机、一公开"监管工作，督促各级行业管理部门把排查非法集资及非法金融活动风险纳入"双随机抽查"内容。加强对投资理财企业的监管。严格落实属地监管职责，采取定向抽查或者重点检查的方式，进一步加强对民间投融资（中介）机构等投资理财企业的登记事项监管和信用监管。积极构建联合惩戒机制，推动相关部门做好失信惩戒信息的归集工作，共同营造诚实守信、守法经营的经营环境。开展早期处置化解风险工作，自觉将防打结合、打早打小的要求贯穿于防范处置工作全过程，充分发挥工商和市场监管职能，积极主动在苗头时期、涉众范围较小时解决问题。

二、多维度创新，着力培育江苏省新的经济增长点

江苏沿海经济区三市现阶段应把产业技术创新和发展现代服务业作为实体经济发展的核心方向，着力加大对相关领域新兴产业的信贷支持和金融服务。从金融业支持实体经济的角度来看，首先，要防止金融空转，积极引导资金脱虚向实，着实考虑到实体经济的资金需求情况。实施差异化的区域金融政策，例如，构建特色金融小镇，着重发展资金需求量大的区域金融创新，将金融服务便利融入实体经济发展和创新创业活动中，推动金融在服务经济、促进创新的浪潮中发挥更大作用。其次，进一步完善互联网金融新业态。鼓励优秀的网络科技人才和金融专家积极投身于互联网金融平台建设，培育一批知名互联网金融企业、互联网金融设备供应和软件研发骨干企业，打造一批江苏本土的互联网金融平台，为江苏省经济发展提供更多的推动力。同时，政府在平台建设中应当积极加强政策引导和制定地方行业标准，防止金融监管"真空"，切实保障广大中小投资者的合法权益。

三、推进信贷服务体系多元化，探索建立股权直投和银行信贷组合机制

争取国家金融管理部门的支持，鼓励条件成熟的江苏省银行业金融机构建立融资风险与收益相匹配的机制，创新开展"股权＋银行贷款"和"银行贷款＋认股权证"等融资方式。支持银行业金融机构探索开展向创业投资、股权投资机构提供短期过桥贷款，加强合作，协同筛选和支持科技创新企业。推动银行业金融机构设立科技支行，研究单列科技信贷专营事业部和科技支行的信贷奖励与信贷风险补偿政策。改善知识产权质押和流转体系，推进知识产权质押融资和专利许可收益权证券化。推动融资租赁机构为科技创新企业研发提供设备租赁业务。实施差异化战略，建立中小企业信用库和法人责任制制度，推进中小微企业信贷服务体系多元化。江苏沿海经济区地方政府在支持小微企业融资方面，可以与银行实现银政联合。开展银行业投贷联动试点，通过投贷联动专业化管理，建立风险分担和补偿机制。通过股权收益抵补信贷风险，探索银行业支持创新驱动发展战略和"双创"的新机制。

四、构建"互联网＋金融＋实体经济"的创新创业服务体系，助力企业转型升级

充分利用互联网大数据精准定位交易主体，快速、便捷地提供产品或服务，并有效控制风险。鼓励持牌金融机构依托互联网、物联网、移动技术、大数据技术，实现传统金融业务与服务转型升级，积极开发基于互联网技术的新产品和新服务。允许符合规定的科技金融创新企业接入相关支付清算系统。引导、支持相关机构依法开展股权众筹业务，支持股权众筹融资平台创新业务模式，拓展业务新领域。推进各类金融机构大数据平台建设，建立大数据标准体系和管理规范。以"消费习惯＋大数据＋互联网"为核心手段，形成金融生态链，为客户提供个性化的信贷服务和其他金融推介服务，推动"互联网＋金融＋实体经济"的经济社会发展模式。

五、构建有差异的普惠型金融支持政策体系，提升创新驱动发展动力

加大金融支持江苏省创新驱动发展战略的力度，构建江苏省沿海经济区普

惠性创新金融支持政策体系，健全商业性金融、开发性金融、政策性金融、合作性金融之间分工合理、相互补充的机制。创新间接融资服务科技创新方式，加快发展科技保险，推进专利保险试点，建立健全促进科技创新的信用增进机制。支持互联网金融与电子商务、现代物流、信息服务、物联网等领域融合发展，引导互联网金融服务经济转型升级和产业结构调整。另外，沿海经济区应大力解决金融发展区域结构不平衡问题，其核心是解决区域发展的严重失调问题，关键是加强金融支持的差异化程度，对落后地区加大政策扶持和信贷资金投放。

六、完善多层次资本市场间对接机制，加快股权投资创新

强化资本市场对科技创新支持力度，设置和引入符合科技创新型中小微企业需求的制度安排，推动建立与其他多层次资本市场间的对接机制。支持小微企业依托多层次资本市场融资，扩大中小企业各类非金融企业债务融资工具及集合债、私募债发行。鼓励发展众创、众包、众扶、众筹空间，发展天使、创业、产业投资。加快推动江苏地方股权托管交易中心建设，探索设立为科技创新企业提供全生命周期金融服务的现代科技投资银行，支持不同成长阶段的科技创新企业发展壮大。争取成立江苏省区域性小微证券公司试点，专门服务江苏省区域性股权市场，通过加强与众创空间、科技创新企业孵化器等创新创业平台的合作，为处于初创期的科技创新企业提供专业化服务。设立大型政策性融资担保机构，创新考核等运作机制，通过融资担保、再担保和股权投资等形式，为科技型中小企业提供信用增进服务。支持并规范移动互联支付，小额贷款等创新性、专业性、社区性金融业态发展。综合运用财税政策、货币政策和监管政策，引导金融机构更多地将信贷资源配置到"三农"、小微企业等重点领域和薄弱环节。

七、建设绿色金融体系，优化经济社会发展产业生态

通过绿色金融再贷款、财政对绿色贷款的贴息和担保、对商业银行进行绿色评级等手段，鼓励商业银行进一步发展绿色信贷。发挥征信系统在环境保护方面的激励和约束作用；支持商业银行建立绿色金融事业部；支持排放权、排污权和碳收益权等为抵（质）押的绿色信贷；创新用能权、用水权、排污权、碳排放权投融资机制，发展交易市场；结合地方高校智力资源，依托网络科技发展特色化

互联网金融，助推整个绿色金融发展；鼓励省内金融机构率先设立绿色金融事业部，出台专门的绿色金融改革方案和绿色信贷行业标准，努力建成以绿色信贷为核心的多元绿色金融服务体系。

第十一章

淮海经济区的产业金融政策

在江苏"1+3"重点功能区战略中，以徐州为中心的淮海经济区涵盖江苏、山东、河南、安徽20个设区市，97个县（市），江苏范围内包括徐州、宿迁、连云港、淮安和盐城。淮海经济区既是"一带一路"的交汇之地，又是我国南北两大发达地区（即长三角与京津冀）、东西两大生产力主轴（即沿海与沿东陇海线）的结合部，在我国区域发展格局中具有承东启西、连接南北的战略枢纽地位。但长期以来，这一区域的发展不尽如人意。因此，承接国家"一带一路"倡议，将徐州和连云港打造成"一带一路"的重要节点，加快发展以徐州为中心的淮海经济区，对于加快苏北经济发展、优化区域发展格局，具有重要的意义。本章主要分析徐州和连云港两市的金融政策，相当于沿东陇海线地区的范围。

第一节　江苏淮海经济区的主要产业金融政策

一、江苏淮海经济区的经济和金融发展概况

（一）江苏淮海经济区的经济发展概况

淮海经济区总面积17.8万平方公里，位于亚欧大陆桥东部桥头堡区域，东连沿海经济带、西襟中原经济区、南接长三角城市群、北临环渤海经济圈。拥有亚欧大陆桥东部桥头堡的突出区位，承担着中国经济东靠西移接力站的重任。1986年3月15日，淮海经济区成立，系中国最早的区域性经济合作组织之一。范围涵盖包括徐州、连云港、宿迁在内的苏、鲁、豫、皖四省接壤地区的20个地级城市，仅在江苏境内包括徐州、宿迁、连云港、淮安、盐城五座城市。2017年6月，国务院正式批复徐州市为淮海经济区中心城市。2018年11月7

日，国家发改委网公布了《淮河生态经济带发展规划》全文，明确了空间开发重点和方向，构建"一带、三区、四轴、多点"的总体格局，其中"三区"包括了北部的淮海经济区，意味着淮海经济区正式上升为国家战略。该规划指出了淮海经济区的确切范围，包括江苏的徐州、连云港、宿迁，安徽的宿州、淮北，河南的商丘，山东的枣庄、济宁、临沂、菏泽等市。该规划还提出：着力提升徐州区域中心城市辐射带动能力，发挥连云港新亚欧大陆桥经济走廊东方起点和陆海交汇枢纽作用，推动淮海经济区协同发展。

江苏淮海经济区包括徐州、连云港、宿迁、淮安、盐城五个地级市。徐州市全市幅员面积 11258 平方公里，总人口 1039.42 万人，现徐州市下辖 2 市（新沂、邳州）、3 县（丰县、沛县、睢宁县）、5 区（云龙、鼓楼、泉山、铜山、贾汪）。2018 年末全市常住人口 880.20 万人，比上年末增加 3.85 万人，增长了0.4%。全市城镇化率为 65.1%，2018 年全市实现地区生产总值（GDP）6755.23亿元，按可比价计算，比上年增长了 4.2%。其中，第一产业增加值 631.39 亿元，增长了 2.4%；第二产业增加值 2812.02 亿元，增长了 1.5%；第三产业增加值 3311.82 亿元，增长了 7.0%。全市人均地区生产总值 76915 元，比上年增长了 3.7%。全社会劳动生产率持续提高，全年平均每位从业人员创造的增加值达139961 元，比上年增加 3206 元。[①]

连云港市下辖 3 个市辖区、3 个县级行政区：海州区、连云区、赣榆区、灌南县、东海县、灌云县，市人民政府驻海州区朝阳东路 69 号。全市陆域 7615 平方公里，海域 6677 平方公里。2017 年末户籍人口 532.53 万人，比上年末减少 1.43万人，下降了 0.3%。经济总量不断扩大，2018 年全市实现地区生产总值 2771.70亿元，比上年增加 131.39 亿元，增长了 4.7%。其中，第一产业增加值 325.57 亿元，增长了 2.6%；第二产业增加值 1207.39 亿元，增长了 1.9%；第三产业增加值 1238.74 亿元，增长了 8.2%。人均地区生产总值 61332 元，增长了 4.5%。人口总量保持稳定，年末户籍人口 534.34 万人，比上年末增加 1.81 万人，增长了 0.3%。年末常住人口 452.0 万人，比上年末增加 0.16 万人，增长了 0.04%。其中，城镇常住人口 282.95 万人，比上年末增加 4.17 万人，增长了 1.5%。常住人口城镇化率 62.6%，比上年提高 0.9 个百分点。收入较快增长，根据城乡一体化住户抽样调查，全市居民人均可支配收入 25864 元，增长了 8.8%。其中，城镇常住居民人均可支配收入 32749 元，增长了 8.1%；农村常住居民人均可支配收入 16607 元，

---

① 资料来源：《2018 年徐州市国民经济和社会发展统计公报》。

增长了 8.7%。①

宿迁市全市土地面积 8524 平方公里，下辖宿城区、宿豫区、宿迁开发区、湖滨新区、洋河新区、沭阳县、泗阳县、泗洪县。2018 年末，全市户籍总户数 151.52 万户，户籍总人口 591.26 万人，常住人口为 492.59 万人，全市城镇化率为 60.0%。2018 年，宿迁全市实现地区生产总值 2750.72 亿元，比上年增长了 6.8%，比全省增速快 0.1 个百分点。其中，第一产业增加值 300.84 亿元，增长了 3.0%；第二产业增加值 1279.54 亿元，增长了 7.4%；第三产业增加值 1170.34 亿元，增长了 7.3%。人均 GDP 达 55906 元，按平均汇率为 8448 美元。②

淮安市下辖淮安区、淮阴区、清江浦区、洪泽区、涟水县、盱眙县、金湖县。年末户籍人口 561.33 万人，比上年增加 0.43 万人，其中男性 287.89 万人，女性 273.45 万人。2018 年末常住人口 492.50 万人，比上年增加 1.1 万人，其中城镇常住人口 307.52 万人。常住人口城镇化率 62.4%。全年实现 GDP 达 3601.3 亿元，按可比价格计算，比上年增长了 6.5%。其中，第一产业增加值 358.7 亿元，增长了 3.1%；第二产业增加值 1508.1 亿元，增长了 4.9%；第三产业增加值 1734.5 亿元，增长了 8.8%。三次产业结构比例为 10.0∶41.8∶48.2，第三产业增加值占 GDP 比重比上年提升 0.6 个百分点。人均 GDP 达到 73203 元人民币，按可比价格计算，增长了 6.1%，按当年平均汇率折算为 11062 美元。③

盐城市下辖东台 1 个县级市和建湖、射阳、阜宁、滨海、响水 5 个县，以及盐都、亭湖、大丰 3 个区，设有盐城经济技术开发区和盐南高新区。共有 26 个街道、96 个镇，2432 个村（居、社区）。人口总量保持稳定，2018 年末全市户籍人口 824.7 万人，比上年末减少 1.42 万人，其中城镇人口 496.5 万人、乡村人口 328.2 万人。2018 年，全市实现地区生产总值 5487.1 亿元，总量居全省第 7 位，按可比价计算，比上年增长了 5.5%。其中，第一产业实现增加值 573.4 亿元，比上年增长了 3.2%；第二产业实现增加值 2436.5 亿元，比上年增长了 3.7%；第三产业实现增加值 2477.2 亿元，比上年增长了 8.1%。产业结构持续优化，三次产业增加值比例调整为 10.5∶44.4∶45.1，二三产业比重比上年提高了 0.6 个百分点，人均地区生产总值达 75987 元（按 2018 年年平均汇率折算约为 11483 美元），比上年增长了 5.8%。④

---

① 资料来源：《连云港市 2018 年国民经济和社会发展统计公报》。
② 资料来源：《宿迁市 2018 年国民经济和社会发展统计公报》。
③ 资料来源：《淮安市 2018 年国民经济和社会发展统计公报》。
④ 资料来源：《盐城市 2018 年国民经济和社会发展统计公报》。

2018 年淮海经济区主要经济指标见表 11-1。

表 11-1 2018 年淮海经济区主要经济指标

指标	淮安市	徐州市	连云港市	盐城市	宿迁市	全省	江淮占全省比重（%）
土地面积（平方公里）	10030	11258	7615	16931	8524	107200	50.71
户籍总人口（万人）	561.33	1044.77	534.34	824.7	591.26	7794.17	45.63
常住人口（万人）	492.50	880.20	452.0	720	492.59	8050.7	37.73
地区生产总值（亿元）	3601.3	6755.23	2771.70	5487.1	2750.72	92565.4	23.08
人均 GDP（元）	73203	76915	61332	75987	55906	115168	—
农林牧渔业总产值（亿元）	346.26	1211.96	636.65	1183.9	559.37	7210.41	54.62
粮食总产量（万吨）	482.26	484.48	364.03	704.3	401.02	3660.3	66.55
粮食播种面积（万亩）	1021.59	1148.49	—	1474.7	898.14	8214	—
工业增加值（亿元）	1244.5	2712.1	—	624.7	746.95	35748.27	—
建筑业总产值（亿元）	1395.9	1155.36	719.22	1750.6	682.82	30846.7	18.49
固定资产投资增速（%）	9	2	6.7	9.4	7	5.5	—
社会消费品零售总额（亿元）	1239.7	3102	1121.31	1778.7	833.82	34244.66	23.58
进出口总额（亿美元）	50.1	773.69	95.47	95.5	36.01	6619.27	15.87
货运量（万吨）	12900	27620	—	—	5492	247388.1	—
邮政业务收入（亿元）	21.97	34.02	17.36	21.2	19.10	647	17.57
电信业务收入（亿元）	32.67	67.55	38.25	55.9	37.63	975.1	23.79
旅游总收入（亿元）	413	766.03	531	374.2	293	13247.3	17.95
一般公共预算收入（亿元）	247.27	526.21	234.31	381	206.20	8630.2	18.48
一般公共预算支出（亿元）	486.81	880.85	284.1	845.71	433.73	11658.2	25.14
居民人均可支配收入（元）	27696	27385	25864	29488	22918	38096	—

资料来源：《江苏省 2018 年国民经济和社会发展统计公报》《淮安市 2018 年国民经济和社会发展统计公报》《徐州市 2018 年国民经济和社会发展统计公报》《连云港市 2018 年国民经济和社会发展统计公报》《盐城市 2018 年国民经济和社会发展统计公报》《宿迁市 2018 年国民经济和社会发展统计公报》。

淮海经济区作为经济区域，在整体整合上有着突出的优势，江苏境内的五座城市在整个淮海经济区的发展和整合中也有着不可替代的位置。

1. 区域内地理位置优越

整个淮海经济区东濒黄海、西临中原、北接齐鲁、南连江淮，淮海经济区土地总面积 17.81 万平方公里，其中苏北占地面积为 5.24 万平方公里。徐州地处苏、鲁、豫、皖四省接壤地区，长江三角洲北翼，北倚微山湖，西连宿州，东临连云港，南接宿迁，京杭大运河从中穿过，陇海、京沪两大铁路干线在徐州交汇，作为中国第二大铁路枢纽，素有"五省通衢"之称。[1]连云港位于中国大陆东部沿海地区，长江三角洲北翼，江苏省东北部，山东丘陵与苏北平原结合部。东临黄海，与朝鲜、韩国、日本隔海相望；西与临沂市、徐州市和宿迁市毗邻，南与淮安市和盐城市相连，北与日照市接壤。[2]

2. 区域内交通发达便利

连云港是天然深水良港，京杭大运河穿境而过。徐州观音国际机场，连云港白塔埠机场以及徐州作为连通南北的交通要地，和整个淮海经济区联系紧密。

3. 区域经济发展特色明显

在江苏地区，徐州以 600.55 亿元和盐城以 564.18 亿元位列第一产值的第一、第二。在工业中，徐州工业中的采矿业在江苏"一枝独秀"。徐州作为老牌重工业基地，即便是亟须转型的阶段，其传统工业依旧给徐州的经济发展做出巨大贡献。徐州在交通运输、仓储和邮政业上以 322.97 亿元位列江苏第三，仅次于南京的 346.5 亿元和苏州的 518.44 亿元。在卫生和社会工作上排名也仅次于南京和苏州。也就是说，徐州在这两项上的投入是巨大的。

2018 年底，国家发改委公布了《淮河生态经济带发展规划》全文，规划明确提出"一带、三区、四轴、多点"的空间布局。在"三区"中的"北部淮海经济区"部分，再次强调要着力提升徐州区域中心城市辐射带动能力。把淮河流域建设成为天蓝地绿水清、人与自然和谐共生的绿色发展带，为全国大河流域生态文明建设积累新经验、探索新路径。发展特色产业创新发展带，着力培育新技术、新产业、新业态、新模式，推动产业跨界融合发展和军民融合发展，同时要巩固提升全国重要粮食生产基地的地位，探索推进资源枯竭城市、老工业基地转型升级的有效途径，促进新旧动能转换和产业转型升级。发展新型城镇化示范带，增强区域中心城市综合实力，促进大中小城市、特色小镇和美丽乡村协调发展，积极推进新型城镇化综合试点，分类引导农业转移人口市民化，实现产、城、人、文融合发展，努力在宜居宜业、城乡统筹发展方面探索新模式新路径。积极发展中东部合作发展先行区，发挥淮河水道和新亚欧大陆桥经济走廊纽带作用，引导资金技术向内陆腹地转移，营造与国内外市场接轨的制度环境，加快构建全方位、多层次、宽领域的开放合作新格局，形成联动中东部、

---

[1] 资料来源：徐州市政府网站。
[2] 资料来源：连云港市政府网站。

协调南北方的开放型经济带。

（二）江苏淮海经济区的金融发展概况

2018 年，淮海经济区的金融业得到了较为快速的发展。以徐州、连云港为例，徐州年末全市金融机构人民币各项存款余额 7107.39 亿元，较年初增加 711.01 亿元，比上年增长了 11.1%。其中，住户存款 3604.84 亿元，增长了 7.6%。金融机构人民币各项贷款余额 4912.47 亿元，较年初增加 739.30 亿元，比上年增长了 17.7%。按贷款期限分，中长期贷款 2918.83 亿元，增长了 19.8%；短期贷款 1534.94 亿元，增长了 10.0%。年末全市共有证券公司（分公司）3 家；证券营业部 41 家；期货经纪公司 1 家；期货营业部 3 家。年末全市共有上市公司 12 家，其中境内 11 家、境外 1 家；"新三板"挂牌企业 26 家，新增 2 家；区域股权交易市场挂牌企业 681 家，新增 216 家。新发企业债券规模 16 亿元，累计发行 469.5 亿元；新发行银行间各类债务融资工具 265.8 亿元。新增保险机构 8 家，年末保险机构达 69 家。全年保费总收入 220.64 亿元，比上年增长了 16.8%。其中寿险保费收入 159.68 亿元，增长了 22.1%，财产险保费收入 60.78 亿元，增长了 4.6%。全年累计赔付和给付支出 61.24 亿元，增长了 7.8%。其中赔付额 41.07 亿元，增长了 30.0%。在赔付额中，财产险赔付 33.19 亿元，增长了 17.5%；保险深度和保险密度分别为 3.3% 和 2531 元/人[①]。

连云港市财政收入稳定增长。2018 年全年实现一般公共预算收入 234.31 亿元，增长了 9.1%。其中，税收收入 187.45 亿元，增长了 17.6%，税收占比达 80.0%，比上年提高了 5.8 个百分点。增值税（含营业税）90.0 亿元，增长了 16.8%；企业所得税 28.38 亿元，增长了 47.2%；个人所得税 8.51 亿元，增长了 14.2%。金融信贷较快增长。年末，全市金融机构存款余额为 3261.64 亿元，比年初增加 284.66 亿元，同比增长了 9.6%。其中，住户存款余额 1429.18 亿元，比年初增加 139.25 亿元，同比增长了 10.8%。贷款余额为 2945.04 亿元，比年初增加 468.96 亿元，同比增长了 18.9%，增速居全省第一位。保险市场快速发展，全市保险业务总收入突破百亿元，达到 103.41 亿元，增长了 12.5%，居全省第三位。其中，财产险 27.87 亿元，增长了 7.1%；寿险 61.58 亿元，增长了 10.0%；健康险 12.28 亿元，增长了 46.0%，居全省第一位。[②]

2018 年江淮生态经济区金融业主要经济指标见表 11-2。

---

① 资料来源：《徐州市 2018 年国民经济和社会发展统计公报》。
② 资料来源：《连云港市 2018 年国民经济和社会发展统计公报》。

表 11-2　2018 年江淮生态经济区金融业主要经济指标

指标	金融机构人民币各项存款余额（亿元）	金融机构人民币各项贷款余额（亿元）	保费收入（亿元）
淮安市	3638.01	3303.44	93.28
宿迁市	2746.69	2563.61	75.81
徐州市	7107.39	4912.47	220.64
连云港市	3261.64	2945.04	103.41
盐城市	6421.4	5003.8	176.4
全省	139718	115719	3317.3
占全省比重（%）	16.59	16.18	20.18

资料来源：各地 2018 年统计公报，江苏省保监局。

　　除了徐州，其他几个淮海经济区城市的预算收入在 100 亿元左右，和江苏最发达的南京、苏州几乎是 10 倍的差距。苏州、南京作为准一线城市，其发达程度是众人皆知的。这也从侧面说明徐州等几个城市是有很大发展空间的。

二、江苏淮海经济区总体产业金融政策概述

（一）淮海经济区协同发展政策

　　整个淮海经济区的协同发展，需要从多方面共同努力：第一，依法做好农村承包土地的经营权抵押贷款试点工作，支持农业适度规模化发展。第二，探索多元化投融资模式，合法合规支持建立投融资协同机制，强化金融监管合作和风险联防联控；规范推广政府和社会资本合作（PPP）模式，引导社会资本参与基础设施和公共服务项目的建设与运营。第三，强化土地利用总体规划实施管理，完善城乡建设用地增减挂钩政策，实施城镇建设用地增加规模与吸纳农村转移人口落户数量挂钩机制，适度增加土地利用年度指标和城乡建设用地增减挂钩指标。第四，政策性银行、开发性金融机构按照职能定位和业务范围，加大对水利、交通等基础设施领域信贷的支持力度，有序发展投融资主体，活跃投融资市场，鼓励通过市场化方式组建淮河产业投资基金等，推动设立股份制淮河开发集团公司。[①]

---

　　①　资料来源：《淮河生态经济带发展规划》。

推动区域协同发展的政策包括：第一，推动产业链深度融合。大力推动跨区域产业链分工合作，培育壮大优势特色产业集群，提升产业整体竞争实力。充分挖掘区域科教资源优势，建设具有全国影响力的区域创新高地。第二，推进平台载体共建共享。多形式创新共建合作园区，探索跨市"飞地园区"建设。建立投融资服务平台，形成区域统一、高效、规范的公共服务平台体系。第三，共建双向开放新格局。规划布局一批物流贸易基地和陆路开放口岸，推动铁路、内河、航空、海运等开放口岸共建共享。依托区域内各交通枢纽，大力发展枢纽经济。提升区域贸易自由度水平，发挥各地开放平台作用，集聚更多优质产业项目。[①]第四，江苏省政府投资基金会与徐州市研究发起设立淮海经济区产业投资基金（以下简称"淮海基金"）。淮海基金是首只跨省域的区域协调发展基金，开创了全国省级政府投资基金的先河。淮海基金将紧紧围绕国家和江苏省关于支持区域协调发展的战略目标，创新资源配置方式、统筹调动区域资源、着力提升区域政策协同，全面支持推进淮海经济区产业链深度融合和分工合作，提升区域产业整体竞争力，建设具有全国影响力的区域创新中心，深度服务于区域协调发展战略。[②]

（二）淮海经济区联动发展政策

做好整个淮海经济区的联动发展，也需要金融的联动发展。积极构建综合交通运输体系，强化区域产业协同发展，推进生态环境联动治理，完善区域社会公共服务，加强警务合作保障，携手开创淮海经济区更加美好的明天。[③]

第一，加快产业升级，增强经济综合实力。包括建设徐州产业技术研究院、江苏淮海科技城、徐州科技创新谷和潘安湖科教创新区等重大创新平台；全力打造以工程机械为重点的世界级装备制造产业中心；重点发展现代物流、金融、商务、服务外包等现代服务业；建设淮海经济区农产品加工集中区和交易集散中心等内容。

第二，强化枢纽地王，完善综合交通网。包括加快实施徐连客专、徐宿淮盐铁路等重大项目；推进徐州观音国际机场扩建，建设面向"一带一路"沿线国家和地区的国际性空港；布局建设新沂通用机场；加快淮海经济区高速公路网完善和干线公路快速化改造；发展高铁商务区、空港经济开发区、内河双楼港物流园等枢纽经济区。

第三，增强城市功能，提升承载力和吸引力。包括推进新城新区实施精明增长、

---

① 资料来源：徐州市政府网站。

② 资料来源：《徐州日报》。

③ 资料来源：济宁发布。

复合开发，全面提高空间利用效率；加快棚户区、城中村和老旧小区改造；完善公共交通系统，超前规划建设地下综合管廊和海绵城市；着力建设特色田园乡村。

第四，深化改革开放，加快集聚发展要素。包括建设区域金融机构集聚中心、资金结算中心和金融后台服务中心；打造徐工巴西、印度产业园等样板型境外产业园区，支持徐矿集团等骨干企业走出去；主动参与亚欧国际陆桥物流大通道建设；建设航空口岸、铁路口岸、综合保税区等对外开放平台；深入推进徐州与连云港交通、产业、平台对接，规划实施徐（宿）连运河等重大项目，共建中西部地区战略出口等内容；聚集富民增收，增强公共服务供给，包括公共服务、教育资源配置、医疗服务、社会保障、住房保障和养老服务体系、扶贫机制等。

第五，彰显文化特色，提升社会文明程度。包括深入实施"舞动汉风"工程，创新发展两汉文化、彭祖文化、武术文化等特色文化资源，大力传承弘扬优秀传统文化和革命文化；积极推进文化产业集聚区建设，打造一批文化产业知名品牌，提升区域文化影响力。

第六，加强生态建设，筑牢可持续发展基础。包括争创国家生态市和联合国人居环境奖；积极融入淮河生态经济带和江淮生态大走廊建设，规划布局"两轴、两湖、十个生态特色片区"；治理生态环境等。

三、江苏淮海经济区主要城市产业金融政策情况

（一）徐州市的产业金融政策

徐州地处"苏鲁豫皖"四省交界处，地缘特殊、地位重要、使命重大，是汉文化的发祥地，也是全国重要的综合交通枢纽，是淮海经济区中心城市，也是快速发展的活力城市。当前，徐州的发展已经处于一个新的起点上，实现"淮海崛起梦"，要有更宽的视野、更高的追求。在全省发展大局中，徐州要成为苏北振兴的强引擎、全面小康的领头羊；在国家战略布局中，徐州要成为"一带一路"倡议的重要节点。

1. 建设淮海地区的大型金融服务平台

徐州新城区金融集聚区是徐州市重点打造的金融集聚平台、众筹融资平台和金融企业综合服务平台，是徐州打造淮海经济区区域性金融中心的重要载体。截至2020年，力争完成占地500亩、建筑面积100万平方米的一期项目建设，集聚各类金融机构150家以上、在全市占比达到50%以上；截至2022年，完成二

期项目建设，集聚各类金融机构 300 家以上、在全市占比达到 80% 以上，基本建成淮海经济区体系最健全、业态最多样、功能最完备、品质最高端的金融集聚区。将重点发展金融和总部经济等产业板块，构建金融服务、金融信息、金融培训三大平台，旨在打造成淮海经济区金融体系最健全、业态最多样、创新最活跃、功能最完备、品质最高端的金融服务中心。①

2. 设立江苏徐州老工业基地产业发展基金

总规模 20 亿元的江苏徐州老工业基地产业发展基金由江苏省政府投资基金与徐州市国盛投资控股有限公司发起设立，基金主要投资于《中国制造 2025 徐州行动纲要》、打造徐州区域性现代服务业高地相关领域的项目或企业，围绕加快建设区域性产业科技创新中心、区域性先进制造业基地、区域性现代服务业高地的目标进行投资布局，发挥财政资金对金融资本等社会资本的引导撬动作用，加速徐州制造业和现代服务业向中高端迈进步伐，促进徐州老工业基地的企业转型升级和产业振兴。江苏徐州老工业基地产业发展基金自运作以来，已立项 18 个项目，过会 5 个项目，过会总金额近 10 亿元。②

此外，财政资金对徐州老工业基地也进行了大力扶持。根据省财政厅《关于下达 2018 年东北地区等老工业基地调整改造专项（独立工矿区改造搬迁、城区老工业区搬迁改造）中央基建投资预算（拨款）的通知》，徐州市泉山区、鼓楼区再获国家中央预算内基建投资 6705 万元。其中，泉山区老工业基地独立工矿区改造搬迁试点获 2127 万元，鼓楼区城区老工业区搬迁改造试点获 4578 万元。截至 2018 年底，两区已获得国家老工业基地调整改造专项（独立工矿区改造搬迁、城区老工业区搬迁改造）中央基建投资 19738 万元。③

3. 金融支持矿区塌陷区生态修复综合治理

徐州地处老牌重工业发展地区，煤矿产业的长期发展，给这座城市带来了富裕，但同时也带来了生态隐患，生态修复至关重要。以贾汪区潘安采煤塌陷地为例，经过多年治理，目前已变成美丽的乡村湿地公园，成为 4A 级景区。

贾汪自清朝光绪年间开始采煤，距今已有 130 多年了。贾汪依靠煤炭开采拉动了经济增长，却也"收获"了 13.23 万亩的采煤塌陷区，并"收获"了天灰、地陷、房裂、山秃、水黑。2011 年，江苏省徐州市贾汪区正式被列为第三批国家资源枯竭城市，自此开启了贾汪转型发展的黄金时期。2017 年 12 月 12 日，习近平总书

---

① 资料来源：徐州市财政局。
② 资料来源：江苏省发改委。
③ 资料来源：徐州市财政局。

记在党的十九大后的首次地方视察就来到贾汪，称赞贾汪转型实践做得好，现在是"真旺"了，并强调"只有恢复绿水青山，才能使绿水青山变成金山银山"。按照"宜游则游、宜农则农、宜林则林、宜工则工"的原则，大力实施"村庄异地搬迁、基本农田整理、采煤塌陷地复垦、生态环境修复、湿地景观开发"五位一体综合整治工程，先后实施潘安湖、小南湖、月亮湖等塌陷地治理工程82个、治理面积达到6.92万亩。开挖疏通河道144条，里程达306公里，畅通水循环，建成"十纵五横一环"生态水网，彻底改变了长期煤炭开采导致的水位下降、水质恶化的状况，重现了贾汪绿水绕城、人水相亲的"泉城"风采。

2018年，国家发改委正式批复徐州贾汪都市旅游投资发展有限公司发行15亿元企业债券，期限为7年，所筹资金全部用于潘安湖采煤塌陷地综合整治工程项目，主要包括河道疏浚、桥梁码头、生态驳岸、生态护坡、水土保持等治理工程，以及供电、给排水、道路、停车场等配套工程。该项目实施后，3000余亩的潘安湖采煤塌陷区生态环境将得到有效修复和改善，为全省乃至全国采煤塌陷地治理提供新的经验，发挥典型示范效应。2018年，贾汪区农村公路建设工程改造道路47条，合计里程87公里，总造价9000余万元。项目惠及全区40个行政村近10万人。随着2018年度贾汪区重大投资项目计划正式下达，108个重大项目总投资达339.27亿元。据了解，2018年重大投资项目包括重大产业项目和城建重点工程。其中，重大产业项目共46项，计划总投资约197.13亿元；城建重点工程共八大类62项，包括安置房建设工程7项、路网建设工程5项、城市道路畅通工程6项、双修惠民提档工程9项、功能设施优化工程4项、科教文化提升工程17项、棚户区改造项目1项、前期研究项目13项，计划总投资约142.14亿元。[①]

4. 金融支持城市交通体系发展

徐州市轨道交通1号、2号、3号线一期工程PPP项目，线路总长67公里，总投资443.28亿元。目前，3条线施工进展顺利，按计划有序推进，预计到2020年，将形成连接老城区与新城区、铜山新区、坝山片区、城东新区的轨道交通骨干线路。其中，1号线PPP项目起于规划杏山子大道，止于高铁徐州东站，总投资162.78亿元，全长21.967公里，设站18座；2号线PPP项目起于新台子河，止于京沪高铁以西新区东站，总投资169.57亿元，全长约24.25公里，设站20座；3号线PPP项目起于下淀站，止于连霍高速公路北侧规划安科园，总投资135.26亿元，全长约18.13公里，设站16座。[②]根据计划，到2020

---

① 资料来源：徐州市发改委。
② 资料来源：徐州市财政局。

表 11-3 连云港市 2018 年 PPP 项目库

序号	项目名称	建设性质	建设起止年限	建设内容及规模	总投资（万元）	PPP操作模式	项目进展情况	发布时间
1	连云区全域旅游基础设施建设项目	新建	2018—2019	建设海上桃源入口形象展示工程、在海一方公园改建工程、海滨文化园、凤鹭公园改建工程、羊山岛旅游工程、绿道系统工程和现有景区（万寿谷、枫树湾、船山飞瀑）提升工程6大工程	106684.5	BOT	正在进行招投标程序	2018年1月
2	连云港经济技术开发区猴嘴片区技术设施及配套工程项目	新建	2018—2021	利用社会资本推进猴嘴片区开发建设，实施道路项目20项、桥梁项目5项、河道水系治理项目5项、公共建筑配套项目7项、经营性项目1项	217000.0	BOT+BOO	项目PPP实施方案已报市政府审批	2018年1月
3	徐圩新区地下综合管廊一期工程	新建	2016—2019	工程全长约16公里、含土建、安装、智能化、控制中心等	194000.0	待定	在建	2018年1月
4	连云港徐圩新区达标尾水排海工程	新建	2018—2020	铺设陆域管线3.6公里、海域管线16.8公里、扩散管0.3公里，新建调压泵站1座，设计规模11.83万立方米/日，占地面积约9.55亩	88994.0	BOT	项目建议书已获批	2018年1月
5	连云港石化产业基地应急截污闸	新建	2018—2019	在石化基地主要河道设置应急截污闸，应对突发水污染事件，满足基地安全、环保要求，规划建设10余座应急截污闸	24000.0	BOOT	开展前期工作	2018年1月
6	连云港市建筑垃圾资源化处理	新建	2018—2020	占地87亩，年资源化处理150万吨建筑垃圾	19000.0	待定	正在进行项目前期预可研编制	2018年1月
7	连云港市港城大道快速化改造工程	改建	2019—2021	港城大道快速路起于凌州路—港城大道交叉口，沿港城大道向北，止于新光路交叉口，全长约18.7公里，项目总投资约30亿元。现状道路有19处红绿灯，改造可消除红绿灯18处，保留1处，全线采用"地面为主+短隧+跨线桥"方案，设置6道隧道、5座跨线桥、4座互通立交	300000.0	BOT	项目建议书已通过市发改委批复立项，并完成可行性研究报告编制工作。PPP初步实施方案已委托咨询机构编制完成	2018年1月

续表

序号	项目名称	建设性质	建设起止年限	建设内容及规模	总投资（万元）	PPP 操作模式	项目进展情况	发布时间
8	连云港综合客运枢纽	扩建	2019~2021	站前广场占地面积约为 12.3 万平方米，地下车库建筑面积 3.8 万平方米，总停车位 758 个。零换乘项目，形成了以公交枢纽站、长途汽车始发站、旅游集散中心以及城市航站楼为主要功能的建筑方案，总建筑面积 115474 平方米，地上建筑面积为 79850 平方米，地下室面积为 35624 平方米	213000.0	TOT+BOT	已完成项目采用 PPP 模式初步实施建议书	2018 年 1 月
9	连云港新机场大道及临时道路工程	新建	2019~2020	全长约 7.57 公里，主路采用双向六车道，辅路双向四车道；盐河南路南延段至 G204 段采用双向六车道一级公路标准；设置大桥 2 座，总长 1279.4 米。临时便道沿主线走向布线，全长约 7.8 公里，道路宽 6 米	83600.0	BOT	已委托设计单位编制项目预审工作	2018 年 1 月
10	344 省道连云港市区段	新建	2019~2020	项目起自与 204 国道交叉处，接在建的 204 国道新浦至灌南段，止于连云港与宿迁交界处，接已建成的 344 省道宿迁沭阳段，路线全长 12.93 公里（连云港市区段 8.4 公里），一级公路标准	25500.0	BOT	项目可行性研究报告，初步设计已批复，省发改部门批复，施工图设计工作已通过市交通主管部门初审	2018 年 1 月
11	江苏连云港临洪河口省级湿地公园（临洪河省级水利风景区）	新建	2018~2019	生态保育和恢复工程，旅游开发工程和配套工程三项工程	35686.0	DBOT	PPP 实施方案完成，开始社会资本招标	2018 年 1 月
12	江苏省连云港中医药高职校中医老年养护院项目	新建	2017~2019	项目占地面积 1.85318 公顷，总建筑面积为 27531 平方米	12700.0	BOT	完成"二报告一方案"审批，已报省财政厅备案	2018 年 1 月

年实现 1 号、2 号、3 号线一期工程全部竣工并成网运营，轨道公司总资产规模达 600 亿元；截至 2035 年，实现总资产超 2000 亿元（轨道资产 1200 亿元、经营性物业资产 800 亿元），轨道公司发展成为集专业化地铁建设、品牌化运营管理、集约化资源开发等业务为一体的综合性企业集团。2018 年，徐州在建铁路项目有两个，分别是徐宿淮盐铁路和连徐高铁。徐宿淮盐铁路全长 313 公里，总投资约 422 亿元，在徐州市境内正线 99 公里，联络线 16 公里，总投资约 130 亿元，设计速度为 250 公里 / 小时。连徐高铁全长 180 公里，总投资约 280 亿元，在徐州市境内线路总长 126 公里，总投资约 200 亿元，设计速度为 350 公里 / 小时。

（二）连云港市的产业金融政策

1. 支持"一带一路"建设

连云港是中国首批沿海开放城市、新亚欧大陆桥东方桥头堡、"一带一路"交汇点城市、国际性港口城市。港口集装箱码头、中哈物流基地、30 万吨级矿石码头、上合物流园区等地是连云港参与"一带一路"建设的重要抓手。2018 年，上合物流园铁路装卸场站的地基处理全部完工，上合物流园成功获批江苏省级粮食物流产业园，全年物流业总收入 2.3 亿元，同比增长超过 50%；中哈物流基地效益逐步提高，从连云港中哈物流基地发出的国际班列实现中亚地区主要站点全覆盖，并延伸形成至土耳其伊斯坦布尔、德国杜伊斯堡南北两条中欧班列线路，运营水平从日均 0.8 列递增至 2.1 列。港口向高质量发展阶段迈进，全年港口货物吞吐量 2.36 亿吨，增长 3.2%；集装箱 474.56 万标准箱，增长 0.7%；海河联运完成 1189 万吨，增长 38.6%。自 2018 年起，连云港市将连续三年每年获得 2000 万元国际铁路物流项目补贴，进一步支持连云港市国际班列平稳向好发展、巩固品牌优势，增强其在贯彻落实"一带一路"建设中的引领作用。[①]

2. 通过 PPP 等形式支持公共服务建设

自总投资达 3.92 亿元的赣榆区生活垃圾焚烧发电工程项目列入 2018 年度省级 PPP 试点项目后，省级 PPP 试点项目再获新进展。总投资为 1.27 亿元的 2016 年度省级试点项目连云港中医药高职校中医老年养护院项目资格预审工作结束；总投资为 21.74 亿元的 2017 年度省级试点项目连云港经济技术开发区猴嘴片区综合开发及配套工程采购工作结束，即将公示中标结果（见表 11-3）。随着项目的推进落地，将吸引更多的社会资本加大对连云港市公共服务领域的投资力度，以项目建设带动区域

---

① 资料来源：连云港市财政局。

经济的快速发展。[①]

3. 加强实体经济的发展

2018年，连云港市制定了《关于推动金融服务实体经济加快地方金融改革发展的实施意见》，着力推动金融回归服务实体经济本源、持续推进地方金融改革创新发展、不断增强金融风险防范和化解能力，着力引导金融机构服务实体经济发展，主要内容包括：

第一，保持银行信贷规模持续增长。加大对重点产业领域的支持力度，提升金融服务效率，支持金融产品创新，丰富小微企业信贷资金来源，合理控制小微企业贷款成本；积极发展贷款保证保险，对保险公司向符合连云港市产业政策的小微企业提供单户贷款金额500万元及以下的贷款保证保险，每年按贷款保证保险承保总额的2%给予补偿，专项用于对冲风险弥补损失，单一机构每年奖励总额不超过100万元。

第二，创新建设金融服务实体经济平台载体。加快连云港市综合金融服务平台建设，为小微企业、"三农"事业、"创新创业"等金融服务薄弱环节提供便捷高效的一站式、综合性线上金融服务。配套设立中小微企业信用保证基金，基金初期规模1亿元，2018年到位资金不低于5000万元。推动应急转贷基金县区全覆盖，每个县区不低于5000万元。加强融资性担保体系建设，建立健全政银担保融资风险分担机制。

第三，大力实施企业上市倍增计划。提高企业上市费用补贴，对境内外首次上市企业、借壳上市并将注册地及经营场所迁至连云港市的企业及迁至连云港市的域外上市企业，分阶段给予300万元资金扶持；企业上市后，首发融资用于连云港市范围内生产性、经营性项目（房地产项目除外）建设的，给予最高200万元的资金奖励。

第四，优化完善地方金融组织体系。对新组建或引进总部设在连云港市的银行业机构（不包括村镇银行），一次性给予2000万元的开办费用补助；设立区域总部的，一次性给予500万元的开办费用补助；全国性股份制银行或区域性有重要影响力的城市商业银行设立二级分行的，一次性给予200万元的开办费用补助；在连云港市注册设立企业集团财务公司、金融租赁公司等金融机构，一次性给予200万元的开办费用补助。

[①] 资料来源：连云港市财政局。

第二节　江苏淮海经济区产业金融发展存在的问题

一、淮海经济区总体金融实力较弱

淮海经济区地处苏北地区，经济实力比较薄弱。2018 年，徐州市地区生产总值为 6755.23 亿元，连云港市地区生产总值为 5487.1 亿元，盐城市地区生产总值为 2750.12 亿元，淮安市地区生产总值为 3601.3 亿元，宿迁市地区生产总值为 2750.72 亿元，国内生产总值合计 92565.4 亿元，仅占全省的 23.08%。同期，徐州市一般公共预算收入为 526.61 亿元，连云港市一般公共预算收入为 234.31 亿元，盐城市一般公共预算收入为 381 亿元，淮安市一般公共预算收入为 247.27 亿元，宿迁市一般公共预算收入为 206.20 亿元，合计 8630.2 亿元，仅占全省的 18.48%。与之相对照的是，五座城市的土地面积占到了全省的 50.71%，常住人口占到了全省的 37.73%。

从金融业的发展来看，江苏淮海经济区的实力相对较弱，金融发展相对滞后，对实体经济的支持存在不足。截至 2018 年末，从存款余额来看，淮安、宿迁、徐州、连云港、盐城分别为 3638.1 亿元、2746 亿元、7107.39 亿元、3261.64 亿元、6421.4 亿元，仅占全省的 16.59%；从贷款余额来看，淮安、宿迁、徐州、连云港、盐城分别为 3303.44 亿元、2563.61 亿元、4912.47 亿元、2945.04 亿元、5003.8 亿元，仅占全省的 16.18%；从保费收入来看，淮安、宿迁、徐州、连云港、盐城保费收入分别为 93.28 亿元、75.81 亿元、220.64 亿元、103.41 亿元、176.4 亿元，仅占全省的 20.18%。

二、拖欠民营企业、中小企业账款的情况仍然存在

徐州市各级审计机关对徐州市清理拖欠民营企业、中小企业账款情况开展专项审计调查，共对 43 个乡镇（办事处）、131 个政府所属部门或机构、14 个事业单位、69 个国有企业进行实地延伸核查，截至 2019 年 1 月 10 日，总拖欠金额为

34039.39 万元。[①]

三、政府专项扶持资金使用绩效不高

在监管不够有效的情况下，专项资金未及时安排使用、延迟拨付、部分项目效益未达预期、缺乏对项目的监督检查和绩效评价等问题依旧层出不穷。这类问题若不能解决，将导致专项资金的效果不能落到实处，难以惠及本身的目标人群。

四、PPP 项目风险较高

针对项目实施单位的重视程度和专业技术力量有待加强、"两标一招"模式存在隐患等问题和相关建议，市主要领导及分管领导均作出批示。市政府还专门召开了"市级 PPP 项目专项审计调查反馈问题改进专题协调会"，听取了审计情况及有关部门的项目实施和整改进展情况。会议揭示出的部分项目没有招投标、合同签订不规范、个别合同预付款偏高等问题引起市政府和有关单位高度重视。此外，PPP 中心在全市范围内就 PPP 项目实施流程、规范运作要求、运作模式设计等方面开展了 PPP 项目业务培训；徐州市轨道交通公司等单位针对审计发现的问题，相继出台招投标管理办法、非招标采购管理办法、评标专家抽取以及公司招投标监督管理办法等制度，积极落实整改工作。[②]尽管做出许多努力，PPP 作为一个比较新的模式依旧存在许多问题亟待解决。

五、地区发展联系仍不紧密

以连云港港口发展为例，其物流的货物代理业务和中西部网点之间联系不紧密，基本业务信息的沟通也不通畅，所以存在信息不对称和部门间联动不敏感的缺点。目前,连云港港口物流发展不够迅速,增值服务空间不大,缺少核心竞争力,仍侧重传统仓储,且物流层次还较低,管理又未形成规模,还处于粗放型。在与政府合作方面，还未做到泾渭分明，仍存在"政企合一"的现象。港口发展缺乏产业上的支撑，同区域发展互动不足，没有形成典型的临港产业体系，除了港口

---

① 资料来源：徐州市审计局。
② 资料来源：《关于 PPP 项目专项审计调查情况及有关问题的请示》。

获取进港费和服务费外，没有给地区经济创造多少价值。

第三节　促进江苏淮海经济区产业金融发展的政策建议

一、加强地区间的联动发展

第一，继续加快产业升级，增强经济综合实力。只有产业转型成功，获得更大的经济效益，地区间的流动才会得以增加。第二，完善综合交通网，除了硬件上的快速联结，也需要在一些软性交通便利上予以优惠和发展。第三，增强城市功能，提升承载力和吸引力，加强徐州的中心城市位置，积极为全淮海经济区发展谋福利。第四，深化改革开放，加快集聚发展要素，包括建设区域金融机构集聚中心、资金结算中心和金融后台服务中心；打造徐工巴西、印度产业园等样板型境外产业园区，支持徐矿集团等骨干企业走出去；主动参与亚欧国际陆桥物流大通道建设；建设航空口岸、铁路口岸、综合保税区等对外开放平台；深入推进徐州与连云港交通、产业、平台对接，规划实施徐（宿）连运河等重大项目，共建中西部地区战略出口等内容；聚集富民增收，增强公共服务供给，包括公共服务、教育资源配置、医疗服务、社会保障、住房保障和养老服务体系、扶贫机制等内容的合作，不浮于表面，而是真正落在实处。第五，彰显文化特色，提升社会文明程度，文化资源的互通、积极交流将会带来巨大的效应。

二、对于拖欠账款情况的积极关注

一是专题汇报，全力推进。徐州市提交的《徐州市审计局关于清理拖欠民营企业中小企业账款专项审计调查结果的报告》被政府主要领导批示，要求根据审计结果加强整改。各地、各部门高度重视，迅速贯彻落实，认真排查拖欠情况，制定清偿计划，通过开展专项督查工作、定期召开布置调度协调会、对重点县区督查通报、对"限时清零""优先清偿"困难专题研究等工作，形成市县镇三级政府联动机制。

二是促进摸清底数，提高数据准确性。部分地区牵头部门统计的上报数字与审计机关抽查的数字有出入，个别单位排查摸底向审计、财政、国资、促进中小企业领导小组报的数字不统一，四个摸底数字均存在一定差异，上述问题引起促进中小企业领导小组的重视，对重点地区、单位进行督查，促进了摸清欠账底数，提高了数据的准确性。

三是部门联动，督促清理。积极推动工信、财政、人社、国资、人行、银监等相关部门、单位出台清理拖欠民营中小企业账款工作方案，要求各有关部门和企业全力排查拖欠款项，列出清单、建立台账。按照"边排查边清欠"的工作要求，结合化解步骤和时间表，稳步推进清欠工作。同时，加强主办全市清理拖欠民营中小企业欠款督察汇报会、调度协调会等的力度，并从审计角度给出合理建议，促进清理拖欠民营中小企业账款。

四是明确责任，分类施策。要求工信局针对清欠原因进行认真分析梳理，明确主管单位和相关部门责任，有针对性制定还款计划，分类施策，督促清欠工作推进，并定期通报相关情况，提高各单位对清欠工作的重视程度，采取多样化措施全力清欠。

五是完善机制，严防新增。进一步健全和完善清欠工作长效监管机制，加强项目审批、资金落实、结算条款等招标前置条件约束，提高工程项目支付工程进度款最低比例要求，清理规范工程建设领域保证金，严防发生新的拖欠。对存量在建工程项目，主动对接、加强指导，督促项目建设责任单位加快完善工程资料、项目审计，及早筹措资金，排定支付计划，确保按时、及时支付，全力严防新增拖欠民营企业中小企业行为。[①]

三、加强审计监督

聚焦支出预算和重大政策措施落实等审计重点，不断提升财政资金使用绩效和政策实施效果。

一是更加关注重大政策措施落实情况跟踪审计。审计局围绕落实重大扶贫、城镇保障性安居工程等政策措施情况进行了审计，重点关注资金筹集、管理和使用情况，工程质量管理情况和保障性住房分配运行情况。

二是更加关注支出预算和全口径审查全过程监管。大力推动信息技术与审计业务的深度融合，抓住预算编制、预算批复、预算下达、资金拨付、资金管理、

[①] 资料来源：徐州市审计局。

项目实施、绩效评价等关键环节，确保公共资金监管全过程、无死角。

三是更加关注资金绩效。围绕预算绩效管理，审计局从重大民生项目、重大投资项目、重点支出等方面入手，开展了慈善捐赠资金、智慧城市专项资金、生活垃圾处理费、污水处理费等多个专题审计，取得积极审计成效。

四是更加关注地方政府债务管理及债务风险审计。将政府债务作为同级审计的重要内容，不断扩大审计监督范围，既关注存量债务，也关注新增债务；既关注显性债务，也关注隐性债务，在查处问题的同时，测算各类风险指标，评估债务偿还计划，督促落实债务风险评估和预警机制，协助市财政部门，更好地防范潜在的债务风险。①

① 资料来源：徐州市审计局。

第十二章

江淮生态经济区的产业金融政策

江淮生态经济区地处江苏地理中心位置,是扬子江城市群、沿海经济带、徐州淮海经济区中心城市的共同腹地和后花园。建设江淮生态经济区是江苏省实施"1+3"重点功能区战略,在更高层次上统筹区域协调发展的战略举措。江淮生态经济区生态资源最集中,土地开发强度最低,在江苏"1+3"重点功能区战略中,江淮生态经济区重在展现江苏发展的生态价值、生态优势、生态竞争力,具有独特的地位和作用。本章主要分析淮安、宿迁两市的产业金融政策。

第一节 江淮生态经济区的主要产业金融政策

一、江淮生态经济区的经济和金融发展概况

(一)江淮生态经济区的经济发展概况

江淮生态经济区主要包括淮安、宿迁两个设区市以及下里河地区。淮安市全市土地面积为 10030 平方公里,下辖淮安区、淮阴区、清江浦区、洪泽区、开发区、涟水县、盱眙县、金湖县。截至 2018 年末,全市户籍人口 561.33 万人,常住人口 492.50 万人,常住人口城镇化率为 62.4%。2018 年全年,淮安市的生产总值达到 3601.3 亿元,按可比价格计算,比上年增长 6.5%。其中,第一产业增加值 358.7 亿元,同比增长 3.1%;第二产业增加值 1508.1 亿元,同比增长 4.9%;第三产业增加值 1734.5 亿元,同比增长 8.8%;三次产业结构的比例为 10.0∶41.8∶48.2,第三产业增加值占 GDP 比重同比提升 0.6 个百分点;人均GDP 达到 73203 元人民币,按可比价格计算,同比增长 6.1%,按当年平均汇率

折算为 11062 美元。①

宿迁市全市土地面积 8524 平方公里，下辖宿城区、宿豫区、宿迁开发区、湖滨新区、洋河新区、沭阳县、泗阳县、泗洪县。截至 2018 年末，全市户籍总户数 151.52 万户，户籍总人口 591.26 万人，常住人口为 492.59 万人，全市城镇化率为 60.0%。2018 年，宿迁市的地区生产总值达到 2750.72 亿元，比上年增长 6.8%，比全省增速快 0.1 个百分点。其中，第一产业增加值 300.84 亿元，同比增长 3.0%；第二产业增加值 1279.54 亿元，同比增长 7.4%；第三产业增加值 1170.34 亿元，同比增长 7.3%。人均 GDP 达 55906 元，按当年平均汇率折算为 8448 美元。②

2018 年，江淮生态经济区的主要经济指标见表 12-1。

表 12-1　2018 年江淮生态经济区主要经济指标

指标	淮安市	宿迁市	全省	江淮占全省比重（%）
土地面积（平方公里）	10030	8524	107200	17.31
户籍总人口（万人）	561.33	591.26	7831.86	14.79
常住人口（万人）	492.50	492.59	8050.7	12.24
地区生产总值（亿元）	3601.3	2750.72	92565.4	6.86
人均 GDP（元）	73203	55906	115168	55.99
农林牧渔业总产值（亿元）	662.58	559.37	7192.46	12.56
粮食总产量（万吨）	482.26	401.02	3660.3	24.13
粮食播种面积（万亩）	1021.59	898.14	8214	23.37
工业增加值（亿元）	1244.5	746.95	35748.27	5.57
建筑业总产值（亿元）	1395.9	682.82	30846.7	6.74
固定资产投资增速（%）	9	7	5.5	—
社会消费品零售总额（亿元）	1239.7	833.82	34244.66	6.06
进出口总额（亿美元）	50.1	36.01	6619.27	1.30
货运量（万吨）	12900	5492	247388.1	2.95
邮政业务收入（亿元）	21.97	19.10	647	6.35
电信业务收入（亿元）	32.67	37.63	975.1	7.21

① 资料来源：《淮安市 2018 年国民经济和社会发展统计公报》。

② 资料来源：《宿迁市 2018 年国民经济和社会发展统计公报》。

续表

指标	淮安市	宿迁市	全省	江淮占全省比重（%）
旅游总收入（亿元）	413	293	13247.3	5.33
一般公共预算收入（亿元）	247.27	206.20	8630.2	5.25
一般公共预算支出（亿元）	486.81	433.73	11658.2	7.90
居民人均可支配收入（元）	27696	22918	38096	—

资料来源：《江苏省 2018 年国民经济和社会发展统计公报》《淮安市 2018 年国民经济和社会发展统计公报》《宿迁市 2018 年国民经济和社会发展统计公报》。

江淮生态经济区在生态资源上具有其他地区无可比拟的优势：第一，区域内生态资源较为集中。区域内拥有洪泽湖、骆马湖、高邮湖、淮河、京杭大运河等湖泊和河流，区域内水域面积达到 5585 平方公里，占区域面积的比重超过 1/5，占全省水域面积的近 1/3；湿地面积达到 5652 平方公里，占全省长江以北湿地面积的一半。江淮生态经济区是扬子江城市群、沿海经济带、徐州淮海经济区中心城市的共同腹地和后花园。截至 2018 年末，淮安全市累计建成国家生态乡镇 85 个、省级生态文明建设示范乡镇 15 个；全市设立自然保护区 5 个，自然保护区面积达 7.09 万公顷。第二，土地开发强度较低。整个区域国土开发强度明显低于全省平均水平，国际宜居城市的国土开发强度标准是 20%，淮安、宿迁、盐城均在 17% 以内，区域发展潜力巨大，后发优势明显，具有巨大的区域发展想象空间。

在江苏"1+3"重点功能区战略中，江淮生态经济区的生态优势将更加凸显，区域定位比较清晰，将打造成为生态产品重要供给区、绿色产业集聚区、绿色城镇特色区、现代农业示范区以及生态田园风光旅游目的地。在这一区域定位下，江淮生态经济区将重点发展生态经济，包括绿色产业、现代农业、现代旅游、体育旅游等生态产业。例如，2018 年淮安市旅游业快速发展，全年旅游业总收入 413 亿元，比上年增长 15.6%。其中，国内旅游收入 409.23 亿元，增长 15.7%；旅游外汇收入 2357.36 万美元，增长 11%；全年接待境内外游客 3292.71 万人次，增长 12.2%；接待入境过夜游客 2.6 万人次，增长 8.6%。[1]2018 年，宿迁市接待国内外游客 2486 万人次，比上年增长 12.0%；实现旅游总收入 293 亿元，增长 15.0%，其中旅游外汇收入 1389 万美元，增长 33.1%。[2]

---

① 资料来源：《淮安市 2018 年国民经济和社会发展统计公报》。

② 资料来源：《宿迁市 2018 年国民经济和社会发展统计公报》。

江淮生态经济区，是在生态保护前提下的一个经济区而不是单纯的保护区，建设生态经济区不等于不发展，更不等于不要工业，关键是发展什么样的工业。绿水青山和金山银山不是对立的，建设绿水青山，打造金山银山，关键看思路。在互联网、高铁等基础设施日益完备的今天，江淮生态经济区完全可能产生新产业、新业态、新模式。因此，在这一区域发展工业，必须瞄准"生态＋工业"，抓住当前颠覆式创新层出不穷的机遇，多做"无中生有"的文章，促进工业从"量"的积累走向"质"的突破。

（二）江淮生态经济区的金融发展概况

2018 年全年，江淮生态经济区的金融业实现了快速发展。截至 2018 年末，淮安市金融机构人民币存款余额 3638.01 亿元，同比增长 6.0%，其中住户存款 1605.25 亿元，增长 8.2%。金融机构人民币贷款余额 3303.44 亿元，同比增长 18.4%，其中小微企业贷款 691 亿元，占企业贷款比重为 40.8%。[①]2018 年，淮安市金融增加值达到 144.12 亿元，同比增长 6.9%；银行业机构不良贷款余额 36.81 亿元，比年初下降 4.51 亿元，不良贷款率为 1.11%，比年初下降 0.36 个百分点；截至 12 月末，保费收入 93.29 亿元，增幅为 6.67%，短险赔付 219296 万元，满期及寿险给付 91260 万元；全市 35 家小贷公司贷款余额 20.6 亿元；截至 2018 年末，全市银行机构总数达到 36 家，保险公司总数达到 44 家，证券营业部总数达到 21 家。[②]

2018 年全年，宿迁市金融业实现增加值 142.39 亿元，比上年增长 6.6%。金融机构人民币各项存款余额 2746.69 亿元，比年初增加 231.74 亿元，增长 9.2%。其中，住户存款余额 1344.78 亿元，比年初增加 135.18 亿元，增长 11.2%。金融机构人民币各项贷款余额 2563.61 亿元，比年初增加 337.16 亿元，增长 15.1%。其中，制造业贷款余额 257.20 亿元，比年初增长 5.0%。企业直接融资占比达 24%，同比提高 1.7 个百分点。全市共有保险机构 110 家，其中人寿保险 48 家、财产保险 62 家。全年实现保费收入 75.81 亿元，较上年增长 14.5%。其中，财险保费收入 29.72 亿元，增长 10.8%；人身险保费收入 46.09 亿元，增长 17.0%（见表 12–2）。[③]

---

① 资料来源：《淮安市 2018 年国民经济和社会发展统计公报》。
② 资料来源：淮安市地方金融监督管理局。
③ 资料来源：《宿迁市 2018 年国民经济和社会发展统计公报》。

表 12-2　2018 年江淮生态经济区金融业主要经济指标

指标	淮安市	宿迁市	全省	两市占全省的比重（%）
金融机构人民币各项存款余额（亿元）	3638.01	2746.69	139718.0	4.57
金融机构人民币各项贷款余额（亿元）	3303.44	2563.61	115719.0	5.07
保费收入（亿元）	93.28	75.81	3317.3	5.09

资料来源：各地 2018 年统计公报、江苏省保监局。

二、江淮生态经济区总体产业金融政策概述

（一）形成了生态优先的区域总体发展思路

江淮生态经济区地处江苏中心位置，是扬子江城市群、沿海经济带、徐州淮海经济区中心城市的共同腹地和后花园。2017 年 9 月 15 日，江苏省委省政府召开江淮生态经济区建设现场推进会，对江淮生态经济区建设做出全面动员和部署，进一步明确了江淮生态经济区的范围内涵、目标定位、思路举措。在江苏"1+3"重点功能区战略中，江淮生态经济区具有独特的地位和作用，必须以生态为前提和底色，做足生态文章，彰显生态优势，更好地优化发展路径和模式，在吸引优质资源、高端要素上下足功夫，把这方水土建成生活美好、令人向往的区域。

江淮生态经济区建设现场推进会指出，要明确江淮生态经济区建设的目标取向和实践内涵：第一，在注重生态的前提下，这是一个经济区而不是单纯的保护区。要以生态为前提和底色，更好地优化发展路径和模式，在集聚和提升上下功夫，聚焦重点产业，着力发展绿色产业和新经济，大力发展现代农业，深度挖掘旅游业，注重发展养老产业，建立负面清单和正面清单。第二，水是生态经济区的灵魂，必须把水的文章做足做活。通过水治理、水保护与水疏通着力打造好清水廊道，以湖为圆心建设绿色生态环，把这一区域湖群水网的水韵充分展现出来，构建江苏永续发展的"绿心"。第三，产业门槛提高后，更应在吸引优质资源、高端要素上下功夫。要按照满足需要、适度超前的原则，加快交通基础设施建设步伐，在充分发挥好开发区、集中区作用的基础上积极打造并利用好各类新的平台。第四，人是发展的核心，要把这方水土建成生活美好、令人向往的区域。把生态资源更好地转化成生态资本，实现人与自然的和谐共生，实现"生态越美丽—发

展越兴旺—百姓越幸福"的良性循环。[①]

（二）大力推进绿色金融政策体系创新和发展

1. 注重政策体系顶层设计

2016 年 8 月 31 日，中国人民银行、财政部、国家发展改革委、环境保护部、银监会、证监会、保监会印发了《关于构建绿色金融体系的指导意见》。根据该指导意见，江苏省研究制定了推进绿色金融发展的政策措施，重点支持江淮生态经济区等具备条件的地区开展绿色金融业务创新，让金融资源成为"两山"发展的黏合剂。2018 年 9 月 30 日，江苏省环保厅、财政厅、金融办、发改委等 9 个部门联合推出《关于深入推进绿色金融服务生态环境高质量发展的实施意见》（苏环办〔2018〕413 号），通过信贷、证券、担保、发展基金、保险、环境权益等 10 大项 33 条具体措施，对绿色金融的发展提出明确的方向。同年 12 月 12 日，江苏省金融业联合会绿色金融专业委员会（简称"江苏绿金委"）成立，为江苏省未来绿色金融的发展增添了新的动力。

2. 大力发展绿色信贷

鼓励绿色信贷创新，鼓励在苏银行通过合理分配经济资本、信贷资源等有效方式优先支持绿色信贷产品和服务，在风险可控、商业可持续前提下，支持银行机构开辟绿色信贷研发审批、推广专项通道。将全省法人银行业金融机构绿色信贷纳入宏观审慎评估框架，并定期开展绿业绩效评价，引导金融机构加强对绿色环保产业的信贷支持。建立环保项目贷款风险分担机制，扩大"环保贷"风险补偿资金池规模，对符合条件的项目进行风险补偿，发生风险损失后，按一定比例对贷款本金损失进行补偿。省财政对绿色信贷进行贴息，对符合条件的绿色信贷进行适当贴息，贴息后贷款利率原则上不高于同期中国人民银行贷款基准利率。

3. 推动证券市场支持绿色投资

积极利用政府债券资金支持生态环境保护，统筹安排新增债券资金和预算资金支持生态保护。支持符合条件的绿色产业企业发行上市和再融资，以环保产业园区企业为重点，加大对省内绿色产业企业上市培育力度，对取得证监局确认辅导备案日期通知的一次性奖励 20 万元，对取得证监会首发上市申请受理单的一次性奖励 40 万元，对成功上市的一次性奖励 200 万元。支持对已经建成的城镇

[①] 资料来源：《江淮生态经济区建设现场推进会在淮召开》，《中国江苏网》，2017 年 9 月 18 日。

污水处理、垃圾处置、工业固废处置等环境基础设施的未来收益权开展资产证券化，按发行利率给予不高于 30% 的贴息。对绿色债券进行贴息，支持各地发行长江生态修复债券等绿色债券，对成功发行绿色债券的非金融企业按照年度实际支付利息的 30% 进行贴息，贴息持续时间为 2 年，单只债券每年最高贴息不超过 200 万元。

4. 支持发展绿色担保

对为中小企业绿色信贷提供担保的第三方担保机构提供风险补偿，担保额度在 1000 万元以内（含 1000 万元）的，按其担保业务的季均余额给予不高于 1% 的风险补偿。对为绿色债券发行提供担保的第三方担保机构给予奖励，每只债券奖励 30 万元，同一担保机构每年所获奖励金额不超过 600 万元。建立中小企业绿色集合债担保风险补偿机制，对为中小企业绿色债提供担保的第三方担保机构提供风险补偿，出现代偿后按照实际发生损失金额的 30% 给予风险补偿，单只债券最高补偿不超过 300 万元。

5. 支持设立绿色发展基金

鼓励有条件的地方政府和社会资本联合设立绿色发展基金，政府出资部分可通过社会资本优先分红或放弃部分收益等方式，向社会资本让利；对生态环保发展基金投资省内成长期科技型绿色企业出现的损失给予一定比例的风险补偿。

6. 支持发展绿色 PPP 项目

优先将黑臭水整治、矿区生态修复和休闲旅游、养老等具有稳定收益的项目选为省级试点 PPP 项目，并对符合奖补条件项目的奖补标准在现有基础上提高 10%。

上述工作的进行使江苏省绿色金融发展取得了明显成效。江苏省已经与兴业银行、江苏银行、民生银行签署战略合作协议，约定通过信息共享发展绿色信贷。为更好地引导和撬动金融资本加大对生态文明领域的支持力度，着力解决企业贷款过程中普遍存在的抵押担保困难以及利率上浮较大等问题，省财政厅设立"环保贷款风险补偿资金池"，为生态环境保护项目提供风险补偿和贴息，引导商业银行为环保项目发放低息贷款，已于 2018 年 6 月初完成"环保贷"风险补偿资金池合作协议的签署和财政拨款。在绿色信贷领域，将进一步扩大"环保贷"风险补偿资金池规模，首期目标是 4 亿元，按 1∶20 比例放大，预计可撬动银行信贷 80 亿元。截至 2018 年上半年，全省银行业绿色项目贷款余额达 8249 亿元。[①]

---

① 资料来源：江苏省政府金融办。

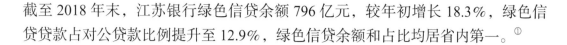

截至 2018 年末，江苏银行绿色信贷余额 796 亿元，较年初增长 18.3％，绿色信贷贷款占对公贷款比例提升至 12.9％，绿色信贷余额和占比均居省内第一。[①]

（三）加大环境保护和生态修复的财政支持力度

1. 加大对区域环境保护与治理的财政支持力度

江苏省财政厅主要利用现有的省级环保引导资金、农业生态保护与资源利用专项资金、现代农业产业专项资金、太湖流域水环境综合治理专项资金、生态补偿转移支付等专项资金来加大对江淮生态经济区的财政支持力度。2017 年，共安排省级环保引导资金切块市县部分 14 亿元，其中支持江淮生态经济区 4.24 亿元，占切块资金的 30.3％，主要用于地方大气、水、土壤污染防治。同年，省级污染防治专项资金中切块补助给宿迁大气污染防治资金 1263 万元，水污染防治资金 1118 万元，土壤污染防治资金 1284 万元；生态红线区域补偿资金 12020 万元；中央水污染防治专项资金 1035 万元。2018 年，省级切块下达淮安市环境保护引导资金 6288 万元（包括大气污染防治资金 2630 万元、水污染治理资金 3302 万元、土壤治理资金 356 万元），市级财政预算安排环境污染防治资金 1050 万元。2018 年，省级切块下达宿迁市省级环境保护引导资金大气污染防治资金 694 万元、土壤污染防治资金 115 万元。

2. 建立完善全省范围内的水环境双向补偿机制

2014 年以来，江苏省在全国率先建立并不断完善全省范围的水环境双向补偿机制，对连续 3 年达标的补偿断面、连续 2 年达标的国家重点考核断面和集中式饮用水源地进行奖励。2017 年共收缴全省补偿资金 4.23 亿元，补偿资金和奖励资金全部用于水环境治理、水质监控及水源地保护等相关工作。

3. 支持城乡环境综合整治

"十三五"期间，江苏省财政厅设立了省级城乡环境综合整治专项资金，支持村庄生活污水、传统村落和康居村庄建设，支持城市黑臭水体治理等工作。其中，2017 年下达给江淮生态经济区的省补资金 3.8 亿元。积极向上争取农业环境突出问题治理和畜禽粪污资源化利用整县推进专项资金，重点支持江淮生态经济区开展农业面源污染综合治理、农业废弃物综合利用工程建设。

4. 加大生态补偿转移支付力度

2013 年，江苏省建立了生态补偿财政转移支付制度，将生态红线范围覆盖的

---

① 资料来源：江苏银行。

自然保护区、重要湿地、饮用水源保护区等 15 类区域纳入补偿范围，对市县每年安排生态补偿转移支付补助 15 亿元，截至 2017 年底省对市县共安排生态补偿转移支付补助资金 70 亿元。2017 年，中央重新设定生态红线区域划分标准，全省生态红线范围、划分标准将随之变动。省财政厅据此重新测算分配生态补偿资金，并适度向江淮生态经济区倾斜。同时，探索建立均衡性转移支付制度，重点对包括江淮生态经济区在内的经济薄弱地区提供支持。

5. 支持推进湖泊退圩还湖治理工程

省财政厅已通过水利工程维修养护资金、水利重点工程建设资金等支持退圩还湖建设，同时全面启动了涉农（水）资金整合改革工作，将现有与水利相近的专项资金整合为"水利发展"类专项资金，支持各地将水利发展专项资金统筹用于支持水环境改善、退圩还湖等水生态文明建设。

6. 支持设立生态经济发展投资基金

2017 年，省政府投资基金与华融天泽公司正式签订了《江苏省生态环保发展基金协议》，基金设立目标规模 800 亿元。目前，省政府投资基金正按照协议要求，积极推进生态环保发展基金的运作，引导更多金融和社会资本进入生态环保领域，支持江淮生态经济区所在各市、县与省政府投资基金进行对接。

（四）积极发挥财政资金扶持实体经济的杠杆作用

1. 积极发挥市级和区级产业资金的作用

宿迁市和淮安市均设立了产业发展引导资金。2014 年，宿迁市印发《宿迁市市级产业发展引导资金管理暂行办法》，引导资金来源于整合的市级财政专项资金，并划分为工业、现代农业、现代服务业、科技发展、全民创业以及标准化建设等子项引导资金，对相关产业发展给予扶持。2018 年，宿迁市级科技创新引导资金主要支持科技成果转化计划、重点研发计划、创新能力建设计划三大类别项目，其中重点研发计划包括产业前瞻与共性关键技术、现代农业、社会发展三小类；2018 年，宿迁市级工业引导资金（第一批）重点支持兼并重组、技术改造、股改上市、科技成果转化、规模发展五大类项目；2018 年，宿迁市级工业引导资金（第二批）重点支持兼并重组、技术改造、股改上市、科技成果转化、规模发展、纺织服装产业发展、牛仔产业发展七大类项目。

2016 年，淮安区出台《产业发展引导资金管理办法》，根据管理办法，淮安区每年将设立不低于 3 亿元的产业发展引导资金，对增投资、提质效、创品牌的企业进行奖励和补贴，每年增长不低于 10%。淮安区产业发展引导资金主要用于支持招商引资项目建设，新增"双高一优"（高科技含量、高附加值、优化产品结构）零地技改项目，奖励获得国家科技进步一、二、三等奖的企业，新通过国家级、省级认定的企业技术中心的企业和高新技术企业，获得省级工业设计示范企业、省级制造业服务化提升企业，获得国家驰名、省著名商标的企业，资助节能与发展循环经济项目、节能产品产业化项目、淘汰落后的高耗能设备项目等。

2018 年，宿迁市和淮安市先后设立了国资背景的产业基金。2018 年 6 月，淮安市政府设立淮安市政府重点产业发展基金，该基金是经淮安市委、市政府批准成立，采取"母—子基金"架构、按照市场化方式运作的政府投资基金，注册总规模为 50 亿元，首期到位资金 5.15 亿元，基金主要投向本市先进制造业、现代服务业和现代农业等各重点产业的优质企业和重大项目。2018 年 9 月，宿迁市设立了总规模 45 亿元的宿迁市产业发展基金，将支持全市重点产业、行业龙头企业以及重大招商引资项目。

2. 积极发挥财政专项资金对实体经济的扶持作用

为全面落实生态优先、绿色发展理念，顺应新时代发展要求，加速企业转型升级，全面推动工业经济实现高质量发展，宿迁市委、市政府于 2018 年 8 月 31 日下发了《关于推动工业经济高质量发展"521"工程的实施意见》，提出大力实施"521"工程，开展"五大提升行动"。"521"工程内容为，到 2020 年全市新增挂牌上市企业 50 户，实施兼并重组企业 200 户，组织企业实施 1000 个设备投资不低于 1000 万元的技术改造项目；同时，进一步丰富原有"四大行动"内涵，增加了科技成果转化内容，进一步调整为"兼并重组、技术改造、股改上市、成果转化、规模发展"五大提升行动。2018 年，宿迁财政支持培育"511"工程，共计兑现技术改造、股改上市、规模发展等资金 8782 万元；支持企业科技创新、成果转化等资金 5000 万元。[①]2018 年，淮安市工业和信息产业发展资金共下发 7060.54 万元，其中设备补助类 5222 万元，智能车间类 60 万元，节能和工业循环经济类 219 万元，软件和信息服务类 83.54 万元，两化融合类 335 万元，企业创新发展 490 万元，改善中小企业服务环境 179 万元，中小企业科技创新 410 万元，"三品"示范企业类 20 万元，军民融合许可认证类 42 万元。该项扶持资金将促进企业自主创新能力的加强、发展空间的拓展、核心竞争力的提升。[②]

3. 运用风险补偿机制引导金融机构加大对实体企业的信贷支持

针对中小微企业"融资难、融资贵"问题，财政部门坚持以问题为导向，创

---

① 资料来源：宿迁市财政局。
② 资料来源：淮安市财政局。

新财政扶持方式，对部分财政专项资金进行整合，以"风险补偿资金池"存入合作银行，为中小微企业融资增信。截至2018年7月，宿迁市财政已累计投入资金6.55亿元，引导银行为中小微企业发放贷款73.06亿元。其中，"苏科贷""小微创业贷""苏微贷"三个资金池发放贷款57.04亿元，占总额度的78%。具体做法包括：①与银行共担风险，让银行"敢放贷"。为帮助银行解决为中小微企业贷款的"后顾之忧"，"风险补偿资金池"与合作银行共同分担贷款损失风险，其中，"苏微贷"最高可以分担风险贷款本金的70%，"苏科贷"和"小微创业贷"最高可以分担风险贷款本金的90%。②创新担保方式，让企业"够得着"。针对中小微企业缺少有效抵押物问题，"风险补偿资金池"不断创新担保方式。例如，"苏科贷"实行非足额抵押，仅凭企业的专利证书或者高管的个人房产，就可以为企业申请最高500万元的贷款；"小微创业贷"实行"两无四有"审贷模式，只要企业"有订单、有银行流水、有健全财务会计核算、有纳税记录"，就可以向银行申请最高500万元的"无抵押、无担保"贷款。③降低贷款利率，让企业"用得起"。"风险补偿资金池"要求合作银行控制贷款利率，例如，"苏科贷"原则上按照人民银行同期贷款基准利率（4.35%）执行，"苏微贷"贷款利率最高上浮不超过央行贷款基准利率的20%，"小微创业贷"综合融资成本不超过6%。[①]

三、江淮生态经济区主要城市产业金融政策情况

（一）淮安市的产业金融政策

2018年，淮安市认真贯彻全国和全省金融工作会议精神，紧紧围绕"服务实体经济、防控金融风险、深化金融改革"三大任务，构建优良金融生态，聚焦服务实体经济发展，着力构建银企命运共同体，取得了显著成效。[②]

1. 重视金融支持实体经济的政策引导

淮安市将创新实体经济金融服务列入2018年深化改革重点领域，要求加大金融支持实体经济力度，建立市级银行机构制造业贷款评价机制，健全融资担保风险共担机制；全力推动企业直接融资，创新金融产品，推进企业直接融资，发展私募股权投资等各类基金，发展国有及控股担保机构，完善风险分担机制；大

[①] 资料来源：宿迁市人民政府网站，《市财政局领导就风险补偿资金池政策专题问询进行回答解读》，2018年9月3日。

[②] 资料来源：淮安市地方金融监督管理局。

力发展金融组织体系，推进金融监管体制改革，组建地方金融监管局。[①] 2018 年 11 月，淮安市委、市政府下发《关于推动金融支持实体经济防控金融风险深化金融改革的实施意见》（淮发〔2018〕31 号），从强化金融支持制造业发展、推动科技金融深度融合、加强小微企业金融支持、推动金融支持外向型经济发展、积极发展壮大担保机构、构建融资风险共担机制六个方面，提出落实金融支持民营经济发展的具体措施。

2. 重视金融支持实体经济的平台建设

2018 年，淮安市通过组建市融资担保集团、建设并运营淮安市综合金融服务平台、开展"金融惠企大走访"活动、召开银企融资对接会等系列举措，为企业搭建金融服务平台，促使金融资源持续集聚，服务实体经济成效显著。2018 年底，促进民营企业发展银企对接会成功举办，共促成 862 个银企合作项目签约，授信总额 224 亿元。由淮安市地方金融监督管理局推进的淮安市综合金融服务平台于 2018 年 6 月上线运行，截至 2018 年末，共有 1214 家企业注册，推出 98 项金融产品，累计为企业发布融资需求 16.99 亿元，解决融资需求 13.8 亿元。2018 年，中国人民银行淮安市中心支行创新开展"金融惠企大走访"活动，全市银行机构累计走访企业 4718 家，为 1361 家企业提供了融资方案，并为 895 家企业提供了融资支持。淮安市中心支行统计，截至 2018 年底，全市普惠金融口径小微企业贷款余额 311.54 亿元，比年初增长 21.96%。

3. 强化银行信贷对制造业发展的支持力度

截至 2018 年 12 月末，淮安全市银行机构制造业本外币贷款余额（不含票据融资）262.08 亿元，比年初增加 3.34 亿元，增幅 1.29%。与此同时，建立定期监测通报机制，按月通报全市制造业信贷情况；印发《市级银行机构 2018 年度制造业贷款目标及金融支持制造业发展评价办法》给市各相关部门。进一步加大金融支持制造业发展力度，完善市级银行机构支持制造业发展评价办法，通过举办制造业银企对接等活动，疏通资金供求渠道，搭建政银企合作平台，新增制造业贷款 38 亿元。

4. 加强和改善民营企业、小微企业的融资支持力度

在服务民营企业方面，淮安市充分发挥政府性融资担保体系作用以及股权融资对接会、融资项目在线展示的作用，引导银行机构合理提高信用贷款比重，减轻对抵押担保的过度依赖。组织召开促进民营企业发展银企对接会暨银企签约仪

---

① 资料来源：《淮安市政府关于印发市政府 2018 年深化重点领域改革工作意见的通知》（淮政发〔2018〕38 号）。

式，举办"金融助企腾飞"大赛等系列活动，汇编《淮安市支持民营企业发展主要金融产品（政策）手册》，提供包含应收账款质押、供应链信贷、免担保贷款等在内的适合民营企业发展特点的新型金融产品，助力民营企业转型升级、做大做强。2018 年，个人贷款余额（包括个人经营和个人消费）为 1481.66 亿元，较年初增加 310.21 亿元，同比增长 26.48%；中小企业（包括中型、小微型企业及个体工商户、小微企业主）贷款余额为 1816.98 亿元，较年初增加 182.68 亿元，同比增长 11.18%。

5. 重视利用资本市场对制造业发展的支持

2018 年，淮安市企业挂牌上市成果显著，共创草坪 IPO 进入江苏省证监局辅导期，佳一教育海外架构搭建完成；华晨机械、博图凹土、建纬检测 3 家企业挂牌新三板；新天地科技、月塔米业、环宇篷布、迅创科技、普斐特 5 家企业挂牌省股交中心价值板；浦楼酱醋等 17 家企业挂牌省股交中心农业板（成长板）。近年来，淮安市累计 40 家股份公司登陆多层次资本市场实现。其中，2 家企业在境内主板上市，2 家企业在境外上市，28 家企业在新三板挂牌，股权融资累计超32 亿元。

6. 重视对重大项目的金融支持

市金融办会同市人行、市银监局针对全市 220 个重大项目资金保障工作进行部署，各银行机构积极为重大项目建设提供多渠道融资服务。截至 2018 年 12 月末已对接 119 个项目，其中已投放金额 174.47 亿元、获批待投放金额 147.94 亿元。通过向上争取、有效融资和新增债券额度等方式筹集资金，优先保障了内环高架一期、高铁枢纽、棚改建设等一批重大项目建设。规范推动 PPP 项目落地实施，近期入省库 PPP 项目 54 个，总投资 595.32 亿元。项目落地率达 70.37%，分别高出全省、全国平均水平 18 个和 32 个百分点，位居全省前列。

7. 加大财政资金对实体经济的支持力度

积极支持生态文明建设和环境保护，推动淮安市成功入选国家黑臭水体治理示范市，成为江苏唯一入选城市，成功获得中央财政 6 亿元治理补助；获 2018 年省级城市黑臭水体整治专项资金数额位居全省第一。2018 年前三季度，"小微创业贷""苏微贷"累计为 322 户放款近 9 亿元；新增"苏科贷"入库企业 170 家，放款 8860 万元。高效整合财政涉农资金，发挥"阳光扶贫"监管功能，累计拨付 1.14 亿元用于统筹支持精准脱贫、乡村振兴和重点片区项目建设。加大涉企收费清理力度，对 90 项行政事业性收费和政府性基金予以调整，累计减轻市场各主体负担达 1.03 亿元。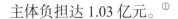①

（二）宿迁市的产业金融政策

2018 年，宿迁市紧扣服务实体经济、防控金融风险、深化金融改革三项任务，积极服务实体经济，金融支持实体经济成效显著，取得了明显的工作成绩。

1. 金融服务实体经济规模较大

截至 2018 年 12 月末，宿迁市人民币各项存款余额 2746.7 亿元，比年初增加 231.7 亿元，同比增长 9.2%；人民币各项贷款余额 2563.6 亿元，比年初增加 337.2 亿元，同比增长 15.1%，存量存贷比和增量存贷比均创近 4 年新高。工行、农行、中行、建行、江苏银行 5 家银行机构贷款余额超过 200 亿元。宿迁市存量存贷占比为 93.3%，位居苏北五市之首，比苏北五市平均水平高出 12.1 个百分点，分别比 2017 年同期、2016 年同期、2015 年同期高出 4.9 个、4.5 个、0.1 个百分点；增量存贷占比为 145.5%，分别比 2017 年同期、2016 年同期、2015 年同期高出 60.0 个、77.6 个、48.6 个百分点，创近 4 年新高。从新增贷款投向看，全市小微型企业贷款比年初增加 37.9 亿元，增长 8.6%；房地产贷款比年初增加 200.5 亿元，增长 24.9%；涉农贷款比年初增加 121.5 亿元，增长 10%；制造业贷款比年初增加 12.3 亿元，增长 5%；票据融资比年初增加 27.1 亿元，增长 43.2%。②

2. 金融服务实体经济重点明确

通过召开银企洽谈会、开展"金融惠企大走访"活动、科技小微企业金融服务直通车活动等形式，致力于支持小微企业和民营企业发展，积极引导辖内银行业金融机构将信贷资金更多地投向实体经济，努力为企业发展搭建良好的融资平台，带动宿迁经济进步。"金融惠企大走访"活动主要聚焦融资困难的民营企业和小微企业、无贷民营企业和小微企业、诚信经营信用记录良好的企业、全市不同行业类型企业，以及《首批宿迁市规模以上重点制造业信贷专员结对企业名单》确定的 618 户重点制造业企业，其中对于 618 户重点制造业企业，全市银行机构要求做到走访全覆盖；同时在银行机构每月走访的企业中，本行无贷客户数量占比不得低于 50%。

由人行宿迁中支牵头，会同宿迁银监分局、市发改委、市经信委、市财政局、市政府金融办联合出台了《关于贯彻落实银发〔2018〕162 号文件精神推动小微金融政策落实落地的意见》，从加大小微企业信贷投放、提高小微企业融资服务

---

① 资料来源：淮安市财政局。
② 资料来源：人民银行宿迁市中心支行、宿迁市金融办。

效率、有效降低小微企业融资成本、深化小微金融服务能力建设、推动财政金融政策协调联动、完善小微企业信用信息共享共用机制、增强小微企业融资能力、提升银企融资对接成效 8 个方面提出具体措施，全面助推国家小微金融政策在宿迁落地见效。[①] 此外，宿迁市还出台了《宿迁市银行业支持生态经济发展指导意见》，大力发展绿色金融、低碳金融和旅游金融，加大对节能、环保、减排领域企业和项目的支持力度，为宿迁建设生态经济示范区、打造江苏生态大公园提供有力的金融支撑。

3. 积极推进金融服务创新

宿迁市通过召开金融服务创新推进会议，推动银行机构加强银政合作，充分挖掘大数据资源，积极探索推行税易贷、小微创业贷、企信贷等企业信用贷模式，融资方式更加灵活。全面推进"互联网 + 阳光信贷"模式，积极开展农村"三权"抵押贷款试点，持续打造宿迁金融支农服务品牌。督促指导辖区银行机构加大转续贷力度，灵活运用无还本续贷、限额循环贷款、年审制贷款、分期偿还本金贷款、宽限期贷款等方式，减轻企业还款压力，着力支持困难企业"爬坡过坎"。针对中小微企业缺少有效抵押物问题，"风险补偿资金池"不断创新担保方式，例如，"苏科贷"实行非足额抵押，仅凭企业的专利证书或者高管的个人房产，就可以为企业申请最高 500 万元的贷款；"小微创业贷"实行"两无四有"审贷模式，只要企业"有订单、有银行流水、有健全财务会计核算、有纳税记录"，就可以向银行申请最高 500 万元的"无抵押、无担保"贷款，通过"两无四有"发放的贷款占贷款总额 70%以上。此外，"风险补偿资金池"还积极探索"纯信用"贷款，2017 年 7 月与民丰银行合作设立"信用贷"，可为单户企业发放最高 500 万元的纯信用贷款，已发放"纯信用"贷款 1.36 亿元。

4. 积极搭建金融服务平台

2018 年 8 月，经宿迁市金融主管部门批复同意，市产发集团旗下的同济农贷公司出资设立了注册资金为 1000 万元的宿迁同鑫金融服务有限公司。目前，该公司已完成工商注册，成为宿迁市乃至苏北地区第一家金融服务公司。金融服务公司主要从事投融资对接、金融信息咨询业务，承销小微企业普惠融资工具、平台债、定向债、建设债等业务。与传统小贷公司相比，金融服务公司具有业务规模更大、业务成本更低、发挥作用更广等特点。据悉，目前全省仅扬州、镇江两市分别设有一家金融服务公司。截至 2018 年 9 月末，江苏省综合金融服务平台

---

① 资料来源：人民银行宿迁市中心支行。

宿迁市子平台已核准上线银行机构 15 家、担保机构 2 家、保险机构 1 家，上线金融产品 52 项；宿城区已注册企业 937 家，69 家企业发布融资需求，其中 41 家对接成功，共计获得融资 9700 万元。[①]

5. 多方牵线融入外部资金

2018 年，宿迁市与 3 家金融机构签订了战略合作协议：一是与省农发行签订战略合作协议，省农发行 3 年内将为宿迁市乡村振兴、农业发展、棚户区改造等提供不低于 200 亿元的信贷支持；二是与兴业银行南京分行签订战略合作协议，兴业银行南京分行 3 年内将为宿迁市重大项目建设、产业发展等提供不低于 200 亿元的综合融资支持；三是与省信用再担保集团签订战略合作协议，入股省信用再担保集团，成立省信用担保公司宿迁分公司，省信用再担保集团计划 3 年内在宿迁市的业务规模达到 60 亿元，其中为实体企业担保的规模达到 30 亿元。

6. 持续降低企业融资和税费成本

宿迁市通过定期监测 50 户典型小微企业融资成本情况，进一步加大监管督导力度，努力推动辖区银行业"减费让利"，让"低成本、高效率、普惠制"成为金融服务常态，使得企业具有更强的获得感。通过设立市级"风险补偿资金池"，有效降低了贷款利率，例如"苏科贷"原则上按照中国人民银行同期贷款基准利率（4.35%）执行，"苏微贷"贷款利率最高上浮不超过中国人民银行贷款基准利率的 20%，"小微创业贷"综合融资成本不超过 6%，实际发放贷款的综合成本为 5.74%。按照中小微企业综合融资成本 8% 测算，各风险补偿资金池累计为中小微企业节约财务成本超过 1.8 亿元。宿迁市还专门成立减税降费工作领导小组，负责落实减税降费相关工作；下调残疾人就业保障金、防空地下室易地建设费，取消排污权交易费、卫生监督防疫费等 4 项涉企行政事业性收费，实现市级涉及工业企业行政事业性零收费，2018 年减轻企业负担超过 5000 万元；出台《宿迁市市区建设项目收费管理办法》，进一步降低市区建设项目单位制度性交易成本，促进市区建设项目落地实施。

7. 加大财政扶持实体经济力度

2018 年，宿迁财政积极创新财政扶持方式，通过财政奖补、设立风险补偿资金池、高效运作产业发展基金等方式，充分发挥财政资金引导和支持实体经济作用。[②]

（1）财政专项奖补。2018 年，宿迁财政支持培育"511"工程，共计兑现技

---

① 资料来源：宿迁市政府网站。
② 资料来源：宿迁市财政局。

术改造、股改上市、规模发展等资金 8782 万元；安排 5000 万元资金支持企业科技创新、成果转化等。为了鼓励企业上市，宿迁市设立了专项资金，支持企业上市（挂牌）和直接融资，对在资本市场成功上市（挂牌）的，给予 50 万～250 万元补助，即在江苏股交中心价值板挂牌企业补助 50 万元、在新三板挂牌企业补助 80 万元、在主板（中小板、创业板、海外板）上市企业补助 250 万元；对股权、债权直接融资的，按照净融资额的 0.1%～0.5% 给予奖补。为了鼓励科技创新，宿迁市设立了科技创新券，主要支持中小企业开展技术创新活动，重点支持企业对外智、外才、外脑的引进和研发机构的建设，创新券分为重点券和一般券，发放金额分别是 20 万～30 万元和 5 万元。创新券自 2014 年开始发放，已累计发放 2.5 亿元、兑现创新券资金 0.84 亿元，支持企业项目 672 个，带动企业研发投入近 8.5 亿元。此外，还设立了高新技术企业培育资金、专利资助资金等。

（2）设立风险补偿资金池。近年来，宿迁市政府创新财政扶持中小微企业发展方式，按照"政府引导、市场运作、风险共担"的原则，搭建政银企合作平台，将部分财政无偿补助资金以"风险补偿资金池"形式存入合作银行，为中小微企业融资增信。当银行发放的贷款发生风险时，"风险补偿资金池"与合作银行共同分担贷款本金损失，引导银行加大对中小微企业的信贷支持，降低中小微企业融资成本。

目前，宿迁市设立了"苏科贷""小微创业贷""苏微贷"等 10 个市级风险补偿资金池（见表 12-3），财政投入"风险补偿资金池"规模由 2013 年的 0.17 亿元增加到 2018 年的 6.55 亿元。其中，"苏科贷"由 0.06 亿元增加到 1 亿元，"小微创业贷"和"苏微贷"分别增加到 8000 万元。截至 2018 年 7 月，市财政已累计投入资金 6.55 亿元，引导银行为中小微企业发放贷款 73.06 亿元。其中，"苏科贷""小微创业贷""苏微贷"三个资金池发放贷款 57.04 亿元，占总额度的 78%，包括："苏科贷"累计投放贷款 274 笔，共计 7.88 亿元；"小微创业贷"累计投放贷款 1447 笔，共计 39.14 亿元；"苏微贷"累计投放贷款 198 笔，共计 10.02 亿元。"风险补偿资金池"已与宿迁市 15 家银行机构和 3 家担保机构建立合作关系。合作金融机构"风险补偿资金池"贷款业务发生风险贷款 16 笔，共计 1594 万元，实际发生代偿 7 笔，共计 273.5 万元。其中，风险补偿资金池承担 219 万元、金融机构代偿 54.5 万元。2018 年，共新增财政投入 7500 万元，市级 10 个风险补偿资金池总规模已达 6.25 亿元，累计撬动银行发放优惠贷款超过 82 亿元，支持小微企业超过 4000 家次。

表 12-3 宿迁市 10 个市级风险补偿资金池

序号	名称	合作银行	支持对象
1	苏科贷	中国建设银行、中国银行、交通银行、江苏银行、南京银行和苏州银行	省级科技金融风险补偿资金池备选企业库或符合其条件的年销售收入 5000 万元以下的科技型中小微企业
2	小微创业贷	中国工商银行	有订单、有流水、有纳税、有财务报表的优质小微企业
3	苏微贷	中国农业银行	全市中小微企业（含中小微企业主）
4	市企贷	中国工商银行、中国农业银行、中国银行、中国邮政储蓄银行和江苏银行	市区大中小各类企业，重点扶持"511"及产业集聚领域的市区企业
5	科技型中小企业贷款风险补偿资金池	江苏银行	市区科技型企业
6	创业担保贷款	江苏长江商业银行、中国邮政储蓄银行	市区个人创业者和小微企业
7	宿迁市信用贷款	江苏民丰农村商业银行股份有限公司	市区优质中小企业、优秀人才、优秀志愿者、优质信用示范户等
8	宿迁市融资担保风险补偿基金	同创担保，省再担保，民丰银行、江苏银行、南京银行和中国邮政储蓄银行	市区小微企业和涉农企业、农民专业合作社
9	支农信贷风险资金	江苏长江商业银行、宝丰担保	市区种植大户、家庭农场、合作社及农业龙头企业新型农业经营主体
10	苏农担风险补偿专项资金	中国工商银行、中国农业银行、中国银行、中国建设银行、交通银行、南京银行、中国邮政储蓄银行、江苏银行、中国民生银行、江苏民丰农村商业银行、江苏沭阳农村商业银行、江苏泗阳农村商业银行和江苏泗洪农村商业银行	全市新型农业经营主体

资料来源：宿迁市财政局。

（3）高效运作产业发展基金。2014年，宿迁市印发了《宿迁市市级产业发展引导资金管理暂行办法》，引导资金来源于整合的市级财政专项资金，划分为工业、现代农业、现代服务业、科技发展、全民创业以及标准化建设等子项引导资金，对相关产业发展给予扶持，主要包括：新型工业化专项资金、新兴产业引导资金、新兴产业集聚区发展扶持基金、酒业发展引导资金、软件服务外包产业引导资金、其他服务业引导资金、现代农业发展资金、科技创新专项资金、体育产业专项资金、文化产业专项资金、水运和物流发展专项资金、全民创业发展资金。2018年，市级产业发展引导资金（工业发展）第一批项目共102个，奖补资金5274.09万元，其中市财政承担1808.63万元，各县区（开发区、新区、园区）财政共承担3465.46万元。2018年9月，宿迁市设立了总规模为45亿元的宿迁市产业发展基金，由市、区按照1:1比例共同认缴，综合考虑各区GDP、财力、规模以上企业数量等因素分配认缴额；首期认缴额不低于基金总规模的10%，其余资金根据基金投资进度分年分期出资到位。产业发展基金是由宿迁市政府出资设立，并按照"政府引导、市场运作、科学决策、防范风险"的原则运作管理的政策性资金，将支持全市重点产业、行业龙头企业以及重大招商引资项目，推动产业集聚、规模化发展。2018年9月13日，华融中财投资基金管理有限公司与宿迁市人民政府签署宿迁市产业发展基金合作协议，标志着宿迁市产业发展基金正式成立并投入运转。目前，产业基金首批投资项目已经签约。

（4）推动农业保险市场化运作。宿迁市自2018年起转变农业保险运作模式，由政府与保险机构"联办共保"模式转变为政府指导下的保险机构承保模式，推动市场化运作，突出保险机构经营主体责任，促进农业保险规范、可持续发展。2018年，宿迁市实现农业保险保费收入3.25亿元（各级财政补贴保费2.70亿元），理赔支出2.70亿元，切实减轻了农民负担，增强了农业生产的抗风险能力。

第二节　江淮生态经济区产业金融发展存在的问题

一、江淮生态经济区金融实力总体较弱

江淮生态经济区地处苏北地区，经济实力长期较为薄弱。2018年，淮安市地区生产总值为3601.3亿元，宿迁市地区生产总值为2750.72亿元，合计6352.02

亿元，仅占全省的 6.86%；2018 年，淮安市工业增加值为 1244.5 亿元，宿迁市工业增加值为 746.95 亿元，合计 1991.45 亿元，仅占全省的 5.57%；淮安市一般公共预算收入为 247.27 亿元，宿迁市一般公共预算收入为 206.20 亿元，仅占全省的 5.25%。与之相对照的是，淮安和宿迁两市的土地面积占到了全省的 17.31%，常住人口占到了全省的 12.24%（见图 12-1）。

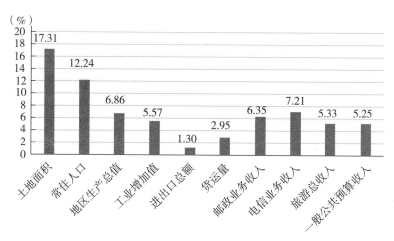

图 12-1　2018 年江淮主要经济指标占全省比重

资料来源：《江苏省 2018 年国民经济和社会发展统计公报》《淮安市 2018 年国民经济和社会发展统计公报》《宿迁市 2018 年国民经济和社会发展统计公报》。

从金融业的发展来看，江淮生态经济区的实力相对较弱，金融发展相对滞后，对实体经济的支持明显不足。2018 年末，从存款余额来看，淮安市全市金融机构人民币存款余额 3638.01 亿元，宿迁市金融机构人民币各项存款余额 2746.69 亿元，合计 6384.7 亿元，仅占全省的 4.57%；从贷款余额来看，淮安市全市金融机构人民币贷款余额 3303.44 亿元，宿迁市金融机构人民币各项贷款余额 2563.61 亿元，合计 5867.05 亿元，仅占全省的 5.07%；从保费收入来看，淮安市全市保费收入 93.28 亿元，宿迁市全市保费收入 75.81 亿元，合计 169.09 亿元，仅占全省的 5.09%。

二、存在一定程度的金融脱实向虚现象

近年来，由于房地产业发展火爆，大量资金进入该领域，导致进入实体经济的金融资源相对较少，实体经济受到了一定程度的冲击。尽管各地先后出台了一

些金融支持实体经济的政策，但由于资本的逐利本性，还是有大量资金流向房地产领域。江淮生态经济区尽管地处经济欠发达地区，但楼市依然火爆，有大量资金流向房地产领域。

2018 年末，淮安市金融机构人民币贷款余额 3303.44 亿元，比上年末增长18.4%。信贷资金投向情况具体为：农林牧渔业贷款余额为 96.98 亿元，较年初下降 0.50 亿元，同比下降 0.51%；制造业贷款余额为 262.08 亿元，较年初上升3.34 亿元，增幅 1.29%；房地产开发贷款（不含个人住房按揭）余额为 250.89亿元，较年初增加 85.20 亿元，同比增长 51.42%；个人贷款余额（包括个人经营和个人消费）为 1481.66 亿元，较年初增加 310.21 亿元，同比增长 26.48%；中小企业（包括中型、小微型企业及个体工商户、小微企业主）贷款余额为1816.98 亿元，较年初增加 182.68 亿元，同比增长 11.18%；房地产开发新增贷款达到 85.20 亿元，同比增长 51.42%；个人贷款新增 310.21 亿元，同比增长26.48%。显然，有大量资金进入了房地产领域，无论从贷款金额还是贷款增速上看，都是如此，真正用于制造业的贷款比较少，仅增加了 3.34 亿元，增速只有 1.29%（见表 12-4）。[①]

表 12-4　2018 年淮安市新增贷款流向

项目	贷款余额（亿元）	增减金额（亿元）	增减速度（%）
农林牧渔业贷款	96.98	−0.50	−0.51
制造业贷款	262.08	+3.34	+1.29
房地产开发贷款	250.89	+85.20	+51.42
个人贷款余额	1481.66	+310.21	+26.48
中小企业贷款	1816.98	+182.68	11.18

资料来源：淮安市地方金融监督管理局。

江苏淮安农村商业银行股份有限公司是淮安当地一家较大的商业银行，经营区域主要集中在淮安市清江浦区、淮安区、淮阴区和开发区。截至 2018 年末，该行注册资本达 8.2 亿元，存款余额 326.9 亿元，贷款余额 241.62 亿元，存贷款等业务在当地占有较大的市场份额。近年来，在该行对公贷款中，建筑业和水利、环境和公共设施管理业贷款规模上升较快，制造业贷款规模上升较慢，份额不断下降。

---

① 　资料来源：淮安市地方金融监督管理局。

建筑业贷款占比在 2015 年末为 10.07%，2016 年末上升为 12.70%，2017 年末上升为 16.14%；水利、环境和公共设施管理业贷款占比在 2015 年末为 2.95%，2016 年末上升为 8.12%，2017 年末上升为 12.40%；制造业贷款在 2015 年末为 23.39%，2016 年末下降为 21.89%，2017 年末下降为 21.60%（见表 12-5）。[1]

表 12-5 2015~2017 年淮安农村商业银行对公贷款行业分布

行业	2015 年末		2016 年末		2017 年末	
	金额（亿元）	占比（%）	金额（亿元）	占比（%）	金额（亿元）	占比（%）
制造业	30.48	23.39	32.42	21.89	33.42	21.60
建筑业	13.12	10.07	18.81	12.70	24.97	16.14
批发和零售业	27.35	20.99	24.24	16.36	22.27	14.39
水利、环境和公共设施管理业	3.84	2.95	12.03	8.12	19.19	12.40
农林牧渔业	22.33	17.14	21.34	14.40	18.72	12.10
其他	33.17	25.46	39.30	26.53	36.16	23.37
合计	130.29	100	148.13	100	154.72	100

注：本表统计的对公贷款包括公司贷款、票据贴现和个人经营性贷款，不包括票据转贴现。
资料来源：江苏淮安农村商业银行股份有限公司。

2018 年末，宿迁市人民币各项贷款余额 2563.6 亿元，比年初增加 337.2 亿元，同比增长 15.1%。从新增贷款投向来看，全市小微型企业贷款比年初增加 37.9 亿元，增长 8.6%；房地产贷款比年初增加 200.5 亿元，增长 24.9%；涉农贷款比年初增加 121.5 亿元，增长 10%；制造业贷款比年初增加 12.3 亿元，增长 5%；票据融资比年初增加 27.1 亿元，增长 43.2%。从贷款金额来看，房地产贷款使用资金最多；从增长速度来看，票据融资增长速度最快。制造业贷款无论金额还是增长速度，都是垫底的，使用的银行贷款最少，增长速度最慢（见表 12-6 和图 12-2）。[2]

表 12-6 2018 年宿迁市新增贷款流向

项目	增加金额（亿元）	增加速度（%）
小微型企业贷款	+37.9	+8.60
房地产贷款	+200.5	+24.90

① 资料来源：江苏淮安农村商业银行股份有限公司。
② 资料来源：人民银行宿迁市中心支行、宿迁市金融办。

续表

项目	增加金额（亿元）	增加速度（%）
涉农贷款	+121.5	+10
制造业贷款	+12.3	+5
票据融资	+27.1	+43.20

资料来源：中国人民银行宿迁市中心支行、宿迁市金融办。

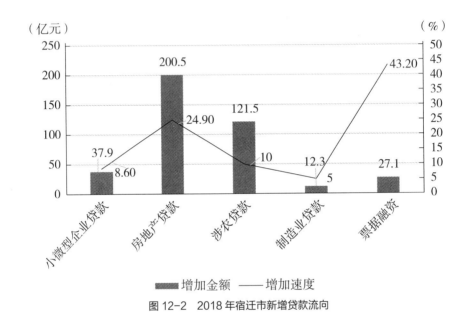

图 12-2　2018 年宿迁市新增贷款流向

资料来源：中国人民银行宿迁市中心支行、宿迁市金融办。

三、部分企业反映仍存在贷款难、贷款贵

尽管金融机构已经出台了很多扶持实体经济的政策，但依然不能完全满足企业的需求，仍有很多企业反映存在"贷款难、贷款贵"问题。2018 年 2 月，淮安市人大常委会成立调研组针对金融企业支持实体经济发展工作问题开展专题调研，部分企业反映存在贷款审批周期长、贷款门槛高等问题。调研中发现的金融业支持实体经济存在的问题包括：部分金融企业贷款主要投向房地产业和基础设施建设；银行机构制造业贷款总量偏低；金融机构"嫌贫爱富"，将更多的贷款安排给实力较强的大中型企业，而对急需资金的中小微企业却"惜贷"，贷款附加

条件多，利率高；多层次资本市场融资不畅。[①]

中国人民银行淮安市中心支行在一项调研中发现，中小企业的融资成本相对偏高，大型企业的贷款综合成本是 4.67%，但是中小型企业的贷款成本分别高达 6.24% 和 7.18%（见表 12-7）。不同贷款方式的成本存在较大差异，大型企业一般采用信用贷款，中小企业更多采用抵押和担保的贷款方式。调查数据显示，信用贷款的成本是 5.66%，质押贷款的成本是 7.40%，抵押贷款的成本是 7.66%，担保贷款的成本是 9.11%（见表 12-8），后两者贷款成本偏高的主要原因是企业在办理抵押和担保时需要交纳较高的费用。企业在办理抵押贷款时需要承担抵押评估费、登记费，即保险费，综合费用率在 0.1% ~ 0.2%；担保费的费用更高，国有机构的担保费在 2% ~ 3%，但部分民营担保机构大担保费高达 5%，同时部分担保公司还要求企业缴纳 10% ~ 20% 的保证金。另外，很多企业因为经营周转需要，经常需要过桥资金，这些资金的费用更高。对于会员单位，日息在 0.05% 左右；对于非会员单位，部分日息高达 0.2%，以 21 天的转贷周期计算，一笔 1000 万元的过桥资金的费用在 10 万 ~ 40 万元；如果通过民间过桥机构拆借资金，则平均日息在 0.7% ~ 0.9%，需要支付上百万元的费用，资金成本惊人。另外，由于社会信用体系不健全，银行对中小企业发放贷款比较谨慎，即使放贷，对小微企业的贷款利率也要上浮 30% ~ 50%。[②]

表 12-7　不同类型企业贷款成本

单位：%

企业类型	贷款综合成本	利息成本	抵押担保费用	银行收费
大型企业	4.67	4.53	0.09	0.05
中型企业	6.24	5.57	0.62	0.05
小微型企业	7.18	6.32	0.78	0.08

资料来源：中国人民银行淮安市中心支行。

表 12-8　不同贷款方式贷款成本

单位：%

贷款方式	贷款综合成本	利息成本	抵押担保费用	银行收费
信用贷款	5.66	5.63	0	0.03

---

① 资料来源：《淮安推动金融企业脱虚向实》，《新华日报》2018 年 4 月 27 日。

② 资料来源：中国人民银行淮安市中心支行课题组：《关于淮安市企业融资成本情况的调研报告》，《金融纵横》2016 年第 6 期。

续表

贷款方式	贷款综合成本	利息成本	抵押担保费用	银行收费
质押贷款	7.40	7.02	0.34	0.04
抵押贷款	7.66	7.07	0.46	0.13
担保贷款	9.11	7.82	1.23	0.06

资料来源：中国人民银行淮安市中心支行。

四、江淮生态经济区直接融资发展较慢

根据证监会发布的 A 股 IPO 资料统计数据，2018 年全年，江苏省共有 20 家公司在 A 股上市，位居全国第一。截至 2018 年末，江苏省共有上市公司 400 家，上市公司数量位居全国第 3，仅次于广东省的 586 家和浙江省的 431 家。从省内看，上市公司大多居于苏南，苏北较少（见图 12-3）。淮安市目前仅有 2 家 A 股上市公司，即井神股份（股票代码 603299）和今世缘（股票代码 603369）；宿迁市目前仅有 3 家 A 股上市公司，即洋河股份（股票代码 002304）、双星新材（股票代码 002585）和秀强股份（股票代码 300160）（见表 12-9）。在江苏"1+3"的 4 个重点功能区中，江淮生态经济区的上市公司数量最少（见表 12-10）。2018 年全年，江淮地区还没有新增 A 股上市公司，上市后备资源非常缺乏，直接融资发展势头堪忧（见图 12-4）。

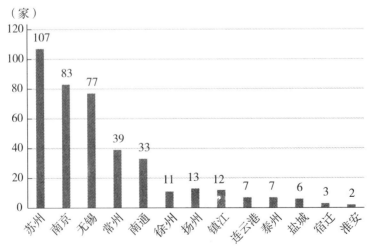

图 12-3　2018 年江苏 A 股上市公司分布情况对比（按设区市）

资料来源：笔者搜集整理。

表 12-9 2018 年江苏 A 股上市公司分布情况（按设区市）

排名	地区（城市）	数量（家）	当年新增（家）
1	苏州	107	2
2	南京	83	6
3	无锡	77	5
4	常州	39	2
5	南通	33	1
6	徐州	11	0
7	扬州	13	2
8	镇江	12	1
9	连云港	7	0
10	泰州	7	0
11	盐城	6	1
12	宿迁	3	0
13	淮安	2	0

资料来源：笔者搜集整理。

表 12-10 2018 年江苏 A 股上市公司分布情况（按功能区）

排名	地区	数量（家）	当年新增（家）
1	扬子江城市群 8 市	371	22
2	江苏沿海地区 3 市	46	2
3	江苏淮海经济区 5 市	30	1
4	江淮生态经济区 2 市	5	0

注：在江苏"1+3"重点功能区战略中，扬子江城市群包括江苏沿江的南京、镇江、常州、无锡、苏州、扬州、泰州、南通 8 市；沿海地区包括江苏沿海的南通、盐城和连云港 3 市；淮海经济区包括徐州、宿迁、连云港、淮安和盐城 5 市；江淮生态经济区包括淮安、宿迁 2 市。

资料来源：笔者搜集整理。

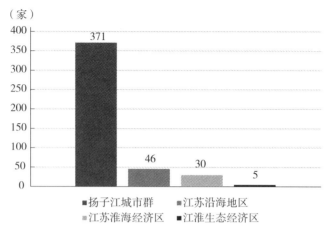

（家）

图 12-4　2018 年江苏 A 股上市公司分布情况对比（按功能区）

资料来源：笔者搜集整理。

五、部分地区财政专项资金使用效益不高

财政专项资金是指，上级人民政府拨付本行政区域和本级人民政府安排的用于社会管理、公共事业发展、社会保障、经济建设以及政策补贴等方面具有指定用途的资金。近年来，政府投入到各领域、各行业、各重点项目的专项资金数额越来越多，对推动经济发展、促进社会稳定起到了重要作用。但与此同时，在管理使用专项资金的过程中也暴露出一些问题，影响了专项资金的使用效益和效果，具体包括：第一，专项资金不能及时拨付。年初预算安排的和上年结转使用的专项资金不能及时拨付；或者地方配套资金不能到位，搞虚假配套或将配套改为自筹，造成项目不能如期开工或完工。第二，专项资金核算不规范。没有按照规定单独核算，专款专用；将上级拨入专项资金不做收入核算，作为往来资金"应付款"核算，逃避监督；通过项目单位开具收据一次或分次将专项资金取出，套取专项资金，摆脱监管。第三，挤占或挪用专项资金。将专项资金视作"公款"任意地挪作他用，甚至作为福利费支出。第四，专项资金使用缺乏监督。项目实施不规范，预算胡编乱造，决算不经过审计。

2018 年 6~9 月，沭阳县审计局对扎下镇党委书记进行经济责任审计时，发现存在"专项资金使用管理不规范"等问题，并提出审计整改意见和建议。同年 12 月 10 日，沭阳县审计局对扎下镇审计整改情况进行跟踪检查。扎下镇高度重视审计整改工作，采纳审计建议，出台《扎下镇财务管理工作制度》，切实加强财政专项资金管理。具体做法包括：一是明确财政专项资金管理范围。财政专项资金包括低收入人口精准扶贫资金、经济薄弱村发展集体经济补助资金、扶贫小额贷款贴息奖励资金等。二是明确财政专项资金管理原则。突出重点，充分发挥财政专项资金的引导作用；公开透明，依法推进信息公开，发挥社会监督作用；专款专用，任何单位和个人不得截留、挤占和挪用。三是强化财政专项资金监督管理。及时公开项目实施和资金使用情况，主动接受社会各界监督；镇政府加强对项目实施的全过程监督，及时组织项目验收和决算审计；对骗取、套取、挪用、贪污或其他违法违规使用财政专项资金的行为，要依法严肃查处。[①]

2018年10月30日，沭阳县审计局在对县财政局的审计回访中了解到，县财政局高度重视"同级审"提出的"建立健全财政专项资金管理制度，严格规范专项资金的管理和使用，确保财政专项资金发挥应有效益"的审计建议，多举措加强财政专项资金的监管。一是完善监管制度。县财政局出台《沭阳县县级财政专项资金管理办法》，涵盖了管理对象、部门职责、设立条件、使用流程、绩效监管5个方面的内容，同时针对16种重点涉农专项资金制定了专门的管理办法，对专项资金实施精细化管理。二是建立函告制度。县财政局收到上级拨付的专项资金后，及时向项目主管部门下达《关于加快上级专项资金拨付进度的函》，告知已到位项目资金的具体金额；并对专项资金实行动态管理，对进度较慢的项目下函告知专项资金结存金额，要求项目主管部门按程序加快项目实施进度。三是开展绩效评价。县财政局制定出台了《财政专项资金绩效评价结果应用管理暂行办法》，包括绩效评价内容、目标、结果应用等方面内容，强化财政专项资金预算绩效管理；建立预算安排与绩效目标、资金使用效果挂钩的激励约束机制，绩效评价结果为优的将重点或优先保障。[②]

六、部分地区和行业金融风险缺乏有效管控

近年来，江淮生态经济区的淮安市和宿迁市积极优化金融环境，出台了一系列防范金融风险的政策，但仍然存在较大的金融风险。按照省委统一部署，江苏省委第九巡视组于2018年7月31日至10月30日对宿迁市开展了巡视，并于2019年1月4日进行了反馈。省委巡视组指出，宿迁市存在着"金融风险缺乏有效管控"问题。宿迁市已经提出了相应的整改方案，具体包括：组织制定全市地方政府隐性债务化解的月度计划，制定《防范化解地方政府隐性债

---

① 宿迁市审计局：《扎下镇采纳审计建议积极规范财政专项资金管理》，2018年12月12日。

② 宿迁市审计局：《采纳审计建议县财政加强财政专项资金监管》，2018年10月30日。

务风险实施办法》和《宿迁市地方政府隐性债务化解工作考核暂行办法》，加大代偿回收力度，建立对外担保季报制度，深入开展处非（非法集资问题处理）宣传教育活动，强化处非（非法集资问题处理）工作全面指导和重点督导。[①]

2018 年以来，宿迁市先后侦破涉案金额大、涉及人数多、社会影响大的"管金贷"和"华元天泰"等一批重大案件，全市共立案查处非法集资案件 30 起，打击犯罪嫌疑人 84 名，涉案金额 12.58 亿元；对投融资中介机构、网络借贷平台、房地产建筑、民营医院学校、汽贸租赁企业、消费返利企业和农民资金互助合作社 7 类重点领域进行了排查，共排查登记各类企业 1887 家，发现重大风险企业 47 家。[②]这些事例说明，宿迁市的部分地区和行业的确存在着较为严重的金融风险。

第三节　促进江淮生态经济区产业金融发展的政策建议

一、通过集聚金融资源来提升区域金融实力

江淮生态经济区经济金融发展基础较薄弱，综合实力无法和苏南发达地区相比，要更好地服务实体经济，必须进一步促进金融资源集中，通过发挥规模效应来提高资源配置效率。淮安市是苏北中心城市，发展金融聚集区存在很多优势。比如，建设淮安市金融中心，对加快淮安现代服务业发展、提升中心城市功能支撑水平、增强淮安作为苏北重要中心城市的集聚力和辐射力有着重要意义，将推动更多金融资源要素向淮安集聚，进而促进全市经济社会发展；淮安市综合金融服务平台依托省综合金融服务平台搭建的省市"1+13"母子平台双层架构，构建符合本地企业实际需要的服务模式，提供银企融资对接、政府扶持政策、统计分析、风险监测等"接地气"的特色金融服务，上线以来受到金融机构和企业的热烈欢迎。可继续依托这些线下线上平台，继续促进金融资源集聚，提升江淮生态经济区的金融实力。

---

① 省纪委网站：《宿迁市委关于巡视整改进展情况的通报》，2019 年 4 月 16 日。
② 中国江苏网：《宿迁织就金融风险防控网络》，2019 年 5 月 15 日。

二、通过政策引导来促进金融服务实体经济

为了解决大量资金进入房地产领域的问题，在政策上必须要打出组合拳，引导资金进入实体经济。一方面，要采取措施削减房地产的金融属性。加大调控的力度，建立房地产调控的行政问责机制，促使房地产市场实现"软着陆"。"去库存"方面要坚持分类调控、因地施策，综合运用金融、土地、财税、投资、立法等手段解决房地产库存过多的问题，对可能出现的房地产泡沫提前加以抑制和消除，同时防止房地产市场"大起"的同时突然出现"大落"。另一方面，要切实提高实体经济的资本回报率。大量资金在实体经济外部循环，不愿意进入实体经济，根本原因还在于实体经济的收益率较低，没有吸引力，这一状况如果不能得到改善，金融业服务实体经济也会成为一句空话。要通过供给侧结构性改革，促进资源要素的高效流动和优化配置，有效降低实体经济的运行成本，推动产业链和价值链提升，努力帮助提高实体经济的收益率，提升实体经济对资金的吸引力。要坚决执行中央做出的实体经济减税降费的惠民政策，优化实体经济的经营环境，帮助实体经济企业尽快提高经济效率。积极探索"僵尸企业"债务的处置方式，以提高资源使用效率。

三、重视化解小微企业"融资难、融资贵"的困境

当前，我国已经进入创新引领发展的新时代，必须大力提倡科技创新。国外的经验表明，中小型科技企业比大企业更具有创新能力。因此，要实现以创新引领为特点的高质量发展，必须重视小微企业的发展，给予小微企业必要的金融支持。但是，大量小微企业由于信用评估水平较低，经常会遇到以额度小、银行缩贷为代表的信贷配给问题，难以充分满足小微企业的融资需求。在贷款方式上，小微企业由于普遍无法获得利率较低的信用贷款，只能选择抵押和担保的贷款方式，因此被迫要负担以抵押物评估费为代表的多项附加费用以及不必要的金融产品购买，大大增加了企业融资成本。

要化解这些问题，一是政府要继续给予政策扶持。从财政税收优惠、技术资金支持等方面给予切实帮助。"苏科贷"等政策性贷款为促进江苏省民营科技小微企业科技创新发挥了显著作用，但该工作在执行过程中依然面临着覆盖面窄、银行动力不足、合作单位单一等现实困境。建议完善"苏科贷"等政策性金融平台使用政策，切实调动银行与政府合作发放贷款的积极性。二是要推动

科技银行建设。面对科技型小微企业高风险、高科技、轻资产的经营特点，建议通过发展科技银行，针对不同的行业风险特征，建立相应的风险监控和风险预警机制，并成立专营机构和专业团队，实现金融产品专业化。三是要创新金融服务方式。鼓励银行等金融机构充分利用大数据、云计算等互联网技术，全面建立与小微企业贷款相关的业务支持平台与网络化操作平台，推动小微企业的信息资源共享，提高金融机构信贷风险判断水平。四是要帮助企业盘活资产。由于历史原因，苏北地区存在大量小产权的厂房、住宅等资产，部分小微企业拥有大量这类资产，但不被银行承认，无法用来抵押贷款。建议加大农村"两权"（土地承包经营权和宅基地使用权）抵押试点，有效盘活小微企业和种田大户的资产。

四、通过利用多层次资本市场来筹措发展资金

经过多年的发展，我国已经初步建立了多层次的资本市场，大体由场内市场和场外市场两部分构成，场内市场包括主板、中小板（一板）和创业板（二板），场外市场包括全国中小企业股份转让系统（新三板）、区域性股权交易市场（新四板）、券商柜台交易市场（包括天使投资、风险投资、股权众筹等股权投资市场，新五板）。从股权众筹到主板上市难度越来越大，对企业的要求越来越严，门槛也越来越高。对江淮生态经济区来说，场内市场要继续争取，力争更多优质企业在场内交易。同时，要更加重视场外市场的作用。一是要推动江淮生态经济区的成长型企业，尤其是科技含量高的成长型企业进入新三板；二是采取措施为江淮生态经济区挂牌企业吸引更多机构投资者，提高企业融资规模；三是重视本地金融企业的作用，为本地金融企业提供更多机会；四是认真开展股权众筹、融资中介、投贷联动试点工作，积极推广"小股权＋大债权"模式。

五、采取措施促进财政专项资金使用效益提升

财政资金对于促进江淮经济区实体经济发展发挥了重要作用。但由于各种原因，目前仍存在着财政专项资金使用效益不高的问题，需要引起有关部门的重视。实际上，江淮经济区的一些地市已经提出了相应对策，建议总结推广。例如，宿迁市财政局提出，要"加强"三个方面工作，促进财政专项资金使用效益显著提升。一是加强项目预算闭环管理。将项目预算编报和项目上年预算执行进度、部

门存量资金、项目绩效评价结果等有机结合，实行"奖优罚劣"。二是加强"查改建"长效机制建设。开展单位财务管理专项整治、扶贫领域资金管理问题专项治理系列活动，针对重点检查中发现的问题，督促问题单位限期整改，重大案件线索移交纪检监察部门。三是加强重大项目的成本控制。准确编制政府投资工程建设资金预算，加大重大项目资金年末调剂安排力度，提高预算执行率；聚焦关键环节管理，严格按照"估算控制概算，概算控制预算，预算控制结算"的总要求，从源头上做好政府投资项目成本控制；积极贯彻执行《江苏省基本建设财务管理办法》有关规定，严格执行招投标、政府采购等制度，防范财务风险。[①]

六、积极加强风险防控，防止发生系统性金融风险

习近平总书记在中共中央政治局第十三次集体学习中指出，防范化解金融风险特别是防止发生系统性金融风险，是金融工作的根本性任务。要围绕维护金融安全，进一步强化风险防控，进一步消除监管盲区、优化金融生态，确保金融系统良性运行；加大财税金融改革力度，有效控制和化解政府性债务，严守不发生系统性区域性金融风险的底线；全面落实金融支持实体经济政策措施，要注重在稳增长的基础上防风险，强化财政政策、货币政策的逆周期调节作用，确保经济运行在合理区间，坚持在推动高质量发展中防范化解风险。

---

① 资料来源：宿迁市财政局。

金融机构为产业提供服务

  第五篇为供给实践篇，旨在从供给侧视角来研究江苏金融机构对实体产业的支持。本篇共分为三章：第十三章、第十四章及第十五章。第十三章对江苏金融业的总体发展情况进行具体分析，并从银行业发展总体情况、保险业发展总体情况及证券业发展总体情况3个部分对江苏金融业发展情况进行阐述。第十四章从江苏金融支持实体经济发展主要方式、江苏产业金融体系建设发展实践两大方面对江苏产业金融发展实践经验展开具体论述。第十五章则从8个方面重点介绍江苏银行业支持实体经济发展的优秀案例，以期为江苏银行业助力江苏实体经济发展实践提供借鉴，进而更好地驱动实体经济发展。

第十三章

江苏省金融业发展总体情况

作为全国较为发达的省份之一，江苏省 2018 年 GDP 约为 9.26 万亿元，位居全国第二。取得如此优异的成绩，离不开江苏金融业对各产业的支持。金融业与其他产业的较好融合，无疑对江苏经济的进一步发展起着强大的助力作用。毫无疑问，江苏金融业的良好发展对经济增长至关重要。

纵观 2018 年，江苏各级政府及金融部门积极以习近平新时代中国特色社会主义思想为行动指引，认真学习党的十九大工作报告，积极贯彻落实党的十九大精神及全国金融工作会议的相关要求，推动江苏金融业继续稳健发展，稳中有进，稳中向好。

江苏银行业平稳发展，金融机构本外币存贷总量继续增长。首先，对于金融机构本外币存款而言，时间维度上，总量增长，增速进一步趋缓。截至 2018 年末，金融机构本外币存款为 144227.38 亿元，比 2017 年增加 9451.21 亿元，同比多增 251.98 亿元，近三年本外币存款均值为 134860.2 亿元；2018 年本外币存款增长率为 7.01%，低于 2017 年的 7.33%。区域维度上，苏南地区金融机构本外币存款发展强劲，其金融机构本外币存款贡献度超 50%。截至 2018 年末，苏南地区金融机构本外币存款 96317.1 亿元，占比 66.78%；苏中地区金融机构本外币存款 24494.17 亿元，占比 16.98%；苏北地区金融机构本外币存款 23416.1 亿元，占比 16.24%。部门维度上，住户部门与非金融企业及机关团体部门的本外币存款占比较稳定，波动幅度较小。2018 年，住户部门本外币月存款占比波动范围在 0.3394 ~ 0.3653，全年平均占比 35.34%；非金融企业及机关团体部门本外币月存款占比波动范围在 0.3579 ~ 0.3768，全年平均占比 36.63%。由此可见，两大部门的存款占比相差不大，且两者合计占比 71.97%。其次，对于金融机构本外币贷款而言，时间维度上，总量持续增长，增速相对稳定。截至 2018 年末，金融机构本外币贷款为 117807.9 亿元，比 2017 年增加 13800.56 亿元，增长率为 13.27%。区域维度上，江苏金融机构本外币贷款存在区域差异，苏南地区作为江苏经济最发达的区域，其金融机构本外币贷款贡献度超 50%。截至 2018 年末，苏南地区金融机构本外币贷款 80658.36 亿元，占比 68.47%；苏中地区金融机构本外币贷款 18341.31 亿元，占比 15.57%；苏北地区金融机构本外币贷款 18808.22 亿元，占比 15.97%。部门维度上，住户部门与非金融企业部门的本外币贷款占比较稳定，波动幅度较小。自 2018 年 1 月起，住户部门本外币贷款占比波动范围在 31.47% ~ 33.19%，均值为 32.20；非金融企业部门本外币贷款占比波动范围在 66.77% ~ 68.52%，均值为 67.78；两部门合计占比较为稳定，均值为 99.98%。期限维度上，金融机构本外币短期（包含票据融资）与长期贷款占比（指境内贷款占比）较稳定，波幅较小。自 2018 年 1 月起，江苏金融机构本外币短期贷款占比波动范围在 35% ~ 36.5%，均值为 35.75%；两种期限贷款合计占比比较稳定，均值为 98.84%。最后，江苏金融机构数量逐年上升，从业人数持续增加。截至 2018 年末，江苏省共有 13366 家金融机构，比 2017 年增加 48 家，同比少增 43 家。其中，国有商业银行 4700 家，比 2017 年减少 26 家；股份制商业银行 1397 家，比 2017 年增加 28 家，同比少增 16 家；农村商业银行 3355 家，比 2017 年增加 25 家，同比少增 18 家。同期，江苏金融机构人员 244169 人，比 2017 年增加 1044 人，同比少增 313 人。其中，国有商业银行人员 98918 人，比 2017 年减少 1592 人，同比少减 662 人；政策性银行人员 2458 人，比 2017 年增加 12 人，同比少增 41 人；股份制商业银行人员 43046 人，比 2017 年增加 869 人，同比多增 225 人；农村商业银行人员 50152 人，比 2017 年增加 425 人，同比少增 528 人。

江苏保险业运行稳健，保费收入与赔付总量波动可控。首先，江苏省保险业保费总收入逐年上升，保费结构性收入与增速存在差异。截至 2018 年末，江苏省保险业保费收入共计 3317.28 亿元，比 2017 年减少 132.23 亿元。从保费收入类型来看，财产险保费收入共计 858.81 亿元，比 2017 年增加 44.81 亿元，增速为 5.50%，同比多增 35.76 亿元；人身意外伤害险保费收入共计 78.11 亿元，比 2017 年增加 8.46 亿元，增速为 12.15%，同比多增 0.13 亿元；健康险保费收入共计 395.04 亿元，比 2017 年增加 40.44 亿元；寿险保费收入共计 1985.32 亿元，比 2017 年减少 225.94 亿元。从各类险种保费收入占比来看，截至 2018 年末，寿险保费收入占比最大，为 59.85%；紧随其后的是财产险和健康险保费收入，分别占比 25.89% 和 11.91%；而人身意外伤害险保费收入占比最低，为 2.35%。其次，江苏省保险业赔付总支出继续攀升，保险结构性赔付增速与占比存在差异。保险总赔付 2018 年共计 996.72 亿元，比 2017 年增加 13.1 亿元，增速为 1.33%，同比少增 55.39 亿元。从保险赔付类型来看，财产险赔付共计 512.53 亿元，比 2017 年增加 56.92 亿元，增速为 12.49%，同比多增 38.97 亿元；人身意外伤害险赔付共计 23.89 亿元，比 2017 年增加 2.64 亿元，增速为 12.42%，同比少增 0.97 亿元；健康险赔付共计 104.1 亿元，比 2017 年增加 30.86 亿元，增速为 41.96%，同比多增 13.21 亿元；寿险 2018 年赔付共计 355.9 亿元，比 2017 年减少 77.31 亿元，增速为 -17.85%。而从各类险种赔付占比来看，截至 2018 年末，财产险赔付占比最大，为 51.42%；紧随其后的是寿险和健康险赔付，分别占比 35.71% 及 10.47%；而人身意外伤害险赔付占比最低，为 2.40%。最后，江苏省保险业保险公司数量少量增加，分支机构数量减少，从业人员数量增速于近年呈下降趋势。截至 2018 年末，江苏保险业共有保险公司 106 家，比 2017 年增加 4 家。其中，财产保险公司 43 家，人寿保险公司 63 家；中资保险公司 70 家，外资保险公司 36 家。而从时间维度上看，各类保险公司数量均呈缓慢上升趋势；近 3 年保险公司数量平均为 102.33 家。从分支机构视角来看，同期江苏保险业共有保险公司分支机构 5739 家，比 2017 年减少 334 家；江苏保险业从业人员共有 61.91 万人，比 2017 年减少 0.37 万人，增长率为 -0.59%。从时间维度上来看，从业人数总体呈现上升趋势，且近 3 年保险业从业人员平均数为 59.34 万人；近 3 年从业人员增长率呈下降趋势，由 2016 年的 35.80% 降低至 2018 年的 -0.59%。

江苏证券业健康发展，助力实体经济不断壮大。首先，经营机构和人员方面，江苏证券经营机构总部数量相对稳定，营业部数量持续增长，区域分布特征明显；从业人员数量缓慢增加。截至 2018 年末，江苏省共有 6 家总部设在省内的证券公司；证券营业部共计 928 家，同比增加 41 家。从区域视角来看，苏南地区共有证券公司 6 家，占比 100%；证券营业部 655 家，占比 70.58%。苏中地区共有证券营业部 144 家，占比 15.52%。苏北地区共有证券公司 0 家，占比 0.00%；证券营业部 129 家，占比 13.90%。期货经纪公司方面，截至 2018 年末，江苏省共有 9 家总部设在省内的期货公司，期货经纪公司营业部共计 172 家，同比增加 13 家。从区域视角来看，苏南地区共有期货经纪公司 8 家，占比 88.89%；期货经纪公司营业部 132 家，占比 76.75%；苏中地区共有期货公司 0 家；期货经纪公司营业部 24 家，占比 13.95%；苏北地区共有期货经纪公司 1 家，占比 11.11%；期货经纪公司营业部 16 家，占比 9.30%。从业人员方面，截至 2018 年末，江苏证券公司从业人数为 11701 人，比上年减少 388 人，增长率为 -3.21%；期货经纪公司从业人数为 2153 人，比上年减少 23 人，同比减少 26 人。其次，市场发展方面，证券投资者开户数持续提升，期货投资者开户数于大幅下降后继续回升，证券经营机构交易量则于近年保持下降趋势，期货经营机构代理交易量有所回升。截至 2018 年末，江苏证券投资者开户数为 1659 万户，同比少增 90 万户，比上年增长 7.94%；期货投资者开户数为 327406 户，同比增加 110462 户，比上年增长 65.62%。交易量方面，证券经营机构交易量为 134294.45 亿元，比 2017 年减少 38597.80 亿元，增长率为 −22.32%，同比多减 14664.14 亿元；而期货经营机构代理交易量为 152905.13 亿元，比 2017 年增加 26245.39 亿元，增长率为 20.72%。最后，上市公司方面，上市公司数量持续增加，辅导企业数量有所下降，且分布具有区域特征；上市公司资金募集总额有所回升，资产与收益状况良好。截至 2018 年末，江苏省共有 401 家上市公司，比 2017 年增加 19 家，增长率为 4.97%，同比少增 46 家。共辅导企业 206 家，比 2017 年减少 32 家，增长率为 −13.45%。从区域视角来看，苏南地区上市公司数量 319 家，占比 79.55%；辅导企业数量 161 家，占比 78.16%；苏中地区上市公司数量 53 家，占比 13.22%；辅导企业数量 30 家，占比 14.56%；苏北地区上市公司数量 29 家，占比 7.23%；辅导企业数量 15 家，占比 7.28%。由此可见，上市公司数量及辅导企业数量具有明显区域特征。从资金募集情况来看，江苏省内上市公司募集资金总额为 2249.83 亿元，比 2017 年增加 134.07 亿元，增长率为 6.34%。从上市公司资产与收益状况来看，截至 2018 年末，上市公司总资产为 76026.18 亿元，比 2017 年增加 8744.47 亿元，增长率为 13.00%，同比少增 1473.91 亿元；上市公司净资产为 18267.47 亿元，比 2017 年增加 2260.70 亿元，增长率为 14.12%，同比少增 890.29 亿元；上市公司总股本为 3639.28 亿股，比 2017 年增加 381.14 亿股，增长率为 11.70%，同比少增 38.52 亿股；上市公司市价总值为 31986.12 亿元，比 2017 年减少 8689.84 亿元，增长率为 −21.36%；上市公司净利润为 1458.23 亿元，比 2017 年增加 1.79 亿元，增长率为 0.12%，同比少增 357.36 亿元；上市公司每股收益为 0.43 元，比 2017 年减少 0.04 元，增长率为 −8.51%。近年来，上市公司总资产、净资产、总股本、市价总值、净利润、每股收益的指标均呈现不断上升趋势，这也反映出上市公司发展质量向好。

本章后续部分将对江苏金融业的总体发展情况进行具体分析，将从江苏银行业发展总体情况、保险业发展总体情况及证券业发展总体情况三个部分进行论述。

第一节 江苏银行业发展总体情况

基于江苏统计年鉴，本部分将从江苏省金融机构本外币存款情况、江苏省金融机构本外币贷款情况、江苏省金融机构与从业人员数量情况三大方面来对江苏银行业的总体发展情况进行分析。

一、江苏省金融机构本外币存款情况

金融机构本外币存款是银行业发展的一个重要分析指标。本节将基于时间维度、空间维度、部门维度来对江苏省金融机构本外币存款情况进行分析。

（一）基于时间维度的本外币存款情况分析

基于时间维度，表13-1反映了2011~2018年江苏省金融机构本外币存款情况。可以发现，截至2018年末，金融机构本外币存款为144227.38亿元，比2017年增加9451.21亿元，增长率为7.01%，同比多增251.98亿元，近三年本外币存款均值为134860.2亿元。

表 13-1 2011 ~ 2018 年江苏省金融机构本外币存款情况　　　　单位：亿元

年份	2011	2012	2013	2014	2015	2016	2017	2018
本外币存款	67638.75	78109.00	88302.07	96939.01	111329.86	125576.94	134776.17	144227.38

进一步从时间及增长率角度来分析江苏金融机构本外币存款及其增长率的变化趋势。其中，图13-1（a）揭示了2018年江苏金融机构本外币存款当月新增额及同比增长率的月度纵向变化趋势，图13-1（b）则反映了江苏金融机构本外币存款余额及其增长率的年度纵向变化趋势。

通过观察月度数据不难发现，本外币存款2018年1~12月的月度新增额波动较大；1月新增额最大，为5790.56亿元，12月新增额最小，为-1228.44亿元；全年共有4个月出现负的新增额，且均出现于第一季度和第四季度；全年平均月新增额为787.60亿元。本外币存款同比增长率方面，该增长率呈现了先下降而后上升的趋势。1月的同比增长率最大，为11.58%；2月的同比增长率最小，为9.06%；此外，各月份同比增长率在9.06%～11.58%范围内波动，波动幅度不大；全年平均同比增长率为10.31%。

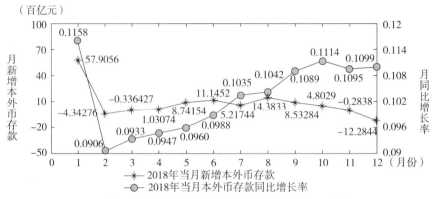

（a）2018年江苏金融机构本外币存款当月新增额及同比增长率

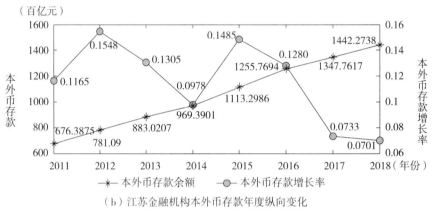

（b）江苏金融机构本外币存款年度纵向变化

图13-1　江苏金融机构本外币存款时间纵向变化

通过从图13-1（b）中也可以发现，2011～2018年，江苏金融机构本外币存款逐年上升，近3年的平均存款余额为134860.2亿元；从增速来看，2012年实现了最大的增长率，为15.48%，而2018年的增长率为最小，仅为7.01%；此外，自2015年以来，本外币存款增长率呈现逐年下降趋势，且近两年来增速明显变缓；近3年的平均增长率为9.05%，而近两年的平均增长率为7.17%。近年来本外币存款增长率的不断下降与互联网金融的不断发展有着密切关联。互联网金融的不断发展，分流了原来的部分存款，导致存款增速不断下降。

（二）基于空间维度的本外币存款情况分析

从空间维度来看，如表 13-2 所示，截至 2018 年末，江苏金融机构本外币存款中南京最大，为 34524.86 亿元；苏州、无锡紧随其后，分别为 30523.37 亿元、16056.79 亿元；三地合计 81105.02 亿元，占比 56.23%，贡献超半；此外，从苏南、苏中、苏北的区域划分来看，如表 13-3 所示，截至 2018 年末，苏南地区（含南京、苏州、无锡、常州及镇江 5 市）金融机构本外币存款 96317.1 亿元，占比 66.78%；苏中地区（含南通、扬州和泰州 3 市）金融机构本外币存款 24494.17 亿元，占比 16.98%；苏北地区（含徐州、连云港、淮安、盐城和宿迁 5 市）金融机构本外币存款 23416.1 亿元，占比 16.24%。不难发现，苏南地区与苏中及苏北地区的金融机构本外币存款情况存在显著差异。苏南地区作为江苏经济最发达的区域，其金融机构本外币存款贡献度超 50%。江苏金融机构本外币存款存在区域差异。

表 13-2 2018 年江苏省分地区金融机构本外币存款 单位：亿元

城市	南京	无锡	徐州	常州	苏州	南通	连云港
本外币存款	34524.86	16056.79	7285.08	10090.05	30523.37	12211.02	3261.64
占比	0.239378	0.11133	0.050511	0.069959	0.211634	0.084665	0.022615
城市	淮安	盐城	扬州	镇江	泰州	宿迁	
本外币存款	3676.95	6421.42	6080.73	5122.03	6202.42	2771.01	
占比	0.025494	0.044523	0.042161	0.035514	0.043004	0.019213	

表 13-3 2018 年江苏省分区域金融机构本外币存款 单位：亿元

区域	苏南	苏中	苏北
本外币存款	96317.1	24494.17	23416.1
占比	0.667814	0.16983	0.162355

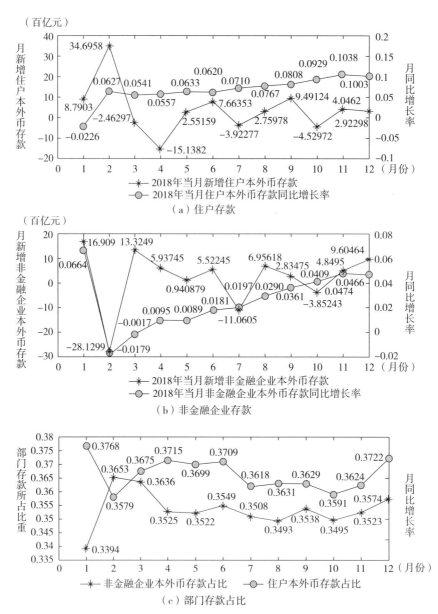

图 13-2　2018 年江苏省金融机构分部门本外币存款当月新增及同比增长率

（三）基于部门维度的本外币存款情况分析

图 13-2（a）为 2018 年住户部门本外币存款当月新增额及同比增长率；图 13-2（b）为 2018 年非金融企业（简称"非金融企业"）本外币存款当月新增额及同比增长率；图 13-2（c）为 2018 年各部门本外币存款占比。

由图 13-2（a）可知，2018 年 1 ~ 12 月，江苏省金融机构当月新增住户部门本外币存款波动幅度较大，在 –1514 亿 ~ 3470 亿元之间。其中，当月新增住户部门本外币存款最小值和最大值分别出现在 4 月和 2 月，分别为 –1513.82 亿元、3469.58 亿元；全年平均月新增额为 390.57 亿元。从住户部门本外币存款同比增长率可以看出，同比增长率呈现波动式上升态势，波动幅度较小；其最小值出现在 1 月，为 2.26%；最大值出现在 11 月，为 10.38%；此外，自 2018 年 2 月起，同比增长率波动幅度明显变小；全年住户部门本外币存款同比增长率均值为 6.67%。

由图 13-2（b）可知，非金融企业部门当月新增本外币存款在 2 月、7 月、10 月为负值，且在 2 月实现最小值，为 –2812.99 亿元；而最大值则出现在 1 月，为 1690.9 亿元；非金融企业部门全年平均月新增额为 198.64 亿元。由非金融企业部门本外币存款同比增长率可看出，该增长率呈现先降后升的趋势，但波动幅度较小，在 –0.02 ~ 0.05 之间；其最大值出现在 1 月，为 6.64%；最小值出现在 2 月，为 –1.79%；自 2018 年 2 月起，同比增长率呈现上升趋势；全年非金融企业部门本外币存款同比增长率均值为 2.53%。

由图 13-2（c）可知，住户部门与非金融企业部门的本外币存款占比较为稳定，波动幅度较小。其中，住户部门本外币存款占比波动范围在 0.3394 ~ 0.3653，全年平均占比 35.34%；非金融企业部门本外币存款占比波动范围在 0.3579 ~ 0.3768，全年平均占比 36.63%；两大部门的存款占比相差不大，两者合计占比 71.97%。

二、江苏省金融机构本外币贷款情况

金融机构本外币贷款是银行业发展的又一重要分析指标。本节将基于时间维度、空间维度、部门维度、期限维度四个方面来对江苏省金融机构本外币贷款情况进行分析。

（一）基于时间维度的本外币贷款情况分析

基于时间维度，表 13-4 反映了 2011~2018 年江苏省金融机构本外币贷款情况。可以发现，截至 2018 年末，金融机构本外币贷款为 117807.9 亿元，比 2017 年增加了 13800.56 亿元，增长率为 13.27%，同比多增 2750.24 亿元。

表 13-4　2011~2018 年江苏省金融机构本外币贷款情况　　　单位：亿元

年份	2011	2012	2013	2014	2015	2016	2017	2018
本外币贷款	50283.52	57652.84	64908.22	72490.02	81169.72	92957.02	104007.34	117807.9

进一步从时间及增长率角度来分析江苏金融机构本外币贷款及其增长率的变化趋势。其中，图 13-3（a）揭示了 2018 年江苏金融机构本外币贷款当月新增额及同比增长率的月度纵向变化趋势，图 13-3（b）则反映了江苏金融机构本外币贷款余额及其增长率的年度纵向变化趋势。

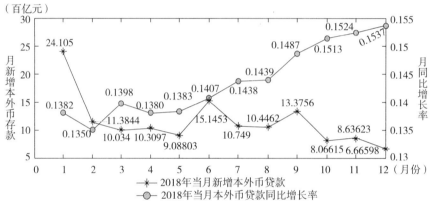

（a）2018年江苏金融机构本外币贷款当月新增额及同比增长率

（b）江苏金融机构本外币贷款年度纵向变化

图 13-3　江苏金融机构本外币贷款时间纵向变化

通过观察月度数据不难发现，本外币贷款 2018 年 1~12 日的月度新增额呈现波动式下降趋势；1月新增额最大，为 2410.5 亿元，12 月新增额最小，为

666.598 亿元；全年平均月新增额为 1150.047 亿元。本外币贷款同比增长率方面，该增长率呈现了先下降而后波动式上升的趋势。12 月的同比增长率最大，为 15.37%；2 月的同比增长率最小，为 13.50%；自 2018 年 2 月始，本外币贷款增长率呈现波动式上升趋势，波动范围在 13.5% ~ 15.5%；全年平均同比增长率为 14.36%。

通过观察年度数据可以发现，2011 ~ 2018 年，江苏金融机构本外币贷款逐年上升，近 3 年本外币贷款余额均值为 104924.1 亿元。从增速来看，波动范围保持在 11% ~ 15%，且 2012 年实现了最大的增长率，为 14.66%，而 2014 年的增长率最小，为 11.68%；近 3 年的平均增长率为 13.23%。

（二）基于空间维度的本外币贷款情况分析

从空间维度来看，如表 13-5 所示，截至 2018 年末，江苏金融机构本外币贷款中南京最大，为 29065.66 亿元；苏州、无锡紧随其后，分别为 27440.94 亿元、12102.76 亿元；三地合计 68609.36 亿元，占比 58.24%，贡献超半。此外，从苏南、苏中、苏北的区域划分来看，如表 13-6 所示，截至 2018 年末，苏南地区金融机构本外币贷款 80658.36 亿元，占比 68.47%；苏中地区金融机构本外币贷款 18341.31 亿元，占比 15.57%；苏北地区金融机构本外币贷款 18808.22 亿元，占比 15.97%。不难发现，苏南地区与苏中及苏北地区的金融机构本外币贷款情况存在显著差异。苏南地区作为江苏经济最发达的区域，其金融机构本外币贷款贡献度超 50%。江苏金融机构本外币贷款存在区域差异。

表 13-5　2018 年江苏省分地区金融机构本外币贷款　　　　　　单位：亿元

城市	南京	无锡	徐州	常州	苏州	南通	连云港
本外币贷款	29065.66	12102.76	4985.63	7564.83	27440.94	8878.00	2945.04
占比	0.246721	0.102733	0.04232	0.064213	0.23293	0.07536	0.024999
城市	淮安	盐城	扬州	镇江	泰州	宿迁	
本外币贷款	3312.63	4998.76	4643.49	4484.17	4819.82	2566.16	
占比	0.028119	0.042431	0.039416	0.038063	0.040913	0.021783	

表 13-6　2018 年江苏省分区域金融机构本外币贷款　　　　　　单位：亿元

区域	苏南	苏中	苏北
本外币贷款	80658.36	18341.31	18808.22
占比	0.68466	0.155688	0.159652

（三）基于部门维度的本外币贷款情况分析

图 13-4（a）为 2018 年住户部门本外币贷款当月新增额及同比增长率；图 13-4（b）为 2018 年非金融企业（简称"非金融企业"）本外币贷款当月新增额及同比增长率；图 13-4（c）为 2018 年各部门本外币贷款占比。

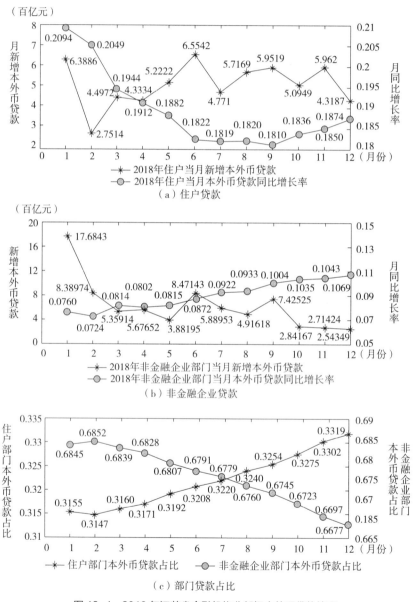

图 13-4　2018 年江苏省金融机构分部门本外币贷款情况

由图 13-4（a）可知，2018 年 1 ~ 12 月，江苏省金融机构当月新增住户部门本外币贷款在 275.14 亿 ~ 655.42 亿元。其中，当月新增住户部门本外币贷款最小值和最大值分别出现在 2 月和 6 月；全年平均月新增额为 513.02 亿元。从住户部门本外币贷款同比增长率可看出，同比增长率呈现先下降而后缓慢攀升的态势。波动幅度较小，处于 18% ~ 21%；其最小值出现于 9 月，为 18.10%；最大值出现在 1 月，为 20.94%；此外，全年住户部门本外币贷款同比增长率均值为 18.93%。

由图 13-4（b）可知，非金融企业部门当月新增本外币贷款波动幅度较大，且自 2018 年 1 月起，呈现不断下降趋势；非金融企业部门当月新增本外币贷款在 1 月最大，为 1768.43 亿元；最小值出现于 12 月，为 254.349 亿元；全年非金融企业部门本外币贷款同比增长率均值为 8.99%。

由图 13-4（c）可知，住户部门与非金融企业部门的本外币贷款占比（指境内存款占比，以下相同）较为稳定，波动幅度较小。自 2018 年 1 月起，住户部门本外币贷款占比呈上升趋势，波动范围在 31.47% ~ 33.19%，均值为 32.20%；非金融企业部门本外币贷款占比呈下降趋势，波动范围在 66.77% ~ 68.52%，均值为 67.78%；两部门合计占比较为稳定，均值为 99.98%。

（四）基于期限维度的本外币贷款情况分析

本节将从江苏金融机构本外币贷款的长短期限来进一步分析本外币贷款情况，如图 13-5 所示。

图 13-5（a）为 2018 年江苏金融机构本外币短期贷款当月新增额及同比增长率；图 13-5（b）为 2018 年江苏金融机构本外币长期贷款当月新增额及同比增长率；图 13-5（c）为 2018 年不同期限本外币贷款占比。从图 13-5（a）可知，2018 年 1 ~ 12 月，江苏省金融机构当月新增短期本外币贷款波动范围较大，在 -74.077 亿 ~ 914.79 亿元。其中，当月新增本外币短期贷款最小值和最大值分别出现在 1 月和 10 月；全年平均月新增额为 331.93 亿元。从本外币短期贷款同比增长率可看出，同比增长率呈现波动式上升趋势。波动幅度较小，处于 9% ~ 12%；其最小值出现在 1 月，为 9.18%；最大值出现在 12 月，为 11.96%；此外，全年本外币贷短期贷款同比增长率均值为 10.24%。

由图 13-5（b）可知，当月新增本外币长期贷款整体表现为波动下降趋势；最大值出现在 1 月，为 1607.42 亿元；最小值出现在 12 月，为 -59.0528 亿元；自 2018 年 2 月起，当月新增本外币长期贷款波动幅度有所减小；全年平均月新增额为 649.8096 亿元。

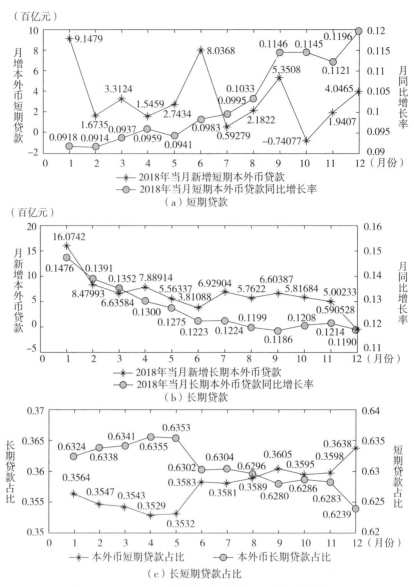

图 13-5　2018 年江苏省金融机构长短期本外币贷款情况

由图 13-5（c）可知，金融机构本外币短期（此处的短期贷款包含票据融资）与长期贷款占比（指占境内贷款占比，以下相同）比较稳定，波动幅度较小。自 2018 年 1 月起，江苏金融机构本外币短期贷款占比呈现先下降而后上升的趋势，波动范围在 35.3%~36.4%，均值为 35.75%；最大值出现在 12 月，为 36.38%；最小值出现在 4 月，为 35.29%；而江苏金融机构本外币长期贷款占比呈现先上升而后下降的趋势，波动范围在 62% ~ 63.6%，均值为 63.08%；最大值出现在 4 月，为 63.55%；最小值出现在 12 月，为 62.39%；两种期限贷款合计占比比较稳定，均值为 98.84%。

三、江苏省金融机构与从业人员数量情况

本节将从江苏金融机构数量及从业人员数量情况来对江苏银行业发展做进一步分析。此部分的金融机构主要包括国有商业银行、政策性银行、股份制商业银行、农村商业银行等。

（一）金融机构数量情况

从江苏银行业总体来看，如表 13-7 所示，金融机构数量逐年上升。截至2018 年末，江苏省共有 13366 家金融机构，比 2017 年增加 48 家，同比少增 43 家。其中，国有商业银行 4700 家，比 2017 年减 26 家；股份制商业银行 1397 家，比2017 年增加 28 家，同比少增 16 家；农村商业银行 3355 家，比 2017 年增加 25 家，同比少增 18 家。从各类金融机构占比来看，如表 13-8 所示，国有商业银行数量占比最大，为 35.16%；紧随其后的是农村商业银行和股份制商业银行，分别占比 25.10% 和 10.45%。政策性银行则一直保持为 93 家，其占比为 0.70%。

表 13-7　江苏省主要金融机构数量情况　　单位：家

年份	2011	2012	2013	2014	2015	2016	2017	2018
机构数	11661	12029	12330	12686	13024	13227	13318	13366
国有商业银行	4641	4768	4849	4839	4822	4774	4726	4700
政策性银行	93	93	93	93	93	93	93	93
股份制商业银行	768	832	915	1074	1183	1325	1369	1397
农村商业银行	1975	2692	2932	3034	3132	3287	3330	3355
农村信用社	677	269	146	135	109	1	1	1
财务公司	7	9	11	12	13	14	16	16
信托投资公司	4	4	4	4	4	4	4	4
租赁公司	1	1	1	1	3	5	5	5

表 13-8　江苏省 2018 年主要金融机构数量占比

主要金融机构	国有商业银行	政策性银行	股份制商业银行	农村商业银行	农村信用社	财务公司	信托投资公司
占比	0.3516	0.0070	0.1045	0.2510	0.00007	0.0012	0.0003

进一步从时间角度来分析江苏各类主要金融机构数量变化趋势。其中，图 13-6（a）揭示了江苏国有商业银行数量变化趋势；图 13-6（b）揭示了江苏股份制商业银行数量变化趋势；图 13-6（c）揭示了江苏农村商业银行数量变化趋势。

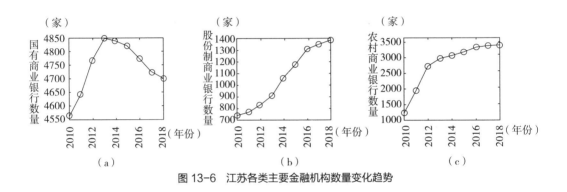

图 13-6　江苏各类主要金融机构数量变化趋势

由图 13-6（a）可知，自 2011 年起，江苏国有商业银行数量呈现先增后减趋势。在 2013 年达到最大值，为 4849 家；2013 年以后，江苏国有商业银行数量则逐年递减，于 2018 年末减少至 4700 家；而由图 13-6（b）和 13-6（c）可以发现，股份制商业银行与农村商业银行数量均逐年递增。此外，图 13-7 揭示了江苏国有商业银行、股份制商业银行及农村商业银行数量占比的演变趋势。

由图 13-7 可知，2011 ~ 2018 年，江苏国有商业银行数量占比在历年均为最高，占比波动幅度较小，波动范围为 35% ~ 40%，平均占比为 37.58%；在历年中，农村商业银行数量占比次之，波动范围为 16% ~ 25.10%，平均占比为 23.25%；而股份制商业银行数量占比为三者中最低，占比波动幅度较小，波动范围为 6.5% ~ 10.60%，平均占比为 8.65%。同时，2011 ~ 2017 年，江苏国有商业银行数量占比呈下降趋势，而农村商业银行、股份制商业银行数量占比则呈现逐年递增趋势。

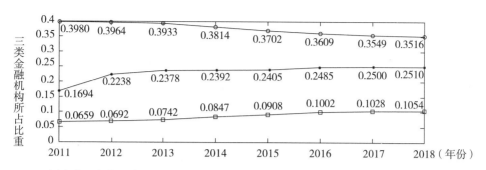

图 13-7 江苏各类主要金融机构数量占比变化趋势

（二）金融机构从业人员数量情况

从江苏银行业总体来看，如表 13-9 所示，江苏省金融机构从业人员数量逐年上升。截至 2018 年末，江苏金融机构人员 244169 人，比 2017 年增加 1044 人，同比少增 313 人。其中，国有商业银行人员 98918 人，比 2017 年减少 1592 人，同比少减 662 人；政策性银行人员 2458 人，比 2017 年增加 12 人，同比少增 41 人；股份制商业银行人员 43046 人，比 2017 年增加 869 人，同比多增 225 人；农村商业银行人员 50152 人，比 2017 年增加 425 人，同比少增 528 人。从各类金融机构人员占比来看，如表 13-10 所示，截至 2018 年末，国有商业银行人员数量占比最大，为 40.51%；紧随其后的是农村商业银行和股份制商业银行，分别占比 20.54% 和 17.63%。

表 13-9　2010～2018 年江苏省金融机构人员分布情况　　　单位：人

年份	2010	2011	2012	2013	2014	2015	2016	2017	2018
职工人数	179177	191572	204366	215558	226183	236576	241768	243125	244169
国有商业银行	92892	96267	99346	100229	102718	103548	102764	100510	98918
政策性银行	2126	2165	2254	2341	2333	2331	2393	2446	2458
股份制商业银行	24390	27527	30973	34570	37513	39932	41533	42177	43046
农村商业银行	15278	25937	36592	41065	43469	46054	48774	49727	50152
农村信用社	13411	8694	3989	2293	2090	1682	542	604	615

续表

年份	2010	2011	2012	2013	2014	2015	2016	2017	2018
财务公司	126	177	227	292	325	360	381	437	466
信托投资公司	222	242	285	336	400	428	461	538	599
租赁公司	78	93	112	121	118	228	388	470	553

表 13-10　2018 年江苏省主要金融机构人员数量占比

主要金融机构	国有商业银行	政策性银行	股份制商业银行	农村商业银行	农村信用社	财务公司	信托投资公司
占比	0.405121	0.010067	0.176296	0.205399	0.002519	0.001909	0.002453

　　进一步从时间角度来分析江苏各类主要金融机构人员变化趋势。其中，图13-8（a）揭示了江苏国有商业银行从业人员变化趋势；图13-8（b）揭示了江苏股份制商业银行从业人员变化趋势；图13-8（c）揭示了江苏农村商业银行从业人员变化趋势。

　　由图13-8（a）可知，自2011年起，江苏国有商业银行从业人员数量呈现先增后减趋势。在2013年达到最大从业人员数量，为103548人；自2013年起，江苏国有商业银行从业人员数量则逐年递减，并于2018年末减少至98918人；而由图13-8（b）和13-8（c）可以发现，股份制商业银行与农村商业银行从业人员数量均逐年递增。图13-9揭示了江苏国有商业银行、股份制商业银行及农村商业银行从业人员数量占比的演变趋势。

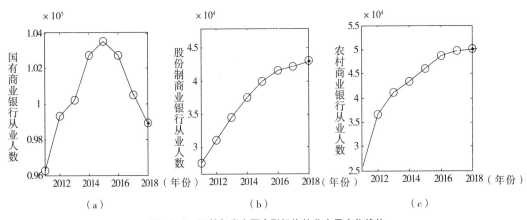

图 13-8　江苏各类主要金融机构从业人员变化趋势

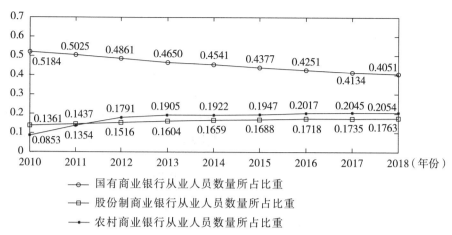

图 13-9 2010～2018 年江苏各类主要金融机构从业人员数量占比变化趋势

2010~2018 年，江苏国有商业银行从业人员数量占比均为最高，平均占比为 44.86%；农村商业银行从业人员数量占比次之，自 2012 年起，占比波动幅度较小，波动范围为 13.5%～20.5%，平均占比为 18.79%；而股份制商业银行从业人员数量占比为三者中最低，占比波动幅度较小，波动范围为 14.3%～17.7%，平均占比为 16.40%。同时，2011～2017 年，江苏国有商业银行从业人员数量占比呈下降趋势，而农村商业银行、股份制商业银行从业人员数量占比则呈现逐年递增趋势。

第二节 江苏保险业发展总体情况

本节将从江苏保险业保费收入情况、保险赔付情况、保险业保险公司及从业人员情况三个方面来对江苏保险业发展总体情况进行分析。

一、江苏保险业保费收入情况

从江苏保险业总体来看，如表 13-11 所示，江苏省保险业保费收入逐年上升。截至 2018 年末，江苏省保险业保费收入共计 3317.28 亿元，比 2017 年减少 132.23 亿元。从保费收入类型来看，财产险保费收入共计 858.81 亿元，比 2017 年增加 44.81 亿元，增速 5.50%，同比多增 35.76 亿元；人身意外伤害险保费收入共计

78.11 亿元，比 2017 年增加 8.46 亿元，增速 12.15%，同比多增 0.13 亿元；健康险保费收入共计 395.04 亿元，比 2017 年增加 40.44 亿元；寿险保费收入共计 1985.32 亿元，比 2017 年减少 225.94 亿元。由此可见，从各类保险保费收入增速来看，寿险发展速度较快。而从各类险种保费收入占比来看，如表 13-12 所示，截至 2018 年末，寿险保费收入占比最大，为 59.85%；紧随其后的是财产险和健康险保费收入，分别占比 25.89% 和 11.91%。而人身意外伤害险保费收入占比最低，为 2.35%。

表 13-11　2011~2018 年江苏省保费收入情况　　　　　　　　　单位：亿元

年份	2011	2012	2013	2014	2015	2016	2017	2018
保费收入总额	1200.02	1301.28	1446.08	1683.76	1989.91	2690.25	3449.51	3317.28
财产险	379.92	440.92	518.61	606.29	672.19	733.43	814.00	858.81
人身意外伤害险	31.08	35.20	41.88	48.47	54.22	61.32	69.65	78.11
健康险	47.93	59.29	76.41	112.27	179.58	388.53	354.60	395.04
寿险	741.09	765.87	809.17	916.72	1083.92	1506.96	2211.26	1985.32

表 13-12　2018 年江苏省各类险种保费收入占比

项目	财产险	人身意外伤害险	健康险	寿险
占比	0.2589	0.0235	0.1191	0.5985

从时间维度来分析江苏各类保险保费收入变化趋势，如图 13-10 所示。其中，图 13-10（a）为财产险保费收入变化趋势；图 13-10（b）为人身意外险伤害保费收入变化趋势；图 13-10（c）为健康险保费收入变化趋势；图 13-10（d）为寿险保费收入变化趋势。

由图 13-10（a）可知，江苏保险业财产险保费收入逐年递增，近 3 年的保费收入均值为 802.08 亿元。而从财产险保费收入增长率可以看出，财产险增长率呈现波动式下降趋势；近 3 年波动幅度较小，波动范围为 5.50%~11%，近 3 年平均增长率为 8.53%。

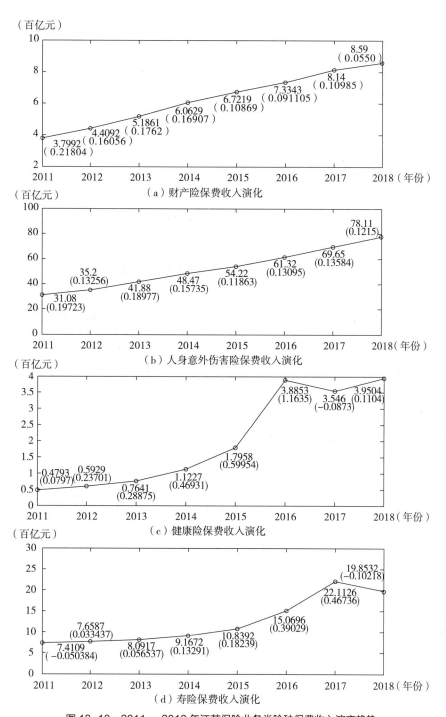

图 13-10　2011～2018 年江苏保险业各类险种保费收入演变趋势

注：本图中括号内数字为相应年份的增长率。

由图 13-10（b）可知，人身意外伤害险保费收入逐年上升，2018 年保费收入为 2011 年的 2 倍之多；人身意外伤害险近 3 年平均保费收入 69.69 亿元。从人身意外伤害险保费收入的增长率可以看出，基本维持在 11.8% ~ 19.7%；最大值为 2011 年的 19.72%，最小值为 2015 年的 11.86%；其近 3 年平均增长率为 12.94%。

由图 13-10（c）可知，健康险保费收入呈上升趋势，而在 2017 年略有下降；保费收入在 2018 年达到最大，为 395.04 亿元。同时，2015 ~ 2016 年，健康险保费收入出现明显递增，2016 年比 2015 年增加 208.95 亿元；健康险保费收入近 3 年平均值为 379.39 亿元。由图 13-10（c）中的健康险保费收入增长率可以看出，其波动范围较大，波动范围在 -8.73% ~ 116.35%。不难发现，2011 ~ 2016 年，健康险保费收入逐年增加，并在 2016 年出现明显跳跃，由 2015 年的 59.95% 攀升至 116.35%；而在 2017 年出现负增长，增长率下降至 -8.73%；但健康险保费收入仍处于高位，负的增长率与 2016 年的健康险保费骤增有关。其近 3 年的增长率平均值为 39.68%。

由图 13-10（d）可知，寿险保费收入呈现上升趋势，近 3 年寿险保费收入平均值为 1901.18 亿元。从寿险保费收入增长率可以看出，增长率呈逐年上升趋势，但在 2018 年骤降，实现负的增长率为 -10.22%；其近 3 年的增长率平均值为 25.18%。

二、江苏保险业保险赔付情况

从江苏保险业总体来看，如表 13-13 所示，保险总赔付逐年上升；2018 年，保险总赔付共计 996.72 亿元，比 2017 年增加 13.1 亿元，增速 1.33%，同比少增 55.39 亿元。从保险赔付类型来看，2018 年财产险赔付共计 512.53 亿元，比 2017 年增加 56.92 亿元，增速为 12.49%；同比多增 38.97 亿元；人身意外伤害险赔付共计 23.89 亿元，比 2017 年增加 2.64 亿元，增速为 12.42%，同比少增 0.97 亿元；健康险 2018 年赔付共计 104.4 亿元，比 2017 年增加 30.86 亿元，增速为 41.96%，同比多增 13.21 亿元；寿险 2018 年赔付共计 355.9 亿元，比 2017 年减少 77.31 亿元，增速为 -17.85%。

表 13-13 2011 ~ 2018 年江苏省各类险种赔付情况　　　　单位：亿元

年份	2011	2012	2013	2014	2015	2016	2017	2018
赔付总额	324.41	386.97	527.02	616.78	732.59	915.13	983.62	996.72
财产险	178.49	240.08	303.23	336.30	403.04	437.66	455.61	512.53

续表

年份	2011	2012	2013	2014	2015	2016	2017	2018
人身意外伤害险	8.36	10.02	11.18	13.45	15.26	17.64	21.25	23.89
健康险	28.60	17.85	24.00	35.16	46.09	55.89	73.54	104.40
寿险	108.95	119.03	188.62	231.87	268.21	403.95	433.21	355.90

而从各类险种赔付占比来看，如表 13-14 所示，截至 2018 年末，财产险赔付占比最大，为 51.42%；紧随其后的是寿险和健康险赔付，分别占比 35.71% 和 10.47%。而人身意外伤害险赔付占比最低，为 2.40%。

表 13-14　2018 年江苏省各类险种赔付占比

项目	财产险	人身意外伤害险	健康险	寿险
占比	0.5142	0.0240	0.1047	0.3571

从时间维度来分析江苏各类保险赔付变化趋势，如图 13-11 所示。其中，图 13-11（a）为财产险赔付变化趋势；图 13-11（b）为人身意外伤害险赔付变化趋势；图 13-11（c）为健康险赔付变化趋势；图 13-11（d）为寿险赔付变化趋势。

由图 13-11（a）可知，江苏保险业财产险赔付逐年递增，近 3 年的赔付均值为 468.60 亿元。从财产险赔付增长率可看出，其波动幅度较大，财产险赔付在波动中呈下降趋势；2018 年的赔付增长率为 12.49%，近 3 年平均增长率为 8.39%。

由图 13-11（b）可知，人身意外伤害险赔付逐年上升，且近 3 年平均赔付支出 20.93 亿元。从人身意外伤害险赔付增长率可以看出，增长率在 11.58% ~ 20.47%；最大值为 2017 年的 20.47%，最小值为 2013 年的 11.58%；近 3 年平均增长率为 16.16%。

由图 13-11（c）可知，健康险赔付自 2012 年起逐年上升，且近 3 年赔付均值为 77.94 亿元；从健康险赔付增长率可以看出，自 2013 年起，其赔付波动率在 21.26% ~ 46.5%；近 3 年的赔付增长率平均值为 31.60%。

由图 13-11（d）可知，寿险赔付逐年上升，近 3 年寿险保费收入平均值为 397.69 亿元。从寿险赔付增长率可以看出，其波动幅度较大，波动区间为 -17.85% ~ 58.46%；最小值出现在 2018 年，为 -17.85%；最大值出现在 2013 年，为 58.46%；而 2016 年的增长率高达 50.61%；近 3 年的增长率平均值为 13.34%。

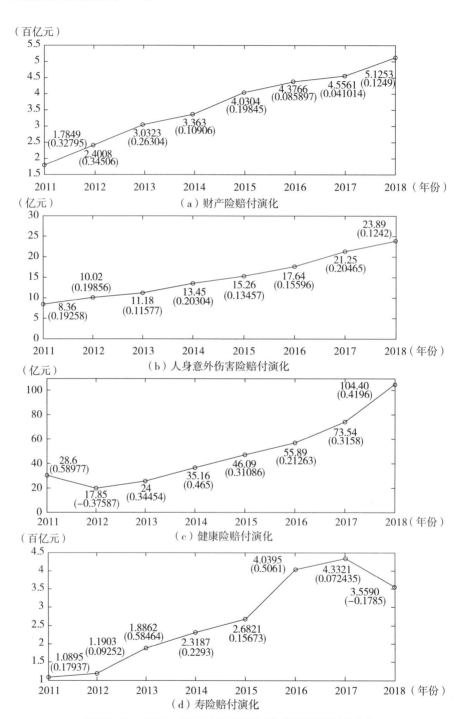

图 13-11　2011～2018 年江苏保险业各类险种赔付演变趋势

注：本图中括号内数字为相应年份的增长率。

三、江苏保险业保险公司及从业人员情况

从江苏保险公司总体情况来看，如表 13-15 所示，截至 2018 年末，江苏共有保险公司 106 家，比 2017 年增加 4 家。其中，财产保险公司 43 家，人寿保险公司 63 家；中资保险公司 70 家，外资保险公司 36 家。而从时间维度来看，各类保险公司家数均呈缓慢上升趋势；近 3 年保险公司数量平均值为 102.33 家。其中，财产保险公司 41.67 家，人寿保险公司 60.67 家；中资保险公司 68 家，外资保险公司 34.33 家。从分支机构视角来看，截至 2018 年末，江苏共有保险公司分支机构 5739 家，比 2017 年减少 334 家；近 3 年分支机构平均值为 6021.67 家。

从江苏保险业从业人员情况来看，如表 13-15 所示，从业人员数量逐年上升；截至 2018 年末，江苏保险业从业人员共有 61.91 万人，比 2017 年减少 0.37 万人，增长率为 -0.59%。从时间维度来看，从业人数总体呈现上升趋势，近 3 年保险业从业人员平均数为 59.34 万人；近 3 年从业人员增长率呈下降趋势，由 2016 年的 35.80% 下降至 2018 年的 -0.59%；近 3 年从业人员平均增长率为 16.97%。

表 13-15　2011 ~ 2018 年江苏保险公司数量及从业人员人数

年份	2011	2012	2013	2014	2015	2016	2017	2018
保险公司数（家）	86	90	90	93	95	99	102	106
财产保险公司（家）	38	39	39	39	40	41	41	43
人寿保险公司（家）	48	51	51	54	55	58	61	63
中资保险公司（家）	59	63	63	62	64	67	67	70
外资保险公司（家）	27	27	27	31	31	32	35	36
保险公司分支机构（家）	5881	5718	5743	5900	5894	6253	6073	5739
从业人员数（万人）	23.05	22.80	23.49	27.34	39.64	53.83	62.28	61.91

第三节 江苏证券业发展总体情况

基于江苏统计年鉴，本部分将从江苏证券业经营机构情况、从业人员情况、市场发展情况三大方面来对江苏证券业的总体发展情况进行分析。

一、经营机构情况

本节将从证券公司情况、期货经纪公司情况两个方面来对江苏证券业经营机构情况进行分析。而每一方面均将从时间和区域视角来进行分析。

（一）江苏证券公司情况

截至 2018 年末，江苏省共有 6 家总部设在省内的证券公司，分别为华泰证券、南京证券、东海证券、国联证券、华英证券和东吴证券；从分公司设置来看，同期，江苏省证券分公司共计 107 家，同比增加 16 家（见表 13-16）；证券营业部共计 928 家，同比增加 41 家。

表 13-16 2011 ~ 2018 年江苏省证券公司数及分公司数　　　单位：家

年份	2011	2012	2013	2014	2015	2016	2017	2018
证券公司数	6	6	6	6	6	6	6	6
证券分公司数	—	—	—	59	66	78	91	107

从时间维度看，2011 ~ 2018 年，证券公司数目一直稳定在 6 家。而证券分公司数目近年来呈持续上升态势，2018 年实现 17.58% 的增长率，近 3 年平均增长率为 17.48%。对于证券营业部发展情况，从图 13-12 中不难发现，证券营业部数量逐年上升，而增长率在波动中呈现下降趋势，在 2013 年达到最高，为 47.95%，而在 2018 年达到最低，为 4.62%。这与当前证券市场行情及业内竞争日益激烈有关。

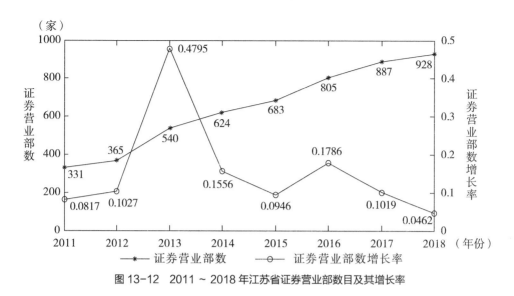

图 13-12　2011～2018 年江苏省证券营业部数目及其增长率

　　从区域视角上看，如表 13-17 所示，截至 2018 年末，总部设在南京的有 2 家（华泰证券和南京证券），无锡的有 2 家（国联证券和华英证券），苏州的有 1 家（东吴证券），常州的有 1 家（东海证券）。南京作为江苏省省会，其证券分公司有 50 家，占比 46.73%；苏州、无锡、常州的证券分公司数目分别为 18 家、10 家、10 家，合计占比 35.51%；连云港及淮安的证券分公司数量均为 1 家。对于证券营业部设置，苏州 228 家为最多，占比 24.57%；紧随其后的为南京和无锡，证券营业部数量分别为 163 家和 154 家，合计占比 34.16%；最少的为宿迁，仅为 13 家。此外，从苏南、苏中、苏北的区域划分更能体现江苏证券公司的区域分布，如表 13-18 所示。苏南地区包括南京、苏州、无锡、常州及镇江 5 个城市，共有证券公司 5 家，占比 83.33%；分公司 90 家，占比 84.11%；证券营业部 655 家，占比 70.58%。苏中地区包括南通、扬州和泰州 3 个城市，共有证券公司 1 家，占比 16.67%；分公司 9 家，占比 8.41%；证券营业部 144 家，占比 15.52%。苏北地区包括徐州、连云港、淮安、盐城和宿迁 5 个城市，共有证券公司 0 家，占比 0.00%；分公司 8 家，占比 7.48%；证券营业部 129 家，占比 13.90%。不难发现，苏南地区与苏中地区及苏北地区的证券经营机构情况存在显著差异。苏南地区作为我国经济最具活力与潜力的地区之一，自然条件优越，区位优势明显，经济基础较好，科技文化事业发达，这也导致了证券公司、分公司及证券营业部相比苏中、苏北更为集聚。

表 13-17　2018 年江苏各市证券经营机构情况　　　　　　单位：家

城市	南京	无锡	苏州	常州	南通	扬州	连云港	镇江	泰州	徐州	盐城	宿迁	淮安
证券公司数	2	2	1	1	0	0	0	0	0	0	0	0	0
证券分公司数	50	10	18	10	5	2	1	2	2	3	3	0	1
证券营业部数目	163	154	228	74	62	49	20	36	33	38	38	13	20

表 13-18　2018 年江苏分区域证券经营机构情况

区域	证券公司				证券营业部	
	公司数量(家)	占比（%）	分公司（家）	占比（%）	数量（家）	占比（%）
苏南	5	83.33	90	84.11	655	70.58
苏中	1	16.67	9	8.41	144	15.52
苏北	0	0	8	7.48	129	13.90
合计	6	100	107	100	928	100

（二）江苏期货经纪公司情况

截至 2018 年末，江苏省共有 9 家总部设在江苏的期货公司（见表 13-19），分别为江苏东华期货、鸿业期货、锦泰期货、宁证期货、通道期货、国联期货、新纪元期货、创元期货、东海期货。从期货经纪公司营业部来看，同期期货经纪公司营业部共计 172 家，同比增加 13 家。

表 13-19　江苏省历年期货经纪公司数　　　　　　单位：家

年份	2011	2012	2013	2014	2015	2016	2017	2018
期货公司数	11	11	10	10	10	10	9	9

从时间维度上看，2011 ~ 2018 年，期货经纪公司数目由 2011 年的 11 家降为 2018 年的 9 家，总体上维持在 9 ~ 11 家。而从期货经纪公司营业部发展情况来看，由图 13-13 不难发现，期货经纪公司营业部数量逐年上升，增长率在 2013 年达到最高，为 17.82%；而在 2016 年达到最低，为 3.70%；2018 年的增长率为 8.18%。

图 13-13　2011～2018 年江苏省期货经纪公司经营部数及其增长率

从区域视角上看，如表 13-20 所示，截至 2018 年末，期货经纪公司总部设在南京的有 5 家（江苏东华期货、鸿业期货、锦泰期货、宁证期货及通道期货），无锡的有 1 家（国联期货），苏州有 1 家（创元期货），常州有 1 家（东海期货），徐州有 1 家（新纪元期货）。同时，期货经纪公司营业部在各个城市的分布有较大差异。苏州、南京、无锡设置得较多，分别为 40 家、38 家、35 家，合计 113 家，占比 65.70%。镇江和宿迁的期货经纪公司营业部数量最少，均为 1 家。此外，从苏南、苏中、苏北的区域划分来看，如表 13-21 所示，苏南地区共有期货经纪公司 8 家，占比 88.89%；期货经纪公司营业部 132 家，占比 76.75%；苏中地区共有期货公司 0 家；期货经纪公司营业部 24 家，占比 13.95%；苏北地区共有期货经纪公司 1 家，占比 11.11%；期货经纪公司营业部 16 家，占比 9.30%。由此可见，同江苏证券经营机构情况相似，期货经纪公司及经营部在各区域分布差异同样明显。

表 13-20　2018 年江苏期货经营机构情况　　　　　　单位：家

城市	南京	无锡	苏州	常州	南通	扬州	连云港	镇江	泰州	徐州	盐城	宿迁	淮安
期货经纪公司	5	1	1	1	0	0	0	0	0	1	0	0	0
期货经纪公司营业部	38	35	40	18	15	7	4	1	2	5	4	1	2

表 13-21　2018 年江苏分区域期货经营机构情况

区域	期货经纪公司		期货经纪公司营业部	
	数量（家）	占比（%）	数量（家）	占比（家）
苏南	8	88.89	132	76.75
苏中	0	0.00	24	13.95
苏北	1	11.11	16	9.30
合计	9	100	172	100

二、从业人员情况

截至 2018 年末，江苏证券公司从业人数为 11701 人（见表 13-22），比上年减少 388 人，增长率为 -3.21%。期货经纪公司从业人数为 2153 人，比上年少减 23 人，同比少减 26 人。

表 13-22　2011 ~ 2018 年江苏省证券公司与期货经纪公司从业人数　　单位：人

年份	2011	2012	2013	2014	2015	2016	2017	2018
证券公司从业人数	11381	11280	9333	9391	10908	11201	12089	11701
期货经纪公司从业人数	2199	2336	2636	2468	2279	2225	2176	2153

进一步从时间及增长率角度来分析江苏证券业从业人员及期货经纪从业人员的变化趋势。其中，图 13-14（a）揭示了江苏证券业从业人员人数变化趋势，图 13-14（b）揭示了江苏期货业从业人员人数变化趋势，其中括号中数字为相应年份增长率。

从图 13-14（a）中可以看出，证券业从业人员人数自 2011 年呈现下降趋势，并在 2013 年达到最低点，为 9333 人。随后，证券业从业人员逐年上升。经过多年的发展，并于 2018 年从业人数首次超越 2011 年的 11381 人。从增长率情况来看，除 2012 年、2013 年及 2018 年为负的增长率外，其余年份均呈现正的增长率，近 3 年增长率为 2.47%。从图 13-14（b）中可以看出，期货业从业人员数量表现出与证券业从业人员相反的变动趋势。即自 2011 年起呈现上升降势，并在 2013 年达到最高点，为 2636 人。随后，期货业从业人员人数呈下降趋势，并于近两年达到低点，分别为 2176 人和 2153 人。增长率方面，自 2011 年起，期货业从业人员人数增长率在波动中呈下降趋势，并自 2014 年开始负增长，并于 2015 年达到最大的负增长率，为 -7.66%；近 3 年的增长率为 -1.88%。

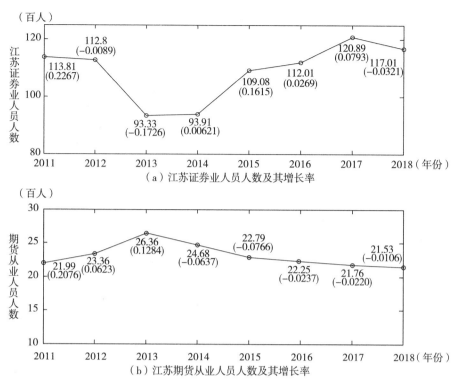

图 13-14　2011～2018 年江苏证券业及期货业从业人员人数及其增长率

三、市场发展情况

本节市场发展情况将从投资者开户情况、证券交易量情况、上市公司相关情况进行展开分析。

（一）投资者开户情况

如表 13-23 所示，截至 2018 年末，江苏证券投资者开户数为 1659 万户，同比少增 90 万户，比上年增长 7.94%；截至 2018 年末，期货投资者开户数为 327406 户，同比增加 110462 户，比上年增长 65.62%。

表 13-23　2011~2018 年江苏省证券投资者与期货投资者开户数

年份	2011	2012	2013	2014	2015	2016	2017	2018
证券投资者开户数（万户）	700	737	767	811	1075	1325	1537	1659
期货投资者开户数（户）	159100	195338	210026	223885	242964	178432	197688	327406

进一步从时间及增长率角度来分析江苏证券投资者及期货投资者的变化趋势。其中，图13-15（a）揭示了江苏证券投资者开户数变化趋势，图13-15（b）揭示了江苏期货投资者开户数变化趋势。

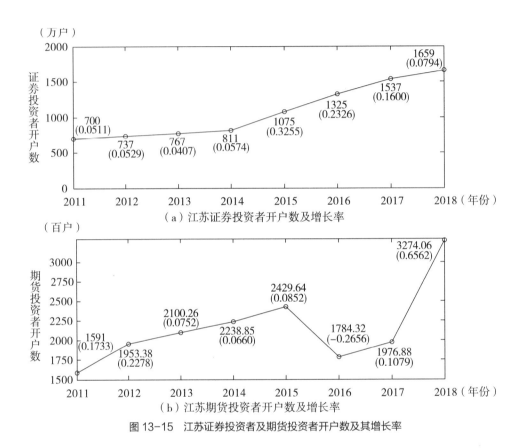

图13-15　江苏证券投资者及期货投资者开户数及其增长率

注：本图中括号内数字为相应年份的增长率。

从图13-15（a）中可以看出，证券投资者开户数呈现阶段性上升趋势，2011～2014年为较低水平增长阶段，自2014年起，进入高水平增长阶段，2018年证券投资者开户数为2011年的2.37倍。这与我国投资者的财富积累增加而投资渠道偏少有关。与之相对应的是，证券投资者开户数量的增长率呈现了两个波动阶段。具体而言，证券投资者开户数增长率在2011～2014年处于低位小幅波动阶段（波动范围为4.07%～5.74%），平均增长率为5.05%；2014年之后处于高位较大幅度波动，最高增长率为2015年32.55%，平均增长率为19.94%。

由图13-15（b）可知，期货投资者开户数自2011年始逐年上升并于2015年达到较高水平，为242964户，并于2016年大幅度下降至178432户，再于2017

年上升至 197688 户，2018 年又上升至 327406 户。不难发现，期货投资开户增长率自 2011 年起呈现波动式下降，于 2016 年达到最低点，增长率为 -26.56%，并于 2017 年再次回升至 10.79%，直至 2018 年的 65.62%。由此可见，期货投资者开户数波动较大，这与期货市场的高风险性具有一定的关联。

（二）证券交易量情况

表 13-24 揭示了江苏省证券经营机构证券交易量及期货经营机构代理交易量情况。可以发现，截至 2018 年末，证券经营机构证券交易量为 134294.45 亿元，比 2017 年减少 38597.80 亿元，增长率为 -22.32%，同比多减 14664.14 亿元。同期，期货经营机构代理交易量为 152905.13 亿元，比 2017 年增加 26245.39 亿元，增长率为 20.72%。

表 13-24　2011～2018 年江苏证券经营机构证券交易量及期货经营机构代理交易量　　单位：亿元

年份	2011	2012	2013	2014	2015	2016	2017	2018
证券经营机构交易量	59694.48	41877.16	62452.24	98654.91	351317.58	196825.91	172892.25	134294.45
期货经营机构代理交易量	178479.60	197158.93	212668.01	196768.34	305574.82	148889.90	126659.74	152905.13

进一步从时间及增长率角度来分析江苏证券投资者及期货投资者的变化趋势。其中，图 13-16（a）揭示了江苏证券经营机构证券交易量及其增长率的变化趋势，图 13-16（b）揭示了江苏期货经营机构代理交易量及其增长率的变化趋势。

从图 13-16（a）中可以看出，2011～2017 年，证券经营机构证券交易量出现先增后减趋势，在 2015 年达到最大的证券交易量，为 351317.58 亿元；即使 2015 年后有所下降，但仍维持在较高水平，近 3 年平均证券交易量为 168004.20 亿元。与此同时，证券交易量的增长率所表现出来的演变趋势与证券交易量的趋势相似，均为先升后降，并于 2015 年达到最大增长率，为 256.11%；近 3 年平均增长率为 26.15%。

由图 13-16（b）可知，2011～2015 年，期货经营机构的代理交易量呈现波动式上升，于 2015 年达到最大值，为 305574.82 亿元，随后逐年下降，近 3 年的平均交易量为 142818.26 亿元。从期货经营机构的代理交易量的增长率来看，表现出与交易量类似的变化趋势，2011～2015 年，期货经营机构的代理交易量增长率呈现波动式上升,于 2015 年达到最大值,为 55.30%,随后于 2016 年大幅下降, 又于 2017 年出现大幅回升, 直至 2018 年实现正的增长率, 为 20.72%; 近 3 年 的平均增长率为 –15.16%。

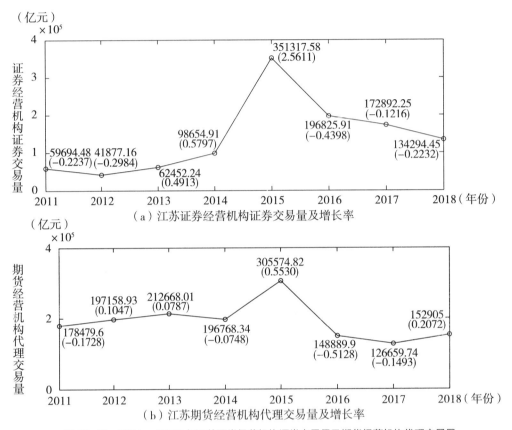

图 13-16　2011 ～ 2018 年江苏证券经营机构证券交易量及期货经营机构代理交易量

注：本图中括号内数字为相应年份的增长率。

综上所述，无论是证券经营机构证券交易量还是期货经营机构代理交易量，均在波动式上升中达到最大值后随即大幅下降，并相应达到最大的正增长率与最大的负增长率。

（三）上市公司相关情况

上市公司相关情况分析将从上市公司数量、上市公司资金募集情况、上市公司资产与收益情况三方面进行分析。

1. 上市公司数量

如表 13-25 所示，截至 2018 年末，江苏省共有 401 家上市公司，比 2017 年增加 19 家，增长率为 4.97%，同比少增 46 家。共有辅导企业 206 家，比 2017 年减少 32 家，增长率为 -13.45%。

表 13-25 2011 ~ 2018 年江苏上市公司数量及辅导企业数量
单位：家

年份	2011	2012	2013	2014	2015	2016	2017	2018
上市公司数量	214	236	235	254	276	317	382	401
辅导企业数量	204	244	206	175	193	197	238	206

进一步从时间及增长率角度来分析上市公司数量及辅导企业数量变化趋势。其中，图 13-17（a）揭示了江苏上市公司数量变化趋势，图 13-17（b）揭示了江苏辅导企业数量变化趋势。

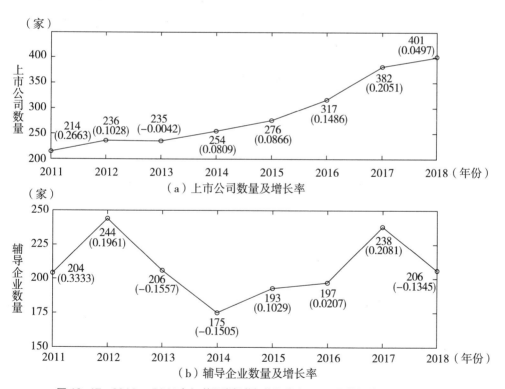

（a）上市公司数量及增长率

（b）辅导企业数量及增长率

图 13-17 2011 ~ 2018 年江苏证券经营机构证券交易量及期货经营机构代理交易量

注：本图中括号内数字为相应年份的增长率。

从图 13-17（a）中可以看出，2011 ~ 2017 年，上市公司数量呈现上升趋势，近 3 年的平均上市企业数量为 366.67 家。同时，随着时间的推移，上市公司数量增速波动幅度较大，并于 2013 年达到最低点，实现负增长，为 -0.42%，其近 3 年的平均增长率为 13.44%。而由图 13-17（b）可知，辅导企业数量自 2012 年开始不断下降，于 2014 年达到最低点，为 175 家，随后呈现逐年上升态势至 2017 年，并于 2018 年有所下降。近 3 年的平均辅导企业数量为 213.67 家。从增长速度来看，辅导企业数量增长速度自 2011 年开始逐年递减，并于 2013 年达到最低点，实现负增长，增长率为 -15.57%；辅导企业数量增长率波动幅度较大，其近 3 年的平均增长率为 3.15%。

从区域视角来看，如表 13-26 所示，截至 2018 年末，上市公司数量中苏州、南京、无锡三地分布最多，分别为 107 家、84 家和 77 家，合计 268 家，占比 66.83%；而从辅导企业数量来看，亦存在类似情况。同期，辅导企业数量苏州最多，为 74 家；其次为南京和无锡，分别为 30 家和 29 家；三地共计 133 家，占比 64.56%。此外，从苏南、苏中、苏北的区域划分来看，如表 13-27 所示，截至 2018 年末，苏南地区上市公司数量 319 家，占比 79.55%；辅导企业数量 161 家，占比 78.16%；苏中地区上市公司数量 53 家，占比 13.22%；辅导企业数量 30 家，占比 14.56%；苏北地区上市公司数量 29 家，占比 7.23%；辅导企业数量 15 家，占比 7.28%。由于可见，上市公司数量及辅导企业数量具有明显区域特征。

表 13-26　2018 年江苏上市公司及辅导企业分布情况　　单位：家

城市	南京	无锡	苏州	常州	南通	扬州	连云港	镇江	泰州	徐州	盐城	宿迁	淮安
上市公司数量	84	77	107	39	33	13	7	12	7	11	6	3	2
辅导企业数量	30	29	74	22	19	7	1	6	4	4	4	5	1

表 13-27　2018 年江苏分区域上市公司及辅导企业分布情况

区域	上市公司		辅导企业	
	数量（家）	占比（%）	数量（家）	占比（%）
苏南	319	79.55	161	78.16
苏中	53	13.22	30	14.56
苏北	29	7.23	15	7.28
合计	401	100	206	100

2. 上市公司募集资金情况

上市公司募集资金情况如表 13-28 所示。数据显示，截至 2018 年末，江苏省内上市公司募集资金总额为 2249.83 亿元，比 2017 年增加 134.07 亿元，增长率为 6.34%。其中，发行募集资金 189 亿元，比 2017 年减少 113 亿元，增长率为 -37.42%，近 3 年通过发行平均募集资金 247 亿元；增发募集资金 1262.06 亿元，比 2017 年增加 61.65 亿元，增长率为 5.14%，近 3 年通过增发平均募集资金 1305.05 亿元；公司债募集资金 1423.85 亿元，比 2017 年增加 810.71 亿元，增长率为 132.22%，同比多增 749.07 亿元；近 3 年通过发行平均募集资金 862.83 亿元。

表 13-28　2011～2018 年江苏省内上市公司募集资金情况　　　　单位：亿元

年份	2011	2012	2013	2014	2015	2016	2017	2018
上市公司募集资金总额	670	344	283.69	701	1214	2254.62	2115.76	2249.83
其中：发行	477	135	0.00	93	108	250	302	189
配股	9.03	5.71	0.00	4.70	9.93	0.00	0.00	0.00
增发	137.28	82.46	79.84	550.43	1061.31	1452.69	1200.41	1262.06
公司债	47.00	120.30	203.90	53.32	35.05	551.50	613.14	1423.85

3. 上市公司资产与收益情况

表 13-29 反映了 2011~2018 年江苏省内上市公司资产与收益情况。截至 2018 年末，上市公司总资产为 76026.18 亿元，比 2017 年增加 8744.47 亿元，增长率为 13.00%，同比少增 1473.91 亿元，近 3 年平均总资产 66790.41 亿元；同期，上市公司净资产为 18267.47 亿元，比 2017 年增加 2260.70 亿元，增长率为 14.12%，同比少增 890.29 亿元，近 3 年平均净资产为 15710.01 亿元；上市公司总股本为 3639.28 亿股，比 2017 年增加 381.14 亿股，增长率为 11.70%，同比少增 38.52 亿股，近 3 年平均净股本为 3245.30 亿股；上市公司市价总值为 31986.12 亿元，比 2017 年减少 8689.84 亿元，增长率为 -21.36%，近 3 年平均市价总值为 36611.07 亿元；上市公司净利润为 1458.23 亿元，比 2017 年增加 1.79 亿元，增长率为 0.12%，同比少增 357.36 亿元，近 3 年平均净利润为 1337.32 亿元；截至 2018 年末，上市公司每股收益为 0.43 元，比 2017 年减少 0.04 元，增长率为 -8.51%，近三年平均每股收益为 0.42 元。基于时间角度，近年来上市公司总资产、净资产、总股本、市价总值、净利润、每股收益等指标整体上呈现上升趋势，这也反映出江苏上市公司发展质量向好。

表 13-29　2011～2018 年江苏省内上市公司资产与收益情况

年份	2011	2012	2013	2014	2015	2016	2017	2018
上市公司总资产（亿元）	11036.57	12489.34	10848.16	22963.26	30964.62	57063.33	67281.71	76026.18
上市公司净资产（亿元）	4103.76	4360.70	5373.23	7008.93	8768.52	12855.78	16006.77	18267.47
上市公司总股本（亿股）	1136.70	1250.60	1379.89	1596.57	2153.45	2838.48	3258.14	3639.28
上市公司市价总值（亿元）	10514.50	11394.27	12787.24	19630.99	36720.48	37171.14	40675.96	31986.12
上市公司净利润（亿元）	474.63	525.25	424.42	587.80	738.74	1097.29	1456.44	1458.23
上市公司每股收益（元）	0.48	0.42	0.36	0.35	0.33	0.37	0.47	0.43

第十四章

江苏产业金融发展实践经验

本章通过对江苏金融业发展现状进行分析发现，江苏金融业的发展为江苏实体企业的发展提供了良好的金融助力。金融与产业相互融合、互动发展，才能创造新的价值（钱志新，2010）。为此，江苏产业金融的持续良好发展，对于江苏经济的进一步提升有着至关重要的作用。

2018 年，江苏 GDP 总量排名全国第二，这也得力于江苏金融与实体产业的高效融合。江苏产业金融发展过程中，采用多种方式联合并举的方法为实体经济运行提供所需资金，助推实体经济发展与壮大。具体而言：第一，金融机构信贷助力实体经济发展。从时间维度来看，江苏金融机构向实体经济投放的本外币贷款逐年上升，近 3 年本外币贷款投放均值为 92599.61 亿元；从增速来看，2016 年实现最大的增长率为 15.57%，而 2014 年的增长率最小，为 9.41%，近三年的平均增长率为 14.16%，而近两年的平均增长率为 13.46%；从行业维度来看，2018 年获得金融机构最大本外币贷款量的行业为制造业，获得额度为 16495.32 亿元，近 3 年均值为 15872.22 亿元，比 2017 年增加 637.75 亿元，增长率为 4.02%；从城市维度来看，不同城市所获得的金融机构的实体经济本外币贷款差异较大，南京、苏州本外币贷款量远超过江苏的其他城市。第二，政府引导基金撬动实业投资发展。在当前政府引导基金快速发展与壮大的背景下，江苏无论是省级层面还是市级层面，积极利用引导资金撬动社会资本，助力实体经济发展。截至 2018 年 6 月，江苏政府引导基金设立数目排名全国第三，设立基金 110 只 [①]，为壮大江苏省实体经济、推动高质量发展立下赫赫战功。第三，私募基金成为产业创新的加速器。江苏作为全国经济大省，其私募基金业近年来也有较大发展。截至 2018 年末，江苏省共有 1105 家私募基金管理人，比 2017 年增加 81 家，同比少增 162 家，增长率为 7.91%。从规模来看，1105 家私募基金管理人管理 2948 只基金，管理基金规模为 5973 亿元。如此庞大的私募基金规模，为江苏中小企业的起步、新兴行业的发展提供了资金支

---

① 参见：https：//www.qianzhan.com/analyst/detail/220/190307-1873413e.html。

持，成为产业创新的加速器。第四，绿色金融推动经济实现绿色发展。在政府及监管层面上，积极构筑经济绿色发展政策环境；在银行层面上，绿色信贷助推企业转型，助力经济实现绿色发展；在企业层面上，发行企业绿色债券，拓宽绿色资金来源，助力绿色工程建设。第五，普惠金融助推"三农"发展。农业、农村、农民的"三农问题"一直是党和国家尤为关注且致力解决的问题。江苏积极贯彻执行上级政策，创造良好氛围，助推"三农"发展。在政策层面上，2018年江苏省政府关于推进普惠金融发展的实施意见中[①]，明确提及惠及"三农"的政策，助推"三农"发展。在银行层面上，各大银行积极践行普惠金融，助力"三农"发展。

江苏除采用多种方式助力实体经济发展外，亦积极构筑产业金融体系。具体而言：第一，互联网金融创新快速发展，助力"三农"，普惠民生。在银行层面上，中国农业银行江苏分行创新推进互联网金融服务，助力乡村振兴。江苏银行直销银行牢牢把握互联网客户需求，充分利用金融科技，让客户畅享互联网金融。南京银行联合阿里云、蚂蚁金服创新提出建设"鑫云+"平台，打造与实体经济、金融科技企业深度融合的共享生态圈[②]。第二，文化金融促进文化产业发展，为经济转型升级注入新的活力。在政策层面上，江苏各级部门积极为文化金融发展提供良好氛围，并评审确定文化金融合作试验区4个、文化金融服务中心2个、文化金融特色机构6个[③]。在实践层面上，江苏通过多种形式发展文化金融产业，如文化金融服务中心，文化产业投资基金，文化领域金融财务公司，政府与银行间、企业与银行间的文化金融战略合作，等等。第三，科技金融模式创新，助力高新科技企业发展。在政策层面上，江苏政府制定并推出相应文件，构造良好的科技金融发展氛围。运用"苏科贷""苏科投"和"苏科保"协同改善科技创业企业融资环境，共认定29个单位为2017年度"江苏省科技金融特色机构"。在实践层面上，设立科技金融服务中心，搭建科技金融信息服务平台，促进金融、创投以及社会资本与科技型企业有效对接，为科技金融发展提供有效支撑。此外，在银行层面上，大力支持科技型企业成长，推动科技创新发展和产业升级。第四，供应链金融深化金融与产业资本融合，提升金融服务实体经济能力。中国工商银行南京分行率先实现"云信贷"全省首笔融资的投放[④]。中国建设银行江苏省分行聚焦"全链条、大平台"，服务上下游企业资

---

① 参见：http://www.jiangsu.gov.cn/art/2018/1/16/art_46143_7394104.html。

② 参见：https://www.cebnet.com.cn/20171019/102434792.html。

③ 参见：https://www.sohu.com/a/250749673_677067。

④ 参见：http://www.sohu.com/a/280248282_123877。

金需求[①]。浦发银行南京分行"1+N"供应链业务，打通上下游，大幅缩短账期，获得融资[②]。中国农业银行江苏分行通过供应链融资助力"独角兽"企业起飞。江苏银行运用区块链技术，创新"商超供应链"服务。此外，江苏银行推出"智盛供应链金融"，更大力度扶持企业发展，提升服务实体经济能力[③]。

对江苏产业金融发展实践进行梳理与分析，对江苏产业与金融的进一步高质量融合与互动有着重要的借鉴与促进作用。本章以下内容将从江苏金融支持实体经济发展的主要方式、江苏产业金融体系建设发展实践这两大方面来展开具体论述。

第一节　江苏金融支持实体经济发展的主要方式

江苏作为经济大省，离不开金融对实体经济的支持。近年来，为实现产业与金融的良好融合与互动，江苏在金融支持实体经济发展方面进行不断的创新与实践，为产业金融的进一步发展奠定了一定的基础。本部分将从金融机构信贷助力实体经济发展、政府引导、融资租赁、私募基金、绿色金融、普惠金融助力"三农发展"等方面来论述江苏金融支持实体经济的发展实践。

一、金融机构信贷助力实体经济发展

实体经济是指一个国家生产的商品价值总量，是人通过思想使用工具在地球上创造的经济。包括物质的、精神的产品和服务的生产、流通等经济活动。包括农业、工业、交通通信业、商业服务业、建筑业、文化产业等物质生产和服务部门。也包括教育、文化、知识、信息、艺术、体育等精神产品的生产和服务部门。实体经济始终是人类社会赖以生存和发展的基础[④]。实体经济的发展离不开金融体系的资金支持。2018 年全年，江苏金融业增加值 7461.9 亿元，增长了 7%[⑤]。以下

---

①　参见：http：//news.sina.com.cn/o/2018-07-27/doc-ihfvkitx4592267.shtml。

②　参见：http：//jsnews.jschina.com.cn/nj/mqzc/201902/t20190224_2241829.shtml。

③　参见：http：//finance.qianlong.com/2018/1119/2951138.shtml。

④　参见：https：//baike.baidu.com/item/%E5%AE%9E%E4%BD%93%E7%BB%8F%E6%B5%8E/8249304？fr=aladdin。

⑤　参见：https：//baijiahao.baidu.com/s？id=1623694570187088507&wfr=spider&for=pc。

将从时间维度、行业维度及城市维度来分析江苏金融机构对实体经济的助力作用。根据实体经济的定义，将金融机构于金融业及房地产业的贷款扣除，以此衡量金融机构对实体经济的贷款支持。

基于时间维度，表14-1反映了2012~2018年江苏省金融机构向实体经济投放的本外币贷款情况。可以发现，截至2018年末金融机构向实体经济投放的本外币贷款为103926.5亿元，比2017年增加10801.3亿元，增长率为11.60%，同比少增1576.76亿元。

表14-1　2012~2018年江苏省金融机构向实体经济本外币贷款投放额　　　　　单位：亿元

年份	2012	2013	2014	2015	2016	2017	2018
本外币贷款	51858	57938.35	63388.49	69870.52	80747.14	93125.2	103926.5

资料来源：江苏省统计局。

根据表14-1，进一步从时间纵向及增长率角度来分析江苏金融机构向实体经济投放的本外币贷款变化趋势。如图14-1所示，2012~2018年江苏金融机构向实体经济投放的本外币贷款逐年上升，近三年本外币贷款投放均值为92599.61亿元；从增速来看，2016年实现最大的增长率，为15.57%，而2014年的增长率最小，仅为9.41%；近三年的平均增长率为14.16%，而近两年的平均增长率为13.46%。

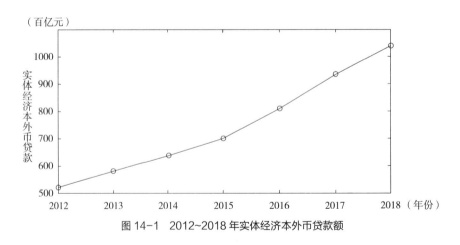

图14-1　2012~2018年实体经济本外币贷款额

资料来源：江苏省统计局。

从行业维度来看，不同行业所获得的本外币贷款差异较大。表14-2揭示了2018年不同行业所获得的本外币贷款情况（不含金融业和房地产业，表中所列为本外币贷款获得量排名前五的行业）。

表 14-2　2018 年江苏省金融机构行业维度本外币贷款情况　　　　　单位：亿元

行业	制造业	租赁和商务服务业	水利、环境和公共设施管理业	批发和零售业	交通运输、仓储和邮政业
本外币贷款	16495.32	13220.69	11645.95	6553.52	4820.51

资料来源：江苏省统计局。

由表 14-2 可知，2018 年获得金融机构最大本外币贷款量的行业为制造业，获得额度为 16495.32 亿元，近三年均值为 15872.22 亿元，比 2017 年增加 637.75 亿元，增长率为 4.02%。截至 2018 年末，租赁和商务服务业获得的金融机构本外币贷款为 13220.69 亿元，近三年均值为 11841.00 亿元，比 2017 年增加 980.42 亿元，同比少增 1197.82 亿元，增长率为 8.01%；水利、环境和公共设施管理业获得的金融机构本外币贷款为 11645.95 亿元，近三年均值为 10035.29 亿元，比 2017 年增加 1304.78 亿元，同比少增 917.63 亿元，增长率为 12.62%；批发和零售业获得的金融机构本外币贷款为 6553.52 亿元，近三年均值为 6242.04 亿元，比 2017 年增加 250.32 亿元，同比少增 183.49 亿元，增长率为 3.91%；交通运输、仓储和邮政业获得的金融机构本外币贷款为 4820.51 亿元，近三年均值为 352.12 亿元，比 2017 年增加 464.51 亿元，同比少增 112.39 亿元，增长率为 7.88%。

从城市维度来看，不同城市所获得的金融机构的实体经济本外币贷款差异较大，南京、苏州本外币贷款量远超江苏其他城市。表 14-3 揭示了 2018 年不同城市所获得的本外币贷款情况（不含金融业、房地产业、国际组织、对境外贷款、个人贷款及透支，表中所列为本外币贷款获得量排名前五的城市）。可以看到，2018 年获得金融机构最大本外币贷款量的城市为南京，获得额度为 15259.32 亿元，近三年均值为 13726.97 亿元，比 2017 年增加 1494.08 亿元，同比少增 114.81 亿元，增长率为 10.85%；截至 2018 年末，苏州所获得的金融机构的实体经济投放的本外币贷款为 14139.55 亿元，近三年均值为 13428.72 亿元，比 2017 年增加 435.24 亿元，同比少增 826.77 亿元，增长率为 3.18%；无锡所获得的金融机构的实体经济投放的本外币贷款为 7947.07 亿元，近三年均值为 7526.71 亿元，比 2017 年增加 266.01 亿元，同比少增 463.04 亿元，增长率为 3.46%；南通所获得的金融机构的实体经济投放的本外币贷款为 5480.98 亿元，近三年均值为 5041.12 亿元，比 2017 年增加 369.53 亿元，同比少增 210.98 亿元，增长率为 7.23%；常州所获得的金融机构向实体经济投放的本外币贷款为 4633.33 亿元，近三年均值为 4289.65 亿元，比 2017 年增加 295.63 亿元，同比少增 144.05 亿元，增长率为 6.82%。

表 14-3　2018 年江苏省金融机构城市维度本外币贷款情况　　单位：亿元

行业	南京	苏州	无锡	南通	常州
本外币贷款	15259.32	14139.55	7947.07	5480.98	4633.33

资料来源：江苏省统计局。

以上从时间维度、行业维度、城市维度对江苏金融机构对江苏实体经济的信贷支持进行了分析。不难发现，在当前资本市场尚未发达的今天，金融机构对实体经济的信贷投放仍是实体产业得以发展的重要投入，是金融机构助力实体企业发展较为重要的一种形式。

二、政府引导基金撬动实业投资发展

从省级层面来看，江苏省政府投资基金于 2015 年设立，是经江苏省人民政府批准、由省级注资为主、基金运营产生收益等为资金来源，按照市场化方式运作的政策性基金。截至 2018 年 6 月，江苏政府引导基金设立数目排名全国第三，设立基金 110 只[①]。基金坚持"政府引导、市场运作、规范管理、滚动发展"的原则，综合运用股权投资、债权投资、融资担保、购买服务等方式，主要投资于江苏省范围内的项目和企业，撬动实业投资发展[②]。江苏省政府投资基金自 2015 年 9 月设立以来到 2018 年 4 月，以 200 亿元撬动近 2100 亿元社会资本，为壮大江苏省实体经济、推动高质量发展，立下赫赫战功。

从市级层面来看，各级政府积极发挥引导基金的社会资本撬动能力。2018 年 7 月在深圳召开的"第十一届中国有限合伙人论坛暨 LP100 案例"发布会上，江宁区政府引导基金成功入选全国"LP100 案例"，成为南京市唯一一家入选的地方性政府引导基金，该基金致力于破解中小微企业融资难题，助力产业转型升级。同年，苏州积极推进"服务通"担保基金和服务业创投引导基金的实施，切实解决服务业企业融资难的问题，累计担保金额达到 23.24 亿元，有效推进服务业发展。苏州积极运用引导基金增强市场活力，2018 年上半年苏州市创新产

[①]　参见：https://www.qianzhan.com/analyst/detail/220/190307-1873413e.html。

[②]　参见：http://www.jsztzjj.com/pub/tzjj/gywm/fzlc/。

业发展引导基金带动社会资本 211.4 亿元，有力地为苏州实体经济提供融资等综合金融服务。此外，苏州积极优化政府产业引导基金管理，细化落实《苏州市产业引导基金管理办法实施细则》的各项管理要求及操作流程，借助信息化手段对政府产业引导基金实施动态管理①。同年 6 月，苏州市审计局在预算执行审计工作中，首次对市本级政府产业引导基金的管理和运营情况进行了专项审计调查②。无锡发挥好财政资金"四两拨千金"的撬动作用，引导社会资本、产业资本、金融资本"脱虚入实"，加强顶层设计，构建"1+5+N"股权投资基金体系，主导设立了 3 只二级母基金和 11 只特色子基金，累计投资无锡项目 56 个，带动各类资本投资 170.52 亿元；信保基金累计投放贷款金额 226.2 亿元，基金平均放大倍数达 12.19 倍，增强实体经济"造血"功能③。常州出台了《常州市产业投资引导基金管理办法》，由政府首期出资 50 亿元设立产业投资基金，基金主要投资方向为战略性新兴产业、重点产业和特色产业规划的重点投资项目及符合产业转型升级要求，具有竞争性、成长性、带动性的产业创新创业项目④。同年 3 月，盐城产业投资引导基金设立签约仪式上，节能环保产业、新材料、智能终端、新能源 4 只引导基金也正式落地，4 只引导基金总规模达 20 亿元，极大地推动这 4 个战略性新兴产业的"产业链"与"资本链"融合发展⑤；截至 2018 年 12 月，盐城市财政引导设立 12 只产业基金，总规模 260 亿元。2018 年投资项目 15 个，投放资金 13.77 亿元，带动社会资本投资 39.63 亿元。

在当前政府引导基金快速发展与壮大的背景下，江苏无论是省级层面还是市级层面，积极利用引导资金撬动社会资本，助力实体经济发展。

三、私募基金成为产业创新的加速器

江苏作为全国经济大省，其私募基金业近年来也有较大发展。为进一步实现行业自律，2018 年 3 月江苏省投资基金业协会在南京召开第一次会员大会暨成立大会。该协会是江苏首个横跨公募基金、私募基金、基金销售及基金服务机构领

---

① 参见：http：//www.suzhou.gov.cn/xxgk/zdgcjsxmssjz/sjzfbm_11125/201902/t20190213_1044778.shtml；http：//www.suzhou.gov.cn/xxgk/zdgcjsxmssjz/sjzfbm_11125/201808/t20180816_999302.shtml。

② 参见：http：//www.suzhou.gov.cn/news/szxw/201806/t20180627_989156.shtml。

③ 参见：http：//www.wuxi.gov.cn/doc/2019/02/13/2390407.shtml。

④ 参见：http：//k.sina.com.cn/article_2056346650_7a915c1a02000lja3.html？cre=tianyi&mod=pcpager_fin&loc=16&r=9&doct=0&rfunc=100&tj=none&tr=9。

⑤ 参见：http：//js.people.com.cn/n2/2018/0323/c360301-31376916.html。

域的行业自律组织，意味着江苏资本市场行业自律组织的进一步完善，更好地助力实体产业的创新发展[①]。

如表 14-4 所示，截至 2018 年末江苏省共有 1105 家私募基金管理人，近三年平均值为 970 家；2018 年比 2017 年增加 81 家，同比少增 162 家；2018 年增长率为 7.91%。

表 14-4　2016~2018 年江苏省私募基金管理人数量　　　　　　　　单位：家

年份	2016	2017	2018
私募基金管理人数量	781	1024	1105

资料来源：中国证券监督管理委员会官网。

如表 14-5 所示，从区域视角来看，截至 2018 年末江苏私募基金管理人数量最多的城市是苏州，为 406 家，占比 36.74%；其次是南京，数量为 327 家，占比 29.59%。苏州、南京的私募基金管理人数量远超江苏其他城市。此外，从苏南、苏中、苏北的区域划分来看，如表 14-6 所示，苏南地区共有私募基金管理人 961 家，占比 86.97%；苏中地区共有私募基金管理人 99 家，占比 8.96%；苏北地区共有私募基金管理人 45 家，占比 4.07%。可见，江苏私募基金管理人区域分布具有明显差异。

表 14-5　2018 年末私募基金管理人　　　　　　　　单位：家

城市	南京	无锡	苏州	常州	南通	扬州	连云港	镇江	泰州	徐州	盐城	宿迁	淮安
私募基金管理人	327	138	406	68	61	21	3	22	17	12	18	8	7
占比（%）	29.59	12.49	36.74	6.15	5.52	1.90	0.27	1.99	1.54	1.09	1.36	0.72	0.63

资料来源：中国证券监督管理委员会官网。

表 14-6　2018 年末江苏分区域私募基金管理人情况　　　　　　　　单位：家

区域	苏南	苏中	苏北
私募基金管理人	961	99	45
占比（%）	86.97	8.96	4.07

资料来源：中国证券监督管理委员会官网。

---

① 参见：http：// baijiahao.baidu.com/s？id=1596281873160026984&wfr=spider&for=pc。

在支持企业创新方面，私募基金主动布局战略新兴领域，为新经济发展提供关键性支持（胡家夫，2018）[①]。中国证券投资基金业协会备案数据显示，截至2018年第二季度末，产业升级及新经济代表领域成为私募股权和创业投资基金布局的重点，在投项目3.98万个，有力推动了新经济成长。其中，投向中小企业的项目4.51万个，在投本金1.43万亿元，分别占在投项目总数和在投本金的66.94%和28.55%。而截至2018年上半年，私募股权与创业投资基金投向种子期与起步期项目3.38万个，在投本金1.66万亿元，分别占在投项目总数和在投本金的50.2%和33.13%[②]。从全国层面来看，截至2018年末，江苏私募基金管理人数量排名全国第六，比第一名的上海4806家少3701家。而从规模来看，1105家私募基金管理人管理2948只基金，管理基金规模为5973亿元。江苏如此庞大的私募基金规模，为中小企业的起步、新兴行业的发展提供了资金支持，成为产业创新的加速器。

四、绿色金融推动经济实现绿色发展

在政府及监管层面上，积极构筑经济绿色发展政策环境。2018年江苏九部门联合发布了《关于深入推进绿色金融服务生态环境高质量发展的实施意见》，指出要大力发展绿色信贷，鼓励绿色信贷创新，坚决抑制污染性投资，建立环保项目贷款风险分摊机制，对绿色信贷进行贴息；推动证券市场支持绿色投资，积极利用政府债券资金支持生态环境保护，支持符合条件的绿色产业企业发行上市和再融资，开展环境基础设施资产证券化，对绿色债券进行贴息；支持发展绿色担保，对中小企业绿色信贷第三方担保机构进行风险补偿，奖励绿色债券第三方担保机构，建立中小企业绿色集合债担保风险补偿机制；设立绿色发展基金，完善政府和社会资本合作，支持设立各类绿色发展基金，并用好江苏省生态环保发展基金，创新PPP项目运作模式；加快发展绿色保险，完善环境权益交易市场，并支持各地开展绿色金融创新，同时要建立完善绿色投资风险监管体系及绿色信贷风险监测和评估机制，加强绿色金融产品资金使用管理。同时，省财政厅联合省环保厅与商业银行合作推出一款绿色金融产品——"环保贷"，以财政风险补偿资金池为增信手段，引导合作银行为省内环保企业开展污染防治、环保基础设施建设、生态保护修复及环保产业发展等提供贷款。

[①②]　参见：https：//www.wdzj.com/hjzs/ptsj/20181031/865724-1.html。

在银行层面上，绿色信贷助推企业转型，助力经济实现绿色发展。江苏银行是国内第二家、城商行首家"赤道银行"，搭建了包含"基础信贷、绿色基金、碳金融、特色化融资"四个板块的完整绿色金融产品体系。2018 年末，该行绿色信贷余额 796 亿元，较年初增长 18.3%，绿色信贷贷款占对公贷款的比例提升至 12.9%，绿色信贷余额和占双居省内第一[1]。中国农业银行江苏分行强化绿色信贷指标体系，以实现绿色金融服务模式、业务产品、管理体制机制和市场份额"四个领先"为目标，促进绿色经济、低碳经济和循环经济高质量发展。中国农业银行江苏分行将绿色信贷指标体系作为客户准入、贷前调查、审查审批、贷款发放、贷后管理等环节的重要决策依据，引导基层将绿色信贷理念嵌入信贷业务全流程[2]。2018 年，泰兴农商行在全国银行间债券市场成功发行 3 亿元绿色金融债券，所募资金全部用于中国金融学会绿色金融专业委员会发布的《绿色债券支持项目目录》规定的绿色产业项目[3]。各大银行积极开展绿色信贷，推动经济实现绿色发展。

在企业层面上，发行企业绿色债券，拓宽绿色资金来源，助力绿色工程建设。企业绿色金融债券的发行将为绿色经济发展注入新活力。2017 年，扬中市城市建设投资发展总公司发行绿色企业债券，发行总额 20 亿元人民币，用于水环境治理项目并补充营运资金[4]；2018 年，江苏先行建设有限公司发行 3 亿元绿色债券，用于污水处理厂相关工程项目并补充营运资金[5]。绿色债券的发行，为绿色工程建设提供了资金保障，促进了经济实现绿色发展。

五、普惠金融助推"三农"发展

农业、农村、农民的"三农问题"一直是党和国家尤为关注且致力解决的问题。江苏积极贯彻执行上级政策，创造良好氛围，助推"三农"发展。

在政策层面上，2018 年江苏省政府发布的《省政府关于推进普惠金融发展的实施意见》（苏政发〔2008〕6 号）中[6]，明确提及惠及"三农"的政策，助推"三农"发展。该意见指出，要发挥银行业金融机构作用，推动政策性银行在江苏分

---

① 参见：http：//www.jsbchina.cn/cms/CN/gywh/ggywh/gmtgz/26915.html。

② 参见：http：//www.sohu.com/a/279264811_175647。

③ 参见：http://dy.163.com/v2/article/detail/DVE5OB9Q0514TTTD.html。

④ 参见：https：//www.chinabond.com.cn/cb/cn/ywcz/fxyfxdf/zqzl/qyz/fxwj/20171020/148396751.shtml。

⑤ 参见：https：//www.chinabond.com.cn/cb/cn/ywcz/fxyfxdf/zqzl/qyz/fxwj/20181212/150453714.shtml。

⑥ 参见：http：//www.jiangsu.gov.cn/art/2018/1/16/art_46143_7394104.html。

支机构与各级政府建立合作推进机制，增强在服务"三农"、精准扶贫以及农村开发和水利、贫困地区公路等农业农村基础设施建设方面的贷款支持力度；积极发挥保险公司保障优势，扩大贫困地区政策性农业保险覆盖面；鼓励金融机构创新金融产品和服务模式，提供差别化融资方案；发挥互联网促进普惠金融发展的有益作用；鼓励各类金融机构积极利用互联网技术，为小微企业、农户和各类低收入人群提供小额存贷款业务；完善金融基础设施，推进农村支付环境建设，创新金融服务，提高金融支农惠农的水平和实效；完善农村金融综合服务体系；支持设立农村综合金融服务公司；坚持农村小额贷款公司"服务三农、小额分散"的经营宗旨，鼓励农村小额贷款公司开展"惠农贷""小微贷"业务。

在银行层面上，江苏农商行积极践行普惠金融，助力乡村振兴[①]。江苏省农信联社积极组织全省农村商业银行坚持服务地方特色产业发展方向，全力支持地方特色农业产业体系、生产体系、经营体系的建设有效推动了乡村产业发展。沭阳农商银行创新开发"淘易贷"信贷产品，采取联保、担保、抵押以及信用等方式，给予沭阳花农信贷支持。通过手机自助贷业务，实现了申贷、用贷、还贷全线上交易。盱眙农商银行以支持龙虾产业大户、地方龙虾养殖合作社、龙虾养殖及加工龙头企业为主，采取"公司＋农户"的运作模式，加大对龙虾产业支持力度，加大产业品牌效应，做大品牌市场。此外，全省农商银行积极响应国家绿色信贷号召，加强绿色信贷产品供给，大力发展绿色金融、生态金融、环保金融。江南农商银行推出"绿能融"产品，有效满足了企业生产需求，并为自然人发放"绿电贷"产品；江都农商银行对节能减排、新能源、高科技产业等提供"绿色贷款"通道；东台农商银行主动响应乡村振兴战略，综合运用金融服务手段，助推传统家庭农业与现代旅游观光业的深度融合；睢宁农商银行为210多户农户及时提供了低利息的"安居贷"产品，让每户老百姓都能买得起房；高邮农商银行把普惠金融作为主旋律，推出"幸福消费系列、财福经营系列、福农支农系列"产品。中国银行江苏省分行通过开展益农贷业务，解决种植户燃眉之急[②]；中国工商银行江苏分行以"苏农担"为重点，推进"工银惠农"业务，积极探索支持"三农"新路径[③]；中国建设银行江苏省分行"村口银行"普惠三农，"裕农通"打通最后一公里[④]。各大银行积极践行普惠金融，助力"三农"发展。

---

① 参见：http：//www.financialnews.com.cn/gc/ch/201808/t20180807_143622.html。
② 参见：http：//jsjjb.xhby.net/mp2/pc/c/201809/18/c534112.html。
③ 参见：http：//wemedia.ifeng.com/83865348/wemedia.shtml。
④ 参见：https：//www.wdzj.com/hjzs/ptsj/20180809/733038-1.html。

第二节　江苏产业金融体系建设发展实践

前述介绍了江苏金融支持实体经济发展的若干形式及相关实践，本节将从互联网金融、文化金融、科技金融、供应链金融方面来阐述江苏产业金融体系建设发展实践。

一、互联网金融

在银行层面上，中国农业银行江苏分行创新推进互联网金融服务，助力乡村振兴。该行紧跟互联网金融发展趋势，强化科技支撑，深入推进互联网金融服务三农"一号工程"，打造新时代服务"三农"新优势。"惠农e通"系中国农业银行打造的互联网金融服务"三农"的统一平台,可提供"电商＋金融"在线融资、支付结算等综合服务。考虑到叠石桥家纺市场一直缺乏真正贴合自身需求的电商平台，中国农业银行江苏分行量身定制开发了"叠石桥e服务"APP，集"在线政务、在线商务、在线金融、在线物流"等于一体，实现了从生产商到经销商、零售商等全产业链线上金融服务[①]。中国农业银行江苏分行大力发展互联网金融业务，下辖苏州分行与知名生鲜电商平台食行生鲜签订战略合作框架协议，共同提升双方整体发展能力和水平[②]。江苏银行直销银行是江苏银行着力打造的线上金融创新服务，通过丰富的产品、畅快的使用流程、社交化的理念，为互联网客户带来便捷、实惠、有趣的互联网理财体验，让客户畅享互联网金融时代[③]。江苏银行直销银行牢牢把握互联网客户需求，充分利用金融科技，建立了精品化的投资理财平台、场景化的网络贷款平台、垂直化的生活场景平台和定制化的支付服务平台四大开放式平台，持续打造互联网时代智能化、简单化的金融产品和服务[④]。南京银行以移动互联网、大数据、智能终端为突破点，一方面深耕直销银行，另一方面拓展第三方线上合作渠道，将e贷业务对接区域拓展到江苏全省，并与支付

---

① 参见：http：//finance.sina.com.cn/money/bank/bank_hydt/2018-05-07/doc-ihacuuvu5327848.shtml。

② 参见：http：//www.financialnews.com.cn/qy/dfjr/201811/t20181129_150335.html。

③ 参见：http：//www.jsbchina.cn/CN/wljr/ezxyh/zjj/index.html？flag=0。

④ 参见：https：//baijiahao.baidu.com/s？id=1619097419075254632&wfr=spider&for=pc。

宝"借呗"、国美金融等第三方平台开展网络贷款业务合作[①]。此外，南京银行联合阿里云、蚂蚁金服创新提出建设"鑫云+"平台，以"鑫云+"为依托，打造与实体经济、金融科技企业深度融合的共享生态圈[②]。

二、文化金融

文化金融是文化产业和金融业融合发展下催生的新业态，是文化资源和金融资本的对接，它以现代市场机制融合更多的资源资本，为经济转型升级注入了新的活力[③]。江苏注重文化金融的发展。

在政策层面上，江苏各级部门积极为文化金融发展提供良好氛围。自 2015 年起，省委宣传部、人民银行南京分行、省文化厅、省金融办等多部门联合，先后出台了《关于促进文化金融发展的指导意见》《江苏省文化金融合作试验区创建实施办法（试行）》《江苏省文化金融服务中心认定管理办法》《江苏省文化金融特色机构认定管理办法》等政策文件，并评审确定文化金融合作试验区 4 个、文化金融服务中心 2 个、文化金融特色机构 6 个[④]。

在实践层面上，2013 年南京组建全国首家综合性文化金融服务中心；2015 年江苏文投集团成立，发起成立 10 亿元规模的文化产业投资基金；2016 年凤凰出版传媒集团成立了省内第一家、国内第二家文化领域金融财务公司，对于降低财务成本、创新区域文化金融服务具有积极意义。同年，江苏省文化厅与江苏银行举行文化金融战略合作协议签约仪式。根据协议，双方将合作加大金融支持文化建设力度，通过政府担保，江苏银行开设文化企事业单位小额贷款，重点扶持文化小微企业，推动文化事业、产业发展[⑤]。2018 年，江苏农行与江苏有线签署战略合作协议，将金融元素和文化元素联结成新的共同体，共同推出"有线宝"，具有"金融＋文化"综合服务特色[⑥]。同年 12 月，江苏有线与江苏银行、民生银行战略合作协议签约暨"有线宝"全省上线启动仪式在南京举行，进一步在文化金融领域开展"金融＋文化"综合服务的创新实践[⑦]。

---

① 参见：http：//www.ctoutiao.com/636438.html。
② 参见：https：//www.cebnet.com.cn/20171019/102434792.html。
③ 参见：http：//jsdjt.jschina.com.cn/m/21381/201905/t20190505_6179356.shtml。
④ 参见：https：//www.sohu.com/a/250749673_677067。
⑤ 参见：http：//www.fdi.gov.cn/1800000121_21_96001_0_7.html。
⑥ 参见：http：//www.sohu.com/a/246099061_664730。
⑦ 参见：http：//www.sohu.com/a/283415193_120065467。

三、科技金融

在政策层面上，省政府办公厅 2018 年印发了《关于促进科技与产业融合加快科技成果转化实施方案的通知》，强调应优化科技与经济融合环境；完善天使投资、创业投资、风险投资、产业基金全程资金链；发挥天使投资风险补偿资金作用，扩大创业投资管理资金规模；探索股权投资与信贷投放相结合的模式，为科技成果转移转化提供组合金融服务；引导"苏科贷"合作银行支持科技型中小微企业开展科技成果转化，加快建设科技金融专营机构 ①。省财政厅印发的《江苏省普惠金融发展专项资金管理暂行办法》指出，建立"江苏小微企业创业创新发展贷款"，缓解小微企业融资难、融资贵问题；支持各市县建立科技型中小企业贷款风险补偿资金池，促进科技和金融紧密结合，引导银行业金融机构向省内具备较强创新性和较高技术水平，拥有良好市场前景和经济社会效益的科技型中小企业发放低成本贷款；对于金融机构开发的涉及小微金融、农村金融、科技金融、绿色金融等重点金融服务领域的贷款产品，具有显著的普惠性、良好的社会经济效益，经金融机构申请并通过审核后，可安排省级财政资金建立普惠金融发展贷款资金池，提供贷款增信服务，为上述专项贷款产品提供风险补偿或代偿；实施贷款风险补偿政策，增加小微企业、涉农、科技等贷款投放；实施担保业务风险补偿政策，推动融资担保机构、再担保机构与银行业金融机构深化合作，重点支持小微企业、涉农、科技等领域，促进融资担保体系健康发展 ②。江苏省科技厅印发的《江苏省科技金融进孵化器行动方案》指出，应形成投融资机构与孵化器良性互动，"苏科贷""苏科投"和"苏科保"协同支持孵化器的投融资服务体系。以"苏科贷"提升孵化器科技信贷服务能力，以"苏科投"提升孵化器投资服务能力，以"苏科保"提升孵化器科技保险服务能力；发挥科技金融服务平台作用，提高企业融资对接效率；发挥地方科技金融优势，协同改善企业融资环境。充分利用地方科技金融工作基础，推动地方科技金融产品与服务共同深入孵化器，省地协同改善孵化器内科技创业企业融资环境 ③。同时，为完善科技金融组织体系，推进科技金融创新发展，经各地推荐和省有关部门评审，省金融办认定 29 个单位为 2017 年度"江苏省科技金融特色机构"。希望各地各有关单位进一步加大科技金融特色机构的培育力度，予以一定政策支持，推动更多金融机构和新型金融组织提升科

---

① 参见：http：//www.jiangsu.gov.cn/art/2018/8/31/art_46144_7802828.html。

② 参见：http：//www.jiangsu.gov.cn/art/2017/11/27/art_57272_6692830.html。

③ 参见：http：//www.jssti.net/articleconcent.aspx？id=3728。

技金融服务水平^①。

在实践层面上，苏州高新区科技金融服务中心设立了一站式服务大厅，主要为中小微企业尤其是科技型中小微企业提供科技信贷、股权融资、政策扶持、代理业务等各项服务。中心努力探索科技资源与金融资源有效对接的新机制，实现全方位、多功能、多层次的科技金融服务体系^②。江苏省科技金融信息服务平台围绕省委、省政府关于创新型省份的建设的总体部署，面向全省科技型企业和金融机构、创投机构，集成科技企业、科技项目、科技人才、科技园区、科技平台、科技政策等优质资源，促进金融、创投以及社会资本与科技型企业有效对接，形成围绕政府科技投入、吸引金融信贷和鼓励创投跟进投入的多元化、多层次、多渠道的科技金融投融资体系，为加快培育战略性新兴产业、推动江苏创新发展和经济转型升级提供有力支撑^③。在银行层面上，江苏银行自成立以来就将支持科技创新、支持科技企业发展作为本行工作的战略重点，紧紧抓住"科技金融"这一新的经济增长点，围绕"两专""两借""两联"的业务模式，全力支持科技型企业成长，推动科技创新发展和产业升级。江苏银行近年来致力通过科技金融"星系列"特色产品，以科技之星、人才之星、三板之星、投贷之星、成长之星五大产品，围绕"债权＋股权"和"企业＋人才"两个维度，为科创企业及科技人才提供覆盖全生命周期的金融服务。

四、供应链金融

供应链金融是银行围绕核心企业，管理上下游中小企业的资金流和物流，并把单个企业的不可控风险转变为供应链企业整体的可控风险，通过立体获取各类信息，将风险控制在最低的金融服务。简单地说，就是银行将核心企业和上下游企业联系在一起提供灵活运用的金融产品和服务的一种融资模式。供应链金融的不断发展促进了产业资本与金融资本的深化融合。

2018 年 11 月，中国工商银行南京分行率先实现"云信贷"全省首笔融资投放，此笔业务是该行在供应链融资领域的创新举措，亦是践行普惠金融、支持实体经济发展的坚实一步。该供应链金融模式对于这类央企上游的中、小、

---

① 参见：http：//kxjst.jiangsu.gov.cn/art/2018/1/2/art_7627_7585438.html。

② 参见：http：//www.sndkjjr.com/gxqjrfw/zxjs/。

③ 参见：http：//www.sstf.org.cn/tic_sstf_site/Home_jsIndex.action。

微企业而言，有效解决了其融资难、担保难、资金周转效率低等问题[①]。建行江苏省分行聚焦"全链条、大平台"，丰富了江苏建筑、医疗、汽车等重点特色产业链，相继与几十家核心企业、平台合作，依托数据驱动、系统直联、全程在线、融资成本低的供应链产品，服务上下游企业资金需求[②]。浦发银行南京分行围绕红豆产业特色和供应链金融需求，为其上游供应商货款高速回笼、缩短账期的需求提供基于真实交易的商票保贴、财务公司贴现等融资渠道，实现了银企发展的同频共振。至此，围绕核心企业的上下游小微企业生态圈，已有多家中小微供应商通过浦发银行南京分行"1+N"供应链业务，打通上下游，大幅缩短账期，获得融资[③]。农行江苏分行助力"独角兽"企业"起飞"。以"独角兽"企业汇通达为例，为解决下游经销商的资金问题，在充分调研汇通达商业模式后，利用电子商务平台等优势产品，整合汇通达、经销商、银行三方的优势，对下游经销商发放指定用途的信用贷款，实现真正意义上的供应链融资，服务实体与三农。在中国农业银行江苏省分行的技术团队支持下，依托中国农业银行开发的电子商务金融服务平台，为汇通达进行研发。通过省、市、区三级联动，中国农业银行开发团队和汇通达紧密合作调试，实现网上供应链金融业务[④]。中国农业银行泰州分行运用互联网、大数据等科技手段，为江苏泰州苏中农业发展有限责任公司量身搭建农资供应链金融服务平台，获 2018 年江苏金融青年"金点子"方案评选活动一等奖[⑤]。江苏银行运用区块链技术，创新"商超供应链"服务，围绕大型商超搭建供应链采购平台，依据平台数据为供应链管理企业提供融资，扩大供应链管理企业的资金来源，降低资金融资成本。此外，江苏银行推"智盛供应链金融"，通过线上化的技术手段，将供应链相关各方互相连接，实现商流、物流、资金流、信息流的交互式在线运转，最大限度地发挥各方的协同效用，打破供应链金融推进过程中信息不对称、业务操作比较复杂的困局，提高产供销周转速度，减轻企业财务管理的负担和成本，更大力度扶持企业发展，提升服务实体经济能力[⑥]。

① 参见：http://www.sohu.com/a/280248282_123877。

② 参见：http://news.sina.com.cn/o/2018-07-27/doc-ihfvkitx4592267.shtml。

③ 参见：http://jsnews.jschina.com.cn/nj/mqzc/201902/t20190224_2241829.shtml。

④ 参见：https://www.sohu.com/a/239281467_381581。

⑤ 参见：http://www.zgcxjrb.com/epaper/zgcxjrb/2019/03/06/B04/story/561201.shtml。

⑥ 参见：http://finance.qianlong.com/2018/1119/2951138.shtml。

第十五章

江苏银行业支持实体经济发展案例

　　江苏金融业的良好发展，为江苏实体经济的健康稳定运行提供了坚实基础。作为助力江苏实体经济发展的主力军，江苏银行业多方并举，为江苏实体经济发展提供动力。江苏银行业银团授信，满足企业大额融资需求；多形式综合授信，提升资金支持力度；承销企业债，助力企业发展；投贷联动，提升金融服务专业水平；构建银企战略关系，提升银企合作质量；积极开展绿色金融，引导绿色产业发展；提供国际业务支持，服务企业海外发展需求；支持科技企业发展，实现银企双赢。本章将从以上 8 个方面重点介绍江苏银行业支持实体经济发展的优秀案例，以期为江苏银行业助力江苏实体经济发展实践提供借鉴和参考，进一步更好地驱动实体经济发展。

第一节　银团授信，满足企业大额融资需求

　　（1）江苏长电科技股份有限公司（以下简称长电科技）是中国著名的半导体封装测试企业、集成电路封测产业链技术创新战略联盟理事长单位。长电科技并购星科金朋项目总计资金需求约为 7.8 亿美元。针对该项目，国家开发银行江苏省分行与中国银行牵头组建银团贷款共计约 1.2 亿美元开展债务融资支持，同时国开金融有限公司所参股的国家集成电路产业投资基金股份有限公司也给予该项目总计 3 亿美元的资金融资支持，使得长电科技完成对星科金朋的收购。

　　（2）勃林格集团是全球前 20 位领先医药公司之一，鉴于勃林格集团在华投资将有效改善国内相关领域的发展，为切实保障国内食品安全和质量，在勃林格殷格翰动物保健（中国）有限公司"动物药品研发生产用房及公用工程建设"项目开始之初，中国银行泰州分行即与中国银行上海市分行组建项目银团，为项目建设提供资金支持，银团金额合计为 15900 万元，该项目达产后，将借助勃林格

集团自身研发、科技和技术的优势立足中国，服务中国和东南亚市场。

（3）江阴恒润重工股份有限公司是国内优秀的高端制造企业，海外业务占比超过七成。整个 2016 年，浦发银行江阴支行实现银团合拢 5 单，累计签约金额 12.25 亿元，在银团授信企业所在乡镇、江阴市域乃至全国都产生了极大的反响，而且口碑效应在持续发酵中。

（4）江苏鑫华半导体材料科技有限公司隶属于协鑫集团，成为世界上最大的多晶硅生产商。江苏鑫华半导体材料科技有限公司年产 5000 吨半导体级多晶硅，项目总投资 22.787 亿元，其中资本金 10.2 亿元，资本金比率 44.76%。江苏银行徐州分行牵头组建总额为 9 亿元的银团贷款，期限 7 年，其中江苏银行徐州分行参贷金额 4 亿元。

（5）半导体级多晶硅制造企业江苏鑫华半导体材料科技有限公司隶属于协鑫集团，由多晶硅行业龙头企业江苏中能硅业科技发展有限公司和国家集成电路产业投资基金股份有限公司合资成立。2017 年 2 月，由中国银行徐州分行作为牵头行和代理行、江苏银行作为参贷行的银团贷款终于成功签约，银团总金额人民币 9 亿元。此次中国银行徐州分行组建银团贷款有效地支持了半导体级多晶硅项目的研发制造，填补了国内在半导体级多晶硅领域的需求，提升了竞争力，助力了"中国制造 2025"。

第二节　多形式综合授信，提升资金支持力度

（1）中国邮政储蓄银行江苏省分行。江苏长电科技股份有限公司是中国著名的半导体封装测试企业、集成电路封测产业链技术创新战略联盟理事长单位。中国邮政储蓄银行江苏省分行为长电科技提供全方位的金融服务，长电科技企业规模持续扩大。给予长电科技投放流贷支持 4 亿元，用于芯片封装测试原材料采购，助力长电科技满足高通、博通、SanDisk、Marvell 等客户订单需求，创收近 8000 万元，通过开立国内信用证、票据贴现、信用证议付等手段，企业进一步提高资金使用效率，获得货币资金约 3 亿元，同时中国邮政储蓄银行江苏省分行也获得收入 210 万元，成功实现银企双赢。

（2）江苏银行南京分行。自 2008 年以来，江苏银行南京分行与高齿集团已合作 8 年之久。双方合作的业务有流货银票、银团贷款、国内保理、国际结算等，

集团还在江苏银行南京分行开立了境内外汇 NRA 账户，江苏银行南京分行始终为客户提供专业高效的金融服务，为客户设计了一揽子的融资方案。在江苏银行南京分行货款资金的支持下，2016 年高齿集团全年销售额达到 95 亿元、净利润 12 亿元，净利润率全行业排名第一。江苏银行南京分行创新了业务产品并综合考虑企业实际需求，促进了企业各项业务的发展，也使江苏银行南京分行取得了良好的社会效益。

（3）北京银行。目前，北京银行给予南京金龙客车综合授信 2 亿元，品种包括流动资金货款、银行承兑汇票、国内信用证，额度有效期自合同签订之日起 1 年，单笔业务期限最长不超过 1 年，有效地缓解了金龙客车在新能源汽车制造上的资金缺口。新能源汽车推广及应用是国家大力发展的产业，2014~2016 年在新能源客车销售市场排名均在前五，是新能源汽车生产企业中的佼佼者，该项目 2015 年销售规模达 50 亿元，三年年均净利润为 3.5 亿元，年纳税总额约 1 亿元。

（4）紫金农村商业银行。南京德邦金属装备工程股份有限公司于 2014 年与紫金农村商业银行开展合作。紫金农村商业银行为该公司进行综合授信，其中包括流动资金贷款授信、贴现授信及跟单贸易融资授信。支持优质制造业企业的信贷综合服务转型方案是紫金农村商业银行适应新常态转型发展的核心工程，紫金农村商业银行探索出一种既满足客户需求又量化风险标准的信贷服务新模式，实现了拓展客户和降低风险的双赢目标。此外，通过对客户需求的分析，以定制化的综合金融服务方案为主线，向企业提供包含融资、投资、结算、国际业务、理财、个人金融等全方位的金融服务方案，通过快速高效的服务，用实际行动支持企业发展。

（5）吴江农村商业银行。吴江佳力高纤有限公司有年产 10 万吨的高性能差别化纤维生产线项目，该项目总投资 75268 万元。吴江农村商业银行先采用开立信用证的方式支持该公司进口设备，进口设备开具的信用证开证时交 30% 保证金，赎单交 20% 保证金，信用证敞口由吴江市新吴纺织有限公司保证担保。信用证到期后转为 5 年期、金额不超过 40806 万元的项目贷款。目前，该公司项目贷款已全部提前还清，仅有流动资金贷款 2510 万元。本项目的建设将继续增加就业机会，促进当地职业技术教育发展，为国家提供税收，为地方经济发展做出贡献。

（6）昆山农商银行。江苏日久光电股份有限公司获得了 ISO9001 质量体系认证，于 2015 年 10 月获得江苏省高科技企业认证，并于同年 12 月挂牌新三板。合作期间，昆山农商银行对江苏日久光电股份有限公司综合授信 20090 万元，其中固定资产 3500 万元，流动资金 6890 万元，昆科贷 200 万元，信保贷 500 万元，银票贴现 5000 万元，信用证（100% 保证金）3000 万元，保函 1000 万元。满足企业在固定资产投资、流动资金使用、支付结算等方面的融资需求，满足企业在生产扩大期的资金需求，使企业有足够的资金进行高端设备的引进和科学技术研究，保持企业在行业内技术和成本领先的优势。

（7）中国工商银行股份有限公司扬州分行。江苏牧羊集团有限公司前身是扬州粮食机械厂，其主导产品的技术性能指标在国内处于领先水平，并达到国际标准。集团内主要成员客户在各自细分领域具有优势地位。截至 2017 年 6 月末，牧羊集团于中国工商银行股份有限公司扬州分行融资：流动资金贷款 6500 万元，银票 10000 万元，项目贷款 4657 万元，贸易融资 4888 万元，国内外保函 10701 万元，进口信用证 364 万元，融资总额 37110 万元，融资形态正常。

（8）中信银行扬州分行。江苏亚威机床股份有限公司前身为江苏亚威机床有限公司，该企业一直坚持技术领先战略，2016 年共获授发明专利 6 项，实用新型专利 16 项；承担江苏省重大科技成果转化项目和知识产权战略推进计划重点项目各 1 项；首台（套）重大装备项目 2 项；金属板材成套数控加工装备生产线荣获扬州市科技进步一等奖。该公司一直与中信银行扬州分行合作良好。截至 2017 年 7 月底，与中信银行扬州分行合作的融资余额 8693.01 万元，主要涉及银行承兑汇票、保函业务等。

第三节 承销企业债，助力企业发展

（1）恒丰银行南京分行。康缘集团连续十年荣登中国制药工业百强榜。恒丰银行南京分行最早于 2007 年与该公司建立授信关系，先后累计向企业发放 5 亿元左右贷款，有力地支持了企业的生产经营和业务创新。2017 年 7 月，恒丰银行南京分行作为主承销商，为康缘集团在银行间市场成功发行非公开定向债务融资工具人民币 4 亿元，本次债券的发行成功，奠定了恒丰银行南京分行与该客户进一步深化业务合作的基础。

（2）兴业银行。江苏中天科技股份有限公司成立于 1996 年 2 月，为股份有限公司（上市），于 2012 年 3 月成功注册 20 亿元短期融资券，并成功发行 5 笔共 12 亿元短期融资券。于 2015 年 10 月成功注册 20 亿元超短期融资券，并于 2015~2016 年分 3 笔注册发行 11 亿元超短期融资券，均由兴业银行进行主承销，所募集资金均用于补充流动资金和置换银行借款。

（3）建行徐州分行。徐工集团海外成员企业是该行重点支持目标。徐工集团是中国最早开发国际市场和出口工程机械的中国工程机械制造商之一。徐工集团规模较大，对于低成本、多渠道、优化资产负债结构、提高资金周转效率、加快现金流速有明确要求。该行曾为徐工集团承销超短融资券 85 亿元，承销中期票据 15 亿元，承销短融 10 亿元，累计发行各类理财产品 38 亿元，办理创新投行业务——同业投资 3 亿元，有效地降低企业融资成本。

（4）浦发银行苏州分行。浦发银行苏州分行给予康得新集团综合授信 15 亿元等值人民币，2017 年该行累计为康得新发行两笔债务融资，分别为 10 亿元中票（其中该行承销 5 亿元）和 5000 万美元海外发债，其中海外发债为浦发银行苏州分行内首单境外承销业务，也是行内首单定制化离岸理财投资民营企业境外债务业务。同时，1.02 亿平方米先进高分子膜材料项目达产后将形成年产 1.02 亿平方米先进高分子膜材料，可有效填补国内在此类产品上的空白。

第四节　投贷联动，提升金融服务专业水平

（1）中国建设银行苏州相城分行。2016 年下半年，长风药业开始启动 D 轮股权融资计划，并预计在 2017 年春节前后结束本轮融资。中国建设银行苏州相城分行得知后，立即组建了任务型项目团队。针对长风药业当时的工程进度，中国建设银行苏州相城分行为企业提供了五年期固定资产贷款 2300 万元。目前，该行流动资金贷款已投放完毕，该公司融资总额超过 43000 万元，该行旗下的建银医疗基金为跟投方之一，投资额度为 4000 万元。

（2）浦发银行苏州分行。人造心脏瓣膜及植入器项目的融资服务来源于浦发银行苏州分行与苏州通和创业投资合伙企业的投贷连带。浦发银行苏州分行目前给予公司 1500 万元授信额度，业务品种为流动资金贷款，用于公司的 J-Valve 介入人工生物心脏瓣膜项目的设备采购和研发经费投入。浦发银行苏州分行的融资服务为公司的销售提供了有力资金支持。

（3）南京银行南通分行。江苏风神空调集团股份有限公司始创于 1985 年，1994 年通过股份制改造，形成多种股份结构的现代企业，注册资本 3000 万元，南京银行南通分行以投贷联动产品对接企业，南京银行下属子公司上海鑫沅股权投资管理有限公司以 1% 股权投资企业，并给予客户 3000 万元授信额度，担保方式为信用。美通重工有限公司成立于 2009 年，公司注册资本 5200 万元，公司

主营产品为高空作业平台，南京银行南通分行于 2016 年以投联贷产品对接企业，下属子公司上海鑫沅股权投资管理有限公司以 1% 股权投资企业，并给予客户 3000 万元授信额度，担保方式为信用。

（4）南京银行徐州分行。南京银行自开展投贷联动业务以来，发展成效明显，取得了较好的市场效应和社会反响。截至 2016 年底，投贷联动业务共落地 71 家科技企业，投资余额达 1462 万元，投贷联动业务客户总授信达 13.22 亿元，贷款余额达 7.31 亿元。投贷联动客户主要涉及信息软件、生物医药、轨道交通、节能环保等多个行业。南京银行徐州分行与旭海光电、金鼎锅炉、江苏众成的签约，不仅是南京银行徐州分行首批"投贷联动"业务，也是徐州市首批"投贷联动"业务，标志着徐州地区金融市场在金融创新上取得了新的突破。

（5）南京银行盐城分行。盐城宏景机械科技股份公司目前总银行负债为 4800 万元，其中南京银行盐城分行授信 2500 万元，占比 52%，已成为主办行。该公司的 2500 万元贷款分 6 笔投放，不同期限到期，单笔金额不超过 500 万元，从而将贷款的还款期限错开，进一步减轻企业还款压力。公司入围第一届全省"鑫智力"杯前 20 强企业后，总行与该分行上下联动，决定给予该企业"投贷联动"的支持，并依托鑫沅股权投资管理公司对企业进行一定比例的股权投资。2016 年 3 月 14 日，南京银行盐城分行首笔"投贷联动"成功落地。南京银行盐城分行与盐城宏景机械有限公司签下 30 万元风险投资和 2500 万元贷款的合同，这也是苏北首家实体企业成功通过"投贷联动"方式获得融资。

（6）南京银行宿迁分行。江苏远发新材料股份有限公司注册资本 10030.5 万元，公司主打产品为节能型和绿色环保的塑料模板。为支持宿迁地区新材料产业企业发展，对于江苏远发新材料股份有限公司新型中空塑料建筑模板研发及产业化生产项目，南京银行宿迁分行通过投贷联动方式，以"小股权＋大债权"的形式向江苏远发新材料股份有限公司提供综合金融服务支持，最终提供 1800 万元授信额度，为企业扩大生产备足粮草，为企业打造了安全的资金链。

第五节　构建银企战略关系，提升银企合作质量

（1）招商银行南京分行。南瑞集团是国家电网公司旗下销售规模最大、盈利能力最强的第一大产业集团，自合作至今，招商银行南京分行多措并举，深耕细作，

如今已然成为集团第一大合作银行。授信业务方面,该行给予企业集团授信额度120亿元,共计40余家授信子公司,遍布南京、北京、上海、武汉、合肥、深圳、福州等地。尤其是2015年"一带一路"业务开展以来,双方合作开启了新的篇章。随着对南瑞集团的不断深入经营,招商银行南京分行已成功锁定在南瑞集团合作银行中的战略核心地位,在2017年携手共进的征程中,招商银行南京分行和客户共同成长,从基础的结算融资产品,到交易银行明星产品现金管理,再到"一带一路"走出去业务,招商银行南京分行在各个业务领域的服务都赢得了客户的信任。南瑞集团综合金融服务成为金融机构服务大型跨区域集团企业的优秀典范。

（2）中信银行南京分行。远景能源（江苏）有限公司是远景能源的全球制造与工程中心。对于风场产生了项目融资需求,中信银行南京分行充分发挥中信集团内的协同优势,为企业引入中信金融租赁,双方在广灵项目上达成了3亿元的合作。中信银行南京分行针对其灵璧项目设计了2.49亿元的项目融资方案并成功获批,将业务合作范围扩展至企业固定资产投资领域,进一步加强了银企合作关系。为满足企业"走出去"这一需求,中信银行南京分行充分利用海外、协同平台,向企业提供3.6亿元的内保外贷额度。2017年6月16日,该行总行与远景能源（江苏）有限公司签订了100亿元战略合作协议,为双方合作掀开了新篇章。

（3）招商银行苏州分行。2016年10月,亨通与该行签署战略合作协议。亨通至此也成为招商银行苏州分行首批分行级战略客户。在这之后,崔根良先生作为亨通光电上市公司的实际控制人,拟认购本次定增金额人民币8亿元。招商银行苏州分行在得知企业的需求后,以战略客户部牵头,根据崔根良先生个人情况迅速设计方案,报批总行,以股票收益权转让的形式给予崔根良先生人民币4.8亿元融资,并牵头撮合券商通过股票质押融资方式给予其3.2亿元融资。在该行的资金支持下,亨通光电定增项目按照原计划顺利实施。

（4）中国建设银行苏州吴江分行。亨通集团自成立以来,中国建设银行就一直是合作主办银行,基于双方长久的良好的战略合作情况,中国建设银行苏州吴江分行拟订了银企合作的短、中、长期战略。

第六节　积极开展绿色金融,引导绿色产业发展

（1）海门农商银行。"绿能贷"作为海门农商行针对光伏公司推出的一款支

持农户和企业安装分布式电站的创新金融产品。截至 2017 年 7 月底，全行 28 家信贷业务支行中，已有 16 家支行开展了"绿能带"业务，并形成投放发放个人贷款 123 户，余额 420.11 万元，企业贷款 2 户，余额 64.43 万元，材料办理中客户 350 户。

（2）中国工商银行盐城分行。在节能灯市场上，建湖拥有不凡的知名度。全世界每生产 4 只节能灯具，就有 1 只出自建湖。目前年生产能力已达 6 亿只，占全国总量的 70%，是我国最大的螺旋节能灯明管生产基地。建湖县出台了一系列扶持措施，营造了节能灯具产业的发展环境，设立了绿色照明工业园区，加快企业集聚，目前已有 20 多家节能灯企业进驻园区。中国工商银行为建湖光达照明授信 2400 万元，为东林电子授信 2700 万元，为江苏日月照明授信 3200 万元，为乔氏卉都授信 600 万元，目前绿色照明企业贷款余额 8500 万元。该行为对节能环保企业贷款增长形成有力支撑。

（3）浙商银行盐城分行。浙商银行盐城分行支持盐城海瀛实业投资有限公司运用环保产业基金的方式收购中华环保产业（控股）集团有限公司等 9 家公司股权，把其中 7 家发电厂的管理中心设置在盐城，同时引进德国成熟技术，在环保产业园内建立特种垃圾清扫车生产基地，从垃圾清扫、回收，再到焚烧、发电，整条产业链的核心放在环保科技城。该行出资 4.4 亿元，成立两个优先合伙基金，股权投资于中瀛环保垃圾焚烧发电项目，对被收购的兰州丰泉环保电力、乌海蓝益环保发电有限公司等 7 家垃圾焚烧发电企业的垃圾焚烧发电项目的建设和后续运营提供了基金支持。

（4）江苏大丰江南村镇银行。太阳能光伏发电是国家政策扶持类项目，与国家电网联网，不仅能满足自家用电，还可以将用不完的电卖给国家电网，是一项一劳永逸的工程。江苏大丰江南村镇银行为满足村民的需求，开发了富民"光明"光伏个人小额贷款，该贷款手续简便。2017 年，盐城颖泰秸秆技术发展有限公司与江苏资海能源科技有限公司签订了分布式光伏发电项目合同书，该企业安装光伏发电组件时资金缺口 490 万元，特向该行申请光明贷，江苏大丰江南村镇银行现已成功发放 490 万元光明贷。

（5）浦发银行连云港分行。连云港兴鑫钢铁有限公司经过几年发展，已成为具备年产 200 万吨炼钢连铸一体的、拥有全国工业生产许可证的综合型钢铁企业，并成为连云港钢铁基地建设的核心企业。浦发银行在详细了解企业融资项目用于节能减排的可持续发展时，抓住有利机遇，为兴鑫钢铁上报了 4500 万元授信额度。

（6）徽商银行南京分行。南京金时川绿色节能材料有限公司（以下简称"金时川公司"）为新型、环保的建筑材料行业，建材行业是我国高能源、资源消耗以及高污染的行业。金时川公司利用自身技术优势和研发能力进行开拓创新，研发出了新的"轻质无机外墙保温装饰一体板"材料，该产品已获得专利权。在江苏省信用担保有限责任公司的配合下，徽商银行与金时川公司进行了洽谈，受到了企业的好评。顺利获批授信，并完成了 800 万元"易保贷"贷款的发放，为企业的生产经营增添了润滑剂。

（7）启东农商银行。江苏海四达新能源有限公司申请建设年产 5 亿 Ah 高比能高安全动力与储能锂离子电池及电源系统项目，启东农商银行给予 1 个亿的项目贷款支持，期限五年，同时给予利率优惠，1 个亿贷款按年利率 5% 执行。该项目自 2017 年开始投产，截至 2017 年 6 月底销售收入 2500 万元，净利润 309 万元。

（8）苏州银行淮安分行。金湖振合新能源科技有限公司是江苏华源新能源科技有限公司的全资子公司。面对目前市面资金紧张的情况，苏州银行积极筹措，于 2017 年 1 月 17 日向该公司发放"光伏贷"，授信额度为 16800 万元。该项目对推进太阳能利用及光伏发电产业的发展进程具有非常大的意义。

（9）华夏银行盐城分行。江苏奥新新能源汽车有限公司是工信部公告内新能源汽车的生产企业，专注于纯电驱动车辆的研发和生产，在产品结构、工艺技术、新材料应用和新商业模式方面进行系统创新、自主研发，具有核心技术自主知识产权。该项目启动之时流动资金紧张，该分行先期对该公司投放流动资金贷款 3000 万元。2015 年 9 月，该项目终于通过上级行的审批。2015 年 10 月，该分行争取到有限的信贷资源，向该项目投放固定资产贷款 8000 万元，实现了有效投放。

（10）恒丰银行南京分行。恒丰银行南京分行入驻江苏以来，紧密结合当地发展规划，依托政府相关部门，加大对包括新能源汽车产业在内的战略性新兴产业等重点领域的支持力度。恒丰银行南京分行在了解到江苏陆地方舟新能源车辆股份有限公司的绿色项目发展需求后，在严谨调查、把控风险的前提条件下，积极承担银行业金融机构支持新能源汽车产业发展的责任。

第七节　提供国际业务支持，服务企业海外发展需求

（1）上海银行苏州分行。上海银行苏州分行充分发挥其业务优势，为江苏康沃动力科技股份有限公司提供了国际业务支持，有了该行的合作后，公司经营较

为稳定，完成了产业升级，年产5万台具备国际领先的高集成、高自动化技术的生产线已投产，自动化率可达75%，可为多平台、多行业工业厂商提供"订制化"供应。

（2）光大银行扬州分行。明岐轮毂仪征有限公司销售市场分国内市场、欧美市场以及日本市场。该公司在光大银行扬州分行拥有综合授信16500万元，光大银行积极为企业发展提供服务与支持，根据企业实际销售情况，为企业开立银行承兑汇票、国内信用证等业务品种，在企业支付货款、资金流动等方面减少了时间，提高了效率。同时为员工谋福利，积极为员工发放拥有优惠活动的信用卡，为员工消费提供了方便，加深了员工对企业的感情，工作效率大大提高。

（3）中国工商银行宿豫支行。江苏秀强玻璃工艺股份有限公司是中国最大的镀膜玻璃制造商之一，为中外合资经营性质企业。面对《关于信贷支持先进制造业重点领域的意见》的大力支持，该行从现有资源入手，通过深度自我挖掘，确定了江苏秀强玻璃工艺股份有限公司为该行重点支持对象，为其提供国际贸易融资业务，最终实现了双赢的局面。

（4）中国银行苏州分行。中国银行服务理念与康得新的发展目标高度契合，凭借全球化的网络布局和多元化的金融服务能力，中国银行为康得新提供从国内到国外、从传统银行到跨金融市场的一站式金融服务，加速推进康得新打造世界级平台型企业的进程，实现合作共赢。从2014年搬迁至张家港以来，康得新在高分子材料及衍生领域不断取得突破，在裸眼3D产业独树一帜，成为"中国制造2025"战略背景下具有突出实力的领军企业。

第八节　支持科技企业发展，实现银企双赢

（1）中国银行江苏省分行。目前，美时医疗在打破国外企业复合型全身磁共振成像系统垄断外，还成功研发了针对新生儿、骨科、动物的新型磁共振成像系统。中国银行泰州分行在获知企业贷款难度较大的情况后，迅速组织人员通过详细调查，不断调整方向，最终确定利用美时医疗参与江苏省科技成果转化专项资金项目——"超高场磁共振7T超导磁体的研发与产业化"项目获得的200万元补助，给予企业信用贷款额度200万元，极大程度缓解了企业的资金压力。该公司的磁共振成像系统的成功研制打破了国外企业西门子公司等在相关行业的垄断，提供

全新的磁共振成像系统解决方案，有效地推动了我国相关领域的发展。

（2）中国邮政储蓄银行江苏省分行。中天昱品科技有限公司是江苏省科学技术厅认定的高新技术企业。中国邮政储蓄银行江苏省分行针对企业缺少抵押物的特点为该公司特别设计了第三方法人保证小企业贷款，该模式有效解决了公司缺少抵押物的实际困难，被该公司高度认可，最终由中国邮政储蓄银行江苏省分行给予企业授信金额1500万元，该笔贷款由其母公司中天科技集团提供第三方法人保证，有效满足了企业的融资需求。

（3）北京银行南京分行。南京微创是国家级高新技术企业、国家火炬重点高新技术企业。在南京微创并购南京康友医疗科技有限公司时，北京银行南京分行为该笔并购提供了4500万元并购贷款，用于支持企业生产规模的再扩大。

（4）中信银行南京分行。瑞声科技控股有限公司是由江苏常州本土培育起来的世界级高科技企业，目前已经成为全球最大的声学元器件制造商，也是全球领先的通信及消费类电子产品的微型元器件及整体方案的供应商，基于瑞声科技的金融服务需求，中信银行南京分行将为其提供一站式的综合金融服务，给予不低于100亿元人民币的授信额度。

（5）广发银行南京分行。对江苏省优质铜加工、电线电缆生产企业——江苏宝胜精密导体有限公司，从最初给予该公司授信额度500万元的金融支持，到给予该公司授信敞口额度4亿元，该行一步一步加大对该制造企业的金融支持力度。该行还给予我国光伏行业龙头企业协鑫集团核心子公司江苏东昇光伏科技有限公司1亿元的敞口授信。

（6）昆山农商银行。昆山沪光汽车电器有限公司是国内唯一被德国大众评为A级的供应商，并被奇瑞、江淮等国内知名品牌汽车制造商评为优秀供应商，曾获国家火炬计划高新技术企业、江苏省高新技术企业、江苏省名牌产品、苏州市明星企业等殊荣，是昆山市张浦镇南港地区的龙头企业，是当地民营企业中最大的一家。该公司于2000年首次在昆山农商银行贷款200万元，当时公司是一个只有35名员工、几台人工操作的绞线设备和切线设备、全年销售约800万元的小微企业。目前已成为全昆山先进民营企业技术改造、智能制造的榜样，成为七大战略性新兴产业和科技型企业。

（7）中国建设银行无锡分行。江苏中电创新环境科技有限公司是中国电子系统工程第二建设有限公司的全资子公司，隶属于中国电子信息产业集团有限公司，是央企的下属子公司，具备较强的股东背景实力。在CEC中电工业环境科技园环保生产基地项目上，中国建设银行无锡分行给予固定资产贷款额度12000万元；

在 CEC 中电工业环境科技园研发创新基地项目上，中国建设银行无锡分行给予固定资产贷款额度 9000 万元，为高技术行业的高速可持续发展提供更有力的保障。

（8）中国邮政储蓄银行无锡分行。中国邮政储蓄银行无锡分行为长电科技提供综合金融支持，一般风险限额 3 亿元。使得长电科技企业规模持续扩大，同时该行也获得收入 210 万元，成功实现银企双赢。

（9）南京银行无锡分行。无锡新宏泰电器科技股份有限公司是目前我国断路器行业中关键部件配套制造能力领先的企业之一。南京银行无锡分行结合公司产销实际情况，为客户量身定制金融服务方案，通过与公司上下的全方位多次沟通，该行的金融服务方案获得公司管理层的充分认可，成功审批总额 5000 万元的授信方案，成为公司的首家合作金融机构。该项目满足客户不同发展阶段的资金需求，实现银企双方的共赢，也为该行更好地服务本地区实体经济发展提供了宝贵的经验。

（10）宁波银行无锡分行。江苏长电科技股份有限公司主要从事集成电路和分立器件的封装、测试，在国内内资半导体封装测试企业中连续多年排名第一，是中国内地半导体封测行业首家上市公司。由于封装行业固投资金量大，星科金朋 3 个工厂或搬迁、或扩产，资金投入量较大，集团有流动资金需求，希望通过质押上市公司股份取得融资。最终该笔项目于 2017 年 7 月 21 日完成审批，总金额 2 亿元，期限两年，该项目从立项到审批仅用了两周时间，宁波银行总分联动的高效服务得到了企业的充分认可。

（11）苏州银行无锡分行。江苏八达科技股份有限公司（以下简称"八达科技"）在电力领域建立了良好的口碑，也是国内环保水处理领域少有的几家具备压力容器制造能力的公司之一。通过"三板通"产品，八达科技最终在该行获批 400 万元信用贷款额度，在贷款额度紧张的情况下，苏州银行无锡分行给予该笔业务优先投放，及时有效地满足了企业的融资需求，对电力市场环保升级起到了积极的推动作用。

（12）中国民生银行镇江支行。江苏鱼跃科技发展有限公司是目前国内最大的康复护理、医用供氧及医用临床系列医疗器械的专业生产企业之一，产品以家用医疗器械为主。中国民生银行镇江支行积极与企业沟通合作事宜，该行为企业申报中期流动资金贷款，并在原授信金额的基础上增加 1 亿元的授信，更好地满足了企业的资金需求和期限需求。

（13）中国农业银行扬州分行。扬州扬杰电子科技股份有限公司在该行授信 5000 万元。该公司是国家高新技术企业，25 项主营产品被认定为省高新技术产品，现拥有国家发明专利 13 项、实用新型专利 91 项、外观设计专利 4 项。为及时解决资金缺口，帮助企业拿下大订单，该行向其发放流动资金贷款 5000 万元，及时满足了企业的资金需求。了解到客户需求后，中国农业银行积极向客户推荐本行特色产品"票据池融资业务"，企业平时收到的银票全部入"票据池"，由银行专业人员进行审核、保管，代为办理票据托收，并以"票据池"为质押开立银票。该项业务的办理，减轻了企业管理票据的压力，规避了"假票据"的风险，大大提升了客户的付款效率。

（14）江苏银行扬州分行。扬州翔发环保公司是一家以废酸废碱的危废收集、"第三方"污水处理运营服务及固废污泥处理等资源再生为主营业务的高科技环保企业，拥有多项发明专利，企业为国家高新技术企业。江苏银行扬州新城支行在贷后走访企业时，了解到了企业的融资困难，推出了"投融贷"产品。之后还为企业办理了 1000 万元投融贷授信。

（15）海安农商行。南通明诺电动科技股份有限公司是国内最早从事电动扫地机生产销售的企业之一，为支持企业发展，海安农商行对该企业的授信逐年增加，由 2015 年的 1350 万元增加到 2017 年的 2950 万元；另外，为降低企业的融资成本，海安农商行予以企业优惠利率。江苏海迅理昂新能源电力有限公司是一家专业从事农林废弃物能源化利用的环保、科技、创新型企业。海安农商行支持该企业项目贷款 1 亿元，用途为支付项目建设费用等，期限为 7 年。

（16）中国民生银行常州支行。常州亚玛顿股份有限公司的主要产品为光伏减反玻璃，被科技部、商务部、质检总局和环保总局联合认定为"国家重点新产品"，被科技部批准为"国家火炬计划项目"，被江苏省科技厅认定为"高新技术产品"，同时公司光伏减反玻璃项目被科技部列入"科技型中小企业技术创新基金项目"。中国民生银行常州支行为该企业办理了 800 万美元外币贷款，该业务的成功办理，一方面满足了客户的资金需求，降低了融资成本；另一方面也为民生银行常州支行带来了即期结汇量，实现了银企双赢。

（17）中信银行靖江分行。江苏乐科节能科技股份有限公司是一家高科技企业和新三板上市公司，为解决企业融资需求，中信银行靖江分行在取得企业新建厂房作为抵押物的情况下，将企业授信从 2016 年的 4000 万元提升到 6000 万元，极大缓解了企业的流动资金压力。

（18）广发银行徐州分行。徐州华擎光电产业基金是上海博康精细化工有限公司在江苏省邳州市投资组建的高科技企业，该企业因技术先进、成长性好，需融资 25000 万元用于后续建设。广发银行徐州分行特别制定了个性化融资服务方案，并第一时间递交到客户手中，完善的方案赢得了政府和客户的高度认可，并最终在同业竞争中脱颖而出。广发银行徐州分行参与基金份额 5000 万元。经过一年的艰苦努力，于 2016 年 11 月实现了徐州市第一只真正意义上的产业基金项目在广发银行徐州分行落地。

（19）苏州银行淮安分行。日恒电子科技（淮安）有限公司注册资本 1400 万美元，苏州银行与该公司初次接触时，其仍处于创建期，在了解到该公司融资陷入困境的情况下，苏州银行客户经理多次进行贷前走访，最终为企业提供了"流动资金贷款＋贸易融资"的组合融资方案，帮助该公司摆脱了困境。

（20）浙商银行盐城分行。该行支持了江苏江动柴油机制造有限公司在建湖县上冈镇新建年产 30 万台多缸柴油机项目。江苏江动柴油机制造有限公司为上市公司江苏农华智慧农业科技股份有限公司全资子公司，注册资本 12000 万元。项目总投资 7.64 亿元，在建湖县上冈镇征地 440 亩，项目建筑面积 16 万平方米，2018 年已建成投产，资金来源为上市公司定增资金和历年的资金积累。由于公司新上项目后流动资金相对紧张，为解决这一问题，浙商银行盐城分行为公司办理了 2000 万元流动资金贷款，期限 6 个月，由江苏农华智慧农业科技股份有限公司提供连带责任保证担保。

（21）赣榆农村商业银行。连云港贝兹乐信息科技有限公司作为高速公路机电产品的供应商，为了贯彻国家的要求，满足市场的需求，公司研究决定在建设"数字化变频高速 ETC 电动栏杆机"项目基础上增加改进后的新型 BZL-1 型 ETC 专用智能栏杆机。从"新型 BZL-1 型 ETC 专用智能栏杆机"项目的准备阶段至今，该行共为其多次提供融资支持：2013 年 12 月至 2016 年 12 月共给予贷款支持 1400 万元；2014 年 12 月至 2015 年 11 月共给予贷款支持 200 万元；2015 年 1 月至 2016 年 1 月共给予贷款支持 340 万元。

（22）民丰农村商业银行。宿迁联盛科技有限公司项目是联盛集团上市项目，于 2017 年启动 IPO 项目，计划 2020 年在主板上市。联盛集团于 2010 年建成投产，投产时急需流动资金周转，该行在分析其产品的竞争力、市场前景后，决定对其提供贷款支持，最终决定采取追加总公司担保的方式为其发放流动资金贷款 4000 万元，为宿迁市第一批支持其发展的金融机构，也是支持力度最大的金融机构，有效解决了企业发展初期流动资金短缺的问题，助力了企业的发展。

参考文献

REFERENCES

［1］钱志新．产业金融——医治金融危机的最佳良药［M］．南京：江苏人民出版社，2010．

［2］赵远．产业金融学［M］．北京：机械工业出版社，2012．

［3］中国（深圳）综合开发研究院课题组．中国产业金融发展指数报告——2017产业金融发展蓝皮书［M］．北京：中国经济出版社，2018．

［4］中国（深圳）综合开发研究院课题组．中国产业金融发展指数报告——2018产业金融发展蓝皮书［M］．北京：中国经济出版社，2019．

［5］田娟娟．产业金融：产业成长的融资效率研究［M］．北京：中国财政经济出版社，2019．

［6］史恩义．金融成长与产业发展内在机理［J］．商业研究，2012（1）：16-22．

［7］王吉发，张翠，邱璐．产业金融效益综合评价指标体系研究［C］//全国科技评价学术研究会，2015．

［8］王涛，张新．新能源产业金融支持路径与风险防范方法探析［J］．经济研究导刊，2016（2）：146-148．

［9］茉莉．产业金融生态多样化［J］．IT经理世界，2018（15）：34-35．

［10］王征．关于产业金融发展的思考［J］．环渤海经济瞭望，2018(9)：39-41．

［11］王彤彤．安徽省高新技术产业金融支持研究［J］．金融经济，2019(7)：96-97．

［12］何桂芳．肇庆城市竞争力与产业金融环境创新研究［J］．财务与金融,2019(1)：10-13．

［13］宣烨，原小能．江苏产业发展报告——江苏现代化产业体系2018［M］．北京：经济出版社，2019．

［14］孟繁瑜，高畅，李新瑶．产业金融监管、金融脱媒与房地产业长效调控政策重塑［J］．公共管理与政策评论，2019（3）：73-84．

［15］何继业．我国战略性新兴产业金融支持体系构建论略［J］．山东社会科学，

2016（11）：160-164.

［16］刘萍萍.普惠金融促进区域经济协调发展的内在机制：金融功能理论的论证［J］.天府新论，2017（4）：113-120.

［17］秦基财.中国产业金融的发展思路及对策研究［D］.沈阳：辽宁大学硕士学位论文，2014.

［18］李惠彬，董琦，曹国华.基于熵理论的我国产融结合趋势分析［J］.统计与决策，2011（11）：85-87.

［19］刘西忠.省域主体功能区格局塑造与空间治理——以江苏"1+3"重点功能区战略为例［J］.南京社会科学，2018（5）：36-41.

［20］李程骅.长三角城市群格局中的"扬子江城市群"构建策略［J］.江海学刊，2016（6）：89-95.

［21］沈坤荣，赵倩.世界级城市群国际比较与区域高质量发展路径选择——以江苏为例［J］.江海学刊，2018（2）：102-107.

［22］成长春.江苏沿海开发战略与区域经济均衡发展［J］.江苏社会科学，2009（6）：207-213.

［23］洪银兴，陈雯.城市化模式的新发展——以江苏为例的分析［J］.经济研究，2000（12）：66-71.

［24］刘志彪.以城市化推动产业转型升级——兼论"土地财政"在转型时期的历史作用［J］.学术月刊，2010（10）：65-70.

［25］严效民.基于分工理论的产业金融研究［J］.理论月刊，2013（7）：116-120.

［26］周明栋.金融支持乡村产业振兴的实践与思考——基于江苏宿迁的案例［J］.农村金融研究，2018（12）：28-32.

［27］刘强，赵巍，黄萍.江苏沿海三市金融生态对经济增长的影响机制分析——基于资本配置效率的角度［J］.区域金融研究，2017（6）：24-27.

［28］张智勇."1+3"功能区战略构想重塑江苏新版图［N］.中国改革报，2017-09-25（001）.

［29］郭新明.江苏绿色金融发展模式研究［J］.金融纵横，2017（1）：4-8.

［30］钱鹏岁.江苏：绿色金融对生态经济带建设的支持［J］.区域治理，2019（43）：6-9.

［31］史恩义.金融成长与产业发展内在机理［J］.商业研究，2012（1）：16-22.

［32］钱志新.产业金融——医治金融危机的最佳良药［M］.南京：江苏人民出版社，2010.